ŒUVRES COMPLÈTES
DE
W. SHAKESPEARE

TOME XIII

LA PATRIE

III

E. DOLLFUS

SAINT-DENIS. — IMPRIMERIE CH. LAMBERT.

FRANÇOIS-VICTOR HUGO

TRADUCTEUR

ŒUVRES COMPLÈTES

DE

W. SHAKESPEARE

TOME XIII

LA PATRIE

III

HENRY VI (DEUXIÈME PARTIE). — HENRY VI (TROISIÈME PARTIE). — HENRY VIII.

DEUXIÈME ÉDITION

PARIS
LIBRAIRIE PAGNERRE
RUE DE SEINE, 18

1873

Reproduction et traduction réservées.

A GIUSEPPE GARIBALDI

F.-V. H.

INTRODUCTION

I

Durant le mois d'août 1591, un homme d'environ quarante ans, attaqué d'une hydropisie incurable, se mourait lentement sur un grabat dans l'arrière-boutique d'un cordonnier, près de Dowgate, à Londres. Il avait près de lui du papier, une plume et de l'encre, et de temps à autre il se redressait par un effort fébrile pour griffonner quelques pages. Il écrivait sa propre histoire, sous forme de confession. Pour peu qu'elle fût exacte, cette autobiographie *in extremis* ne pouvait manquer d'être intéressante. L'homme avait beaucoup parcouru le monde ; il avait fait un peu de tous les métiers ; il avait été successivement professeur, prédicateur, ministre protestant, auteur dramatique, poëte lyrique, romancier, pamphlétaire, bateleur, escroc, filou et ruffian. Certes c'était une piteuse histoire que le récit de cette dégradation.

Robert Greene avait commencé la vie par le travail, la foi et l'amour. Maître ès arts aux deux universités de Cambridge et d'Oxford, pasteur de l'église de Tollesbury, en Essex, il avait tout jeune épousé une toute jeune fille dont il était épris, et il avait eu d'elle un enfant qu'il adorait. Il avait ainsi vécu quelque temps de la vie de famille et de la vie des champs, tranquille, modeste et satisfait. Un jour cependant, comme si l'ennui du bonheur l'avait saisi, il avait disparu, laissant là le presbytère, désertant sa femme, abandonnant son enfant. Il s'était jeté sur le continent, y cherchant les aventures; il avait vu la France, l'Italie, l'Allemagne et la Pologne. Enfin, il était revenu au pays, non pour retourner, hélas! auprès de sa pauvre femme, mais pour se lier avec une courtisane de bas étage, qui bientôt l'avait dépouillé et lâché. Resté sans ressources sur le pavé de Londres, Greene s'ingénia : il savait écrire, il vécut de sa plume. Vers et prose, sonnets, odes, satires, épigrammes, nouvelles, pastorales, pièces de théâtre, il fit de tout. Il improvisa maints ouvrages dramatiques, entre autres un *Roland furieux* que sans vergogne il vendit à deux compagnies à la fois, la troupe du lord chambellan et la troupe du lord amiral. Son étonnante facilité finit par le rendre célèbre. Il devint à la mode. La coterie précieuse, qui régnait à la cour d'Élisabeth, s'engoua de ces compositions pseudo-classiques. Son nom fut bientôt sur toutes les lèvres minaudières. Avez-vous lu le *Pandosto* de Greene? se demandaient journellement les merveilleuses de l'époque. On parlait de *Menaphon* presque comme on eût parlé d'*Euphues*. Certains enthousiastes n'hésitaient même pas à déclarer que Greene était l'égal de Lilly; et, en 1588, son *Périmède* parut avec cette épigraphe, signée Elliot, que je transcris textuellement :

> Marot et De Mornay pour le languáge françois.
> Pour l'espagnol Gueuare, Boccace pour le toscan,
> Et le gentil Sleidan refait l'allemand,
> Greene et Lilly tous deux raffineurs de l'anglois.

Mais ces beaux temps ne pouvaient durer. La pléiade

euphuïste, que Greene avait formée avec les auteurs renommés de ce temps-là, Peele, Nash, Kid et Lodge, ne tarda pas à être éclipsée par une gloire inattendue. Des œuvres nouvelles, *les Deux Gentilhommes de Vérone, le Songe d'une Nuit d'été, Peines d'amour perdues, Roméo et Juliette,* révélèrent à l'Angleterre l'idéal que jusqu'ici elle avait vainement cherché. Le faux goût fit place à l'art suprême. Abandonné par la vogue qui l'avait soutenu jusqu'àlors, Greene se vit retirer peu à peu son gagne-pain. La plume ne suffit plus à le faire vivre ; ses opuscules se vendaient mal ; il eut recours aux expédients. La misère lui retira ses derniers scrupules. Poursuivi par la dette criarde, il passa de la Bohême des lettres à la Cour des Miracles du vice. Le scribe se fit truand. Greene apprit à tricher aux dés et à duper les gens. Il s'associa aux escrocs et aux filous de la capitale. Un chef de ces *Troyens,* portant le sobriquet de Cutting Ball, lui donna une garde d'honneur pour le protéger des records ; et maître Robert reconnut cet hommage en prenant pour concubine la propre sœur de ce Ball, une matrulle, dont il eut un fils, appelé Fortuné, que son ennemi Gabriel Harvey baptisa ironiquement Infortunatus. Enfin il vint un moment où le lupanar même ne voulut plus de ce poëte. Un jour, il fut jeté à la porte, et peut-être fût-il mort de misère, si des personnes charitables ne l'avaient recueilli. Ces braves gens, un savetier et sa femme, offrirent à sa détresse l'hospitalité de leur pauvreté. Ils lui firent crédit, ils le logèrent, ils le nourrirent, ils lui avancèrent même un peu d'argent, ils le tirèrent souvent des plus grands embarras. Quand il fallait laver l'unique chemise de maître Greene, le savetier lui prêtait la sienne, et maître Greene pouvait toujours sortir avec du linge. Tout en vivotant ainsi, il rencontra par hasard, dans les premiers jours du mois d'août 1592, un de ses anciens collaborateurs, le dramaturge Thomas Nash, qui l'emmena diner. Le repas était composé de hareng mariné et de vin du Rhin. Greene, qui depuis longtemps n'avait été à pareille fête, se soûla largement. La maladie dont il avait le germe prit à la suite de cette débauche un caractère alarmant. Il rentra chez ses hôtes ivre-mort, et se coucha pour ne plus se relever. Son agonie dura un mois. Ces derniers jours, il les employa à rédiger ses confessions. Dès qu'il eut achevé le testament extraordinaire où il rappelait, remords à remords, toutes les erreurs de sa vie, il le dédia à ses anciens amis littéraires. Cette dédicace était l'exhortation suprême d'un mourant. Greene offrait sa vie comme un exemple à ses compagnons ; il les adjurait de se réformer, de se repentir et d'abandonner le théâtre, s'ils ne voulaient pas être, comme lui, victimes de l'ingratitude universelle. Dans la ferveur de sa conversion, il pressait Marlowe d'abjurer une philosophie qu'il n'hésitait pas à qualifier d'athéisme : « Ne t'étonne pas, ô tragédien fameux, si Greene qui a dit avec toi : *Il n'y a pas de Dieu!* rend maintenant hommage à sa grandeur : parce que j'ai voulu pénétrer sa puissance, sa main s'est appesantie sur moi... As-tu donc étudié à l'école de Machiavel ? O triste folie ! Fais comme moi, ne te laisse pas tomber dans l'extrémité. Car tu ne sais pas comment tu seras traité à la fin... » Puis il engageait Thomas Lodge à renoncer à la comédie satirique qui lui faisait tant d'ennemis. Puis il suppliait son vieux condisciple George Peele de laisser là « son triste métier. » Enfin, il s'écriait : « Vous êtes tous des âmes viles si ma misère ne vous sert pas d'avertissement. Car il n'est aucun de vous à qui ces drôles-là ne se soient cramponnés comme à moi ; j'entends ces marionnettes qui parlent par notre bouche, ces bouffons qui s'affublent de nos couleurs.

S'il n'est pas étrange qu'ils m'aient abandonné, moi à qui ils étaient tous obligés, n'est-il pas vraisemblable qu'ils vous abandonneront, vous à qui ils le sont tous ? Ah ! ne vous fiez pas à eux ; car il y a un corbeau paré de nos plumes, un parvenu qui, avec *un cœur de tigre caché sous la peau d'un comédien,* se croit aussi capable d'enfler un vers blanc que le meilleur d'entre vous, et qui, en sa qualité de parfait Johannes factotum, s'imagine être le seul SHAKE-SCENE du pays. Ne vous fiez donc pas, je vous en conjure, à ces faibles soutiens ; ces gens-là changent d'idée comme de costume. Allons ! ma main est fatiguée, et il faut que je m'arrête là où je voudrais commencer. » Greene avait la main bien lasse en effet. Il laissa tomber la plume pour toujours. Son dernier soupir avait été un cri de haine contre l'auteur d'*Hamlet.* Il mourut le 2 septembre 1592. Ses hôtes, à qui il devait dix livres, le firent enterrer à leurs frais dans le cimetière de Bedlam, après avoir déposé sur son cercueil une couronne de laurier.

Cependant les pages laissées par le défunt furent portées chez un libraire, un certain Henry Chettle, qui se chargea de les faire imprimer. Le manuscrit était à peine lisible. Chettle le recopia fidèlement, en se bornant à retrancher de l'adresse préliminaire quelques mots qui lui parurent un peu trop vifs. Du reste le livre fut publié, tel que l'avait écrit l'auteur, sous ce titre : *Groatsvorth of wit bought with a million of repentance,* lequel peut se traduire par ces mots : *une obole de raison achetée avec un million de repentir.* Grand fut le scandale de cette apparition. Tout d'abord Marlowe dénonça comme une perfide calomnie le reproche d'athéisme que lui adressait Greene, — formidable accusation qui, dans ces temps de fanatisme religieux, pouvait le faire condamner au bûcher. Trois ans auparavant, en février 1589, un maître ès arts de l'université de Cambridge, François Kett, avait été brûlé vif à Norwich pour avoir douté de la divinité de Jesus-Christ. Marlowe n'était donc que trop fondé à se plaindre de cette terrible diffamation. De son côté, Shakespeare se sentit atteint dans sa dignité personnelle par l'allusion haineuse de Greene. L'équivoque sur son nom (*shake-scene,* agite-scène; *Shake-speare,* agite-lance) ne permettait pas de doute. Le jeune poëte, récemment apparu, était clairement désigné comme un parvenu, comme un plagiaire, comme un fourbe ! C'était bien lui, Shakespeare, qu'on accusait de se parer des plumes d'autrui ! C'était bien lui, Shakespeare, qu'on accusait de *cacher un cœur de tigre sous la peau d'un comédien !* Des insultes grossières, si directes, exigeaient une réparation. Ne pouvant s'en prendre à l'auteur mort, l'offensé s'en prit à l'éditeur vivant et demanda à Chettle une rétractation. Chettle, qui semble avoir été de bonne foi dans toute cette affaire, accueillit la double réclamation de Marlowe et de Shakespeare, et, à la suite d'une enquête, publia la note suivante, dans une adresse aux lecteurs, en tête d'un ouvrage qui était déjà sous presse et qui parut avant la fin de l'année 1592.

« Il y a trois mois est mort maître Robert Greene, laissant beaucoup de papiers aux mains des libraires ; entre autres son *Groatsworth of wit,* contenant une lettre écrite à divers auteurs dramatiques. Deux d'entre eux en ont pris offense ; et, comme ils ne peuvent se venger sur les morts, ils forgent dans leur imagination un auteur vivant ; et, après avoir erré de conjecture en conjecture, c'est sur moi qu'ils se rabattent. Chacun sait que, depuis que je m'occupe de librairie, j'ai toujours empêché les discussions amères entre écrivains, et je puis prouver que telle a été ma règle de conduite en cette occasion. Je ne connais aucun des deux écrivains offensés. L'un (Marlowe), je ne me soucie pas de le connaître ; l'autre (Shakespeare), je ne l'ai pas ménagé au moment de la publication, comme j'ai désiré depuis l'avoir fait. Comme il m'est arrivé souvent de modérer la chaleur des écrivains vivants, j'aurais pu user de ma propre discrétion, spécialement dans le cas présent, puisque l'auteur du livre est mort. Je ne l'ai pas fait ; j'en suis fâché comme si la faute première était ma faute. Car, je l'ai vu par moi-même, celui dont il s'agit est non moins civil en ses procédés qu'excellent dans l'état qu'il professe. En outre, *plusieurs personnes respectables ont témoigné de la loyauté de sa conduite* qui prouve son honnêteté, et de la grâce aimable qui embellit son talent d'écrivain. Quant au premier, je respecte son savoir ; aussi, quand j'ai lu le livre de Greene, j'en ai retranché tout ce qu'en conscience j'ai cru écrit par esprit de rancune ou du moins tout ce qui, même vrai, était impossible à publier ; et je ne voudrais pas le traiter maintenant plus sévèrement qu'il ne le mérite. Je n'ai travaillé à ce livre que comme copiste. Le manuscrit était peu lisible, l'écriture de Greene n'étant pas toujours des meilleures. Je l'ai recopié, en suivant l'original autant que possible. Je me suis borné à retrancher quelques mots de l'épître préliminaire ; mais je n'ai rien ajouté au livre. Je proteste qu'il est tout entier de Greene, et non de moi, ni de maître Nashe, comme on l'a affirmé à tort [1]. ».

On le voit, si l'éditeur refuse satisfaction à Marlowe, en revanche, il fait à Shakespeare réparation complète. Rien de plus net que cette apologie. C'est avec une sorte de remords que Chettle s'excuse d'avoir publié une attaque contre l'auteur d'*Hamlet*. Les renseignements pris par lui ont entièrement justifié Shakespeare à ses yeux.

---

[1] *Chettle's kind-hart dream.*

Chettle a consulté des personnes *respectables*, et, après cette instruction, il est absolument converti. Il reconnaît hautement la fausseté des insinuations émises par Greene : non, Shakespeare n'est pas capable d'un acte d'improbité ; non, Shakespeare n'est pas un plagiaire! et Chettle confus s'incline devant celui que Greene a diffamé ; et il salue cette haute *loyauté* qui a été un instant méconnue. Ses excuses se terminent par un hommage.

Cependant, vous le savez, de la calomnie il reste toujours quelque chose. Une diffamation, si bien réfutée qu'elle soit, laisse trop souvent on ne sait quelle trace après elle. En dépit de la rétractation de Chettle, l'insulte de Greene a laissé planer sur la mémoire de Shakespeare un doute que la postérité a désiré éclaircir. Afin de satisfaire cette curiosité, la critique a recommencé l'enquête qui s'était terminée en 1592 par l'éclatante justification de notre poëte. Les commentateurs ont lu et relu les lignes écrites par Greene, et ont fini par découvrir, détail singulier, que ces mots : cœur de tigre caché sous la peau d'un comédien, *Tyger's heart wrapt in a player's hyde,* étaient la reproduction presque textuelle de ce vers qui se trouve à la fin de la scène IV de la troisième partie de *Henry VI* :

O tiger's heart, wrapp'd in a woman's hide!
O cœur de tigre caché sous la peau d'une femme!

Or, quel motif pouvait avoir induit Robert Greene à appliquer à Shakespeare ce vers de *Henry VI*? Était-ce donc spécialement à l'occasion de *Henry VI* que Shakespeare s'était attiré la rancune de Greene ? Était-ce donc à propos de *Henry VI* que Greene croyait pouvoir se plaindre d'un plagiat? Essayons de pénétrer ce mystère.

Avant que Shakespeare parût, il existait dans le vieux répertoire anglais une série d'ouvrages dramatiques, dont le sujet était emprunté aux chroniques de l'Angleterre. Le théâtre naissant, taxé par les puritains d'immoralité et d'imposture, avait riposté à ces attaques en développant sur la scène les annales nationales. La réplique était victorieuse. On accusait le théâtre de ne vivre que de fictions mensongères ; le théâtre répondait en exposant devant tous les archives mêmes de la vérité. « La plupart de nos pièces, écrivait Thomas Nashe en 1592, sont extraites de nos chroniques ; et dans ces pièces les exploits de nos pères, ensevelis depuis longtemps dans le bronze rouillé et dans les livres vermoulus, sont ressuscités, et eux-mêmes évoqués du tombeau de l'oubli et appelés à défendre devant tous leur antique honneur. Là toutes les supercheries, toutes les fourberies, dorées de sainteté extérieure, tous les vers rongeurs qui vivent de la rouille de la paix, sont disséqués dans le vif. On y montre le mauvais succès de la trahison, la chute des ambitieux hâtifs, la fin misérable des usurpateurs, la misère des dissensions civiles, et avec quelle rigueur Dieu punit toujours le meurtre. » Certes c'était une idée grandement civilisatrice que celle-là : évoquer sur la scène le passé de la patrie, y ressusciter ses grands hommes, y faire revivre ses gloires et ses douleurs, transformer la plate-forme théâtrale en une chaire d'enseignement populaire ; apprendre aux ignorants mêmes les faits et gestes des générations évanouies, et intéresser la foule à la vie du peuple en lui montrant la morale à travers l'histoire. Dès 1580, le groupe littéraire au milieu duquel avait germé cette idée s'était mis vaillamment à l'œuvre. On s'était partagé la besogne. Et ainsi avaient été successivement produits sur la scène *le Roi Jean*, par un anonyme, *Édouard I*, par George Peele, *Édouard II*, par

Christophe Marlowe, *Édouard III*, par un anonyme, *la Vie et la mort de Jacques Straw* (épisode du règne de Richard II), par un anonyme, *les Fameuses victoires de Henry V*, par un anonyme, l'histoire du règne de *Henry VI* (en trois parties), par des anonymes, *la Tragédie de Richard III*, par un anonyme. On le voit, toutes ces pièces réunies exposaient assez complétement l'ensemble des faits accomplis en Angleterre, du xiiie au xve siècle. Mais, à part l'*Édouard II* de Marlowe, elles étaient d'une telle faiblesse que leur succès ne pouvait durer. Pour qu'une si grande idée fût exécutée, il fallait un grand homme : Shakespeare apparut. Shakespeare était destiné à construire le monument national vaguement ébauché par ses devanciers.

La troupe du lord chambellan, qui comptait parmi ses membres le nouveau venu de Statford-sur-Avon, le chargea de refaire pour les théâtres de *Blackfriars* et du *Globe* la plupart des pièces historiques qui jusque-là avaient occupé la scène anglaise. Le jeune poëte daigna accepter cette mission. Du *Roi Jean* anonyme, publié en 1591, il fit le *Roi Jean* que nous connaissons. Il développa *les Fameuses victoires de Henry V*, représentées en 1588, en trois drames chroniques, *la première partie de Henry IV, la deuxième partie de Henry IV, Henry V*; à l'obscur et informe *Richard III*, publié par Thomas Creede, en 1591, il substitua son illustre *Richard III*. Il remania légèrement *la Pièce historique du roi Henry VI*, mentionnée par Nashe dès 1591, et cette pièce devint, dans l'in-folio de 1623, *la Première Partie de Henry VI*. Enfin il retoucha à deux reprises successives le drame en deux parties qui avait pour sujet principal *la Guerre des deux Roses*, et ce drame, ainsi transformé, fit, dans l'in-folio de 1623, *la Seconde et la Troisième Partie de Henry VI*.

De qui était ce drame en deux parties, revisé par Shakespeare? Ici les opinions varient, et la critique se divise. Suivant la conjecture de Malone, appuyée par M. Hallam, il devait être de Marlowe ; selon M. Collier, il devait être de Greene. Cette dernière hypothèse me semble de beaucoup la plus plausible. Dans ce qui nous est parvenu du drame primitif, il m'est impossible de reconnaître le style grandiloque et outré qui caractérise le talent de Marlowe; j'y retrouve, en revanche, cette platitude pédentesque, cette poésie prosaïquement érudite, qui distingue la manière de Greene. A l'appui de cette opinion. M. Collier signale un détail digne d'être noté. Dans le texte primitif, tel que nous l'a transmis partiellement l'édition de 1595, il est question d'un certain *Abradas, pirate macédonien*. Dans le texte revisé, publié en 1623, cet Abradas est remplacé décidément par *Bargulus, le célèbre pirate illyrien*. Or, cet Abradas, ainsi mis de côté par la révision, était un être imaginaire que Greene avait fait intervenir pour la première fois dans un de ses ouvrages, *la Toile de Pénélope*. Si Greene, comme je le crois avec M. Collier, était l'auteur du *Henry VI* primitif, il était tout simple qu'il rappelât dans cette œuvre un personnage de sa création ; et peut-être la substitution de Bargulus à Abradas, faite si cavalièrement par Shakespeare, n'a-t-elle pas été un des moindres griefs conçus par Greene contre son illustre correcteur. Blessé dans son amour-propre d'auteur par cette révision outrecuidante, Greene devait être tenté de riposter par quelque violente invective. Au surplus, n'était-ce pas chose amère pour ce vétéran du théâtre anglais de voir ses brouillons mis au net par un novice? Et, pour peu que le drame ainsi corrigé eût réussi, ne devait-il pas se croire fondé à revendiquer pour lui le succès obtenu, et à dénoncer comme un indigne plagiaire cet intrus qui, en refaisant son œuvre, l'avait frustré de sa gloire? La rancune de l'offensé, aigrie par le délaissement et par la détresse, ne devait reculer devant aucune exagération de langage. De là les injures qui font explosion dans le *Greatsworth of wit*. A ce pauvre folliculaire abandonné, oublié, disgracié, expirant sur un grabat dans une misérable échoppe, le jeune réformateur, à l'aurore de la renommée et du triomphe, fait l'effet d'un monstre. Shakespeare, pour lui, n'est plus un homme, c'est une bête féroce ; et, pour rendre le trait plus acéré, Greene tire de l'œuvre même, retouchée par Shakespeare, l'imprécation vengeresse dont il poursuit Shakespeare : « Cœur de tigre caché sous la peau d'un comédien ! »

Pourtant les coups de plume donnés à Greene par Shakespeare n'étaient nullement des coups de griffe. Si William avait revu et corrigé le manuscrit d'une pièce appartenant au répertoire de son théâtre, c'était un fait tout simple dont nul ne pouvait alors se scandaliser. La révision par un écrivain de l'ouvrage d'un autre écrivain était un acte parfaitement normal à une époque où les principes les plus élémentaires de la propriété littéraire n'étaient pas même soupçonnés. Au temps d'Élisabeth, l'acquisition du manuscrit donnait tous les droits sur l'ouvrage même. Un théâtre, une fois en possession d'une œuvre dramatique, pouvait la traiter comme sa chose ; il pouvait en user et en abuser ; il pouvait la modifier selon ses convenances, la tronquer, l'allonger, l'abréger, la mutiler, la détruire même. J'ai cité, dans le précédent volume, maints exemples qui le prouvent. Sous ce lamentable régime, une des productions les plus remarquables de la scène anglaise, le *Faust* de Marlowe fut soumis aux plus tristes dégradations ; avant la fin du seizième siècle, ce n'était plus qu'une *pièce à tiroirs* où chaque clown plaçait sa plaisanterie, où chaque dramaturge introduisait son incident, où chaque metteur en scène fourrait son intermède, farce, parade ou pantomime. Si de tels attentats étaient licites, s'il était permis à d'infimes faiseurs de ruiner au gré de leur niaiserie une œuvre estimable entre toutes, certes Shakespeare était bien autorisé à user d'une liberté, alors universellement admise, pour restaurer une composition subalterne. S'il encourait un reproche en entreprenant cette tâche, c'était bien plutôt par un excès d'humilité que par un excès d'arrogance. La gloire à venir du poëte n'avait certes rien à gagner à un concours diminuant. Shakespeare dut retoucher la pièce dont la révision lui était commandée, mais évidemment avec une certaine répugnance. L'homme qui avait conçu *Hamlet* et *Roméo*, et qui déjà rêvait *Othello, le Roi Lear* et *Macbeth*, ne pouvait pas sans ennui se détourner d'un tel idéal pour occuper sa pensée à rendre viable l'opuscule mort-né d'un de ses devanciers. Aussi, quand la besogne fut terminée, quand le moment fut venu de livrer à l'impression le manuscrit corrigé, Shakespeare refusa d'avouer ouvertement ce travail. Chose digne de remarque ! Shakespeare qui devait laisser son nom en tête de toutes ses pièces historiques, publiées de son vivant, *Richard II, la première partie de Henry VI, la seconde partie de Henry VI, Henry V, Richard III*, ne voulut pas signer ce *Henry VI* qu'il avait pourtant retouché. Le drame était divisé en deux parties ; les deux parties furent publiées *sans nom d'auteur* par le libraire Thomas Millington qui les mit successivement en vente, la première en 1594, sous ce titre : « *La première partie de la lutte entre les deux fameuses maisons d'York et de Lancastre, avec la mort du bon duc Homphroy, et le bannissement et la mort du duc de Suffolk, et la fin tragique du fier cardinal de Winchester ; avec la notable rébellion de Jack Cade, et la pre-*

mière *prétention du duc d'York à la couronne ;* » la seconde, en 1595, sous ce titre : « *La vraie tragédie de Richard, duc d'York, et la mort du bon roi Henry sixième, avec toute la lutte entre les deux maisons d'York et de Lancastre.* »

En 1600, nouvelle édition. Les deux parties sont réimprimées par le même éditeur, toujours anonymes. Shakespeare persiste dans sa résolution de ne pas signer l'œuvre retouchée par lui. En 1602, le libraire Thomas Millington transfère à son confrère Thomas Pavier le droit de publier le drame. Voici l'extrait du registre du Stotioners Hall qui constate la cession :

19 avril 1602.

Tho. Pavier. Par transfert de Thomas Millington, salvo jure cujuscumq. La première et la deuxième partie de Henry VI, deux volumes.

Vous le voyez, sur le registre officiel, la pièce est toujours anonyme. Shakespeare n'est pas mentionné. Cependant le temps s'écoule : nous sommes en 1619, trois ans après la mort de notre poëte. Alors le susdit Thomas Pavier risque une réimpression, il publie les deux parties du drame en un seul volume in-quarto auquel il donne le titre étrange que voici : « *Toute la lutte entre les deux fameuses maisons de Lancastre et d'York, avec la fin tragique du bon duc Homphroy, de Richard duc d'York et du roi Henry sixième. Divisé en deux parties. Nouvellement corrigé et augmenté. Écrit par William Shakespeare, gent. Imprimé à Londres pour T. P.*

C'est ainsi que l'impudent libraire exploitait la renommée du poëte sur le tombeau même du poëte. Caché derrière les initiales T. P., Thomas Pavier trahissait frauduleusement l'incognito que Shakespeare avait gardé toute sa vie. Il aggravait par une double imposture cette indiscrétion : il donnait comme *nouvellement corrigé et augmenté* l'ouvrage réimprimé purement et simplement d'après l'édition de 1595, et il faisait entendre que cet ouvrage était tout entier écrit par Shakespeare ! — Cette triste spéculation réussit-elle ? Nous l'ignorons. Toujours est-il que l'annonce mensongère imaginée par Pavier ne pouvait manquer de piquer vivement la curiosité. On savait, en effet, dans le monde des lettres, que Shakespeare avait fait jadis des additions considérables au drame historique publié en 1595 ; mais le manuscrit ayant été scrupuleusement gardé dans les archives du théâtre du *Globe*, ces additions étaient restées inédites ; et le public trompé par Pavier dut attendre, pour les lire, la publication du grand in-folio de 1623.

Enfin la curiosité générale put être satisfaite. Imprimé sous la surveillance des deux comédiens Héminge et Condell, le drame reparut en 1623, tel que l'avait laissé la seconde retouche de Shakespeare, formant *la deuxième et la troisième partie de Henry VI*. Héminge et Condell remplirent-ils les intentions de leur illustre camarade en insérant parmi ses œuvres authentiques un ouvrage qu'il n'avait fait que reviser ? Shakespeare les avait-il autorisés, par quelque instruction spéciale, à attacher définitivement son nom à un travail si longtemps désavoué par lui ? Je ne l'affirmerais pas. Je suis bien plutôt porté à croire que les deux comédiens prirent sur eux la responsabilité de cette publication. Des éditeurs qui n'ont pas hésité d'attribuer à Shakespeare un *Titus Andronicus* que Shakespeare avait à peine retouché, devaient certes se croire fondés à introduire dans son théâtre ce *Henry VI* qu'il avait si largement remanié et qui, d'ailleurs, par la donnée historique, se rattachait logiquement à *Richard III*.

Quoi qu'il en soit, la postérité n'a pas à se plaindre d'une témérité dont elle fait son bénéfice. C'est avec la plus attentive curiosité que la critique moderne a étudié les modifications apportées par la publication de 1623 à l'édition de 1595. D'après le calcul de Malone, le texte de l'in-folio ne conserve du texte de l'in-quarto que dix-sept cent soixante-onze vers ; il en modifie deux mille trois cent soixante-treize, et en ajoute dix-huit cent quatre-vingt-dix-neuf. On voit l'importance de cette modification définitive. Du reste, rien de plus intéressant que de comparer les deux textes ; car, grâce à ce rapprochement, on pénètre les mystères les plus intimes du génie en travail. On surprend le poëte à sa besogne. On l'aperçoit, au fond de son laboratoire, accoudé sur une table, relisant pour la seconde fois ce vieux drame et le rajeunissant, raturant ici un mot, là un hémistiche, plus loin une phrase, écourtant cette partie du dialogue, allongeant cette autre, transposant telle scène, et, partout où passe sa plume, comblant une lacune, atténuant une laideur, réparant une faiblesse, créant une beauté.

Suivons un moment le correcteur à travers sa tâche. Tenez. Il relit la scène où le duc de Suffolk, exilé par Henry VI, se sépare de la reine. Cet adieu du favori à sa maîtresse, dans l'ouvrage primitif, n'est-il pas bien bref et bien froid ?

SUFFOLK, à Marguerite.

Ainsi le pauvre Suffolk est dix fois banni : — une fois par le roi et neuf fois par toi. (*Texte de* 1595).

Le poëte veut avec raison que Suffolk soit plus passionné, et vite il lui fait ajouter ces paroles :

SUFFOLK, continuant.

— Peu m'importerait ce pays si tu n'y étais plus ! — Un désert serait assez peuplé, — si Suffolk y avait ta céleste compagnie. — Car là où tu es, est le monde, — et là où tu n'es pas, est la désolation !

(*Texte de* 1623).

Passons à une autre scène, cette célèbre scène où le cardinal de Beaufort, complice de l'assassinat du duc de Glocester, agonise, hanté par le spectre de l'assassiné. Le roi Henry, Salisbury et Warwick, penchés sur le chevet du moribond, recueillent ses derniers murmures :

LE CARDINAL.

— Quoi! n'est-il pas mort dans son lit? — Que vouliez-vous donc que je fisse? — Puis-je faire vivre les gens bon gré mal gré?... — L'ami, va me chercher le poison que m'a envoyé l'apothicaire... — Oh! voyez le spectre du duc Homphroy qui se dresse — et me regarde en face! Voyez, voyez! Relissez ses cheveux! — Tenez, le voilà reparti... Oh! oh! oh!

(*Texte de* 1595).

Certes il y a de la terreur dans ce monologue abrupt et incohérent. Mais quelle grandeur sinistre lui ajoute la retouche que voici!

LE CARDINAL.

— Faites-moi mon procès quand vous voudrez. — N'est-il pas mort dans son lit? Où devait-il mourir? — Puis-je faire vivre les gens bon gré mal gré?... — Oh! ne me torturez pas, j'avouerai. — Encore vivant! Alors montrez-moi où il est. — Je donnerai mille livres pour le voir. — Il n'a pas d'yeux... La poussière l'a aveuglé. — Relissez ses cheveux. Voyez! voyez! ils se dressent — comme des gluaux tendus pour attraper mon âme au vol!... — Donnez-moi à boire et dites à l'apothicaire — d'apporter le poison violent que j'ai acheté de lui.

(*Texte de* 1623).

Tout Shakespeare est dans ce trait nouveau et surprenant : *Relissez ses cheveux! voyez! voyez! ils se dressent comme des gluaux tendus pour attraper mon âme au vol!* — Observons encore. Aussi bien le poëte arrive à la fin de sa tâche : il relit une des dernières scènes, celle où Warwick, frappé à mort, se traîne sur le champ de bataille de Barnet. Un des compagnons d'armes du Faiseur de rois l'adjure de fuir et lui promet de nouveaux succès, s'il consent à se retirer.

WARWICK.

— Alors même je ne fuirais pas, pas plus qu'en ce moment. — Mais

Hercule lui-même doit succomber sous le nombre. — Les coups nombreux que jai reçus et les coups plus nombreux que j'ai rendus — ont enlevé leur énergie à mes membres robustes ; — et, en dépit de mes dépits, je dois céder à la mort. *(Texte de* 1595).

Rien de moins pathétique et de plus faux que cette réponse de l'homme de guerre féodal se comparant, au moment d'expirer, à un demi-dieu de l'antiquité. Ici le mauvais est irrémédiable ; il n'y a pas lieu à correction, mais à suppression. Aussi Shakespeare n'hésite pas, il rature d'un trait de plume la phrase malencontreuse; et, au lieu de ces paroles pédantesques, il fait proférer à Warwick un cri du cœur. Ce n'est plus à Hercule que songe le mourant, c'est à son bien-aimé frère tombé, comme lui, sur le champ de bataille. Warwick ignore que Montague a succombé, et il lui adresse ce touchant appel :

WARWICK.

— Alors même je ne fuirais pas... Ah! Montague! — Si tu es là, frère bien-aimé, prends ma main, — et sous tes lèvres retiens un moment mon âme !... Tu ne m'aimes pas ; car, si tu m'aimais, frère, — tes larmes auraient déjà lavé les caillots de sang — qui collent mes lèvres et m'empêchent de parler!... — Viens vite, Montague, ou je suis mort.

(Texte de 1623.)

Nous pourrions prolonger la comparaison ; mais les extraits qui viennent d'être rapprochés suffiront à édifier le lecteur sur la valeur du travail de rénovation accompli par Shakespeare. Pourtant, si efficace qu'ait été ce travail, il n'a pu élever *Henry VI* à la hauteur des œuvres entièrement composées par le maître. Bien des fautes, bien des faiblesses, bien des négligences ont échappé à une révision malheureusement incomplète. L'ouvrage, n'ayant été que partiellement remanié, nous choque par de fatales disparates de style. Les belles scènes que le maître a refaites contrastent péniblement avec les scènes médiocres qu'il a laissées subsister. Ses retouches font ressortir, par leur éclat même, la pauvreté du tableau primitif. Il y a d'ailleurs dans *Henry VI* un défaut incorrigible : c'est le défaut même du plan. *Henry VI* n'est pas un drame, c'est une série d'épisodes dramatiques, commençant arbitrairement, finissant arbitrairement. Vous ne retrouvez plus ici, comme dans la savante composition de *Henry IV*, deux actions parallèles, l'une comique, l'autre tragique, qui s'équilibrent, se commentent, se reflètent, s'éclairent et se fondent enfin dans cette unité suprême, l'unité d'impression. A bien compter, il y a, dans la deuxième et dans la troisième partie de *Henry VI*, au moins quatre actions distinctes, qui commencent et s'achèvent tour à tour sur la scène sans se tenir autrement que par le lien de succession chronologique. La première action a pour dénoûment la triple mort du duc de Glocester, du cardinal de Winchester et du duc de Suffolk; la seconde, vraie tragi-comédie, a pour conclusion la chute de Jack Cade; la troisième a pour catastrophe la mort du duc d'York; la quatrième a pour terminaison la mort de Wawick et le double meurtre du prince de Galles et de Henry VI. Mais quel rapport essentiel y a-t-il entre tous ces épisodes successifs? Où en est la nécessité intrinsèque? Quelle est l'impression unique qui s'en dégage? Je vois bien une série d'incidents rapides, souvent émouvants, amusants, pathétiques; mais quelle en est l'idée suprême? Je vois bien la variété, mais où est l'unité? Les scènes qui se déroulent ici devant moi m'apparaissent comme des chapitres détachés capricieusement d'un livre historique. L'intérêt qu'elles offrent est l'intérêt même de la chronique; sauf dans la création du rôle de Richard de Glocester, l'imagination du poëte n'a ajouté que peu de chose au récit des annalistes. Ce drame n'est guère que l'histoire mise en dialogue; et, pour connaître l'un, il suffit presque de relire l'autre.

Henry de Lancastre, couronné roi d'Angleterre en l'an 1422, descendait de Jean de Gand, *quatrième* fils d'Édouard III. Richard d'York, fils du comte de Cambridge, décapité sous Henry V, et d'Anne Mortimer, descendait du duc de Clarence, *troisième* fils du même Édouard III. Cette distinction, aujourd'hui bien oubliée, entre le *troisième* et le *Quatrième* enfant du vainqueur de Crécy, suffit pour bouleverser toute l'Angleterre pendant plus d'un quart de siècle. Ceux qui tenaient pour Lancastre mirent une rose rouge à leur chapeau ; ceux qui tenaient pour York y mirent une rose blanche, et la guerre des Deux Roses éclata.

La guerre des Deux Roses ! Ce titre, qui fait songer à la rivalité gracieuse de deux corolles et de deux parfums, désigne la plus effroyable crise sociale que jamais peuple ait traversée ; il résume trente années de désordres, de luttes, de déchirements, de discordes, de désolation, de pillage, de massacre, d'extermination. Si ténébreux sont ces temps lugubres que l'historien n'y voit plus clair. Hume avoue que, depuis la conquête de l'Angleterre par les Normands, il n'existe pas d'époque plus obscure. Le narrateur s'égare dans ce dédale de tueries. Il se heurte continuellement à des incidents sombres qu'aucune logique n'éclaire. A la vague lueur des chroniques douteuses, il finit pourtant par distinguer seize effrayants chocs d'hommes : (1455) première bataille de Saint-Albans, 5,641 morts ; (1459) bataille de Bloarheath, 2,411 morts ; (1460) bataille de Northampton, 1,035 morts ; bataille de Wakefield, 2,801 morts ; (1461) bataille de Mortimer's Cross, 3,800 morts ; seconde bataille de Saint-Albans, 2,303 morts ; combat de Ferrybridge, 230 morts ; bataille de Towton, 37,046 morts ; (1463) combat de Hedgeley Moor, 108 morts ; bataille d'Hexham, 2,024 morts ; (1469) bataille de Hedgecote,

5,009 morts; bataille de Stamford, 10,000 morts; (1471) bataille de Barnet, 10,300 morts; bataille de Tewkesbury, 3,032 morts; (1485) bataille de Bosworth, 4,013 morts. — A la seule bataille de Towton, il y a plus d'Anglais tués que dans les sept batailles modernes de Vimiera, de Talavera, d'Albuera, de Salamanca, de Vittoria et de Waterloo réunies. Durant cette guerre trentenaire, quatre-vingts princes du sang disparaissent; dans les maisons presque royales de Somerset et de Warwick, les membres des deux générations meurent tous de mort violente; presque toutes les familles seigneuriales, perpétuées depuis la conquête, s'éteignent; la vieille aristocratie féodale est anéantie. Cette guerre des Deux Roses est une guerre forcenée, faite à coups de hache autant qu'à coups de lance. La loyauté chevaleresque a disparu. Tous les combats se couronnent par des boucheries. Pas de rançon, pas de quartier. On achève les blessés, on égorge les prisonniers. A la première bataille de Saint-Albans, le duc d'York tue lord Clifford; après la bataille de Wakefield, le fils de lord Clifford poignarde de sang-froid le fils du duc d'York, Rutland, un adolescent de dix-sept ans. Telles sont ces représailles. La furie meurtrière provoque l'atrocité flegmatique. La victoire est souillée de lâchetés. Les nobles passions s'en sont allées : l'amour de la famille et l'amour de la patrie. Les cousins s'entre-égorgent. Dans le désordre des mêlées, le fils tue le père, le père tue le fils. Les villes sont désolées, les campagnes sont désertes. La terre, n'étant plus cultivée, est devenue sauvage autant que l'âme humaine. Tous les cœurs sont aguerris à la férocité. Les instincts les plus doux ont fait place aux impulsions les plus brutales. Une seule affection primordiale subsiste encore, mais à l'état fauve : la femme aime son enfant, comme la louve aime son petit.

Marguerite d'Anjou apparaît ici comme le type royal de cette maternité farouche. — Cette princesse, coupable de tant de forfaits historiques, — si horrible quand elle complote avec son amant Suffolk l'étrange apoplexie dont doit être foudroyé son oncle Glocester, — si odieuse quand elle promet à ses partisans le pillage de Londres révoltée, et quand elle préside elle-même à l'incendie de Saint-Albans, — si atroce quand elle soufflette la tête sanglante du duc d'York, et quand, pour lui donner un pendant, elle fait sauter la tête du captif Salisbury, — cette reine, effroyable comme femme, est sublime comme mère. Aucun obstacle ne fait reculer son héroïsme maternel. Après la défaite de Saint-Albans, après la déroute de Northampton, quand la Rose Rouge semble à jamais écrasée, quand la royauté de Lancastre, — cette royauté révolutionnaire fondée par l'habileté de Henry IV et consacrée par le génie de Henry V, — a été condamnée solennellement par Henry VI, quand en plein parlement le roi imbécile a déshérité son fils au profit de son rival, le duc d'York, Marguerite s'indigne et proteste. Elle réclame pour son enfant la couronne splendide qu'a dorée la victoire d'Azincourt ; et, pour la lui restituer, elle s'improvise guerrière. Le succès répond d'abord à son audace : elle triomphe à Wakefield, mais la maison d'York, décapitée un moment par la mort du duc, se redresse avec Édouard IV, deux fois victorieux à Towton et à Exham. N'importe ! La royale mère ne se soumet pas à ce double jugement de Dieu. Poursuivie après le combat, elle se jette à travers la terrible forêt d'Exham, traînant son fils par la main. Au détour d'une route, un bandit s'avance contre elle l'épée nue : « Tenez, mon ami, lui dit-elle impassible, je vous confie l'enfant de votre roi. » Et le brigand, attendri brusquement par ce trait sublime, devient le guide des fugitifs. Marguerite parvient ainsi en Écosse. Elle n'a plus de soldats, plus de partisans, plus d'alliés. Il faut aller chercher tout cela, et la voilà qui s'embarque avec son fils pour le continent. Une tempête la jette sur les terres de son ennemi le duc de Bourgogne; elle ne s'effraie pas, va droit au Téméraire et le désarme par la majesté de sa détresse. De Bourgogne, avec le sauf-conduit du malheur, elle passe en France; elle pénètre jusqu'à Louis XI et fléchit cet inflexible. Quel miracle alors n'accomplira-t-elle pas? Elle s'adresse à Warwick, à ce Warwick qui a détrôné son mari, et de cet implacable adversaire elle se fait un allié! — Alors a lieu la tentative suprême. Warwick, heureux à Nottingham, succombe à Barnet par la défection de Clarence. Marguerite ne désespère pas encore; elle débarque à Weymouth après une lutte de seize jours contre l'ouragan, improvise une armée en courant, et se dirige sur la Severne pour y faire sa jonction avec Jaspar Tudor. Mais Édouard IV lui barre, à Tewkesbury, le passage de la rivière. C'est le samedi 4 mai 1471. Il faut que Marguerite combatte, avec des forces inférieures, épuisées par des marches forcées, un ennemi dispos et triomphant. Marguerite se multiplie; elle passe au galop devant les lignes de son armée; elle harangue ses soldats, elle les ranime, elle leur promet les récompenses, les promotions, un butin immense, s'ils réussissent, et se place avec son fils à l'avant-garde. Mais la trahison est déjà postée à l'arrière-garde. Tandis que Marguerite soutient le premier choc, sa réserve, commandée par Wenlock, se dissout derrière elle. La bataille est perdue; la Rose Blanche l'emporte; et, pour achever la victoire, les princes de la maison d'York, sur un signe d'Édouard, poignardent le dernier prince de la maison de Lancastre. — L'assassinat du prince de Galles fut la fin de Marguerite. Le coup qui avait frappé le fils brisa la mère. N'ayant plus son enfant, elle n'eut plus de courage, elle n'eut plus de force, elle n'eut plus d'ambition, elle n'eut plus de volonté. Elle renonça à la lutte, à l'empire, à la vie ; elle quitta l'Angleterre, et s'en vint agoniser en France, chez son père, le roi René. Ceux qui la virent dans sa retraite du château de Reculée, ne reconnurent plus la magnifique reine d'autrefois. Elle n'avait pas cinquante ans et elle était décrépite. Ses cheveux étaient tout blancs ; ses yeux, si vifs et si étincelants jadis, étaient creux et ternes ; ses paupières étaient sanglantes ; ses joues étaient livides ; une lèpre hideuse lui rongeait les mains et la face ; et cette femme, qui avait dû un trône à sa beauté, n'était plus qu'un spectre effrayant. Elle mourut ainsi, pleuran toujours son fils assassiné, affaissée sur elle-même, ulcérée de souffrance, recluse dans le deuil, sachette de son désespoir.

Toute la grandeur possible à cette lugubre époque est résumée dans Marguerite d'Anjou. L'épopée n'offre rien de plus étonnant que cette figure historique. Elle est souverainement formidable et superbe, cette mère qui brave toutes les disgrâces, défie tous les périls, affronte tous les sacrifices ; qui, à chaque revers, répond par un nouvel effort ; que rien n'épouvante, ni la terreur des ouragans, ni l'horreur des champs de bataille ; que rien ne rebute, ni la révolte des peuples, ni la résistance de Dieu; qui se défend par tous les forfaits, qui fait arme de tout crime, et qui ne s'arrête épuisée que quand elle a perdu son enfant. Dans sa détresse maternelle, Marguerite a la majesté immense de l'Hécube antique. Shakespeare ne pouvait pas ne pas être frappé d'une telle grandeur ; et voilà pourquoi, usant de son droit souverain de poëte, il a prolongé au delà des limites tracées par l'histoire le rôle de cette prodigieuse héroïne. Grâce à un admirable anachronisme, Marguerite doit reparaître dans *Richard III*.

C'est là que son caractère, amoindri dans *Henry VI* par les détails de sa rivalité avec la duchesse de Glocester et de ses intrigues avec Suffolk, doit reprendre toute sa hauteur. Évoquée par le poëte, la mère du prince de Galles assassiné revient comme le fantôme des représailles dans le palais où commandent ses ennemis victorieux. Elle traverse, trouble-fête sinistre, leur insolent triomphe; elle jette sur leur orgie stupéfaite l'anathème de sa désolation sépulcrale. Sa parole, exaltée par la douleur, a la portée d'un oracle inéluctable. Pythonisse de la maternité en deuil, elle menace, et sa menace est un projectile. Elle vise, les uns après les autres, ses adversaires qui la raillent, et les frappe successivement d'une imprécation meurtrière. Elle maudit Édouard IV, et Édouard IV mourra de débauche; elle maudit Clarence, et Clarence mourra assassiné; elle maudit Hastings, Dorset, Grey et Rivers, et Hastings et Dorset et Grey et Rivers mourront décapités; elle maudit les enfants d'Édouard, et les enfants d'Édouard mourront étranglés; elle maudit Buckingham, et Buckingham aura la tête tranchée; elle maudit Richard III, et Richard III tombera sur le champ de bataille! Grandie par la fiction du génie, Marguerite devient ainsi l'infaillible arbitre des événements futurs. D'un mot elle décide des existences, elle détermine les catastrophes, elle arrête les dénoûments. Cette mère, dont la vie n'a été qu'une longue impuissance, est investie par Shakespeare d'une omnipotence providentielle : elle dispose de l'avenir, de l'inconnu, de la destinée, de la tombe, du ciel et de l'enfer. Pour qu'elle puisse venger son fils, le poëte a mis à ses ordres l'éternité.

Marguerite est l'âme de la maison de Lancastre. Richard III est le génie de la maison d'York.

En revisant *Henry VI*, Shakespeare s'est attaché à établir une sorte d'équilibre entre ces deux personnages rivaux, Marguerite d'Anjou, Richard de Glocester. Dans cette pensée, il a exagéré le rôle de l'un, comme il a exalté le rôle de l'autre. L'indomptable énergie qui anime celle-là pour la cause de la Rose Rouge, stimule celui-ci en faveur de la Rose Blanche. Des deux parts même activité, même émulation, même acharnement. Ainsi que Marguerite, Richard est le chef de son parti. En même temps que Marguerite donne le mot d'ordre à la résistance, Richard donne le signal de l'attaque. La guerre des Deux Roses n'est qu'un long duel entre ces deux forces contraires.

Shakespeare a dû sacrifier ici la vérité historique à la pensée dramatique. Historiquement, Richard n'a pas été le rival de Marguerite d'Anjou, à peine a-t-il été son contemporain ; il n'avait que trois ans, en 1455, quand fut livrée la première bataille de Saint-Albans, qui commença la guerre, et il n'avait que dix-neuf ans, en 1471, quand eut lieu la bataille de Wakefield, qui la termina. Le poëte a donc fait violence à l'histoire, quand, antidatant l'acte de naissance de son personnage, il nous l'a montré, dans cette première bataille de Saint-Albans, tuant de sa propre main Somerset, général en chef lancastrien, puis, en 1461, à la bataille de Towton, vengeant Rutland assassiné sur l'assassin Clifford ; enfin, en 1470, délivrant son frère Édouard IV, prisonnier de l'évêque d'York.

Mais tous ces anachrosismes, qui choqueront peut-être les pédants, étaient imposés à Shakespeare par son œuvre. C'est grâce à ces erreurs que le caractère de Richard acquiert sa vraisemblance dramatique. C'est par cette légende qu'est expliquée la nature du futur usurpateur. Dans *Henry VI*, Richard est le conseiller de son père, le duc d'York, le libérateur de son frère Édouard IV, le sauveur de sa maison. C'est par lui que tous les succès sont obtenus, que toutes les fautes sont réparées. Richard semble façonner à sa guise les événements. De là cette confiance démesurée qui stimule son immense ambition. A force de réussir, il finit par ne plus croire aux obstacles ; il ne doute plus de son effroyable avenir, il le prépare, il l'appelle. Il s'est fixé un but : il l'atteindra : « Eh quoi ! je puis sourire et tuer en souriant ; je puis mouiller mes joues de larmes factices et accommoder mon visage à toute occasion ; je suis capable de noyer plus de marins que la sirène, de lancer plus de regards meurtriers que le basilic, de faire l'orateur aussi bien que Nestor, de tromper avec plus d'art qu'Ulysse, et comme Sinon de prendre une autre Troie ; je puis prêter des couleurs au caméléon, changer de forme mieux que Protée, et envoyer à l'école le sanguinaire Machiavel ; je puis faire tout cela, et je ne pourrais pas gagner une couronne ! Bah ! fût-elle encore plus loin, je mettrai la main dessus. »

Tout en démasquant ainsi le côté terrible du caractère de Richard, *Henry VI* en fait entrevoir le côté comique. Des railleries lancées çà et là brillent comme les premiers éclairs d'une ironie qui doit devenir foudroyante. La nature de Richard apparaît déjà comme l'étonnant amalgame du grotesque et du tragique. La drôlerie, saillante aux yeux par la difformité de son corps, jaillit de son esprit en burlesques boutades. Il fait rire en faisant trembler. Ce prince, formidable entre les princes, a l'entrain narquois d'un fou de cour. Il joue avec le sceptre comme avec une marotte, riant sous cape du forfait qu'il va commettre, raillant la victime qu'il va frapper. Sa funeste infaillibilité entretient sa bonne humeur diabolique. C'est avec un ricanement infernal que Richard se dit à lui-même : « Je n'ai pas de frère, moi, je suis unique, *I have no brother, I am myself alone.* » Il se sonde, il se consulte, et il reconnaît avec une satisfaction cynique qu'aucune tendresse ne palpite en lui ; désormais, sûr d'être sans scrupule comme sans remords, il savoure en imagination le succès que son manque de cœur lui promet.

Ce succès d'ailleurs est assuré par la force des choses. Richard est porté au pouvoir, non-seulement par l'impassibilité de son génie, mais encore et surtout par l'irrésistible logique des temps. Son avénement est la conclusion nécessaire d'une crise sociale où ont été engloutis les éléments les plus purs et les plus généreux de la civilisation, les qualités les plus essentielles, les vertus les plus nécessaires de l'humanité. Tous les instincts néfastes, tous les appétits féroces, tous les vices, toutes les vilenies, toutes les fourberies, toutes les turpitudes qu'à fait prévaloir l'épouvantable guerre des Deux Roses, doivent être couronnés avec Richard et régner avec lui. Une telle anarchie devait aboutir à une telle dictature. A cette génération monstrueuse il fallait ce monstrueux bourreau.

II

Le critique qui veut apprécier impartialement une œuvre composée sous un gouvernement tyrannique, doit toujours tenir compte de l'influence qu'a pu exercer ce gouvernement sur la conception même de cette œuvre. Le despotisme en effet n'entrave pas seulement la liberté civile et la liberté politique, il circonscrit la liberté morale, la liberté de la conscience, la liberté de la pensée. Le despotisme gêne les opérations les plus délicates et les plus subtiles de l'esprit. Il met l'insaisissable imagination elle-même sous la surveillance de sa haute police. Il arrête et charge de chaînes l'idéal.

L'écrivain le plus indépendant et le plus audacieux,

sous un régime tyrannique, est, à chaque instant, retenu dans l'expression de ses idées ; telle belle parole lui est défendue, elle serait un outrage. Un sujet d'ouvrage se présente ; ce sujet est émouvant, pathétique, intéressant, généreux, fécond, séduisant ; oui, mais il est dangereux, mais il éveillera peut-être par sa nature même l'ombrageuse inquiétude du pouvoir, mais il pourrait bien envoyer coucher à la Tour ou à la Bastille le téméraire qui l'adopterait. Que faire alors ? Ou l'auteur devra renoncer à ce sujet ; ou, s'il le traite, il devra recourir à mille tempéraments de forme, à mille précautions de style ; il devra éviter telle situation, s'abstenir de tel développement, atténuer ceci, élaguer cela, substituer ce mot à cet autre, ruser à chaque instant avec son inspiration, déguiser son idée, fausser son œuvre. Qui pourra dire à quelles capitulations de conscience l'ancien régime a forcé les plus mâles talents de notre littérature ? *Tartuffe* aurait-il eu l'étrange dénoûment qui le termine, s'il n'avait pas fallu acheter par un compliment final la toute-puissante protection de Louis XIV ? Voltaire aurait-il pu défendre Calas s'il n'avait flagorné Louis XV ? — Après la révolution française, quand tant de droits ont été reconquis, — chose triste à dire ! — l'art n'a pas recouvré son entière franchise ; il a pu être plus indépendant, il n'a guère été plus libre. La censure, perpétuée successivement par tous les gouvernements, n'a pas cessé de surveiller et de régir le théâtre. En 93, elle n'admettait que des pièces républicaines ; sous l'empire, elle ne recevait que des pièces impérialistes ; après 1815, elle ne voulait que des pièces ultrà-royalistes, et tel était l'aveuglement de son fanatisme que l'introduction d'un Bourbon sur la scène lui paraissait un attentat à la majesté du droit divin, et qu'elle prétendait faire respecter Louis XIII en interdisant *Marion de Lorme*. Après 1830, à peine échappée des barricades, elle rentrait au théâtre avec toute la rigueur de la pruderie doctrinaire ; plus que jamais susceptible, elle se scandalisait au nom des Valois comme naguère en l'honneur des Bourbons, et elle prohibait *le Roi s'amuse* pour protéger la vertu de François Ier.

Si, de nos jours, sous un gouvernement constitutionnel, l'art a pu rencontrer de tels obstacles ; si, pour avoir montré dans sa réalité historique un prince appartenant à une dynastie éteinte depuis longtemps, un auteur moderne a pu voir son œuvre frappée d'un arrêt de proscription, à quels périls n'était pas exposé l'écrivain qui, sous la monarchie la plus despotique, tentait de faire figurer au théâtre un roi presque contemporain ! Si en France, après 1830, il y avait témérité à prendre pour personnage François Ier, mort depuis près de trois cents ans, combien était hardi le poëte anglais qui, au commencement du dix-septième siècle, tentait de mettre en scène Henry VIII, mort depuis soixante ans à peine ! Quelle audace n'y avait-il pas à exhiber sur des tréteaux ce formidable Tudor que les vieillards tremblants se rappelaient avoir vu, et dont la tyrannie était encore l'épouvante de toutes les mémoires !

Les générations modernes sont à leur aise pour juger Henry VIII ; elles peuvent impunément apprécier ses actes, qualifier ses vices, énumérer ses crimes ; elles peuvent compter les gibets qu'il a élevés, les échafauds qu'il a dressés, les bûchers qu'il a allumés ; elles peuvent plaindre toutes ses victimes ; elles peuvent pleurer sur toutes les têtes illustres, vénérables et charmantes qu'il a fait tomber ; elles peuvent montrer au doigt ce Barbe-Bleue couronné qui dévora six femmes ; elles peuvent exposer dans sa turpitude repoussante ce monarque goutteux, à l'œil stupide, à la face bouffie et luisante, tuméfié par le bien-être bestial, cloué par l'obésité sur la chaise percée impériale, brusque, violent, infatué, irascible par pédanterie, implacable par dévotion, effroyable en conscience, priant, sermonnant, blasphémant, écumant, et content de lui-même. Mais, au temps de Shakespeare, on n'était pas libre de voir ainsi Henry VIII. Chacun pouvait rappeler ses actes, mais sous peine de les louer. Un historien, bien souvent consulté par Shakespeare, le chroniqueur Hall, ayant raconté le règne du second des Tudors, dut l'intituler : *Le règne triomphant du roi Henry VIII. The triumphing reign of King Henry the Eight.* Henri VIII n'était-il pas le père de la reine Élisabeth marraine du roi Jacques Ier? Bien osé eût été l'annaliste qui eût hasardé un murmure contre ce personnage sacré. Alors, pour tous, Henry VIII était et devait être un prince sage, habile, pieux, savant et éclairé. Henry VIII n'avait-il pas détruit les repaires de la superstition en sécularisant les couvents catholiques? N'avait-il pas renversé les idoles, en confisquant les châsses des madones et des saints? N'avait-il pas fixé les vrais principes du dogme en modifiant le catéchisme papiste? N'avait-il pas, en proclamant la suprématie de la royauté en matière religieuse, soustrait l'Angleterre à la domination odieuse de la cour de Rome, et fondé l'Église nationale en chassant l'étranger? Que de bienfaits! Que de titres à la reconnaissance publique! Les contemporains de Shakespeare eussent été en vérité bien ingrats de ne pas aimer un tel prince! Ils devaient vénérer en lui le libérateur de la patrie, le défenseur de la foi, l'antagoniste triomphant de l'idolâtrie, le vainqueur de la Babylone romaine, le modérateur de l'hérésie, l'orthodoxie régnante! Le gouvernement de Henry VIII était inattaquable. Critiquer ce gouvernement, c'était critiquer la monarchie dans son essence. Henry VIII n'était pas seulement le fils auguste du vainqueur de Bosworth, il était le premier des papes-rois. Il était le créateur de ce pontificat suprême qui confondait désormais la couronne avec la tiare et que les Tudors venaient de léguer aux Stuarts. — Henry VIII était le saint Pierre de l'anglicanisme.

Cependant, au commencement du dix-septième siècle, Shakespeare eut une pensée aussi généreuse que hardie : il voulut exposer à la lumière éclatante du théâtre les faits sombres, relégués dans les chroniques, qui avaient été l'occasion, sinon la cause, de la réforme religieuse récemment opérée dans son pays. Il entreprit de rappeler à ses contemporains complaisamment oublieux l'origine mystérieuse de ce grand coup d'État qui avait transformé la monarchie britannique en théocratie.

Cette autonomie religieuse dont l'Angleterre était si fière, à quoi la devait-elle ? A la préméditation d'un sage ? Non. A une fantaisie de tyran. Le roi Henry VIII s'était jadis épris de lady Anne de Boleyn, et ce caprice, contrarié par la cour de Rome, avait à jamais brouillé l'Angleterre avec la cour de Rome ; de ce caprice datait la révolution sociale qui avait transformé la Grande-Bretagne catholique en puissance protestante ; à ce caprice, des millions d'âmes devaient une liturgie nouvelle, une foi nouvelle, une Église nouvelle, un Dieu nouveau. C'est donc le récit de ce caprice que Shakespeare tenta de développer sur la scène. Il choisit, pour en faire un drame, la donnée la plus délicate et la plus scabreuse que pût lui offrir l'histoire de son pays. En abordant un pareil sujet, l'auteur s'exposait à soulever toutes les colères du pouvoir ; car il mettait en question le régime existant en insistant sur le crime domestique qui avait inauguré ce régime. Pour épouser Anne de Boleyn, Henry VIII avait répudié Catherine d'Aragon ; il avait déclaré bâtarde la fille qu'il avait eue d'elle, il avait banni Catherine de la cour, il l'avait reléguée dans un château-fort où elle était morte de douleur et de délaissement; afin de satisfaire une passion d'un jour, Henry avait déshonoré, dégradé, dépouillé, torturé et tué lentement la loyale et chaste femme qui avait été sa compagne pendant vingt ans. Comment donc raconter ce forfait royal sans provoquer les rigueurs de la censure monarchique? Là était la difficulté. D'un côté, il était impossible de développer le drame sans jeter l'odieux sur le caractère sacré de Henry VIII; d'un autre côté, il était impossible d'attaquer la mémoire de Henri VIII sans compromettre le drame lui-même. Problème redoutable à résoudre. C'est ici que le poëte était obligé de ruser avec son idée. Un sujet si périlleux ne pouvait être traité qu'avec une extrême précaution. Shakespeare se borna donc à mettre en évidence la vérité en laissant le spectateur en tirer la conclusion. Ne pouvant flétrir directement Henry VIII, il dut s'abstenir de tout reproche verbal, mais cette flétrissure, interdite à la parole, il la mit dans l'action. Il chargea les faits de déposer contre le despote. C'est par le crime même qu'il fit condamner le criminel.

Dans l'œuvre que composa alors Shakespeare, vous ne retrouverez donc pas l'éclatante indignation qui retentit ailleurs contre les tyrans, contre Macbeth, contre le roi Jean, contre Richard III. Mais la réprobation, pour être muette, n'en est pas moins profonde. Le caractère de Henry VIII ressort partout de sa conduite même. Chaque geste qu'il fait le dénonce. Tous ses actes décèlent cette nature lâche, ombrageuse, versatile, sensuelle, frivole, hypocrite, cruelle.

Le drame a pour prologue un supplice. Sur un simple soupçon, le roi fait arrêter et mettre en jugement le duc de Buckingham. En vain l'évidence et le bon sens mettent à néant l'absurde déposition d'un témoin payé par les ennemis du duc; en vain l'accusé proteste de son innocence; en vain la bonne reine elle-même intercède pour lui. Henry est inexorable; il ne peut pardonner à Buckingham de lui avoir fait peur. Buckingham est condamné. Le roi refuse de révoquer l'arrêt de mort, et quitte le tribunal pour aller danser chez le cardinal Wolsey. — Que dites-vous de cette mascarade placée tout exprès par le poëte la veille de l'exécution? Quelle amère critique du despotisme que le brusque rapprochement de ces deux scènes? Demain un des plus loyaux serviteurs du roi, un des plus grands personnages du royaume, le duc de Buckingham, connétable d'Angleterre, doit être pendu haut et court, et aujourd'hui le roi se déguise en berger! Le gala, du reste, sera magnifique. Le peuple, que le roi reprochait tout à l'heure au cardinal de trop pressurer, fait les frais de cette fête donnée par le cardinal en l'honneur du roi. Déjà le palais d'York resplendit de lumières; les hautbois jouent et offrent aux invités la bienvenue de leur symphonie. Voici paraître, au milieu d'un essaim joyeux de jolies femmes, la ravissante lady Anne de Boleyn. L'arrivée de ces dames est saluée par les exclamations joyeuses d'un groupe de seigneurs.

— Ah! dit sir Thomas Lowell à lord Sands, si votre seigneurie était pour le moment confesseur d'une ou deux d'entre elles!

— Je le voudrais, répond Sands, je leur ferais subir une pénitence bien douce.

— Douce! comment?

— Aussi douce que peut la faire un lit de plume.

Si la conversation en est là avant le souper, où en sera-t-elle après? Les convives prennent place autour de la table splendidement servie. Lady Anne feint de vouloir se mettre à côté d'une de ses amies, mais le lord chambellan s'y oppose :

— Vous aller geler! deux femmes l'une près de l'autre, c'est glacé !

Et, pour réchauffer lady Anne, il fait asseoir lord Sands auprès d'elle. Sands va vite en besogne; à peine a-t-il échangé quelques paroles avec sa belle voisine qu'il la prend par la taille et l'embrasse. Mais lady Anne ne se scandalise pas pour si peu :

— Vous êtes un joyeux joueur, milord Sands!

— Oui, quand je peux choisir mon jeu.

Et la causerie continue sur ce ton. Les mots vifs, les demi-mots licencieux, les équivoques grivoises prolongent un dialogue de carnaval. Cependant une fanfare éclatante couvre toutes ces folles paroles. Le roy Henry VIII, en costume de berger, une houlettte à la main, paraît escorté de douze seigneurs travestis comme lui. Le bal succède au souper. Henry, qui ne connaissait pas lady Anne, est frappé subitement de sa beauté; il l'enlève à lord Sands, et l'entraîne dans le tourbillon de la danse.

— Voilà la plus jolie main que j'aie jamais touchée, s'écrie-t-il! O beauté, jusqu'ici je ne t'avais pas connue!

Le pas terminé, le roi, tout enamouré de sa danseuse, demande au lord chambellan comment elle se nomme. Le chambellan répond qu'elle est la fille de sir Thomas de Boleyn, et fille d'honneur de la reine.

— Par le ciel! reprend Sa Majesté, elle est bien friande!... Ma belle, je serais discourtois de vous laisser aller sans vous embrasser.

Et Henry VIII, après lord Sands, met sa bouche sur la bouche de lady Anne. Le cardinal, qui a assisté à tout ce manége, croit deviner la secrète convoitise du ro , et le prie de passer dans une salle voisine, où un en-cas est servi. Le roi défère au vœu de son complaisant ministre et disparaît avec lady Anne, après avoir annoncé l'intention de boire « une demi-douzaine de toasts » à la santé de ces dames !

Remarquez bien cette scène. Elle est d'autant plus caractéristique qu'elle est due entièrement à l'imagination du poëte. Aucune chronique n'autorise ici la fiction dramatique. Cavendish, gentilhomme de la chambre du cardinal Wolsey, fait bien, il est vrai, dans ses mémoires, la description [1] d'une fête, donnée par le cardinal, à laquelle Henri VIII et douze courtisans dansèrent déguisés en bergers, mais Anne Boleyn ne parut pas à cette fête. Chacun sait d'ailleurs que Henry vit pour la première fois lady Anne en 1522 chez son père sir Thomas, au château de Hever, dans le comté de Kent. C'est donc de propos délibéré que Shakespeare a transporté cette première rencontre au milieu d'une orgie. Étrange altération de l'histoire, qui recèle une formidable satire ! La passion du roi pour Anne, cette passion qui doit bouleverser l'équilibre politique du monde, est ravalée par le poëte aux proportions d'une aventure de bal masqué. C'est durant une folle nuit, au fracas des plaisanteries égrillardes, au choc des coupes capiteuses, au contact des lèvres avinées, que se noue l'amourette fatidique qui doit jeter la nation britannique dans un schisme sans fin. L'Angleterre hérétique, l'Angleterre protestante, l'Angleterre puritaine, avec son fanatisme implacable, avec son intolérance farouche, va naître de ces goguettes échevelées.

Nous avons laissé Henry VIII en pleines saturnales. Quand nous le revoyons, il est dans son oratoire, un livre de prières à la main. Le roi a la mine soucieuse et semble

[1] Voir ce récit à l'appendice.

absorbé par une triste préoccupation. C'est qu'en effet, dès le lendemain de la fête donnée par le cardinal, de graves scrupules sont venus troubler sa conscience. Du moment que lady Anne lui est apparue, le roi s'est aperçu qu'il est marié depuis vingt ans à l'infante Catherine d'Aragon, laquelle infante a eu primitivement pour époux le prince Arthur, frère aîné du roi, mort en 1506. Or, une pareille union est-elle légitime et canonique? Peut-on, sans sacrilége, épouser la veuve de son frère? C'est là ce que Henry s'est demandé avec anxiété. En sa qualité de théologien, il a profondément réfléchi sur la question, et il s'est arrêté à cette conclusion sinistre qu'étant depuis vingt ans marié à sa belle-sœur, il vit depuis vingt ans en flagrant délit d'inceste. Or, cette pensée est insupportable à une âme si pieuse. Eh quoi! depuis si longtemps, il serait coupable d'un tel crime, et il continuerait de l'être! Non, cela n'est pas possible. Quoi qu'il lui en coûte, Henry est décidé à se séparer de Catherine : le sacrifice est pénible, mais nécessaire. Il faut voir de quel air de componction attendrie le roi confesse au cardinal-ministre la rigoureuse nécessité qui lui est imposée :

— Oh! milord! n'est-il pas douloureux à un honnête homme de quitter une si chère compagne de lit? Mais la conscience, la conscience! Oh! c'est un endroit sensible, et il faut que je la quitte!

Ainsi Henry VIII est décidé, il veut le divorce : le divorce s'accomplira. Aucune puissance humaine ne saurait désormais faire obstacle à cette volonté omnipotente. Devant cette volonté, la justice n'est plus qu'une formalité dérisoire. Quiconque résistera à cette volonté sera brisé. La confidence faite par Henry VIII à Wolsey est déjà le bruit de l'entourage royal. On se communique mystérieusement le secret qui va être le scandale de l'Europe.

— Il semble, murmure le lord chambellan, que le mariage du roi avec la femme de son frère serre de trop près sa conscience.

— Non, chuchotte malicieusement Suffolk, c'est sa conscience qui serre de trop près une autre dame.

Et tous de regretter bien bas une décision que chacun approuvera tout haut. Le duc de Norfolk, qui dans quelques jours figurera comme maréchal au couronnement de la nouvelle reine, est le premier à déplorer que le roi veuille se séparer ainsi du « joyau qui depuis vingt ans était suspendu à son cou. » Mais, de toute la cour, devinez quelle est la personne apparemment la plus désolée ? C'est Anne de Boleyn ! Dans une scène où l'ironie du poëte perce à chaque mot, lady Anne exprime la douloureuse surprise que lui cause la détermination de Henry VIII. Comment se fait-il que le roi veuille rejeter loin de lui « une femme avec qui il a vécu si longtemps, une femme si vertueuse que jamais langue n'a pu rien dire contre son honneur, une femme qui n'a jamais su ce que c'était que mal faire ? La chasser ainsi ! Ah ! c'est un malheur qui attendrirait un monstre ! » En présence d'une telle disgrâce, lady Anne se prend à envier le sort des petits :

— Vrai, soupire-t-elle mélancoliquement, mieux vaut être né en bas lieu et vivre avec les humbles, dans le contentement, que se pavaner dans un ennui splendide et porter une tristesse d'or... Par ma foi et ma virginité ! je ne voudrais pas être reine.

— Fi donc ! s'écrie une vieille sollicite use qui a entendu ce beau serment, je voudrais bien être reine, moi ; et pour ça, j'aventurerais ma virginité ; et vous, vous en feriez autant, malgré toutes les grimaces de votre hypocrisie.

— Non, en bonne vérité.

— Vous ne voudriez pas être reine ?

— Non, pas pour toutes les richesses qui sont sous le ciel.

Et celle qui jure ainsi ses grands dieux qu'elle ne voudrait pas être reine, est toute prête à se prostituer pour un trône! — Justement voici le lord chambellan qui entre comme pour mettre à l'épreuve cette édifiante abnégation : de la part du roi, il aborde lady Anne, la salue marquise de Pembroke, et lui offre mille livres sterling de pension. Lady Anne va-t-elle refuser ces présents, qui pour elle sont les arrhes de la grandeur suprême? Nenni. La belle accepte le marquisat et la pension, et, après avoir remercié le roi, elle se tourne vers sa vieille confidente :

— Je vous en prie, n'en dites rien à la reine !
— Pour qui me prenez-vous? répond l'autre.

Le portrait d'Anne de Boleyn par Shakespeare n'est qu'une silhouette esquissée à grands traits, mais tous ses traits sont antipathiques. Sa physionomie est un étrange mélange de mièvrerie et de galanterie, d'hypocrisie et d'impudeur. Ce masque scénique a le front impassible, le regard provoquant, le sourire malin et licencieux. La mère de la reine Élisabeth traverse la scène shakespearienne avec les allures d'une aventurière. Quel contraste entre elle et sa rivale! Quel repoussoir ce profil équivoque fait à l'austère et fière figure de Catherine d'Aragon ! — Catherine d'Aragon est le type souverain de la vertu domestique. La chasteté, la fidélité, l'affection conjugale sont couronnées avec elle. Sa grandeur est faite de toutes les dignités combinées. La majesté de la matrone rehausse en elle la fierté de l'infante. Catherine d'Aragon, c'est l'épouse-reine, c'est la mère de famille drapée dans le manteau impérial, c'est la ménagère du trône.

Et cette femme, ô douleur! cette femme qui depuis tant d'années ne vit que par son mari et pour son mari, n'ayant d'autre volonté que la sienne, d'autre caprice que le sien, qui jamais n'a élevé contre son mari ni un reproche ni un murmure, va être frappée — par qui? Par son mari! Elle va recevoir le coup fatal de la main qu'elle adore et qu'elle bénit. Mère, elle sera séparée de son enfant par le père de son enfant. Épouse, elle va être par son époux chassée du lit nuptial : sur un ordre du tyran, cette auguste vertu, devant qui l'univers s'incline, va être traduite en jugement et traînée à la barre ; et, — injure suprême, — on la sommera de s'expliquer publiquement, de se justifier, et de prouver qu'elle n'est pas incestueuse! — Pourtant il y a des humiliations qui révoltent l'âme la plus résignée. Catherine, jusqu'alors si soumise à son seigneur, trouve dans sa dignité même d'épouse la force de la résistance. Sommée de comparaître devant la cour de Blackfriars, elle récuse ses juges et dédaigne fièrement de leur répondre. Elle ne consent pas à s'avouer coupable, à condamner son amour, à diffamer son honneur. La sommation publique ayant échoué, reste la contrainte secrète. Deux princes de l'Église, les cardinaux Wolsey et Campeius, sont chargés par le roi de se rendre auprès de la reine et de lui arracher le consentement nécessaire au divorce. Alors a lieu une scène terrible, une véritable scène d'inquisition, — scène historique que Shakespeare a développée magnifiquement.

Cavendish raconte brièvement dans ses mémoires cette sombre entrevue dont il fut partiellement témoin[1]. Les deux cardinaux se présentèrent chez la reine, au palais de Bridewell, et firent antichambre un instant dans les grands appartements. La reine, qui était occupée à travailler avec ses femmes dans ses petits appartements, se présenta, ayant autour du cou un écheveau de fil blanc,

---

[1] Voir ce récit à l'appendice.

et s'excusa d'avoir fait attendre Leurs Éminences. Les deux cardinaux expliquèrent aussitôt l'objet de leur brusque visite : ils venaient pour connaître les intentions définitives de la reine relativement au procès, et pour lui offrir les avis que leur suggérait leur dévouement. La reine les remercia de leur bonne volonté, et, tout en reconnaissant avoir peine à croire qu'aucun sujet du roi pût lui donner un conseil impartial, elle se déclara toute prête à les écouter. Sur ce, les trois personnages se retirèrent dans une chambre éloignée et eurent entre eux une conférence restée secrète, où Cavendish, malgré toute son attention, ne distingua plus que les éclats de voix intermittents de la reine. Que se passa-t-il dans cette conférence? Quelle était la cause de ces exclamations étouffées? C'est ici que l'imagination du poëte a suppléé à l'incertitude du chroniqueur. Shakespeare a reconstitué l'histoire, et, pénétrant le mystère, nous a donné la sinistre explication de ces cris. Les deux cardinaux commencent par une respectueuse prière ; ils supplient la reine de se soumettre à la décision du roi ; ils font valoir hypocritement la magnanimité et la bienveillance de Henry : « Il est si bon, si généreux ! » La reine se récrie. Les cardinaux insistent : ils lui donnent à entendre qu'en acceptant la décision royale, elle préviendra le scandale public d'une sentence judiciaire qui doit la déshonorer. Mais cette insinuation, loin d'intimider Catherine, ne fait que l'exaspérer. Elle éclate ; elle accable d'imprécations ces faux prêtres, ces prétendus ministres de l'Évangile, qui, interprètes de la tyrannie, menacent de l'infamie la plus auguste vertu :

— Fi de vous! je vous croyais de saints hommes. Sur mon âme, je vous prenais pour d'éminentes vertus cardinales ; mais vous n'êtes que des péchés cardinaux, et des cœurs faux, j'en ai peur! Sont-ce là vos consolations? Est-ce là le cordial que vous apportez à une femme perdue au milieu de vous, bafouée, méprisée... Malheur à vous et à tous les faux parleurs comme vous ! Voudriez-vous, si vous aviez quelque justice, quelque pitié, si vous aviez de l'homme d'Église autre chose que l'habit, voudriez-vous que je remisse ma cause malade entre les mains de qui me hait?

Mais la victime a beau se tordre, elle a beau crier, elle a beau jeter l'injure à la face de ses tourmenteurs. Les bourreaux en robe rouge continuent impassibles leur atroce besogne ; ils pressent une dernière fois la malheureuse de s'abandonner au bon plaisir du maître. Sinon, gare à elle !

— Le roi vous aime, dit Campeius avec un accent sinistre, prenez garde de perdre son affection !

Suprême avertissement qui sous-entend quelque terrible chose : peut-être l'emprisonnement, peut-être le bannissement, peut-être la mort ! La colère de Henry VIII, c'est la ruine de quiconque la provoque ; Catherine a compris cela, et déjà elle entrevoit dans l'ombre les apprêts de quelque affreux supplice. Les forces lui manquent, l'épouvante la saisit, et la voilà enfin qui s'humilie et qui cède :

— Faites ce que vous voudrez, milords. Et, je vous en prie, pardonnez-moi, si je me suis comportée de façon discourtoise. Vous savez, je suis une femme dépourvue de l'esprit nécessaire pour répondre convenablement à des personnes comme vous. Veuillez offrir mes respects à Sa Majesté. Le roi a encore mon cœur, et il aura mes prières tant que j'aurai la vie !

Ainsi la torture a réussi. La pauvre reine, épuisée, terrifiée, veut ce que voudra le roi. Les cardinaux triomphent, mais leur triomphe n'est pas de longue durée. A peine Wolsey a-t-il arraché le consentement de la reine, qu'il reconnaît avec stupeur l'immense danger auquel sa servilité l'a exposé lui-même. Si le divorce, ce divorce dont il est le promoteur, est prononcé, la reine catholique sera remplacée par une reine luthérienne. Si Henry VIII répudie Catherine, ce ne sera pas, comme le veut Wolsey, pour épouser la duchesse d'Alençon, sœur du roi très-chrétien, ce sera pour épouser l'hérétique Anne de Boleyn!

— Anne de Boleyn! s'écrie le cardinal avec rage, non, je ne veux pas d'Anne de Boleyn pour lui! une luthérienne frénétique! Il n'est pas sain pour notre cause qu'elle repose dans les bras de notre roi.

Pour Wolsey désormais, la cause de l'Église catholique se confond avec la cause même de Catherine d'Aragon. Le divorce entre Catherine et Henry VIII, ce n'est plus seulement la séparation de deux personnes royales, c'est la rupture peut-être éternelle entre l'Angleterre et Rome. En hâtant la ruine de la reine, le cardinal s'aperçoit qu'il a hâté l'avènement de l'hérésie. A tout prix il veut réparer la faute énorme qu'il a commise. Mais il est trop tard. Par une légitime rétribution, tous les efforts qu'il fait désormais tournent contre lui et poussent à sa chute. Les lettres confidentielles qu'il écrit au pape afin de retarder le divorce, tombent entre les mains du roi par un hasard qui ressemble à une intervention de la Providence. Wolsey est disgracié, dégradé, chassé, frappé à mort, et Cranmer est nommé archevêque de Cantorbéry. Au légat catholique succède le primat protestant. Henry VIII rompt avec la papauté en répudiant Catherine d'Aragon. Il embrasse le schisme en épousant Anne de Boleyn.

Shakespeare nous fait assister au sacre de la nouvelle reine, il étale sur la scène le splendide cortége qui conduit à Westminster la seconde femme de Henry VIII.

Toutes les magnificences de la vanité terrestre, parures somptueuses, manteaux de velours, robes de brocard, simarres éclatantes, colliers de diamants, diadèmes de pierreries, masses et verges d'argent, crosses d'or, sceptres d'or, couronnes d'or de toute forme, couronnes de comtes, couronnes de marquis, couronnes de ducs, couronne de roi, ondulent avec ce flot vivant. L'aristocratie anglaise, représentée par ses chefs les plus illustres, escorte solennellement cette parvenue qu'un caprice de despote a fait brusquement passer de l'antichambre à l'alcôve royale. Devant elle, le duc de Suffolk porte la baguette de grand sénéchal, et le duc de Norfolk le bâton de maréchal; au-dessus d'elle, quatre barons des cinq ports élèvent un dais majestueux; près d'elle, de chaque côté, deux évêques marchent, mitre inclinée; derrière elle, soutenant humblement la queue de sa robe, se traîne la douairière de la noblesse britannique, la vénérable duchesse de Norfolk. Et partout où elle passe, le peuple, que ses gardes repoussent insolemment loin d'elle, la salue de ses acclamations.

Mais à peine la procession a-t-elle défilé, à peine la multitude a-t-elle jeté son dernier hourrah, que le poëte, obstinément fidèle au malheur, nous transporte dans le manoir sinistre où Henry VIII a exilé sa première femme. Quel contraste entre les deux tableaux! Là-bas, devant le portail de Westminster, le bruit, le fracas, les fanfares, les musiques, les cris de joie, les acclamations frénétiques, les entassements de foule, les cohues ivres et folles; ici, à Kimbolton, la solitude, le silence, la désolation. Catherine d'Aragon se présente à nous, accablée par la sentence qui vient de la frapper : elle n'est plus reine, elle n'est plus épouse, elle n'est plus que la veuve du prince Arthur! L'auguste répudiée marche d'un pas chancelant, soutenue par deux des rares serviteurs qui lui restent, son fidèle Griffith et sa chère Patience. Sa voix est si faible qu'on l'entend à peine :

— O Griffith, je suis malade à mourir. Mes jambes, comme des branches surchargées, fléchissent vers la terre, voulant déposer leur fardeau... Avancez un siége... Bien... Maintenant, il me semble que je suis un peu soulagée.

Hélas! ce soulagement apparent est à peine un sursis. La malade est condamnée : elle a au cœur une affection qui ne pardonne pas. Déjà la mort l'envahit et la transfigure ; sa tête s'affaisse ; son visage s'allonge ; « elle a la pâleur et la froideur de l'argile. » Sa parole n'est plus qu'un murmure. Enfin elle succombe à cet assoupissement irrésistible qui est comme le premier sommeil de la léthargie suprême. Mais à peine a-t-elle fermé les yeux, ô stupeur! que la lugubre réalité s'évanouit pour elle dans un rêve ineffable. La sombre voûte du manoir se déchire et laisse voir à la mourante le ciel éblouissant. Un rayon d'en haut vient se fixer sur elle et l'enveloppe dans un prodigieux halo. Des êtres aux faces angéliques, aux formes diaphanes, aux formes incandescentes, se dirigent vers elle du fond de la lumière, et lui posent sur la tête la palme du martyre. Le visage spectral de Catherine s'éclaire alors d'une joie inexprimable ; elle comprend que ses maux sont finis et qu'elle va échanger sa détresse pour une incessante béatitude ; et elle élève les mains vers les anges, comme pour répondre à leur appel et leur tendre l'âme immortelle qu'ils sont venus chercher. — Merveilleuse vision qui éclipse toutes les splendeurs terrestres de la parade de Westminster! Combien le sacre d'Anne de Boleyn paraît chétif à côté de l'exaltation réservée à Catherine! Que sont les dignités éphémères dont un despote dispose, comparées à l'impérissable dignité que Dieu seul peut conférer? Près de l'auréole, qu'est-ce que la couronne? Qu'est-ce que l'escorte seigneuriale qui conduisait la reine au trône à côté du cortége séraphique qui va emmener la martyre au paradis?

La vision de Kimbolton est la clôture idéale de l'œuvre conçue par Shakespeare. Combien notre respect pour cette œuvre grandira, si nous nous rappelons à travers quels obstacles, en dépit de quel despotisme le poëte l'a léguée à la postérité! C'était après l'accession de Jacques Ier, au moment même où la papauté anglicane, créée par Henry VIII, semblait consacrée à jamais par l'avénement d'une dynastie nouvelle, que Shakespeare rappelait ainsi le forfait domestique qui avait fondé la suprématie religieuse de la royauté anglaise. Cette reine, que le tyran-modèle Henry VIII avait publiquement répudiée, dégradée, proscrite et sacrifiée, Shakespeare la réhabilitait, Shakespeare la sanctifiait! Il réclamait l'admiration et la pitié de tous pour cette noble victime dont le tombeau, déjà relégué dans l'oubli, avait été la première assise de la théocratie britannique.

Quiconque connaît l'ombrageuse susceptibilité du despotisme, comprendra qu'il ne pouvait tolérer une œuvre aussi noble, sans lui imposer quelque rigoureuse concession. Sous un régime tyrannique, la pensée humaine ne saurait jamais être impunément généreuse; il faut toujours qu'elle expie par quelque dégradation le crime de sa magnanimité. Voilà pourquoi *Tartuffe* a dû forcément se terminer par l'absurde apothéose du roi Louis XIV. Voilà pourquoi *Henry VIII* n'a pu s'achever que par le bizarre éloge de la reine Élisabeth et du roi Jacques Ier. Devons-nous, en bonne justice, attribuer à Shakespeare l'appendice qui donne pour conclusion à son œuvre la prophétie de Cranmer? Cet appendice est si gauchement soudé, les scènes qu'il développe sont si complétement étrangères à l'action principale, il constitue un hors-d'œuvre si évident, qu'il est difficile de ne pas le regarder comme une addition improvisée après l'entière composition du drame. Nombre de critiques experts, Johnson, Farmer, Malone, Stevens, etc., sont d'accord pour déclarer qu'ils reconnaissent dans maints passages de *Henry VIII* la main de Ben Jonson, le poëte de la cour de Jacques Ier. Pour ma part, je n'affirmerais pas le nom du reviseur; mais j'affirmerais volontiers que l'ouvrage de Shakespeare a été retouché par une plume étrangère. Dans ce long épisode qui fait succéder aux funérailles de Catherine d'Aragon, morte en 1536. le baptême d'Élisabeth, née en 1533, je ne retrouve ni la forme, ni la pensée du maître. Quel rapport y a-t-il entre le vers éclatant de Shakespeare et ce vers terne et incolore qui raconte les péripéties peu tragiques de la fortune de l'archevêque Cranmer? Quel lien rattache ces péripéties à l'émouvante catastrophe de Kimbolton? Je vois bien que l'aventure de Cranmer, rentrant en faveur après un simulacre de disgrâce et devenant parrain de la fille d'Anne de Boleyn, est un expédient scénique destiné à amener l'éloge final de la reine Élisabeth et de son successeur Jacques Ier. Mais quelle relation a cet éloge avec le drame auquel nous venons d'assister? Est-ce donc pour aboutir à la comparaison de Jacques Ier avec le phénix que ce drame a si noblement exposé sur la scène le forfait de Henry VIII? Est-ce donc pour en venir à la glorification d'Élisabeth que ce drame a si fièrement démasqué l'intrigue criminelle qui porta au trône Anne de Boleyn? Singulier dénoûment, en vérité, qui consacre la flétrissure de la mère par l'apothéose de la fille! — Habituons-nous donc à juger ce dénoûment, non comme le dernier mot du poëte, mais comme une terminaison de circonstance imposée à son œuvre par les exigences du pouvoir absolu. L'auteur responsable de cette terminaison, ce n'est pas Shakespeare, ce n'est pas même Ben Jonson, c'est le despotisme, car c'est le despotisme qui l'a dictée.

Au surplus, la censure des Stuarts ne borna pas là ses rigueurs. Non contente d'avoir affublé le drame de Shakespeare d'un dénoûment postiche agréable à la royauté, elle s'opposa longtemps à ce que ce drame prît le titre sous lequel il est aujourd'hui connu. — Déjà, depuis l'avénement de Jacques Ier, une pièce d'un certain Samuel Rowley, enregistrée en 1504 au Stationers'Hall sous cette appellation : *l'Intermède du roi Henri VIII*, avait été pendant une année retenue par les censeurs, et n'avait pu être publiée par l'éditeur Nathaniel Butter qu'en 1605 avec cette suscription nouvelle « : *When you see me you know me*. Quand vous me voyez, vous me recoanaissez. » Le nom, aujourd'hui si odieux, de Henry VIII était encore regardé comme trop sacré pour qu'il fût permis de le faire figurer en tête d'un ouvrage dramatique ou sur une affiche de théâtre. Pour que le drame de Shakespeare fût autorisé à paraître, il fallut donc lui donner dans l'origine une désignation qui ne provoquât pas les susceptibilités de la police ; et voilà pourquoi ce drame, imprimé pour la première fois en 1623, comme *La vie du roi Henry VIII*, fut représenté en 1613 sous ce titre modeste et prudent : *All is true, Tout est véritable*. La pièce nouvelle, garantie par tant de précautions contre les violences du pouvoir, fut montée par la troupe du *Globe* avec un luxe qui surprit grandement le public d'alors. Il paraît même que les hommes de cour furent quelque peu choqués d'un spectacle qui avilissait dans une parade populaire les plus illustres insignes de la hautaine aristocratie anglaise ; peu de temps après la première représentation, sir Henry Wotton écrivait à son neveu : « Les comédiens du roi ont eu une pièce nouvelle, intitulée : *Tout est véritable*, exposant quelques-uns des principaux événements du règne de Henri VIII, laquelle était montée avec des détails extraordinaires de pompe et de majesté, — nattes couvrant la scène, chevaliers de l'ordre avec le collier de Saint-George et leur jarretière, gardes avec leurs habits brodés, etc.; le tout, en vérité, suffisant pour rendre les grandeurs bien familières, sinon ridicules. » Cette *pompe extraordinaire*, qui scandalisait ainsi les courtisans, fut la cause d'un accident mémorable. Pendant la représentation du 30 juin 1613, une des pièces d'artillerie qui annonçaient l'entrée du roi Henry VIII au bal donné par le cardinal Wolsey, lança sa bourre embrasée jusque sur le pignon du théâtre. Le feu se communiqua au toit circulaire, qui était couvert de chaume, et envahit toute l'enceinte supérieure, avant que les assistants, tout occupés du spectacle, eussent pu prendre l'alarme. L'incendie, ainsi laissé à lui-même, gagna les murailles toutes en charpente, et bientôt l'édifice ne fut plus qu'une vaste couronne de flammes. Heureusement la foule qui encombrait les galeries et le parterre eut encore le temps de se dissiper, et tous se retirèrent sans encombre, sauf un homme qui, raconte sir Henry Wotton, eut ses culottes brûlées et qui dut son salut à une bouteille d'ale dont il s'arrosa fort à propos. Ainsi fut détruite la scène du *Globe*, ce vénérable monument de bois et de paille qui avait été la crèche de tant de merveilleux enfantements, qui avait vu naître Hamlet, Roméo, le Roi Lear, Othello, Macbeth! Une salve d'artillerie en l'honneur de Henry VIII anéantit ce théâtre qu'avait inauguré vingt ans auparavant la fille de Henri VIII.

La scène où figura Shakespeare n'existe plus, mais le drame de Shakespeare survit, plus indestructible que jamais. Malgré la dégradation partielle que lui a fait subir une censure despotique, l'œuvre intitulée *Henry VIII* doit être considérée avec une admiration respectueuse par la postérité reconnaissante. La critique ne doit jamais perdre de vue la généreuse pensée qui a inspiré cette œuvre. — *Henry VIII* est d'ailleurs l'indispensable complément de cette magnifique série de drames-chroniques dans lesquels Shakespeare a ressuscité le passé de sa patrie. Les antiques conflits auxquels le poëte nous a fait assister jadis trouvent ici leur solution. — L'antagonisme entre l'Église et l'État, cet antagonisme qui, dans le *Roi Jean*, mettait la royauté aux prises avec la papauté représentée par le légat Pandolphe, aboutit ici, par la rupture définitive de l'Angleterre avec Rome, à la fusion du pouvoir spirituel et du pouvoir temporel dans l'omnipotence monarchique. — L'antagonisme entre l'aristocratie et la monarchie, cet antagonisme qui a rempli tant de drames, et qui à d'autres époques opposait Bolingbroke à Richard II, Hotspur à Henry IV, Warwick à Henry VI et à Édouard IV, Henry Tudor à Richard III, cet antagonisme séculaire a ici pour conclusion suprême l'asservissement de la noblesse à la royauté. Les fiers seigneurs anglais, qui jadis faisaient et défaisaient les rois, encombrent maintenant les antichambres des rois : ils cessent d'être vassaux pour devenir sujets ; ils passent de la révolte à la domesticité. Jadis le caprice du comte de Warwick pouvait substituer une dynastie à une autre ; désormais il suffit d'un signe du roi pour faire tomber la tête de Buckingham. Dans *Henry VIII*, la monarchie nous apparaît telle qu'elle apparaissait à Shakespeare lui-même, forte du double triomphe qu'elle a remporté sur l'aristocratie et sur l'Église, — souveraine, absolue, autocratique et théocratique, impériale et pontificale, confondant toutes les magistratures, ordonnant la justice, courbant sous sa fantaisie toutes les destinées, absorbant dans son égoïsme toutes les volontés, imposant sa superstition à toutes les consciences, faisant la loi, réglant le dogme, écrasant les peuples, décrétant Dieu, et insultant l'avenir par son épouvantable majesté.

Avec *Henry VIII*, le moyen âge est terminé, les temps modernes commencent.

Hauteville-House, 14 janvier 1864.

LA SECONDE PARTIE

DE

HENRY VI

PERSONNAGES :

LE ROI HENRY VI.
HOMPHROY, DUC DE GLOCESTER, son oncle.
LE CARDINAL BEAUFORT, évêque de Winchester, grand-oncle du roi.
RICHARD PLANTAGENET, DUC D'YORK.
ÉDOUARD,) ses fils.
RICHARD,)
LE DUC DE SOMERSET,
LE DUC DE SUFFOLK,
LE DUC DE BUCKINGHAM, } du parti du roi.
LORD SAY,
LORD CLIFFORD,
LE JEUNE CLIFFORD,
LE Cᵉ DE SALISBURY,) de la faction
LE Cᵉ DE WARWICK,) d'York.
LORD SCALES, gouverneur de la Tour.
SIR HOMPHROY STAFFORD et son frère.
SIR JOHN STANLEY.
JACK CADE, émeutier.
GEORGE,
JOHN,
DICK, } ses partisans.
MICHEL,
SMITH, le tisserand,

ALEXANDRE IDEN, gentilhomme de Kent.
HUME,
SOUTHWELL, } prêtres.
BOLINGBROKE, sorcier.
UN ESPRIT évoqué par lui.
THOMAS HORNER, armurier.
PIERRE, son apprenti.
LE CLERC DE CHATAM.
LE MAIRE DE SAINT-ALBANS.
SIMPCOX, imposteur.
UN CAPITAINE DE NAVIRE.
UN PILOTE.
WALTER WHITMORE, matelot.
LA REINE MARGUERITE, femme du roi Henry.
ÉLÉONORE, duchesse de Glocester.
MARGERY JOURDAIN, sorcière.
LA FEMME de Simpcox.
LORDS, LADYS, GENS DE SUITE, PÉTITIONNAIRES, ALDERMANS, CHAPELAIN, SHÉRIF, EXEMPTS, BOURGEOIS, APPRENTIS, FAUCONNIERS, GARDES, SOLDATS, MESSAGERS, ETC.

La scène se passe dans différentes parties de l'Angleterre.

SCÈNE I.

[Londres. Dans le palais du roi.]

Fanfares de trompettes, puis musique de hautbois. Entrent, d'un côté, le roi HENRY, le duc de GLOCESTER, SALISBURY, WARWICK et le cardinal de BEAUFORT; de l'autre, la reine MARGUERITE, conduite par SUFFOLK, et suivie de SOMERSET, YORK, BUCKINGHAM et autres.

SUFFOLK.

— Votre haute Majesté impériale — m'ayant chargé, à mon départ pour la France, — de représenter votre excellence, — et d'épouser en son nom la princesse Marguerite, — c'est dans la fameuse et ancienne cité de Tours, — en présence des rois de France et de Sicile, — des ducs d'Orléans, de Calabre, de Bretagne et d'Alençon, — de sept comtes, de douze barons, et de vingt révérends évêques, — que j'ai accompli ma mission et que j'ai été marié. — Et maintenant, pliant humblement le genou, — à la vue de l'Angleterre et de ses nobles pairs, — je remets mes droits sur la reine — aux gracieuses mains de Votre Majesté, qui est la substance — dont je représentais la grande ombre : — voici le plus beau don que jamais marquis ait donné, — la plus belle reine que jamais roi ait reçue !

LE ROI HENRY.

— Suffolk, relevez-vous... Soyez la bien-venue, reine Marguerite ; — je ne puis vous donner un gage d'amour plus tendre — que ce tendre baiser... O Dieu qui m'as donné la vie, — prête-moi un cœur rempli de gratitude ! — Car dans cette belle figure tu as donné — à mon âme un monde de terrestres délices, — si la sympathie de l'amour unit nos pensées.

MARGUERITE.

— Grand roi d'Angleterre, mon gracieux seigneur, — les longues conférences que j'ai eues en imagination — avec vous, mon bien cher souverain, — le jour, la nuit, dans mes veilles et dans mes rêves, — dans les réunions de cour ou dans mes dévotions, — m'enhardissent à saluer mon roi — dans le simple langage que mon esprit me suggère — et que m'inspire la joie excessive de mon cœur.

LE ROI HENRY.

— Sa vue m'avait ravi : mais la grâce de sa parole, — que pare la majesté de la sagesse, — me fait passer des transports de l'admiration aux larmes de la joie, — si complète est la satisfaction de mon cœur ! — Milords, saluez ma bien-aimée d'une acclamation unanime.

TOUS.

— Vive la reine Marguerite, délices de l'Angleterre !

MARGUERITE.

— Nous vous remercions tous.

Fanfares.

SUFFOLK.

— Milord protecteur, n'en déplaise à Votre Grâce, — voici les articles de la paix conclue — entre notre souverain et le roi de France Charles, — et acceptée d'un commun accord pour dix-huit mois.

GLOCESTER, lisant.

« *Imprimis. Il est convenu entre le roi de France, Charles, et William de la Poole, marquis de Suffolk, ambassadeur de Henry, roi d'Angleterre, que le dit Henry épousera la dame Marguerite, fille de René, roi de Naples, de Sicile et de Jérusalem, et la couronnera reine d'Angleterre avant le trente mai prochain.*

» Item, *Que la duché d'Anjou et la comté du Maine seront évacuées et remises au roi son père...*

LE ROI HENRY.
— Mon oncle, qu'avez-vous ?

GLOCESTER.
Pardonnez-moi, mon gracieux lord ; — un malaise soudain m'a atteint au cœur, — et a obscurci ma vue tellement que je ne puis plus lire.

LE ROI HENRY.
— Mon oncle de Winchester, continuez, je vous prie, la lecture.

WINCHESTER.
« Item. *Il est en outre convenu entre eux que les duchés d'Anjou et du Maine seront évacuées et remises au roi son père, et qu'elle-même sera amenée aux frais et à la charge du roi d'Angleterre, sans apporter de dot.* »

LE ROI HENRY.
— Ces conditions nous conviennent... Lord marquis, à genoux ! — Nous te créons céans premier duc de Suffolk, — et te ceignons l'épée. — Cousin d'York, nous déchargeons Votre Grâce — de ses fonctions de régent de France — jusqu'à ce que le terme de dix-huit mois soit pleinement expiré. — Merci, oncle Winchester, Glocester, York, Buckingham, — Somerset, Salisbury et Warwick. — Nous vous remercions tous de l'accueil — hautement favorable que vous avez fait à la princesse, ma reine. — Venez, rentrons, et occupons-nous en toute hâte — des préparatifs de son couronnement.

Sortent le roi, la reine et Suffolk.

GLOCESTER.
— Braves pairs d'Angleterre, piliers de l'État, — il faut que le duc Homphroy épanche devant vous sa douleur, — la vôtre, la douleur publique de tout le pays. — Eh quoi ! mon frère Henry aura prodigué sa jeunesse, — sa

valeur, son or et ses peuples dans les guerres ; — il aura si souvent logé en rase campagne — par les froids d'hiver et par les chaleurs brûlantes de l'été, — pour conquérir la France, son légitime héritage ; — mon frère Bedford aura épuisé ses esprits — à conserver par la politique ce que Henry avait acquis ; — vous-mêmes, Somerset, Buckingham, — brave York, Salisbury, victorieux Warwick, — vous aurez reçu de si graves blessures en France et en Normandie ; — mon oncle Beaufort et moi-même, — ainsi que tous les doctes conseillers de ce royaume, — nous aurons, siégeant en conseil, — matin et soir, si longtemps étudié et débattu — les moyens de maintenir sous notre empire la France et les Français ; — Son Altesse aura dès son enfance — été couronnée à Paris en dépit de l'ennemi ; — et tant de labeurs, tant d'honneurs vont être perdus ! — Les conquêtes de Henry, les vigilants efforts de Bedford, — vos exploits guerriers et tous nos conseils vont être perdus ! — O pairs d'Angleterre, honteux est ce traité ! — Fatal est ce mariage qui anéantit votre gloire, — efface vos noms du livre de mémoire, — rature les caractères de votre illustration, — dégrade le monument de la France conquise — et défait tout, comme si rien n'avait été !

LE CARDINAL.

— Neveu, que signifie ce langage passionné, — cette péroraison pleine de récriminations ? — Quant à la France, elle est à nous, et nous la garderons toujours.

GLOCESTER.

— Oui, mon oncle, nous la garderons, si nous pouvons ; — mais maintenant, c'est impossible. — Suffolk, ce duc de création nouvelle qui a ici la haute main, — a donné les duchés d'Anjou et du Maine — au pauvre roi René, dont les vastes titres — n'agréent pas avec la maigreur de sa bourse.

SALISBURY.

— Ah ! par la mort de celui qui mourut pour tous, — ces comtés étaient les clefs de la Normandie. — Mais pourquoi pleure Warwick, mon vaillant fils ?

WARWICK.

— Si je pleure, c'est qu'elles sont à jamais perdues. — Car, s'il y avait quelque espoir de les reconquérir, — mon épée verserait un sang brûlant, mes yeux ne verseraient pas de larmes ! — L'Anjou et le Maine ! c'est moi qui les avais pris ; — c'est mon bras qui avait conquis ces deux provinces ; — et les cités que j'avais eues avec des blessures, — les voilà restituées avec de pacifiques paroles ! — Mortdieu !

YORK.

Puisse-t-il être suffoqué, ce duc de Suffolk — qui ternit l'honneur de cette île martiale ! — La France m'aurait arraché et déchiré le cœur, — avant de me faire consentir à ce traité. — J'ai lu que les rois d'Angleterre ont toujours eu — de larges sommes d'or et de fortes dots avec leurs femmes : — mais notre roi Henry renonce à son propre bien — pour épouser une fille qui ne lui apporte rien.

GLOCESTER.

— Une bonne plaisanterie, une chose inouie, — c'est que Suffolk réclame tout un quinzième — pour le coût et les frais du transport de la dame ! — Elle aurait dû rester en France et y mourir de faim — plutôt...

LE CARDINAL.

Milord de Glocester, vous vous échauffez trop ; — tel a été le bon plaisir de monseigneur le roi.

GLOCESTER.

— Milord de Winchester, je sais votre pensée ; — ce ne sont pas mes paroles qui vous déplaisent, — c'est ma présence qui vous importune. — Il faut que la rancune perce. Arrogant prélat, sur ton visage — je lis ta furie. Si je reste plus longtemps, — nous allons recommencer nos anciennes querelles (1). — Milords, adieu ; dites, quand je ne serai plus là, — que j'ai prédit qu'avant peu la France serait perdue.

Il sort.

LE CARDINAL.

— Ainsi voilà notre protecteur qui part furieux. — Vous savez qu'il est mon ennemi, — que dis-je? votre ennemi à tous, — et peu l'ami du roi, je le crains. — Considérez, milords, qu'il est le premier prince du sang, — et l'héritier présomptif de la couronne d'Angleterre. — Lors même que Henry aurait par son mariage acquis un empire — et tous les opulents royaumes de l'Occident, — il eût trouvé motif d'en être mécontent. — Prenez-y garde, milords ; ne laissez pas charmer vos cœurs — par ses paroles caressantes ; soyez prudents et circonspects. — Qu'importe qu'il ait pour lui les gens du peuple — qui l'appellent *Homphroy, le bon duc de Glocester*, — et qui battent des mains en lui criant à voix haute : *Jésus garde Votre royale Excellence !* — ou : *Dieu préserve le bon duc Homphroy !* — Je crains bien, milords, que, malgré tout cet éclat flatteur, — on ne trouve en lui un protecteur dangereux.

BUCKINGHAM.

— Pourquoi donc protégerait-il notre souverain, — qui est d'âge à gouverner par lui-même ? — Cousin de Somerset, joignez-vous à moi, — et tous ensemble, avec l'aide du duc de Suffolk, — nous aurons bientôt culbuté de son siége le duc Homphroy.

LE CARDINAL.

— Cette importante affaire ne saurait souffrir de délai; — je me rends immédiatement auprès du duc de Suffolk.

Il sort.

SOMERSET.

— Cousin de Buckingham, bien que l'orgueil de Homphroy — et la grandeur de son pouvoir nous soient à charge, — n'en surveillons pas moins le hautain cardinal ; — son insolence est plus intolérable — que tous les princes du pays réunis. — Si Glocester est renversé, c'est lui qui sera protecteur.

BUCKINGHAM.

— Celui qui sera protecteur, c'est toi, Somerset, ou moi, — en dépit du duc Homphroy et du cardinal.

Sortent Buckingham et Somerset.

SALISBURY.

— L'orgueil a ouvert la marche ; l'ambition le suit. — Tandis que ces hommes travaillent à leur propre élévation, — il convient que nous travaillions pour le pays. — J'ai toujours vu Homphroy, duc de Glocester, — se comporter comme un noble gentilhomme ; — mais j'ai souvent vu le hautain cardinal, — plus soldat qu'homme d'Église, — arrogant et fier comme s'il était maître de tout, — jurer comme un ruffian et se conduire — d'une manière indigne d'un chef d'État. — Warwick, mon fils, consolation de ma vieillesse, — tes hauts faits, ta franchise, tes vertus domestiques, — t'ont gagné l'extrême faveur des communes, — et nul n'est plus aimé que toi, hormis le bon duc Homphroy. — Quant à toi, frère York (2), tes actes en Irlande, — pour établir en ce pays la discipline civile, — tes récents exploits accomplis au cœur de la France, — alors que tu était régent pour notre souverain, — t'ont fait craindre et honorer du peuple. — Unissons-nous ensemble pour le bien public ; — faisons tous nos efforts pour brider et réprimer — l'orgueil de Suffolk et du cardinal, — ainsi que l'ambition de Somerset et de Buckingham ; — et appuyons de tout notre pouvoir les actes du duc Homphroy, — tant qu'ils auront pour but l'intérêt du pays.

WARWICK.

—Puisse Dieu être aussi favorable à Warwick qu'il est dévoué au pays — et à l'intérêt public!

YORK.

York en dit autant, pour de plus grandes raisons encore.

SALISBURY.

—Hâtons-nous et déployons toute la vigilance humaine.

WARWICK.

—Vous parlez d'humaine! O père, vous me faites souvenir du Maine perdu pour nous, — du Maine, dont Warwick avait fait notre domaine, — et qu'il eût voulu garder jusqu'à son dernier souffle. — Vous parlez d'humaine vigilance; moi, je ne parle que du Maine, — que je reprendrai à la France, dussé-je me faire tuer.

Sortent Warwick et Salisbury.

YORK.

—L'Anjou et le Maine sont donnés aux Français; — Paris est perdu; le sort de la Normandie — ne tient plus qu'à un fil (3); après tant de désastres, — Suffolk a conclu ce traité; — les pairs ont acquiescé; et Henry a été fort satisfait — d'échanger deux duchés pour la jolie fille d'un duc. — Je ne puis les blâmer : qu'est-ce que cela leur fait? — C'est ton bien qu'ils gaspillent, York, et non le leur. — Permis aux pirates de faire bon marché de leur butin, — de l'employer à acheter des amis, de le donner à des courtisanes, — de le dissiper en fêtes, comme des seigneurs; — pendant ce temps-là, le stupide propriétaire, lui, — pleure sur tous ses biens perdus, se tord les mains de douleur, — hoche la tête et se tient tremblant à l'écart. — Tandis qu'on se partage tout son bien et qu'on

l'emporte, — il se laisse affamer sans oser y toucher ! —
Ainsi York doit rester là, se morfondant et se mordant
les lèvres, — pendant qu'on marchande et qu'on vend ses
propres domaines! — On dirait que les royaumes d'Angleterre, de France et d'Irlande — ont sur ma chair et
sur mon sang la même action — que le fatal brandon
d'Athée avait, en se consumant, — sur le cœur du prince
de Calydon (4)!... — L'Anjou et le Maine, tous deux
donnés aux Français! Cette nouvelle me glace; car je
comptais sur la France — autant que sur le sol de la fertile Angleterre. — Un jour viendra où York revendiquera
son bien. — Dans ce but, je vais prendre le parti des
Nevils — et montrer un semblant de sympathie pour le
fier duc Homphroy; — puis, quand je verrai le moment
bon, je réclamerai la couronne, — car c'est la cible d'or
que je prétends atteindre. — Non, ce fier Lancastre
n'usurpera pas mes droits, — il ne tiendra pas le sceptre
dans son poignet d'enfant, — il ne portera pas le diadème sur sa tête ! — Ses goûts de sacristie ne vont pas à
une couronne ! — Donc, York, reste calme jusqu'à ce
que l'occasion te serve. — Tandis que les autres s'endorment, — veille et mets-toi aux aguets — pour surprendre les secrets de l'État. — Attendons que Henri,
s'enivrant des jouissances de l'amour — avec sa nouvelle
mariée, avec cette reine si chèrement achetée par l'Angleterre, et le duc Homphroy soient en querelle avec les
pairs. Alors j'arborerai la rose blanche comme le lait, —
dont le doux parfum embaumera l'air ; — puis, sur mon
étendard je déploierai les armes d'York — afin de lutter
avec la maison de Lancastre ; — et je l'obligerai de force
à me céder la couronne, — ce roi dont le pouvoir clérical
a fait déchoir l'Angleterre.

Il sort.

SCÈNE II.

[L'hôtel du duc de Glocester.]

Entrent LE DUC DE GLOCESTER et LA DUCHESSE.

LA DUCHESSE.

—Pourquoi mon seigneur est-il ployé comme l'épi trop mûr—qui courbe la tête sous le fardeau exubérant de Cérès?—Pourquoi le puissant duc Homphroy fronce-t-il le sourcil,—comme s'il faisait fi des faveurs de ce monde?—Pourquoi tes yeux sont-ils fixés à la sinistre terre—dans une contemplation qui semble assombrir ton regard?—Que vois-tu là? Le diadème du roi Henry,—enchâssé dans tous les honneurs du monde?—Si cela est, contemple-le toujours et rampe sur la face—jusqu'à ce qu'il cercle ta tête.—Étends ta main, atteins à l'or glorieux!—Quoi! ton bras est-il trop court? Je l'allongerai du mien,—et, quand tous deux nous aurons enlevé la couronne,—tous deux nous redresserons la tête vers le ciel,—et dès lors nous ne ravalerons plus notre vue—jusqu'à accorder un clin d'œil à la terre.

GLOCESTER.

—O Nell, chère Nell, si tu aimes ton seigneur,—bannis le ver rongeur des idées ambitieuses.—Et puisse la première pensée hostile que je concevrais—contre mon roi et neveu, le vertueux Henry,—être mon dernier soupir en ce monde mortel!—C'est mon mauvais rêve de cette nuit qui me rend triste.

LA DUCHESSE.

—Qu'a rêvé mon seigneur? dis-le moi, et en retour—je te ferai le doux récit de mon rêve de la matinée.

GLOCESTER.

—Il m'a semblé que ce bâton, insigne de mon office à

la cour, — était brisé en deux ; par qui ? je l'ai oublié, — mais je crois que c'était par le cardinal. — Et aux fragments de la verge brisée — étaient fixées les têtes d'Edmond, duc de Somerset, — et de William de la Poole, premier duc de Suffolk. — Tel était mon rêve : ce qu'il présage, Dieu le sait.

LA DUCHESSE.

— Bah ! tout ce que cela prouve, — c'est que celui qui brisera un rameau du bosquet de Glocester — paiera de sa tête sa présomption. — Mais écoute, mon Homphroy, mon cher duc : — il m'a semblé que j'étais assise sur un siége de majesté, en l'église cathédrale de Westminster, — dans le fauteuil même où sont couronnés les rois et les reines ; — et qu'alors Henry et dame Marguerite s'agenouillaient devant moi, — et me mettaient le diadème sur la tête.

GLOCESTER.

— Çà, Éléonore, il faut donc que je me fâche tout de bon. — Présomptueuse créature, dénaturée Éléonore, — n'es-tu pas la seconde femme du royaume, — et l'épouse bien-aimée du protecteur ? — N'as-tu pas à commandement plus de jouissances mondaines — que ta pensée n'en peu concevoir ou embrasser ? — Et cependant tu te mets la trahison en tête — pour précipiter ton mari et toi-même — du faîte de l'honneur aux pieds de la disgrâce ? — Éloigne-toi, et que je ne t'entende plus !

LA DUCHESSE.

— Quoi ! quoi ! milord, vous vous mettez ainsi en colère — contre Éléonore pour un rêve qu'elle vous dit ! — Dorénavant je garderai mes rêves pour moi, — pour ne pas être grondée.

GLOCESTER.

Allons, ne te fâche pas ; je m'apaise.

Entre un Messager.

LE MESSAGER.

—Milord protecteur, c'est le bon plaisir de Son Altesse—que vous vous prépariez à chevaucher jusqu'à Saint-Albans—où le roi et la reine comptent chasser au faucon.

GLOCESTER.

—Je pars... Allons, Nell, veux-tu chevaucher avec nous?

LA DUCHESSE.

—Oui, mon bon lord, je vais vous suivre.

Glocester et le messager sortent.

—Suivre! Je le dois. Je ne puis aller la première,—tant que Glocester est de cette humeur basse et humble.—Si j'étais homme, duc, et premier prince du sang,—j'écarterais ces fastidieux obstacles—et je me frayerais un chemin sur leurs cous décapités.—Toute femme que je suis, je n'hésiterais pas—à jouer mon rôle dans la parade de la fortune.—Où êtes-vous donc?... sir John!... voyons, ne crains rien, l'ami,—nous sommes seuls; il n'y a ici que toi et moi.

Entre Hume.

HUME.

—Jésus préserve Votre royale Majesté!

LA DUCHESSE.

—Que dis-tu? Majesté! je ne suis que Grâce.

HUME.

—Mais, par la grâce de Dieu et les conseils de Hume,—votre titre de Grâce va être agrandi.

LA DUCHESSE.

—Que dis-tu, l'ami? As-tu déjà conféré—avec Margery Jourdain, la rusée sorcière,—et Roger Bolingbroke, le magicien?—Et veulent-ils se mettre à mon service?

SCÈNE II.

HUME.

— Ils ont promis de faire voir à Votre Altesse — un esprit évoqué des profondeurs souterraines, — qui répondra à toutes les questions — que lui adressera Votre Grâce.

LA DUCHESSE.

— Il suffit ; je songerai aux questions. — Quand nous serons revenus de Saint-Albans, — nous aviserons au plein accomplissement de ces choses. — Tiens, Hume, accepte cette récompense ; va t'amuser, l'ami, — avec tes associés en cette importante affaire.

La duchesse sort.

HUME.

— Il faut que Hume s'amuse avec l'or de la duchesse ? — Il le fera, morbleu. Mais tout beau, sir John Hume ! — Scellez vos lèvres, et ne dites qu'un mot : chut ! — L'affaire demande le silence et le secret. — Dame Éléonore me donne de l'or pour lui amener la sorcière ; — fût-elle le diable, son or ne saurait être malvenu. — En outre, j'ai de l'or qui me tombe d'un autre parage. — Je n'ose dire qu'il me vient du riche cardinal — et du grand Suffolk, le duc de fraîche création. — Pourtant j'en suis sûr ; car, à parler net, — connaissant l'humeur ambitieuse de dame Éléonore, — ils me paient pour miner la duchesse — et lui insinuer dans la cervelle ces conjurations. — On dit qu'un rusé coquin n'a pas besoin d'agent ; — pourtant je suis l'agent de Suffolk et du cardinal. — Hume, si vous n'y prenez garde, vous vous laisserez aller — à les donner tous deux pour une paire de rusés coquins. — Au fait, tel est le cas. Et je crains fort qu'à la fin, — la coquinerie de Hume ne soit la ruine de la duchesse, — et que la disgrâce de la duchesse ne soit la chute de Homphroy, — Advienne que pourra, j'aurai toujours de l'or.

Il sort.

SCÈNE III.

[Dans le palais du roi.]

Entrent Pierre et d'autres, portant des pétitions.

PREMIER PÉTITIONNAIRE.

Mes maîtres, tenons-nous tout près; milord protecteur va bientôt venir par ici, et nous pourrons alors lui remettre nos suppliques en bonne forme.

DEUXIÈME PÉTITIONNAIRE.

Morbleu, le Seigneur le protége, car c'est un bon homme! Que Jésus le bénisse!

PREMIER PÉTITIONNAIRE.

Le voilà qui vient, je crois, et la reine avec lui : je serai le premier, bien sûr.

Entrent Suffolk et la Reine Marguerite.

DEUXIÈME PÉTITIONNAIRE.

Remets-toi en place, imbécile : c'est le duc de Suffolk, et non milord protecteur.

SUFFOLK.

Eh bien, l'ami, me veux-tu quelque chose?

PREMIER PÉTITIONNAIRE.

Pardonnez, je vous prie, milord! je vous prenais pour milord protecteur.

MARGUERITE, lisant l'adresse.

A milord protecteur! Vos suppliques sont donc adressées à sa seigneurie? Voyons-les! quelle est la tienne?

PREMIER PÉTITIONNAIRE.

La mienne, n'en déplaise à Votre Grâce, est contre Jean Bonhomme, un homme à milord cardinal, qui me détient ma maison, mes terres, ma femme et tout.

SCÈNE III.

SUFFOLK.

Ta femme aussi? Voilà un tort, certes.... Et la vôtre?... Que vois-je ici?

lisant.

Contre le duc de Suffolk, pour avoir enclos les communaux de Melford.

Qu'est-ce à dire, messire drôle?

DEUXIÈME PÉTITIONNAIRE.

Hélas! monsieur, je ne suis que le pauvre porteur de la pétition de toute notre ville.

PIERRE, présentant sa pétition.

Contre mon maître, Thomas Horner, pour avoir dit que le duc d'York était le légitime héritier de la couronne.

MARGUERITE.

Que dis-tu là? le duc d'York a dit qu'il était le légitime héritier de la couronne!

PIERRE.

Que mon maître l'était? Nenni, ma foi, c'est mon maître qui a dit qu'il l'était, et que le roi était un usurpateur.

SUFFOLK.

Holà, quelqu'un!

Entrent des DOMESTIQUES.

Emmenez cet homme, et envoyez immédiatement un poursuivant chez son maître : nous éclaircirons votre affaire devant le roi.

Les domestiques sortent avec Pierre.

MARGUERITE.

— Et quant à vous autres, qui aimez à chercher protection — sous les ailes de sa grâce notre protecteur, — — refaites vos suppliques et adressez-les-lui.

Elle déchire les pétitions.

— Arrière, vils chenapans! Suffolk, faites-les partir.

TOUS.

— Allons-nous-en.

Les pétitionnaires sortent.

MARGUERITE.

— Milord de Suffolk, dites, est-ce là l'usage, — est-ce là la mode à la cour d'Angleterre? — Est-ce là le gouvernement de l'île de Bretagne? — Est-ce là l'empire du roi d'Albion? — Quoi! le roi Henry sera donc toujours un écolier — sous la tutelle du morose Glocester? — Ne suis-je reine que de titre et de nom, — et dois-je être la sujette d'un duc? — Je te le déclare, Poole, lorsque dans la cité de Tours — tu rompis une lance en l'honneur de mon amour, — et que tu ravis les cœurs des dames de France, — je crus que Henry te ressemblait — en courage, en courtoisie et en élégance : mais son esprit n'est occupé que de dévotion — et de compter des *Ave Maria* sur son chapelet. — Ses champions, ce sont les prophètes et les apôtres; — ses armes, les saintes sentences de l'Écriture sacrée; — son cabinet est son carrousel; — ses amours, — ce sont les images de bronze des saints canonisés. — Je voudrais que le collége des cardinaux — l'élût pape, et l'emmenât à Rome, — et mît la triple couronne sur sa tête : — voilà la condition qui conviendrait à sa sainteté.

SUFFOLK.

— Patience, madame; si je suis cause — que Votre Altesse est venue en Angleterre, je ferai en sorte — que Votre Grâce y soit pleinement satisfaite.

MARGUERITE.

— Outre le hautain protecteur, nous avons Beaufort, — l'impérieux homme d'Église; Somerset, Buckingham, — et le boudeur York; et le moindre d'entre eux — est plus puissant en Angleterre que le roi.

SCÈNE III.

SUFFOLK.

— Et le plus puissant d'entre eux — n'est pas plus puissant en Angleterre que les Nevils : — Salisbury et Warwick ne sont pas de simples pairs.

MARGUERITE.

— Tous ces lords réunis ne me blessent pas à beaucoup près autant — que cette arrogante, la femme du lord protecteur. — Elle balaie la cour avec un cortége de dames, — plutôt comme une impératrice que comme la femme du duc Homphroy. — Les étrangers la prennent pour la reine. — Elle porte les revenus d'un duché sur son dos, — et dans son cœur elle insulte à notre pauvreté. — Est-ce que je ne vivrai pas assez pour être vengée d'elle ? — Méprisante et vile créature ! La caillette — se vantait l'autre jour, au milieu de ses mignons, — — que la queue de sa plus mauvaise robe — valait plus que tous les domaines de mon père, — avant que Suffolk lui eût donné deux duchés pour sa fille.

SUFFOLK.

— Madame, j'ai moi-même pour elle englué certain buisson, — et j'y ai placé un chœur d'oiseaux séducteurs, — en sorte qu'elle s'y abatte pour écouter leur chant, — et ne reprenne plus cet essor qui vous trouble. — Ainsi, ne vous occupez plus d'elle, et écoutez-moi, madame ; — car je prends la liberté de vous donner un conseil. — Quoique nous n'aimions pas le cardinal, — il faut nous liguer avec lui et avec les lords — jusqu'à ce que nous ayons fait tomber le duc Homphroy en disgrâce. — Quant au duc d'York, la plainte qui vient d'être portée — ne lui fera pas grand bien. — Ainsi, nous les extirperons tous l'un après l'autre, — et vous tiendrez seule enfin l'heureux gouvernail.

Entrent LE ROI HENRY, YORK et SOMERSET, causant ; LE DUC et LA DUCHESSE DE GLOCESTER, le cardinal BEAUFORT, BUCKINGHAM, SALISBURY et WARWICK.

LE ROI HENRY.

— Pour ma part, noble York, je ne m'en soucie pas ; — ou Somerset, ou York, c'est tout un pour moi.

YORK.

— Si York s'est mal conduit en France, que la régence lui soit refusée.

SOMERSET.

— Si Somerset est indigne de la place, — que York soit régent, je lui cède le pas.

WARWICK.

— Que Votre Grâce en soit digne ou non, — ce n'est pas là la question : York en est le plus digne.

LE CARDINAL.

— Ambitieux Warwick, laisse parler tes supérieurs.

WARWICK.

— Le cardinal n'est pas mon supérieur sur le champ de bataille.

BUCKINGHAM.

— Tous ici sont tes supérieurs, Warwick.

WARWICK.

— Warwick peut vivre assez pour être votre supérieur à tous.

SALISBURY.

— Paix, fils !... Et vous, Buckingham, dites pour quelle raison — Somerset doit obtenir en ceci la préférence.

MARGUERITE.

— Eh bien ! parce que le roi le veut.

GLOCESTER.

— Madame, le roi est d'âge — à donner sa decision : ceci n'est point affaire de femmes.

SCÈNE III.

MARGUERITE.

— Si le roi est d'âge, qu'est-il besoin que Votre Grâce — soit le protecteur de Sa Majesté ?

GLOCESTER.

— Madame, je suis protecteur du royaume ; — et, quand tel sera son bon plaisir, je résignerai mes fonctions.

SUFFOLK.

— Résigne-les donc, et laisse là ton insolence. — Depuis que tu es roi (car qui règne, si ce n'est toi ?), la chose publique marche chaque jour à sa ruine ; — le Dauphin a triomphé au delà des mers ; — et tous les pairs et nobles du royaume — ont été comme asservis à ta souveraineté.

LE CARDINAL.

— Tu as pressuré les communes ; la bourse du clergé — est appauvrie et épuisée par tes extorsions.

SOMERSET.

— Tes somptueux palais et la toilette de ta femme — ont coûté énormément au trésor public.

BUCKINGHAM.

— Ta cruauté dans l'exécution — des criminels a excédé la loi — et te livre toi-même à la merci de la loi.

MARGUERITE.

— Ton trafic d'emplois et de villes en France, — si les faits qu'on soupçonne grandement étaient avérés, — t'aurait bientôt fait sauter la tête.

Glocester sort. La reine laisse tomber son éventail (5).

— Donnez-moi mon éventail.

A la duchesse de Glocester.

Eh bien, mignonne, vous ne pouvez pas?

Elle donne un soufflet à la duchesse.

— Je vous demande pardon, madame : est-ce donc vous ?

LA DUCHESSE.

— Est-ce moi ? Oui, c'est moi, altière Française. — Si avec mes ongles je pouvais atteindre votre beauté, — je vous imprimerais sur la face mes dix commandements.

LE ROI HENRY.

— Chère tante, calmez-vous, c'était sans le vouloir.

LA DUCHESSE.

— Sans le vouloir ! Bon roi, prends-y garde à temps. — Elle t'emmaillotera et te bercera comme un bambin. — Bien qu'en ces lieux le souverain maître ne porte pas culottes, — elle n'aura pas frappé impunément dame Éléonore.

La duchesse sort (6).

BUCKINGHAM.

— Lord cardinal, je vais suivre Éléonore, — et m'informer de ce que fait Homphroy. — Elle est maintenant piquée au vif ; sa furie n'a pas besoin d'éperon ; — elle galopera assez vite à sa destruction.

Sort Buckingham.

Rentre GLOCESTER.

GLOCESTER.

— Maintenant, milords, que l'excès de ma colère a été dissipé par un tour de promenade dans le quadrangle, — je viens vous parler des affaires de l'État. — Quant à vos odieuses et fausses accusations, — prouvez-les et je me soumets à la loi ; — mais puisse Dieu avoir autant pitié de mon âme — que j'ai de dévouement pour mon roi et mon pays ! — Revenons à l'affaire qui nous occupe. — Je dis, mon souverain, qu'York est l'homme le plus digne — d'être régent dans le royaume de France.

SUFFOLK.

— Avant que nous prenions une décision, permettez-moi — de démontrer par des raisons qui ne sont pas sans force — qu'York est l'homme le plus indigne de l'être.

YORK.

— Je te dirai, Suffolk, pourquoi j'en suis indigne. — C'est d'abord parce que je ne sais pas flatter ton orgueil; — ensuite, si je suis désigné pour ce poste, — milord de Somerset me laissera là — sans ressources, sans argent ni munitions, — jusqu'à ce que la France soit retombée aux mains du Dauphin. — La dernière fois, son caprice m'a fait faire antichambre, — jusqu'à ce que Paris fût assiégé, affamé et perdu (7).

WARWICK.

— Je puis en témoigner; jamais traître à son pays — ne commit une action plus noire.

SUFFOLK.

— Tais-toi, insolent Warwick.

WARWICK.

— Image de l'orgueil, pourquoi me tairais-je?

Entrent les domestiques de Suffolk amenant HORNER *et* PIERRE.

SUFFOLK.

— Parce que voici un homme accusé de trahison. — Dieu veuille que le duc d'York se justifie!

YORK.

— Est-ce qu'on accuse York d'être un traître?

LE ROI HENRY.

— Que veux-tu dire? Suffolk Parle : qui sont ces hommes?

SUFFOLK.

— Sous le bon plaisir de Votre Majesté, voilà l'homme — qui accuse son maître de haute trahison. — Celui-ci a dit que Richard, duc d'York, — était le légitime héritier de la couronne d'Angleterre, — et que Votre Majesté était un usurpateur.

LE ROI HENRY, à Horner.

—Parle, l'ami, as-tu dit cela?

HORNER.

Sous le bon plaisir de Votre Majesté, je n'ai jamais dit ou pensé pareille chose. Dieu m'est témoin que je suis faussement accusé par ce misérable.

PIERRE, levant les mains.

Par ces dix os, milords, il m'a dit ça dans le grenier un soir que nous étions à récurer l'armure de milord d'York.

YORK.

—Vil coquin, artisan infect,—j'aurai ta tête pour cette parole de traître...—Je conjure Votre royale Majesté —de lui faire subir toute la rigueur des lois. —

HORNER.

Hélas! milord, je veux être pendu si j'ai jamais parlé ainsi. Mon accusateur est mon apprenti; l'autre jour, quand je l'ai corrigé pour certaine faute, il a juré à genoux qu'il me revaudrait ça : j'ai de bons témoins de la chose. Aussi je conjure Votre Majesté de ne pas perdre un honnête homme sur l'accusation d'un vilain.

LE ROI HENRY.

—Mon oncle, quelle décision nous dicte ici la justice?

GLOCESTER.

—Cette sentence, milord, si je puis la prononcer :— Que Somerset soit nommé régent de France,—car ceci met York en suspicion.—Et qu'à ces gens il soit assigné un jour—et un lieu convenable pour un combat singulier.—Car cet homme a des témoins de la malveillance de son valet.—Telle est la loi, et telle est la décision du duc Homphroy.

SOMERSET.

Je remercie humblement Votre royale Majesté.

HORNER.

Et moi, j'accepte volontiers le combat.

PIERRE.

Hélas! milord, je ne peux pas me battre. Au nom du ciel, prenez en pitié mon cas! la rancune d'un homme prévaut contre moi. Oh! que le Seigneur ait pitié de moi! Je ne serai jamais en état de porter un coup. O Dieu!... mon cœur.

GLOCESTER.

—Maraud, il faut que tu te battes ou que tu sois pendu.

LE ROI HENRY.

—Qu'on les mène en prison; le jour – du combat sera le dernier du mois prochain. – Viens, Somerset, nous allons aviser à ton départ.

Ils sortent (8).

SCÈNE IV.

[Un jardin attenant à l'hôtel du duc de Glocester.]

Entrent MARGERY JOURDAIN, HUME, SOUTHWELL et BOLINGBROKE (9).

HUME.

Venez, mes maîtres, la duchesse, je vous l'ai dit, attend l'accomplissement de vos promesses.

BOLINGBROKE.

Maître Hume, nous sommes tout prêts. Sa Grâce veut-elle voir et entendre nos incantations?

HUME.

Oui, pourquoi pas? Ne doutez pas de son courage.

BOLINGBROKE.

Je l'ai entendu citer comme une femme d'une invincible énergie. Mais il sera bon, maître Hume, que vous soyez là-haut près d'elle, tandis que nous serons occupés ici-bas. Ainsi, partez, je vous en prie au nom du ciel, et laissez-nous.

Hume sort.

Mère Jourdain, prosternez-vous à plat contre terre. Vous, John Soutwell, lisez, et mettons-nous à l'œuvre.

La duchesse paraît à une fenêtre.

LA DUCHESSE.

Fort bien, mes maîtres ; soyez tous les bienvenus. A la besogne ! Le plus tôt, le mieux.

BOLINGBROKE.

—Patience, bonne dame. Les magiciens connaissent leur moment. — La nuit profonde, la nuit noire, la nuit silencieuse, — le moment de la nuit où Troie fut livrée aux flammes, — le moment où les chouettes crient et les chiens de garde hurlent, — où les esprits rôdent et où les spectres s'arrachent à leurs tombeaux, — c'est le moment qui convient le mieux à l'œuvre que nous entreprenons. — Madame, asseyez-vous, et ne craignez rien ; celui que nous évoquons, — nous l'enfermerons dans un cercle sacré.

Ici ils accomplissent les cérémonies d'usage, et tracent le cercle. Bolingbroke ou Southwell lit la formule de conjuration. Éclairs et tonnerre effroyables. L'ESPRIT s'élève.

L'ESPRIT.

Adsum.

MARGERY JOURDAIN.

Asmath, — par l'éternel Dieu dont le nom et le pouvoir — te font trembler, réponds à ce que je demanderai ; — car tu ne partiras pas d'ici que tu n'aies parlé.

L'ESPRIT.

—Demande ce que tu voudras : que n'ai-je déjà dit et fini !

BOLINGBROKE, lisant.

—*D'abord le roi. Qu'adviendra-t-il de lui?*

L'ESPRIT.

—Le duc vit encore qui déposera Henry; mais il lui survivra et mourra de mort violente.

A mesure que l'Esprit parle, Southwell écrit la réponse.

SCÈNE IV.

BOLINGBROKE.

— *Quel est le sort qui attend le duc de Suffolk ?*

L'ESPRIT.

— Par l'eau il périra et trouvera sa fin.

BOLINGBROKE.

— *Qu'arrivera-t-il au duc de Somerset ?*

L'ESPRIT.

Qu'il évite les châteaux : — il sera plus en sûreté sur les plaines sablonneuses — que là où se dressent les châteaux. — Finis, car je ne puis endurer davantage.

BOLINGBROKE.

— Descends dans les ténèbres et dans le lac brûlant. — Démon perfide, disparais !

Tonnerre et éclairs. L'Esprit descend.

Entrent précipitamment York *et* Buckingham, *suivis de leurs gardes et d'autres gens.*

YORK.

— Mettez la main sur ces traîtres et sur leur friperie. — Commère, je crois que nous vous avons surveillée de près... — Quoi ! madame, vous ici ! Le roi et l'État — vous sont grandement redevables pour tant de peines ; — milord protecteur veillera, je n'en doute pas, — à ce que vous soyez bien récompensée pour ces bonnes œuvres.

LA DUCHESSE.

— Elles ne sont pas aussi préjudiciables que les tiennes au roi d'Angleterre, — duc insolent qui menaces sans raison.

BUCKINGHAM, *lui montrant un papier.*

— En effet, madame, sans la moindre raison. Qu'appelez-vous ceci ? — Qu'on emmène ces gens ; qu'on les fourre en lieu sûr, — et qu'on les tienne séparés... Vous, madame, vous partirez avant nous. — Stafford, prends-la sous ta garde.

La duchesse se retire de la fenêtre.

— Nous ferons examiner toute votre pacotille. Partez tous !

Les gardes sortent emmenant Southwell, Bolingbroke, etc.

YORK.

— Lord Buckingham, vous l'avez, je le vois, parfaitement surveillée. — Jolie intrigue, parfait échafaudage ! — Maintenant, milord, voyons, je vous prie, l'écrit du diable. — Qu'avons-nous là ?

Il lit :

— *Le duc vit encore qui déposera Henry ; — mais il lui survivra et mourra d'une mort violente.* — Eh ! c'est juste comme le vers :

Aio te, OEacida, Romanos vincere posse.

Voyons la suite. — *Quel est le sort qui attend le duc de Suffolk ? — Par l'eau il périra et trouvera sa fin. — Qu'arrivera-t-il au duc de Somerset ? — Qu'il évite les châteaux : — il sera plus en sûreté sur les plaines sablonneuses — que là où se dressent les châteaux.* — Allons, allons, milords, ces oracles sont obtenus à grand risque — et compris à grand'peine. — Le roi est maintenant en route pour Saint-Albans, — accompagné du mari de cette aimable dame. — Que ces nouvelles soient portées là au grand galop : — triste déjeuner pour milord protecteur !

BUCKINGHAM.

— Votre Grâce, milord d'York, me permettra — d'être le courrier, pour que j'aie de lui la récompense.

YORK.

— A votre guise, mon cher lord... — Holà ! quelqu'un !

Entre un Valet.

— Qu'on invite les lords Salisbury et Warwick — à souper avec moi demain soir... En marche !

Tous sortent (10).

SCÈNE V.

[Saint-Albans.]

Entrent LE ROI HENRY, LA REINE MARGUERITE, GLOCESTER, LE CARDINAL et SUFFOLK, suivis de fauconniers criant.

LA REINE MARGUERITE.

—Croyez-moi, milords, cette chasse aux poules d'eau — est la plus amusante que j'aie vue depuis sept ans. — Pourtant, convenez-en, le vent était très-fort, — et il y avait dix à parier contre un que la vieille Jeanne ne prendrait pas son essor.

LE ROI HENRY, à Glocester.

—Mais quelle pointe votre faucon a faite, milord, — et à quelle hauteur il volait au-dessus des autres! — Voyez l'œuvre de Dieu dans toutes ses créatures! — L'homme et l'oiseau aspirent également à monter.

SUFFOLK.

—Sous le bon plaisir de Votre Majesté, il n'est pas étonnant que les faucons de milord protecteur planent si haut; — ils savent que leur maître aime dominer, — et qu'il s'élève par la pensée bien au delà du vol d'un faucon.

GLOCESTER.

—Milord, bien vil et bien ignoble serait l'esprit — qui ne dépasserait pas l'essor d'un oiseau.

LE CARDINAL.

—Je le pensais bien : il voudrait être plus haut que les nues.

GLOCESTER.

—Eh! milord cardinal, qu'entendez-vous par là? — Votre Grâce ne trouverait-elle pas bon de pouvoir monter au ciel?

LE ROI HENRY.

Jusqu'aux trésors de l'éternelle joie!

LE CARDINAL, à Glocester.

—Ton ciel, à toi, est sur la terre. Tes yeux et tes pensées — se reportent vers une couronne qui est le trésor de ton cœur. — Pernicieux protecteur, pair dangereux — qui caresses ainsi le roi et le peuple!

GLOCESTER.

—Ah çà, cardinal, votre prêtrise est devenue bien péremptoire!

Tantæne animis cœlestibus iræ!

—Un homme d'Église, si violent! Bon oncle, dissimulez votre malignité; — convient-elle à une telle sainteté?

SUFFOLK.

—Il n'y a pas là de malignité, monsieur, pas plus que n'en doivent provoquer — une querelle aussi bonne et un aussi mauvais pair...

GLOCESTER.

—Que qui, milord?

SUFFOLK.

—Eh bien, que vous, milord, —n'en déplaise à votre orgueilleux protectorat.

GLOCESTER.

—Va, Suffolk, l'Angleterre connaît ton insolence.

LA REINE MARGUERITE.

—Et ton ambition, Glocester.

LE ROI HENRY.

Paix, je te prie, — ma bonne reine! N'aiguise pas la fureur de ces pairs. — Car bénis sont ceux qui font la paix sur la terre!

LE CARDINAL.

—Bénis sois-je donc! car je veux faire la paix — avec ce fier protecteur... à la pointe de l'épée!

SCÈNE V.

GLOCESTER, bas au cardinal.

—En vérité, mon saint oncle, que n'en sommes-nous déjà là !

LE CARDINAL, bas au duc.

—Eh ! tu n'as qu'à oser.

GLOCESTER, bas au cardinal.

—N'émeute pas pour cette affaire un ramassis de factieux.—Réponds en personne de tes insultes.

LE CARDINAL, bas au duc.

—Oui, mais tu n'auras pas, toi, le cœur de te montrer ; si tu l'as,—ce soir même, sur la lisière orientale du bois.

LE ROI HENRY.

—Eh bien, milords ?

LE CARDINAL, haut.

Croyez-moi, cousin Glocester,—si Votre Honneur n'avait pas ramené l'oiseau si brusquement,—nous aurions eu plus de plaisir.

Bas.

Viens avec ton épée à deux mains.

GLOCESTER.

C'est vrai, mon oncle.

LE CARDINAL, bas au duc.

—Vous entendez ?... la lisière orientale du bois !

GLOCESTER, bas au cardinal.

—Cardinal, je suis votre homme.

LE ROI HENRY.

Eh ! qu'est-ce donc, oncle Glocester ?

GLOCESTER.

—Nous causions de fauconnerie : voilà tout, milord.

Bas au cardinal.

—Ah ! par la mère de Dieu, prêtre, j'élargirai votre tonsure,—ou toute ma science d'escrime sera en défaut.

LE CARDINAL, bas au duc.

Medica te ipsum. — Protecteur, songez à vous protéger vous-même.

LE ROI HENRY.

— Le vent devient plus fort ; ainsi que votre courroux, milords. — Que cette musique est fastidieuse à mon cœur ! — Quand de telles cordes détonnent, comment espérer l'harmonie ? — Je vous en prie, milords, laissez-moi arranger ce différend.

Entre UN HABITANT de Saint-Albans, criant : Miracle !

GLOCESTER.

Que signifie ce bruit ? — L'ami, quel miracle proclames-tu là ?

L'HABITANT.

Miracle ! miracle !

SUFFOLK.

— Viens près du roi, et dis-lui quel est ce miracle.

L'HABITANT.

— Eh bien, un aveugle a recouvré la vue — à la châsse de Saint-Albans, il n'y a pas une demi-heure ; — un homme qui jamais n'avait vu de sa vie.

LE ROI HENRY.

— Louange à Dieu qui aux âmes croyantes — donne la lumière dans les ténèbres, la consolation dans le désespoir !

Entrent LE MAIRE de Saint-Albans et ses collègues ; puis SIMPCOX, que deux personnes portent dans une chaise ; SA FEMME et la foule le suivent.

LE CARDINAL.

— Voici les habitants de la ville qui viennent en procession, — pour présenter l'homme à Votre Altesse.

LE ROI HENRY.

— Grande est sa consolation en cette vallée terrestre, —

bien que par sa vue ses péchés puissent être multipliés.

GLOCESTER.

— Approchez, mes maîtres, amenez-le près du roi. — Il plaît à Son Altesse de causer avec lui.

LE ROI HENRY.

— Bonhomme, dis-nous la chose en détail, — que nous puissions à ton occasion glorifier le Seigneur. — Est-il vrai que tu aies été longtemps aveugle, et que tu sois guéri?

SIMPCOX.

Je suis né aveugle, n'en déplaise à Votre Grâce.

LA FEMME.

Oui-dà, vraiment.

SUFFOLK.

Quelle est cette femme?

LA FEMME.

— Son épouse, n'en déplaise à Votre Honneur.

GLOCESTER.

— Si tu avais été sa mère, tu auras parlé avec plus d'autorité.

LE ROI HENRY, à Simpcox.

Où es-tu né?

SIMPCOX.

— A Berwick, dans le nord, n'en déplaise à Votre Grâce.

LE ROI HENRY.

— Pauvre âme! La bonté de Dieu a été grande pour toi; — ne laisse passer ni jour ni nuit sans la sanctifier, — en te rappelant toujours ce qu'a fait le Seigneur.

LA REINE MARGUERITE.

— Dis-moi, bonhomme, est-ce par hasard — ou par dévotion que tu es venu à cette sainte châsse?

SIMPCOX.

— Par pure dévotion, Dieu le sait! J'avais été appelé

— cent fois et plus dans mon sommeil — par le bon saint Albans, qui me disait : *Simpcox, viens, — viens; présente-toi à ma châsse, et je te guérirai.*

LA FEMME.

— Parfaitement vrai, sur ma parole; et mainte et mainte fois — j'ai moi-même entendu une voix l'appeler ainsi.

LE CARDINAL.

— Ah çà, es-tu boiteux?

SIMPCOX.

Oui, que le Dieu tout-puissant me soit en aide !

SUFFOLK.

— Comment l'es-tu devenu?

SIMPCOX.

Une chute du haut d'un arbre !

LA FEMME.

— D'un prunier, maître.

GLOCESTER.

Combien de temps as-tu été aveugle?

SIMPCOX.

— Oh! dès ma naissance, maître.

GLOCESTER.

Et tu as grimpé à un arbre !

SIMPCOX.

— Rien que cette fois-là dans ma vie, quand j'étais un jouvenceau.

LA FEMME.

— Ce n'est que trop vrai; et il a payé cher son ascension.

GLOCESTER.

— Par la messe ! tu aimais bien les prunes pour t'aventurer ainsi.

SIMPCOX.

— Hélas! mon bon monsieur, mon épouse désirait

SCÈNE V.

quelques prunes de Damas, — et elle me fit grimper au péril de ma vie.

GLOCESTER.

— Rusé coquin ! mais tout ça ne servira de rien... — Laisse-moi voir tes yeux ; ferme-les maintenant ; maintenant ouvre-les ; — dans mon opinion, tu n'y vois pas encore bien clair.

SIMPCOX.

— Si fait, monsieur, aussi clair que le jour, grâce à Dieu et à saint Albans.

GLOCESTER.

Crois-tu ? De quelle couleur est ce manteau ?

SIMPCOX.

Rouge, monseigneur, rouge comme du sang.

GLOCESTER.

Oui, c'est juste. De quelle couleur est ma robe ?

SIMPCOX.

Noire, parbleu; noire comme du charbon, comme du jais.

LE ROI HENRY.

Eh ! tu sais donc de quelle couleur est le jais ?

SUFFOLK.

Et pourtant, il n'a jamais vu de jais, je pense.

GLOCESTER.

Mais il a déjà bien vu des manteaux et bien des robes.

LA FEMME.

Il n'en a jamais vu de sa vie, avant ce jour.

GLOCESTER.

Dis-moi, maraud, quel est mon nom ?

SIMPCOX.

Hélas ! maître, je ne sais pas.

GLOCESTER, montrant un de ceux qui l'entourent.

Quel est son nom ?

SIMPCOX.

Je ne sais pas.

GLOCESTER, *montrant un autre.*

Et le nom de celui-ci?

SIMPCOX.

Je ne sais pas non plus, maître.

GLOCESTER.

Quel est ton propre nom?

SIMPCOX.

Saunder Simpcox, ne vous en déplaise, maître.

GLOCESTER.

Eh bien, Saunder, voilà qui suffit : tu es le plus effronté menteur de la chrétienté. Si tu étais né aveugle, il t'eût été aussi facile de dire nos noms à tous que de nommer les diverses couleurs de nos vêtements. La vue peut distinguer les couleurs ; mais les nommer toutes ainsi brusquement, c'est impossible. Milords, saint Albans a fait ici un miracle ; mais ne pensez-vous pas que grand serait le pouvoir qui remettrait cet estropié sur ses jambes?

SIMPCOX.

Oh! monsieur, que ne le pouvez-vous!

GLOCESTER.

Messieurs de Saint-Albans, est-ce que vous n'avez pas des sergents dans votre ville, ni de ces choses qu'on appelle fouets?

LE MAIRE.

Si fait, milord, s'il plaît à Votre Grâce.

GLOCESTER.

Eh bien, envoyez-en chercher un sur-le-champ.

LE MAIRE.

Maraud, va immédiatement chercher le sergent.

Un homme de la suite sort.

GLOCESTER.

Maintenant, qu'on aille vite me chercher un escabeau.

On apporte un escabeau.

Maintenant, maraud, si tu veux te sauver du fouet, saute-moi par-dessus cet escabeau, et détale.

SIMPCOX.

Hélas! maître, je ne suis pas en état de me tenir debout; — vous allez me torturer inutilement.

L'homme de la suite revient avec LE SERGENT.

GLOCESTER.

Eh bien, messire, nous allons vous faire retrouver vos jambes. L'ami sergent, fouette-le jusqu'à ce qu'il ait sauté par-dessus cet escabeau.

LE SERGENT.

Oui, milord... Avance, maraud; vite! à bas votre pourpoint!

SIMPCOX.

Hélas! monsieur, que puis-je faire? Je ne suis pas en état de me tenir debout.

Après le premier coup de fouet, il saute par-dessus l'escabeau et se sauve; la foule le suit en criant : Miracle!

LE ROI HENRY.

— O Dieu, tu vois cela, et tu le tolères!

LA REINE MARGUERITE.

— Cela m'a fait rire de voir le maroufle sauter.

GLOCESTER.

— Suivez le coquin, et emmenez cette drôlesse.

LA FEMME.

Hélas! monsieur, nous avons fait cela par pure indigence.

GLOCESTER.

Qu'on les chasse sous le fouet à travers toutes les villes de marché jusqu'à ce qu'ils aient regagné Berwick, d'où ils sont venus.

Sortent le maire, le sergent, la femme de Simpcox, etc. (11).

LE CARDINAL.

— Le duc Homphroy a accompli un miracle aujourd'hui.

SUFFOLK.

— C'est vrai : il a fait sauter et envoler un boiteux.

GLOCESTER.

— Mais vous avez accompli plus de miracles que moi, — vous avez en un jour, milord, fait envoler des villes entières.

Entre Buckingham.

LE ROI HENRY.

— Quelles nouvelles apporte notre cousin Buckingham ?

BUCKINGHAM.

— Des nouvelles que mon cœur frémit de révéler. — Une bande de méchants, occupés d'œuvres impies, — sous la protection et avec la connivence — de lady Éléonore, la femme du protecteur, — la meneuse et la tête de toute cette clique, — se sont livrés à des pratiques dangereuses pour l'État, — en ayant recours à des sorcières et des magiciens ; — nous les avons surpris sur le fait, — évoquant du fond de la terre de mauvais esprits, — les interrogeant sur la vie et la mort du roi Henry — et d'autres personnages du conseil privé de Votre Altesse, — ainsi qu'on l'expliquera en détail à Votre Grâce.

LE CARDINAL, à Glocester.

— Et ainsi, milord protecteur, — votre femme est en ce moment arrêtée à Londres. — Cette nouvelle aura, je pense, faussé le tranchant de votre épée ; — il est probable, milord, que vous ne serez pas au rendez-vous.

GLOCESTER.

— Ambitieux homme d'Église, cesse d'affliger mon

cœur. — Le chagrin et l'épreuve ont vaincu toutes mes forces ; — et, vaincu que je suis, je te cède, — comme je céderais au plus vil valet.

LE ROI HENRY.

— O Dieu ! que d'iniquités commettent les méchants, — et pour attirer la ruine sur leur propre tête !

LA REINE MARGUERITE.

— Glocester, voici ton nid dégradé ; — et tâche toi-même d'être irréprochable, tu feras bien.

GLOCESTER.

— Pour moi, madame, le ciel m'est témoin — de l'amour que j'ai toujours eu pour le roi et pour le bien public. — Quant à ma femme, je ne sais ce qui en est. — Je suis désolé d'avoir appris ce que je viens d'apprendre ; — c'est une noble personne ; mais si elle a mis en oubli — l'honneur et la vertu, et conversé avec des êtres — dont le contact est comme une poix qui souille toute noblesse, — je la bannis de mon lit et de ma société, — et je livre en proie à la loi et à l'opprobre — celle qui a déshonoré le nom honnête de Glocester (12).

LE ROI HENRY.

— Allons, pour cette nuit, nous nous reposerons ici. — Demain nous retournerons à Londres — pour examiner à fond cette affaire, — interroger ces affreux coupables — et peser leur cause dans la balance de la justice, — dont le fléau est inflexible et qui fait prévaloir le bon droit.

Il sortent.

SCÈNE VI.

[Londres. Les jardins du duc d'York.]

Entrent YORK, SALISBURY et WARWICK.

YORK.

— Maintenant, mes bons lords de Salisbury et de Warwick, — que notre modeste souper est terminé, permettez-moi, — dans cette promenade solitaire et pour ma propre satisfaction, — de vous demander votre opinion sur mon titre à la couronne d'Angleterre, titre qui est irrécusable.

SALISBURY.

— Milord, il me tarde de vous l'entendre exposer pleinement.

WARWICK.

— Cher York, commence ; et si tes droits sont fondés, — les Nevils seront tes sujets obéissants.

YORK.

Donc voici : — Édouard III, milords, eut sept fils. — Le premier, Édouard, le prince Noir, prince de Galles ; le second, William de Hatfield; et le troisième, — Lionel, duc de Clarence ; après qui — venait Jean de Gand, duc de Lancastre ; — le cinquième était Edmond Langley, duc d'York ; — le sixième était Thomas de Woodstock, duc de Glocester; — William de Windsor était le septième et dernier. — Édouard, le prince Noir, mourut avant son père, — et laissa un fils unique, Richard, — qui, après la mort d'Édouard III, régna en qualité de roi, — jusqu'au jour où Henry Bolingbroke, duc de Lancastre, — le fils aîné et l'héritier de Jean de Gand, — couronné sous le nom de Henry IV, — s'empara du royaume, déposa le roi légitime, — envoya la pauvre reine en France, d'où elle était venue, — et le roi à Pomfret, où, comme vous savez tous, — l'inoffensif Richard fut traîtreusement assassiné.

WARWICK, à Salisbury.

— Père, le duc a dit la vérité ; — c'est ainsi que la maison de Lancastre a obtenu la couronne.

YORK.

— Et maintenant elle la retient par force, et non par droit ; — car Richard, l'héritier du fils aîné d'Édouard, étant mort, — la postérité du second fils aurait dû régner.

SALISBURY.

— Mais William de Hatfield était mort sans héritier.

YORK.

— Le troisième fils, le duc de Clarence, du chef de qui — je réclame la couronne, eut pour enfant une fille, Philippe, — qui épousa Edmond Mortimer, comte de March. — Edmond eut pour enfant Roger, comte de March ; — Roger eut pour enfants Edmond, Anne et Éléonore.

SALISBURY.

— Cet Edmond, sous le règne de Bolingbroke, — réclama la couronne, ainsi que je l'ai lu, — et eût été roi, sans Owen Glendower, — qui le retint en captivité jusqu'à sa mort. — Mais passons aux autres.

YORK.

Sa fille aînée, Anne, — ma mère, étant l'héritière de la couronne, — épousa Richard, comte de Cambridge, — qui était fils d'Edmond Langley, cinquième fils d'Édouard III. — C'est de son chef que je réclame la couronne : elle était héritière — de Roger, comte de March, qui était fils — d'Edmond Mortimer qui épousa Philippe, — fille unique de Lionel, duc de Clarence : — donc, si la descendance de l'aîné — doit succéder avant celle du cadet, je suis roi.

WARWICK.

— Quelle claire déduction est plus claire que celle-là ? — Henry réclame la couronne du chef de Jean de Gand, — le quatrième fils ; York la réclame du chef du troisième. — Jusqu'à ce que la branche de Lionel soit éteinte, celle de Jean ne doit pas régner ; — elle n'est pas encore éteinte, mais elle fleurit en toi — et dans tes fils, nobles rejetons d'une telle souche. — Donc, Salisbury, mon père, agenouillons-nous tous deux ensemble, — et, en ce lieu retiré, soyons les premiers — à saluer notre légitime souverain — en nous inclinant devant ses droits héréditaires à la couronne.

TOUS DEUX.

— Vive notre souverain Richard, roi d'Angleterre !

YORK.

— Lords, nous vous remercions. Mais je ne suis pas votre roi, — tant que je ne suis pas couronné et que mon épée n'est pas teinte — du sang le plus pur de la maison de Lancastre. — Et ce n'est pas l'œuvre d'un moment, — mais la tâche de la prudence et d'une silencieuse discrétion. — Faites comme je fais en ces temps périlleux ; — fermez les yeux sur l'insolence du duc de Suffolk, — sur l'orgueil de Beaufort, sur l'ambition de Somerset, — sur Buckingham et toute sa clique, — jusqu'à ce qu'ils aient fait tomber dans leurs piéges le pasteur du troupeau, — ce vertueux prince, le bon duc Homphroy. — C'est là ce qu'ils cherchent ; et eux-mêmes, en cherchant cela, — trouveront la mort, si York est bon prophète.

SALISBURY.

— Milord, brisons là ; nous connaissons pleinement votre pensée.

WARWICK.

— Mon cœur me dit que le comte de Warwick — fera un jour du duc d'York un roi.

YORK.

— Et moi, Nevil, je me dis — que Richard est destiné à faire du comte de Warwick — le plus grand personnage de l'Angleterre, après le roi.

Il sortent.

SCÈNE VII.

[Londres. Une salle de justice.]

Les trompettes sonnent. Entrent LE ROI HENRY, LA REINE MARGUERITE, GLOCESTER, YORK, SUFFOLK et SALISBURY; puis LA DUCHESSE DE GLOCESTER, MARGERY JOURDAIN, SOUTWELL, HUME et BOLINGBROKE, gardés.

LE ROI HENRY.

— Avancez, dame Éléonore Cobham, épouse de Glocester; — aux yeux de Dieu et aux nôtres, votre crime est grand; — recevez la sentence de la loi, pour des fautes — qui par le livre de Dieu sont vouées à la mort.

A Margery et aux autres prisonniers.

— Vous quatre, vous allez retourner en prison; — de là, à la place de l'exécution. — La sorcière sera brûlée et réduite en cendres à Smithfield, — et vous trois serez étranglés par la hart. — Vous, madame, étant de plus noble naissance, — vous serez dépouillée de tous vos honneurs votre vie durant, — et, après trois jours de pénitence publique (13), — vous vivrez, bannie en votre patrie, — dans l'île de Man, sous la garde de sir John Stanley.

LA DUCHESSE.

— Bienvenu est le bannissement, bienvenue serait ma mort.

GLOCESTER.

— Éléonore, tu le vois, la loi t'a jugée; — je ne puis justifier qui la loi condamne.

Sortent la duchesse et les autres prisonniers, escortés par des gardes.

— Mes yeux sont pleins de larmes, et mon cœur de douleur. — Ah! Homphroy, cet opprobre de ta vieillesse — va, sous le poids de la douleur, incliner ta tête jusqu'à la terre. — J'implore de Votre Majesté la permission de partir. — Ma douleur voudrait un soulagement, et ma vieillesse du repos.

LE ROI HENRY.

— Arrête, Homphroy, duc de Glocester; avant de t'en aller, — remets-moi ton bâton : Henry veut être — son protecteur à lui-même ; et Dieu sera mon espoir, — mon appui, mon guide, un fanal pour mes pas. — Va donc en paix, Homphroy, non moins aimé — que quand tu étais le protecteur du roi.

LA REINE MARGUERITE.

— Je ne vois pas pourquoi un roi en âge de régner — serait protégé comme un enfant. — Que Dieu et le roi Henry tiennent le gouvernail de l'Angleterre. — Rendez votre bâton, monsieur, et son royaume au roi.

GLOCESTER.

— Mon bâton? noble Henry, le voici ; — je le résigne aussi volontiers — que me le confia ton père Henry ; — et je le dépose à tes pieds aussi volontiers — que le recevraient d'autres, plus ambitieux. — Adieu, bon roi. Quand je ne serai plus, — puissent l'honneur et la paix garder ton trône !

Il sort.

LA REINE MARGUERITE.

— Enfin Henry est roi et Marguerite est reine ! — Et Homphroy, duc de Glocester, n'est plus lui-même, — si rudement il a été mutilé ! Deux coups à la fois; — sa femme bannie, c'est-à-dire son bras droit coupé ; — puis ce bâton d'honneur arraché.... Qu'il reste désormais — où il doit être, dans la main de Henry !

SCÈNE VII.

SUFFOLK.

— Ainsi ce pin altier s'affaisse et incline ses rameaux ; — ainsi l'orgueil d'Éléonore expire dans sa jeunesse.

YORK.

— Milords, ne nous en occupons plus.... Sous le bon plaisir de Votre Majesté, — voici le jour désigné pour le combat. — L'appelant et le défendant, l'armurier et son apprenti, — sont prêts à entrer en lice, — si Votre Altesse consent à assister au combat.

LA REINE MARGUERITE.

— Oui, mon cher lord ; car j'ai quitté — la cour tout exprès pour voir vider cette querelle.

LE ROI HENRY.

— Au nom du ciel, qu'on voie si la lice et toutes choses sont en ordre ; — qu'ils en finissent ici, et que Dieu défende le droit.

YORK.

— Je n'ai jamais vu un gaillard plus piteux — et plus effrayé de combattre que l'appelant, — le serviteur de cet armurier, milords.

Entre d'un côté HORNER *entouré de ses* VOISINS, *qui boivent à sa santé au point qu'il devient ivre ; il entre portant son bâton, auquel est attaché un sac de sable : un tambour le précède. Entre, d'un autre côté,* PIERRE, *également précédé d'un tambour et armé d'un bâton pareil; des* APPRENTIS *l'accompagnent buvant à sa santé.*

PREMIER VOISIN.

Tenez, voisin Horner, je bois à vous une coupe de Xérès, et n'ayez pas peur, voisin, vous vous en tirerez bien.

DEUXIÈME VOISIN.

Et, tenez, voisin, voici une coupe de Charneco (14).

TROISIÈME VOISIN.

Et voici un pot de bonne double bière, voisin ; buvez, et n'ayez pas peur de votre apprenti.

HORNER.

A l'œuvre donc! je fais raison à vous tous, et la figue à Pierre.

PREMIER APPRENTI.

Tiens, Pierre, je bois à toi ; et ne crains rien.

DEUXIÈME APPRENTI.

Sois gai, Pierre, et ne crains pas ton maître. Combats pour l'honneur des apprentis.

PIERRE.

Je vous remercie tous : buvez, et priez pour moi, je vous prie ; car je crois que j'ai bu ma dernière rasade en ce monde.... Tiens, Robin, si je meurs, je te donne mon tablier ; toi, Will, tu auras mon marteau ; et toi, Tom, tiens, prends tout l'argent que j'ai... O Seigneur, bénissez-moi !... Je prie Dieu, car jamais je ne serai en état de tenir tête à mon maître : il est déjà si exercé à l'escrime.

SALISBURY.

Allons, cessez de boire, et venez-en aux coups.... Maraud, quel est ton nom ?

PIERRE.

Pierre, parbleu.

SALISBURY.

Pierre, quoi ?

PIERRE.

Cogne.

SALISBURY.

Cogne. Tâche donc de bien cogner ton maître.

HORNER.

Messieurs, je suis venu ici, comme qui dirait à l'instigation de mon apprenti, pour prouver qu'il est un drôle et que je suis un honnête homme... Et en ce qui touche le duc d'York, je veux mourir si jamais je lui ai voulu du mal, à lui, au roi ou à la reine. Par conséquent, Pierre, attends-toi à un coup terrible : c'est Bévis de Southampton qui tombe sur Ascapart.

YORK.

— Qu'on se dépêche!... La langue de ce drôle commence à bredouiller. — Trompettes, donnez le signal aux combattants.

Fanfare d'alarme. Ils se battent. Pierre étend son maître à terre.

HORNER.

— Arrête, Pierre, arrête ! je confesse, je confesse ma trahison. —

Il expire.

YORK, montrant Pierre.

Enlevez-lui son arme... L'ami, remercie Dieu et le bon vin qui a fait trébucher ton maître.

PIERRE.

O Dieu ! j'ai triomphé de mes ennemis devant une telle assemblée ! O Pierre, tu as prévalu justement.

LE ROI HENRY.

— Allons, qu'on emporte ce traître hors de notre vue ; — car par sa mort nous voyons son crime, — et Dieu, dans sa justice, nous a révélé — la loyauté et l'innocence de ce pauvre garçon — qu'il comptait faire périr injustement... — Viens, l'ami, suis-nous pour avoir ta récompense.

Ils sortent.

SCÈNE VIII.

[Londres. Une place publique.]

Entrent GLOCESTER et ses DOMESTIQUES, tous vêtus de deuil.

GLOCESTER.

— Ainsi parfois un nuage couvre le jour le plus splendide ; — ainsi, après l'été, arrive constamment — l'hiver stérile avec ses froids rigoureux et perçants. — Ainsi sou-

cis et joies abondent, comme les saisons s'écoulent. —
Quelle heure est-il, messieurs ?

UN DOMESTIQUE.

Dix heures, milord.

GLOCESTER.

— C'est l'heure qui m'a été indiquée — pour attendre
au passage ma duchesse condamnée. — Elle ne pourra
guère endurer les cailloux des rues — qu'elle doit fouler
de ses pieds délicats. — Chère Nell, ta fière âme doit avoir
peine à supporter — ce peuple abject qui aujourd'hui te
regarde en face — en riant avec des airs haineux de ton
humiliation, — lui qui suivait les roues de ton chariot superbe, — alors que tu traversais les rues en triomphe. —
Mais doucement ! je crois qu'elle arrive, il faut que je prépare — mes yeux ternis par les larmes à voir ses misères.

Entre LA DUCHESSE DE GLOCESTER, vêtue d'un linceul blanc, avec un
écriteau fixé sur le dos, les pieds nus, une torche allumée à la main;
SIR JOHN STANLAY, un shérif et des officiers l'accompagnent.

UN DOMESTIQUE, à Glocester.

— S'il plaît à Votre Grâce, nous l'enlèverons au shériff.

GLOCESTER.

— Non, ne bougez pas ; sur votre vie, laissez-la passer.

LA DUCHESSE.

— Venez-vous, milord, pour voir mon humiliation publique?... — Maintenant, tu fais pénitence, toi aussi. Vois
comme ils te regardent ! — Vois comme la multitude ver-
tigineuse te montre au doigt, — comme toutes ces têtes
agitées jettent les yeux sur toi. — Ah ! Glocester, dérobe-
toi à leurs regards haineux, — et enferme-toi dans ton
cabinet pour pleurer sur ma honte — et maudire tes ennemis, mes ennemis et les tiens.

GLOCESTER.

— Patience, gentille Nell; oublie cette misère.

LA DUCHESSE.

— Ah! Glocester, apprends-moi à m'oublier moi-même. — Car, quand je pense que je suis ta femme légitime — et que tu es prince, protecteur de ce royaume, — il me semble que je ne devrais pas être ainsi promenée, — affublée d'opprobre, avec un écriteau au dos, — et suivie d'une canaille qui se réjouit — de voir mes larmes et d'entendre mes profonds sanglots. — L'implacable caillou coupe mes tendres pieds; — et, quand je trébuche, le peuple envieux ricane — et me dit de prendre garde où je marche. — Ah! Homphroy, puis-je porter ce joug d'ignominie? — Crois-tu que jamais je puisse revoir le monde, — ou trouver le bonheur à jouir du soleil? — Non, l'ombre sera désormais ma lumière, et la nuit mon jour! — Mon enfer, ce sera de songer à ma grandeur. — Parfois je me dirai que je suis la femme du duc Homphroy, — et lui, prince et maître du pays; — mais que, tout maître et tout prince qu'il était, — il est resté impassible tandis que moi, sa duchesse sacrifiée, — j'étais l'étonnement et le point de mire — du premier faquin, du premier gueux venu! — Mais reste calme, ne rougis pas de ma honte, — et ne t'inquiète de rien, que la hache de la mort — ne soit levée sur toi, comme à coup sûr elle le sera bientôt. — Car Suffolk, qui peut tout faire, tout, — de celle qui te hait et nous hait tous, — et York, et l'impie Beaufort, ce faux prêtre, — ont englué un buisson pour t'attraper par les ailes! — et tu auras beau vouloir t'envoler, ils te prendront! — Mais ne t'alarme pas que tu ne sois tombé dans le piége, — et ne cherche pas à prévenir tes ennemis.

GLOCESTER.

— Ah! Nell, tais-toi; tu raisonnes tout de travers. — Il faut que je sois coupable pour être condamné; — quand j'aurais vingt fois plus d'ennemis, — et quand chacun d'eux aurait vingt fois plus de pouvoir, — tous seraient hors d'état de m'entamer, — tant que je serai loyal, fidèle et irréprochable. — Tu désires que je t'arrache à cette dégradation ? — Mais ta honte n'en serait pas effacée, — et je me mettrais en péril en enfreignant la loi. — La résignation, gentille Nell, voilà ton plus grand secours. — Je t'en prie, dispose ton cœur à la patience : — ce scandale de quelques jours sera vite passé.

Entre un HÉRAUT d'armes.

LE HÉRAUT.

Je somme Votre Grâce de se rendre au parlement de Sa Majesté, qui sera tenu à Bury, le premier du mois prochain.

GLOCESTER.

— Et mon assentiment ne m'a pas été demandé d'abord! — voilà un procédé bien suspect... C'est bien, j'irai.

Sort le Héraut.

— Ma Nell, je prends congé de toi... Maître Shériff, — que sa pénitence n'excède pas les injonctions du roi.

LE SHÉRIFF.

— N'en déplaise à Votre Grâce, ici s'arrête ma mission. — C'est sir John Stanlez qui est chargé maintenant — de l'emmener dans l'île de Man.

GLOCESTER.

— Est-ce vous, sir John, qui devez veiller sur ma dame?

STANLEY.

— J'en ai reçu l'ordre, n'en déplaise à Votre Grâce.

GLOCESTER.

— N'en usez pas plus mal avec elle, si je vous prie — de la bien traiter. Le monde peut encore me sourire, — et je puis encore vivre assez pour vous faire du bien, si — vous lui en faites. Et sur ce, sir John, adieu.

LA DUCHESSE.

— Quoi! milord, partir sans me dire adieu!

SCÈNE VIII.

GLOCESTER.

— Mes larmes te prouvent que je ne puis plus parler.

Sortent Glocester et ses gens.

LA DUCHESSE.

— Te voilà donc parti ! Tout espoir part avec toi ! — Il ne m'en reste plus. Ma joie, c'est la mort, — la mort dont le nom seul m'a si souvent effrayée, — parce que je souhaitais l'éternité de cette vie. — Stanley, je t'en prie, pars et emmène-moi d'ici ; — peu m'importe où ; car je ne demande pas de faveur ; — conduis-moi où l'on t'a commandé de me conduire.

STANLEY.

— Eh bien, madame, c'est à l'île de Man ; — là vous serez traitée conformément à votre condition.

LA DUCHESSE.

— Je le serai donc assez mal, car je ne suis qu'infamie ! — Je serai donc traitée de manière infamante ?

STANLEY.

— Comme une duchesse, comme l'épouse du duc Homphroy. — C'est conformément à cette condition que vous serez traitée.

LA DUCHESSE.

— Shériff, adieu ; je te souhaite plus de bonheur que je n'en ai, — quoique tu aies été l'appariteur de ma dégradation.

LE SHÉRIFF.

— J'ai fait mon office, madame, pardonnez-moi.

LA DUCHESSE.

— Oui, oui, adieu : ton office est rempli. — Allons, Stanley, partons-nous ?

STANLEY.

— Madame, votre pénitence est terminée, quittez ce linceul, — et nous allons vous vêtir pour le voyage.

LA DUCHESSE.

— Je ne dépouillerai pas ma honte avec ce linceul. — Non, elle s'attachera à mes plus riches manteaux, — et, quelque parure que je porte, elle paraîtra toujours. — Va, ouvre la marche : il me tarde de voir ma prison (16).

Ils sortent.

SCÈNE IX.

[L'abbaye de Bury.]

Fanfares. Entrent au parlement le ROI HENRY, la REINE MARGUERITE, le CARDINAL BEAUFORT, SUFFOLK, YORK, BUCKINGHAM et autres.

LE ROI HENRY.

— Je m'étonne que milord de Glocester ne soit pas venu. — Il n'a pas l'habitude d'être le dernier, — quel que soit le motif qui le retienne en ce moment.

LA REINE MARGUERITE.

— Ne voyez-vous donc pas? ne remarquez-vous donc pas — l'étrange changement de sa contenance, — quelle majesté il affecte, — comme depuis peu il est devenu insolent, — fier, péremptoire, différent de ce qu'il était? — Nous nous rappelons le temps où il était doux et affable : — alors, au plus vague coup d'œil que nous lui jetions, — immédiatement il se mettait à genoux, — et toute la cour admirait sa soumission ; — mais, si nous le rencontrons maintenant, que ce soit un matin, — à l'heure où chacun donne le bonjour, — il fronce le sourcil, prend un air furieux, — et passe, le genou roide et inflexible, — en dépit du respect qui nous est dû. — On ne fait pas attention aux petits roquets qui grognent, — mais les plus forts tremblent quand le lion rugit ; — et Homphroy n'est pas en Angleterre un petit personnage. — Notez, d'abord, que par la descendance il est le plus proche de vous, — et que, si vous tombiez, il serait le premier à monter. — Aussi, considérant les rancunes qu'il a dans l'âme, — et les avantages qui s'ensuivraient pour lui de votre mort, — je pense qu'il n'est pas politique — de le laisser approcher de votre royale personne, — ni de l'admettre dans les conseils de Votre Altesse. — Il a par la flatterie gagné le cœur des communes ; — et, quand il lui plaira de provoquer une commotion, — il est à craindre que tous ne le suivent. — Voici le printemps, et les mauvaises herbes ne sont que superficiellement enracinées ; — mais laissez-les croître, et elles envahiront tout le jardin, — et elles y étoufferont les plantes en l'absence de toute culture. — La respectueuse sollicitude que je porte à mon seigneur — m'a fait découvrir tous ces dangers dans le duc. — Si c'est une illusion, appelez-la frayeur de femme ; — et si cette frayeur peut être dissipée par des raisons supérieures, — je suis prête à me rendre et à dire que j'ai fait injure au duc. — Milord de Suffolk, Buckingham, York, — réfutez mes allégations, si vous pouvez, — ou bien attestez la justesse de mes paroles.

SUFFOLK.

— Votre Altesse a bien jugé ce duc ; — et, si j'avais été le premier à dire ma pensée, — je crois que j'aurais tenu le même langage que Votre Grâce. — C'est à son instigation que la duchesse — s'est livrée à ses pratiques diaboliques, j'en jurerais sur ma vie ; — ou, s'il n'a pas été complice de ces crimes, — du moins c'est à force de rappeler sa haute origine, — comme le plus proche parent du roi, comme héritier présomptif, — et d'exalter ainsi sa noblesse, — qu'il a poussé la folle duchesse, ce cerveau malade, — à tramer par des moyens criminels la chute de notre souverain. — L'eau coule paisible là où le courant est profond ; — et sous cet air loyal il recèle la trahison. — Le renard ne hurle pas quand il veut ravir l'agneau. — Non, non, mon souverain; Glocester est un homme — insondé encore, et plein de perfidie profonde.

LE CARDINAL.

— N'a-t-il pas, contrairement aux formes de la loi, — inventé des morts atroces pour de petits délits?

YORK.

— Et n'a-t-il pas, pendant son protectorat, — levé dans le royaume de grosses sommes d'argent, — destinées à la paie des soldats en France, qu'il n'a jamais envoyées? — Ce qui causait chaque jour la révolte de quelque ville.

DUCKINGHAM.

— Bah! ce sont là de bien légers torts auprès des torts inconnus — que le temps révélera dans ce doucereux duc Homphroy.

LE ROI HENRY.

— Milords, un mot. Le zèle que vous mettez — à faucher les épines qui pourraient blesser notre pied — est digne de louange. Mais parlerai-je en conscience? — Notre parent Glocester est aussi innocent — de toute intention de trahison contre notre royale personne — que l'est l'agneau qui tette ou l'inoffensive colombe. — Le duc est vertueux, doux et trop homme de bien — pour rêver le mal ou travailler à ma ruine.

LA REINE MARGUERITE.

— Ah! quoi de plus dangereux que cette débonnaire confiance! — A-t-il l'air d'une colombe? alors son plumage est emprunté, — car il a l'instinct du corbeau haineux. — Est-ce un agneau? Eh bien, on lui en a sûrement prêté la peau, — car il a les penchants du loup dévorant. — Quel est l'hypocrite qui ne sache pas voler une forme? — Prenez-y garde, milord; notre prospérité à tous — est attachée au retranchement de cet homme perfide.

SCÈNE IX.

Entre SOMERSET.

SOMERSET.

— Salut à mon gracieux souverain !

LE ROI HENRY.

— Soyez le bienvenu, lord Somerset. Quelles nouvelles de France?

SOMERSET.

— Toutes vos possessions sur ce territoire — vous sont entièrement enlevées : tout est perdu.

LE ROI HENRY.

— Pénible nouvelle, lord Somerset : mais que la volonté de Dieu soit faite !

YORK, à part.

— Pénible nouvelle pour moi ; car je comptais sur la France — aussi fermement que sur la fertile Angleterre. —Ainsi la fleur de mon espoir est flétrie en bouton, — et les chenilles en dévorent les feuilles. —Mais avant peu je remédierai à tout cela, — ou je vendrai mon titre pour un glorieux tombeau.

Entre GLOCESTER.

GLOCESTER.

—Tous les bonheurs à mon seigneur le roi ! — Pardonnez-moi, mon suzerain, d'avoir tant tardé.

SUFFOLK.

— Non, Glocester, sache-le, tu ne pouvais qu'arriver trop tôt, — déloyal que tu es. — Je t'arrête ici pour haute trahison.

GLOCESTER.

— C'est bien, Suffolk ; tu ne me verras pas rougir, — ni changer de visage pour cela. — Un cœur immaculé n'est pas facilement intimidé. — La source la plus limpide n'est pas plus exempte de fange — que je suis pur de toute trahison envers mon souverain. — Qui peut m'accuser? En quoi suis-je coupable?

YORK.

— On croit, milord, que vous vous êtes laissé corrompre par la France, — et qu'étant protecteur, vous avez retenu la paie des soldats : — ce qui fait que son Altesse a perdu la France.

GLOCESTER.

— Voilà ce qu'on croit! qui sont ceux qui le croient? — Jamais je n'ai dérobé leur paie aux soldats, — ni reçu une obole de la France. — Que Dieu me refuse son aide, s'il n'est pas vrai que je passais les nuits, — oui, les nuits après les nuits, à travailler pour le bien de l'Angleterre! — Puisse le liard dont j'aurais frustré le roi, — puisse le denier que j'aurais détourné pour mon usage, — être produit contre moi au jour de mon jugement! — Non! maintes fois de ma propre bourse, — ne voulant pas taxer les communes appauvries, — j'ai donné de l'argent pour la solde des garnisons, — et je n'ai jamais demandé de restitution.

LE CARDINAL.

— Tout cela vous est bon à dire, milord.

GLOCESTER.

— Je ne dis que la vérité, Dieu m'en est témoin!

YORK.

— Pendant votre protectorat, vous avez inventé — contre les condamnés des supplices étranges et inouïs, — en déshonorant l'Angleterre par la tyrannie.

GLOCESTER.

— Eh! l'on sait bien que, tant que j'ai été protecteur, — la pitié a été mon seul tort. — Car je m'attendrissais aux larmes du coupable, — et quelques mots repentants étaient pour moi la rançon de ses fautes. — A moins que ce ne fût un meurtrier sanguinaire, — ou un brigand affreusement criminel ayant dévalisé de pauvres passants, — jamais je ne lui infligeais de peine assez sévère. — Il est vrai que j'ai torturé le meurtre, ce crime sanglant, — plus que la félonie ou tout autre délit.

SUFFOLK.

— Milord, il est aisé et commode de répondre à ces accusations. — Mais on met à votre charge des crimes plus graves — dont vous ne pourrez aisément vous purger. — Je vous arrête au nom de Son Altesse, — et vous remets céans à la garde de milord cardinal — jusqu'au jour de votre procès.

LE ROI HENRY.

— Milord de Glocester, c'est mon spécial espoir — que vous vous laverez de tout soupçon. — Ma conscience me dit que vous êtes innocent.

GLOCESTER.

— Ah! mon gracieux lord, ces temps sont dangereux! — La vertu est étouffée par la noire ambition, — et la charité chassée d'ici par la main de la haine. — Une odieuse corruption prédomine, — et l'équité est exilée de la terre de Votre Altesse. — Je sais que leur complot a pour but d'avoir ma vie; — et, si ma mort pouvait rendre ce pays heureux, — et mettre un terme à leur tyrannie, — je la subirais bien volontiers. — Mais ma mort n'est que le prologue de leur pièce; — et mille autres, qui ne soupçonnent pas encore le péril, — ne concluront pas la tragédie qu'ils méditent. — L'œil rouge et étincelant de Beaufort décèle la malveillance de son cœur, — comme le front nébuleux de Suffolk, sa haine tempêteuse. — L'ironique Buckingham se soulage par la parole — du fardeau d'envie qui pèse à son cœur; — et le hargneux York, qui voudrait atteindre à la lune, — et dont j'ai rabattu le bras outrecuidant, — dirige contre ma vie de fausses accusations. — Et vous, comme les autres, ma souveraine dame, — vous avez sans motif accumulé les disgrâces sur ma tête; — et vous avez fait tous vos efforts pour soulever — contre moi l'inimitié de mon bien-aimé suzerain. — Oui, vous vous êtes tous concertés ensemble, — moi-même j'ai eu avis de vos conciliabules, dans le but unique de détruire mon innocente vie ; — il ne manquera pas de faux témoins pour me condamner — ni de prétendues trahisons pour ajouter à ma charge. — Le vieil adage sera pleinement justifié : — Pour battre un chien un bâton est vite trouvé.

LE CARDINAL.

— Mon suzerain, ces invectives sont intolérables. — Si ceux qui ont à cœur de protéger votre royale personne — contre le couteau caché de la trahison et la rage des traîtres — sont ainsi tancés, insultés et outragés, — toute licence de parole étant accordée au coupable, — cela refroidira leur zèle pour Votre Grâce.

SUFFOLK.

— N'a-t-il pas offensé notre souveraine dame — par des paroles injurieuses, quoique savamment conçues, — insinuant qu'elle avait suborné des gens pour attester sous serment — de fausses allégations destinées à le ruiner ?

LA REINE MARGUERITE.

— Mais je puis permettre les récriminations à celui qui perd.

GLOCESTER.

— Le mot est plus juste que vous ne le croyez : je perds, en effet. — Mais malheur aux gagnants qui m'ont triché ! — Ceux qui perdent ainsi ont bien le droit de parler.

BUCKINGHAM.

— Il va extravaguer et nous retenir ici tout le jour. — Lord cardinal, il est votre prisonnier.

LE CARDINAL, à ses gens.

— Vous autres, emmenez le duc et gardez-le bien.

GLOCESTER.

— Ah ! le roi Henry rejette ainsi sa béquille, — avant

que ses jambes soient assez fermes pour le porter. —
Ainsi voilà le berger chassé loin de toi, — tandis que les
loups hurlent à qui te dévorera le premier. — Ah! puissent mes craintes être vaines! Ah! puissent-elles l'être!
— car, bon roi Henry, c'est ta chute que je crains.

Glocester sort, emmené par des gardes (17).

LE ROI HENRY.

— Milords, agissez comme vous le trouverez bon dans
vos sagesses : — faites et défaites, comme si nous étions
ici en personne.

LA REINE MARGUERITE.

— Quoi! Votre Altesse veut quitter le Parlement!

LE ROI HENRY.

— Oui, Marguerite; la douleur inonde mon cœur, — et
ses flots commencent à déborder dans mes yeux. — Ma vie
est de toutes parts enveloppée par la misère; — car quoi de
plus misérable que le mécontentement? — Ah! mon oncle
Homphroy! je vois sur ta face — la mappemonde de l'honneur, de la franchise et de la loyauté : — et jusqu'à cette
heure, bon Homphroy, il ne m'est jamais arrivé — de te
trouver perfide ou de douter de ta fidélité. — Quelle est
donc l'étoile hostile qui s'acharne contre ta fortune, — pour
que ces puissants lords et Marguerite, notre reine, — cherchent ainsi la ruine de ton innocente existence? — Tu ne
leur a jamais fait de mal; tu n'as fait de mal à personne. —
Et de même que le boucher emmène le veau, — et lie le malheureux, et le bat quand il s'écarte — du chemin de l'abattoir sanglant, — de même ces implacables t'ont enlevé
d'ici; — et, de même que la mère erre en mugissant — du
côté où s'en est allé son petit innocent, — ne pouvant rien
que pleurer la perte de ce chéri, — de même je déplore
l'infortune du bon Glocester — avec des larmes impuissantes, et je le cherche — avec des yeux troubles, sans rien

pouvoir pour lui, — tant sont formidables ses ennemis jurés ! — Je vais gémir sur ses malheurs, et, entre chaque sanglot, — je dirai : *S'il y a un traître, ce n'est pas Glocester.*

Il sort.

LA REINE MARGUERITE.

— Lords libres de préjugés, la froide neige fond aux ardents rayons du soleil. — Henry, mon seigneur, froid pour les plus grands intérêts, — est trop accessible à un fol attendrissement; et les dehors de Glocester — le fascinent, comme le crocodile plaintif — prend le voyageur compatissant au piége de ses gémissements, — ou comme le serpent, étalant sur un banc de fleurs — sa peau brillante et bigarrée, mord l'enfant — qui admire sa beauté. — Croyez-moi, milords, si nul n'était plus sage que moi — (et en cette conjoncture je me crois assez sage), — ce Glocester serait bientôt débarrassé de cette vie — pour nous débarrasser des craintes qu'il nous inspire.

LE CARDINAL.

— Qu'il meure, cela est d'une bonne politique ; — mais nous manquons encore de prétextes pour sa mort. — Il convient qu'il soit condamné selon les formes de la loi.

SUFFOLK.

— A mon avis, voilà qui ne serait pas politique ; — le roi travaillera toujours à lui sauver la vie, — les communes se soulèveront peut-être pour lui sauver la vie ; — et puis nous n'avons que cet argument banal, — la méfiance, pour justifier sa condamnation.

YORK.

— D'où il suit que vous ne désirez pas sa mort.

SUFFOLK.

— Ah ! York, nul vivant ne la désire autant que moi.

YORK.

— C'est York qui a le plus grand intérêt à sa mort. — Mais, milord cardinal, et vous, milord de Suffolk, — dites votre avis, parlez du fond du cœur : — ne vaudrait-il pas autant charger un aigle à jeun — de protéger un poulet contre un milan affamé — que faire du duc Homphroy le protecteur du roi ?

LA REINE MARGUERITE.

— En ce cas le pauvre poulet serait bien sûr de sa mort.

SUFFOLK.

— C'est vrai, madame. Et n'y aurait-il pas folie — à faire du renard le gardien du troupeau, — et, tout accusé qu'il est d'être un rusé meurtrier, — à fermer les yeux sur sa perfidie, — sous prétexte qu'il n'a pas encore exécuté son dessein ? — Non ! — Qu'il meure, avant que ses mâchoires soient teintes d'un sang cramoisi : — qu'il meure, parce qu'il est le renard, — reconnu comme l'ennemi naturel du troupeau, — comme Homphroy, toutes les raisons le prouvent, est l'ennemi du roi ! — Et n'ergotons pas sur les moyens de le tuer : — qu'il meure par engins, piéges ou guets-apens, — endormi ou éveillé, peu importe. — pourvu qu'il meure ! Car la fraude est bonne, — quand elle prévient celui qui méditait la fraude.

LA REINE MARGUERITE.

— Trois fois noble Suffolk, c'est parler avec résolution.

SUFFOLK.

— Il n'y a de résolution que s'il y a exécution : — car on dit souvent ce qu'on n'a guère l'intention de faire ; — mais ici mon cœur est d'accord avec ma langue, — considérant que l'acte est méritoire — et doit préserver mon souverain de son ennemi. — Dites seulement un mot, et je lui servirai de prêtre.

LE CARDINAL.

— Mais je le voudrais mort, milord de Suffolk, — avant que vous ayez pu recevoir dûment les ordres ; — dites que vous consentez, que vous approuvez l'acte ! — et je lui fournirai un exécuteur, — tant j'ai à cœur le salut de mon roi.

SUFFOLK.

— Voici ma main, l'acte est digne d'être fait.

LA REINE MARGUERITE.

— J'en dis autant.

YORK.

— Et moi aussi : et maintenant que tous trois nous avons parlé, — peu importe qui blâme notre arrêt.

Entre UN MESSAGER.

LE MESSAGER.

— Grands lords, j'arrive en toute hâte d'Irlande — pour vous signifier que les rebelles sont en campagne — et ont passé les Anglais au fil de l'épée. — Envoyez du secours, ô lords, et arrêtez vite leur furie, — avant que la plaie devienne incurable ; — car, tandis qu'elle est fraîche, il y a grand espoir de la guérir.

LE CARDINAL.

— Voilà une brèche qui veut être rapidement bouchée. — Que conseillez-vous dans cette importante affaire ?

YORK, ironiquement.

— Que Somerset soit envoyé là comme régent. — Il est bon d'employer un gouvernant aussi heureux : — témoin le succès qu'il a eu en France !

SOMERSET.

Si York, avec sa politique alambiquée, — avait été régent à ma place, — il ne serait pas resté en France aussi longtemps.

YORK.

— Non, certes, pour tout perdre, comme tu l'as fait. — J'eusse aimé mieux perdre la vie prématurément — que de rapporter ici une telle charge de déshonneur, — étant resté là-bas le temps qu'il fallait pour tout perdre. — Montre-moi une seule cicatrice sur ta peau : — les hommes qui préservent si bien leur chair triomphent rarement.

SCÈNE IX.

LA REINE MARGUERITE.

— Ah ! voilà une étincelle qui deviendra un incendie furieux, — pour peu que le vent et les aliments entretiennent la flamme. — Assez, bon York; cher Somerset, calmez-vous. — Si tu avais été régent de France, York, ta fortune — eût peut-être été pire encore que la sienne.

YORK.

— Quoi ! pire qu'un tel anéantissement ! En ce cas, opprobre sur tous !

SOMERSET.

— Et, entre tous, sur toi qui souhaites ainsi l'opprobre.

LE CARDINAL.

— Milord d'York, mettez votre fortune à l'épreuve. — Les sauvages Kernes d'Irlande sont en armes — et trempent la terre du sang anglais. — Voulez-vous mener en Irlande une bande — d'hommes d'élite, choisis dans tous les comtés, — et tenter votre chance contre les Irlandais ?

YORK.

— Je veux bien, milord, si cela plaît au roi.

SUFFOLK.

— Eh ! notre autorisation est son consentemeut : — il confirme ce que nous décidons. — Ainsi, noble York, prends en main cette tâche.

YORK.

— Je l'accepte. Trouvez-moi des soldats, milords, — pendant que je mettrai ordre à mes propres affaires.

SUFFOLK.

— Je m'en charge, lord York. — Mais revenons maintenant au perfide duc Homphroy.

LE CARDINAL.

— N'en parlons plus. J'agirai avec lui de telle sorte — que désormais il ne nous troublera plus. — Et sur ce, brisons là : le jour est presque à sa fin. — Lord Suffolk, vous et moi, nous aurons à causer de cet événement.

YORK.

— Milord de Suffolk, dans quatorze jours — j'attends mes soldats à Bristol ; — car c'est là que je les embarquerai tous pour l'Irlande.

SUFFOLK.

— Je ferai en sorte que tout soit prêt, milord d'York.

Tous sortent, excepté York.

YORK.

— Voici le moment ou jamais, York, d'acérer tes pensées timides, — et de changer le doute en résolution. — Sois ce que tu espères être, ou abandonne à la mort — ce que tu es, comme indigne d'être conservé. — Laisse la peur blême à l'homme infime, — et ne permets pas qu'elle trouve asile dans un cœur royal. — Plus vite que les pluies de printemps, les pensées succèdent aux pensées : — et pas une de mes pensées qui ne pense au pouvoir. — Mon cerveau, plus actif que la laborieuse araignée, — ourdit de pénibles trames pour envelopper mes ennemis. — Fort bien, nobles, fort bien : c'est un acte politique — que de m'expédier avec une armée. — J'ai bien peur que vous n'ayez fait que réchauffer le serpent affamé — qui, caressé sur votre cœur, mordra votre cœur. — C'étaient des hommes qu'il me fallait, et vous voulez me les donner ! — je vous en sais gré. Toutefois soyez bien sûrs — que vous mettez des armes affilées dans les mains d'un furieux. — Pendant qu'en Irlande j'entretiendrai une formidable bande, — je veux soulever en Angleterre un noir ouragan — qui emportera dix mille âmes au ciel ou en enfer. — Et cette terrible tempête ne cessera de faire rage — que quand le cercle d'or posé sur ma tête, — comme le splendide soleil aux transparents rayons, — aura calmé la furie de cette folle bourrasque. — Et déjà, pour mettre à exécution mes desseins, — j'ai séduit un homme opiniâtre du comté de Kent, — John Cade d'Ashford, — qui doit tout faire pour provoquer un mouvement — sous le nom de John Mortimer. — En Irlande, j'ai vu cet indomptable Cade — combattre seul contre une troupe de Kernes, — et lutter si longtemps que ses cuisses étaient — hérissées de dards presque comme un porc-épic; — et, à la fin, lorsqu'il eut été dégagé, je l'ai vu — cabrioler avec l'agilité furibonde d'un danseur moresque — secouant les dards sanglants, comme l'autre ses grelots. — Bien souvent, sous l'apparence maligne d'un Kerne échevelé, — il a conversé avec les ennemis, — et, sans être découvert, est revenu — me donner avis de leurs trahisons. — Ce démon sera ici mon substitut ; — par les traits, par la tournure, par la voix, il ressemble — à ce John Mortimer qui est maintenant mort. — Par là je verrai les dispositions du peuple, — et quelles sont ses sympathies pour la maison et les titres d'York. — Supposons qu'il soit pris, roué, torturé ; — tous les tourments qu'on pourrait lui infliger, j'en suis sûr, — ne lui feraient pas dire que c'est moi qui l'ai poussé à cette prise d'armes. — Supposons qu'il réussisse, comme c'est fort probable, — alors j'arrive d'Irlande avec mes forces, — et je recueille la moisson que ce gueux a semée. — Car, Homphroy une fois mort, ce qui ne tardera pas, — et Henry mis de côté, à moi la situation !

Il sort.

SCÈNE X.

[Bury. Dans le palais.]

Entrent précipitamment deux Assassins.

PREMIER ASSASSIN.

— Cours à milord de Suffolk ; fais-lui savoir — que nous avons expédié le duc, ainsi qu'il l'a commandé (18).

DEUXIÈME ASSASSIN.

— Oh ! que n'est-ce encore à faire ! Qu'avons-nous fait ! — As-tu jamais entendu un homme aussi pénitent ?

Entre Suffolk.

PREMIER ASSASSIN.

— Voici milord.

SUFFOLK.

Eh bien, mes maîtres, avez-vous — expédié cette chose ?

PREMIER ASSASSIN.

Oui, mon bon lord, il est mort.

SUFFOLK.

— Allons, voilà qui est bien. Partez, rendez-vous chez moi ; — je vous récompenserai pour cet acte aventureux. — Le roi et tous les pairs sont près d'ici. — Avez-vous arrangé le lit ? Tout est-il bien — selon les instructions que je vous ai données ?

PREMIER ASSASSIN.

— Oui, mon bon milord.

SUFFOLK.

Vite, partez.

Les assassins sortent.

Fanfares. Entrent LE ROI HENRY, LA REINE MARGUERITE, LE CARDINAL BEAUFORT, SOMERSET, des lords et autres personnages.

LE ROI HENRY.

— Allons, mandez vite notre oncle en notre présence ; — dites-lui que nous entendons juger Sa Grâce aujourd'hui, — si elle est coupable, comme on le publie.

SUFFOLK.

— Je vais l'appeler sur-le-champ, mon noble lord.

Il sort.

LE ROI HENRY.

— Lords, prenez vos places. Et, je vous en prie tous, — ne procédez avec rigueur contre notre oncle Glocester — qu'autant que des témoignages évidents et respectables — prouveront la culpabilité de sa conduite.

LA REINE MARGUERITE.

— A Dieu ne plaise que la haine ait assez d'influence —

pour faire condamner un grand seigneur innocent ! — Dieu veuille qu'il se purge de tout soupçon !

LE ROI HENRI.

— Je te rends grâces, Marguerite ; ces paroles me plaisent fort.

Rentre SUFFOLK.

— Qu'y a-t-il ? pourquoi es-tu si pâle ? Pourquoi trembles-tu ? — Où est notre oncle ? Que se passe-t-il, Suffolk ?

SUFFOLK.

— Mort dans son lit, milord ! Glocester est mort !

LA REINE MARGUERITE.

— Ah ! Dieu nous en préserve !

LE CARDINAL.

— Mystérieux jugement de Dieu ! J'ai rêvé cette nuit — que le duc était muet et ne pouvait dire une parole.

Le roi s'évanouit.

LA REINE MARGUERITE.

— Qu'a donc mon seigneur ?... Au secours, milords ! le roi est mort.

SOMERSET.

— Mettez-le sur son séant ; pincez-lui le nez.

LA REINE MARGUERITE.

— Courez, allez, au secours, au secours ! Oh ! Henry, ouvre les yeux.

SUFFOLK.

— Il revient à lui. Madame, calmez-vous.

LE ROI HENRY.

— Dieu du ciel !

LA REINE MARGUERITE.

Comment se trouve mon gracieux seigneur ?

SUFFOLK.

— Consolez-vous, mon souverain ! gracieux Henry, consolez-vous !

LE ROI HENRI.

— Quoi ! c'est milord de Suffolk qui me console ! — Tout

à l'heure il est venu entonner le chant du corbeau, — croassement terrible qui a paralysé mes forces vitales; — et il croit qu'un ramage de roitelet, — ce cri de consolation échappé d'un cœur vide, — peut dissiper le retentissement de ses premiers accents! — Ne cache pas ton poison sous ces mielleuses paroles... — Ne mets pas tes mains sur moi; éloigne-toi, te dis-je; — leur contact m'effraie comme le dard d'un serpent. — Sinistre messager, hors de ma vue! — Dans tes prunelles la tyrannie meurtrière — siége, majesté hideuse, pour l'épouvante de ton monde. — Ne me regarde pas, car tes yeux me blessent... — Pourtant ne t'en va pas... Approche, basilic, — et tue du regard l'innocent qui te contemple, — car c'est à l'ombre de la mort que je trouverai la joie! — La vie n'est pour moi qu'une double mort, depuis que Glocester est mort.

LA REINE MARGUERITE.

— Pourquoi injuriez-vous ainsi milord de Suffolk? — Quoique le duc fût son ennemi, — pourtant il déplore fort chrétiennement sa mort; — et quant à moi, quelque hostile qu'il me fût, — si des larmes à flot, si des sanglots à fendre le cœur, — si des soupirs à tarir le sang pouvaient le rendre à la vie, — je me rendrais aveugle à force de pleurer, malade à force de sangloter, — pâle comme la primevère à force de soupirer, — uniquement pour faire revivre le noble duc! — Qui sait ce que le monde pourra penser de moi? — Car il est connu que nous étions de médiocres amis, — et l'on pourra croire que j'ai fait disparaître le duc. — Ainsi mon nom sera blessé par la langue de la calomnie, — et les cours des princes retentiront de mon déshonneur. — Voilà ce que je gagne à sa mort. Malheureuse que je suis — d'être reine et couronnée d'infamie.

LE ROI HENRY.

— Ah! pauvre Glocester! le malheureux!

LA REINE MARGUERITE.

— Pauvre Marguerite, plus malheureuse encore!... — Eh quoi! tu te détournes et caches ton visage? — Je ne suis pas un lépreux infect, regarde-moi. — Eh quoi! es-tu devenu sourd comme le serpent? — Sois donc venimeux comme lui, et tue ta reine désolée! — Tout ton bonheur est-il donc enfermé dans la tombe de Glocester? — En ce cas, madame Marguerite ne fut jamais ta joie. — Fais dresser la statue du duc, et adore-la, — et fais de mon image l'enseigne d'un cabaret! — Est-ce donc pour cela que j'ai failli naufrager sur mer, — et que deux fois j'ai été repoussée par le vent contraire — de la côte d'Angleterre vers mon pays natal? — Juste présage! avertissement prophétique du vent — qui semblait me dire : « Ne va pas chercher le nid d'un scorpion, — et ne mets pas le pied sur cette rive ingrate! » — Et moi, que faisais-je alors? je maudissais les rafales amies, — et celui qui les avait déchaînées de leurs cavernes d'airain; — et je leur disais de souffler ver la plage bénie d'Angleterre, — ou de jeter notre carène sur quelque terrible rocher! — Mais Éole ne voulait pas être un meurtrier. — Il te laissait à toi cet odieux office! — La mer doucement bondissante refusait de me noyer, — sachant que tu me noierais à terre, — cruel, dans des larmes aussi amères que ses vagues! — Les rocs crevassés s'enfonçaient dans les sables mouvants — et refusaient de me briser sur leurs flancs rudes, — pour que ton cœur de pierre, plus dur qu'eux, — pût dans ton palais faire périr Marguerite! — Tant que je pus distinguer les falaises crayeuses, — la tempête nous repoussant de sa côte, — je me tins sur le pont au milieu de l'orage : — et quand le ciel assombri commença à dérober — à mes yeux avides la vue de ton pays, — je détachai de mon cou un précieux joyau — (c'était un cœur entouré de diamants), — et je le jetai vers la terre. La mer le reçut, — et je souhaitai alors que ton sein reçût ainsi mon cœur. — Sur ce, ayant cessé de voir la belle Angleterre, — je sommai mes yeux de suivre mon cœur, — et les traitai de besicles aveugles et troubles — pour avoir ainsi perdu de vue la côte souhaitée d'Albion. — Que de fois j'ai invité Suffolk, — l'agent de ta noire inconstance, — à s'asseoir et à me charmer de ses récits, comme autrefois Ascagne — racontait à Didon affolée — les actes accomplis par son père dans Troie embrasée! — Et ne suis-je pas sous le charme comme elle? et n'es-tu pas perfide comme lui? — Hélas! je n'en puis plus! Meurs, Marguerite! — Car Henry pleure de te voir vivre si longtemps (19).

Bruit à l'intérieur du théâtre. Entrent WARWICK et SALISBURY.
Le peuple se presse aux portes.

WARWICK.

— On rapporte, puissant souverain, — que le bon duc Homphroy a été traîtreusement assassiné — à l'instigation de Suffolk et du duc de Beaufort. — Le peuple, comme un essaim furieux d'abeilles — ayant perdu son chef, se répand de toutes parts, — prêt à piquer n'importe qui pour se venger. — J'ai pu suspendre l'explosion de sa colère — jusqu'à ce qu'il sache les circonstances de cette mort.

LE ROI HENRI.

— Le duc est mort, bon Warwick, cela n'est que trop vrai; — mais comment est-il mort? Dieu le sait; Henry, non. — Entrez dans sa chambre, examinez son cadavre inanimé, — et expliquez alors sa mort soudaine.

WARWICK.

— J'y vais, mon suzerain... Reste, Salisbury, — reste avec la rude multitude, jusqu'à ce que je revienne.

Warwick va dans une chambre intérieure, et Salisbury se retire.

LE ROI HENRY.

— O toi qui juges toutes choses, arrête ma pensée, — ma pensée qui s'acharne à persuader à mon âme — que des mains violentes ont attenté à la vie d'Homphroy! —

Si mon soupçon est faux, pardonne-le-moi. Dieu, — car le jugement n'appartient qu'à toi seul. — Ah! je voudrais aller réchauffer ses lèvres blêmes — sous vingt mille baisers et laver son visage d'un océan de larmes amères, — et exprimer mon amour à son corps sourd et muet, — et faire sentir ma main à sa main insensible. — Mais bien vaines seraient ces obséquieuses tendresses ; — et le spectacle de sa terrestre image morte — ne ferait qu'augmenter ma douleur.

On expose un lit sur lequel est exposé le corps de Glocester (20).

WARWICK.

— Approchez, gracieux souverain ; jetez les yeux sur ce corps.

LE ROI HENRY.

— Oui, pour voir de quelle profondeur est ma tombe. — Car, avec son âme, s'est enfuie toute ma joie terrestre; — car, en le voyant, je vois ma vie dans la mort!

WARWICK.

— Aussi sûrement que mon âme espère vivre — avec ce Roi révéré qui assuma notre condition — pour nous délivrer de la malédiction courroucée de son Père, — je crois que des mains violentes — ont attenté à la vie de ce duc trois fois fameux.

SUFFOLK.

— Redoutable serment prononcé d'une voix solennelle! — Quelle preuve donne lord Warwick de ce qu'il atteste ?

WARWICK.

— Voyez comme le sang s'est porté à sa face ! — J'ai souvent vu des êtres morts naturellement : — le corps est d'un aspect cendré, maigre, blême, incolore, — le sang ayant reflué en masse vers le cœur agonisant — qui, dans sa lutte avec la mort, — l'appelle à l'aide contre l'ennemi. — Le sang alors se glace avec le cœur, et ne revient jamais rougir et embellir la joue. — Mais, voyez, son visage est noir et gonflé de sang; — ses prunelles, plus saillantes que quand il vivait, — ont le regard fixe et sinistre d'un homme étranglé; — ses cheveux sont dressés, ses narines dilatées par la convulsion; — ses mains toutes tendues comme celles de quelqu'un qui s'est débattu — pour défendre sa vie et qui a été réduit par la force. — Regardez, ses cheveux sont collés aux draps; — sa barbe si régulière est désordonnée et hérissée — comme le blé d'été couché par la tempête. — Il est impossible qu'il n'ait pas été assassiné; — le moindre de ces signes en fournirait la preuve (21).

SUFFOLK.

— Et qui donc, Warwick, aurait mis le duc à mort? — Moi et Beaufort, nous l'avions sous notre protection; — et monsieur, nous ne sommes pas des assassins, j'espère.

WARWICK.

— Mais tous deux vous étiez les ennemis du duc Homphroy; — et vous aviez, en effet, le bon duc sous votre garde. — Il est probable que vous ne désiriez pas le traiter en ami; — et il est manifeste qu'il a trouvé un ennemi.

LA REINE MARGUERITE.

— Ainsi apparemment vous soupçonnez ces nobles hommes — d'être coupables de la mort prématurée du duc Homphroy.

WARWICK.

— Qui donc, trouvant la génisse morte et saignante encore — et voyant à côté un boucher avec une hache, — ne soupçonnera pas le boucher de l'avoir égorgée? — Qui donc, trouvant la perdrix dans le nid du milan, — pourrait ne pas deviner comment elle est morte, — quand même l'oiseau de proie envolé n'aurait pas de sang au bec? — La tragé-die que voici est aussi suspecte.

LA REINE MARGUERITE.

Êtes-vous le boucher, Suffolk? où est votre couteau?
— Beaufort est-il un milan? où sont ses serres?

SUFFOLK.

— Je n'ai pas de couteau pour égorger les gens endormis ; — mais voici une épée vengeresse, rouillée par l'inaction, — que je fourbirai dans le cœur haineux du calomniateur qui m'inflige le stigmate cramoisi de l'assassin. — Ose donc dire, fier lord de Warwikshire, — que je suis coupable de la mort du duc Homphroy.

<small>Sortent le Cardinal, Somerset et d'autres.</small>

WARWICK.

— Que n'osera pas Warwick, si le perfide Suffolk ose le défier?

LA REINE MARGUERITE.

— Il n'oserait pas contenir son outrageante humeur — ni mettre un terme à ses arrogantes censures, — quand Suffolk oserait vingt mille fois l'en défier.

WARWICK.

— Madame, gardez le silence, je vous le conseille respectueusement ; — car chaque parole que vous dites en sa faveur — porte atteinte à votre royale dignité.

SUFFOLK.

— Lord brutal d'esprit, ignoble d'allure ! — si jamais dame outragea son seigneur à ce point, — c'est ta mère qui a reçu dans son lit criminel — quelque manant grossier et mal-appris, et sur une noble tige — greffé un sauvageon : tu en es le fruit. — Tu n'es point de la noble race des Nevils.

WARWICK.

— Si le crime de meurtre ne te couvrait pas, — si je ne craignais de frustrer le bourreau de son revenu — et de te soustraire ainsi à dix mille hontes, — si la présence de mon souverain ne m'imposait le calme, je te forcerais, meurtrier fourbe et couard, — à me demander pardon à genoux de ce que tu viens de dire, — et à déclarer que c'est de ta mère que tu parlais — et que c'est toi, toi-même, qui es né bâtard! — Et, après cet acte d'hommage à la peur, — je te donnerais ton salaire, et j'enverrais ton âme en enfer, — vampire pernicieux des hommes endormis!

SUFFOLK.

— Tu seras éveillé, quand je répandrai ton sang, — si tu oses sortir de céans avec moi.

WARWICK.

— Partons sur-le-champ, ou je t'arrache d'ici. — Si indigne que tu sois, je vais me mesurer avec toi, — et rendre quelque honneur à l'âme du duc Homphroy.

Sortent Suffolk et Warwick.

LE ROI HENRY.

— Quelle cuirasse plus forte qu'un cœur immaculé! — Celui-là est pleinement armé, dont la querelle est juste; — et, fût-il bardé d'acier, il est tout nu, — celui dont la conscience est souillée d'iniquité.

Bruit au dedans du théâtre.

LA REINE MARGUERITE.

— Quel est ce bruit?

Rentrent Suffolk et Warwick, l'épée nue.

LE ROI HENRY.

— Qu'est-ce à dire, lords? Vos épées furieuses tirées — ici en notre présence? Vous vous permettez cette audace!... — Eh bien! quelle est cette rumeur tumultueuse

SUFFOLK.

— Le traître Warwick et les hommes de Bury — s'attaquent tous à moi, puissant souverain.

Bruit d'une foule au dedans du théâtre. Rentre Salisbury.

SALISBURY, à la foule.

— Restez à l'écart, mes maîtres, le roi connaîtra votre désir... — Auguste lord, le peuple vous fait dire par moi, — que si le perfide Suffolk n'est pas immédiatement mis à mort — ou banni du territoire de la belle Angleterre, tous viendront l'arracher de votre palais par la violence, — et le feront mourir dans les souffrances d'une longue torture. — Ils disent que c'est lui qui a causé la mort du bon duc Homphroy; — ils disent qu'ils craignent de lui la mort de Votre Altesse, — et que c'est un pur instinct d'affection et de loyauté — dégagé de toute pensée de révolte et d'opposition, — comme de toute intention de contrarier vos désirs, — qui les pousse ainsi à réclamer son bannissement. — Supposons, disent-ils dans leur sollicitude pour votre très-royale personne, — que Votre Altesse, ayant l'intention de reposer, — eût défendu qu'on troublât son sommeil — sous peine de disgrâce ou sous peine de mort; — néanmoins, nonobstant un si rigoureux édit, — si l'on voyait un serpent dardant sa langue fourchue, — se glisser silencieusement vers Votre Majesté, — il faudrait bien vous réveiller, — de peur que, ce dangereux assoupissement étant respecté, — le reptile meurtrier n'en fît le sommeil éternel. — Ils s'écrient donc qu'en dépit de votre défense, — ils vous protégeront, bon gré, mal gré, — contre de terribles serpents tels que ce traître Suffolk, — dont la morsure venimeuse et fatale a odieusement ôté la vie — à votre oncle bien-aimé qui valait vingt fois mieux que lui.

LE PEUPLE, au dedans du théâtre.

— La réponse du roi, milord de Salisbury !

SUFFOLK, à Salisbury.

— Il est tout simple que le peuple, cette canaille brutale et mal-apprise, — envoie un pareil message à son souverain; — vous milord, vous avez été bien aise de le porter, — pour montrer quel habile orateur vous êtes. Mais tout l'honneur qu'y a gagné Salisbury, — c'est d'être auprès du roi le seigneur ambassadeur — d'un tas de chaudronniers.

LE PEUPLE, au dedans du théâtre.

— La réponse du roi, ou nous forçons tous l'entrée.

LE ROI HENRY.

— Allez, Salisbury, et dites-leur à tous de ma part — que je les remercie de leur tendre et affectueuse sollicitude ; — alors même qu'ils ne m'en eussent pas pressé, — je comptais faire ce qu'ils désirent ; — car, en vérité, des pressentiments continuels m'avertissent — que Suffolk menace mon empire d'un malheur. — Et conséquemment, je jure, par la majesté de Celui — dont je suis le député bien indigne, — qu'il n'infectera pas plus de trois jours — l'air de ce pays, sous peine de mort.

Sort Salisbury.

LA REINE MARGUERITE.

— O Henry, laissez-moi intercéder pour le digne Suffolk !

LE ROI HENRY.

— Indigne reine qui oses dire le digne Suffolk ! — Tais-toi, te dis-je : si tu intercèdes pour lui, — tu ne feras qu'accroître mon courroux. — N'eussé-je fait qu'une déclaration, je tiendrais ma parole ; — mais quand je jure, c'est irrévocable... — Si, après trois jours, tu te trouves encore — sur un territoire à moi soumis, — le monde ne rachètera pas ta vie... — Viens, Warwick ; viens, mon bon Warwick, sors avec moi ; — j'ai des choses importantes à te communiquer.

Tous sortent, excepté la reine et Suffolk.

LA REINE MARGUERITE.

— Que le malheur et le chagrin partent avec vous ! — Que l'ennui et l'amer désespoir — soient les menins qui vous accompagnent ! — Vous êtes deux : que le diable fasse le troisième ! — et qu'une triple vengeance s'attache à vos pas !

SUFFOLK.

— Cesse, chère reine, ces imprécations, — et laisse ton Suffolk te faire ses douloureux adieux.

SCÈNE X.

LA REINE MARGUERITE.

— Fi, couarde femmelette, misérable pusillanime ! — N'as-tu pas le courage de maudire tes ennemis ?

SUFFOLK.

— La peste soit d'eux !... Mais pourquoi les maudirais-je ? — Si les malédictions tuaient comme les gémissements de la mandragore, — j'inventerais les termes les plus amèrement acerbes, — les plus furieux, les plus mordants, les plus horribles à entendre ; — et je les profèrerais à travers mes dents serrées, — avec tous les signes de la haine implacable, — comme la livide Envie dans son antre immonde. — Ma langue s'embarrasserait dans l'ardeur de mes paroles ; — mes yeux étincelleraient comme le caillou battu ; mes cheveux se hérisseraient comme ceux d'un forcené ; — oui, chacun de mes muscles semblerait maudire et exécrer ; — et même alors mon cœur gonflé se briserait, — si je cessais de les maudire... Que le poison soit leur breuvage ! — le fiel, pis que le fiel, leur goûter le plus exquis ! — leur plus suave ombrage, un bois de cyprès ! — leur principal spectacle, des basilics meurtriers ! — que le plus doux attouchement leur soit aussi cuisant que la morsure d'un lézard ! — la musique, aussi effroyable que le sifflement d'un serpent ! — et que le cri sinistre du chat-huant complète le concert ! — Que toutes les sombres terreurs du ténébreux enfer...

LA REINE MARGUERITE.

— Assez, cher Suffolk ; tu te mets à la torture. — Ces imprécations formidables, comme le soleil contre un miroir — ou comme un mousquet trop chargé, reculent — et tournent leur force contre toi-même.

SUFFOLK.

— Vous me sommiez de maudire, et maintenant vous me sommez de me taire ! — Ah ! par cette terre dont je suis banni, — je pourrais maudire toute une nuit d'hiver, — nu et debout sur le sommet d'une montagne — où l'âpreté du froid ne permettrait pas à l'herbe de pousser, — et ce ne serait pour moi que le jeu d'une minute !

LA REINE MARGUERITE.

— Oh ! je t'en supplie, cesse ! Donne-moi ta main, — que je l'arrose de mes larmes douloureuses. — Et ne laisse pas la pluie du ciel mouiller cette place, — et y effacer les monuments de mon affliction.

Elle lui baise la main.

— Oh ! puissent mes baisers s'imprimer sur ta main, — que leur sceau te fasse songer à ces lèvres — d'où les soupirs s'exhalent par milliers pour toi ! — Maintenant pars, que je connaisse mon malheur ; — je ne fais que le soupçonner, tant que tu es près de moi, — pareille à quelqu'un qui dans l'abondauce songerait à la privation. — J'obtiendrai ton rappel, ou, sois-en sûr, — je m'exposerai à être bannie moi-même. — Je suis déjà bannie, si je le suis de toi. — Va, ne me parle plus ; pars tout de suite... — Oh ! non, pas encore ! Ainsi deux amis condamnés, — s'embrassent et se baisent, et se disent dix mille adieux, — cent fois moins disposés à se séparer qu'à mourir. — Pourtant adieu ! et adieu la vie avec toi !

SUFFOLK.

— Ainsi le pauvre Suffolk est dix fois banni, — une fois par le roi et neuf fois par toi. — Peu m'importerait ce pays, si tu n'y étais plus. — Un désert serait assez peuplé, — si Suffolk y avait ta céleste compagnie ; — car là où tu es, est le monde — avec tous les plaisirs du monde ; — et là où tu n'es pas, est la désolation. — Je n'en puis plus... Toi, vis pour vivre en joie ; — pour moi, l'unique joie, ce sera que tu vives.

Entre VAUX.

LA REINE MARGUERITE.

— Vaux, où vas-tu si vite? quelles nouvelles, je te prie ?

SCÈNE X.

VAUX.

— Je vais annoncer à Sa Majesté — que le cardinal Beaufort est à la mort. — Une maladie grave l'a soudainement saisi : — il est haletant et hagard, il aspire l'air convulsivement, — blasphémant Dieu et maudissant les hommes sur la terre. — Tantôt, il parle comme si le spectre du duc Homphroy — était à ses côtés; tantôt, il appelle le roi, — et, croyant lui parler, murmure à son oreiller — les secrets de son âme surchargée. — Et l'on m'envoie dire à Sa Majesté — qu'en ce moment même il l'appelle à grands cris.

LA REINE MARGUERITE.

— Allez porter au roi ce triste message.

Vaux sort.

— Hélas! qu'est-ce que ce monde? Quelles nouvelles! — Mais quoi! vais-je m'affliger de ce chétif deuil d'une heure, — et oublier l'exil de Suffolk, le trésor de mon âme? — N'est-ce pas, Suffolk? Il faut que je me lamente sur toi seul, — et que je lutte de larmes avec les nuées du midi, — et que je pleure sur ma souffrance, comme elles sur les biens de la terre!... — Maintenant, va-t'en ; tu sais que le roi va venir ; — si l'on te trouve près de moi, tu es mort.

SUFFOLK.

— Si je me sépare de toi, je ne puis vivre; — et mourir sous tes yeux, ne serait-ce pas encore — m'assoupir délicieusement à tes genoux? — Ici je pourrais exhaler mon âme dans les airs — aussi doucement, aussi paisiblement que l'enfant au berceau — mourant avec la mamelle de sa mère aux lèvres; — mais, loin de ta vue, je serais dans une folle rage, — et je te réclamerais à grands cris pour me fermer les yeux, — pour couvrir ma bouche de tes lèvres, — en sorte que tu pusses saisir mon âme au vol, — ou l'aspirer dans ton sein — et la faire vivre ainsi dans le plus suave Élysée! — Mourir près de toi, ce ne serait que plaisir ; —

loin de toi, ce serait une torture pire que la mort. — Oh ! laisse-moi rester, advienne que pourra ?

LA REINE MARGUERITE.

— Va-t'en ! si pénible que soit le corrosif de la séparation, — on l'applique à une plaie mortelle. — En France, mon doux Suffolk ! Donne-moi de tes nouvelles. — Car, sur quelque point du globe que tu sois, — j'aurai une Iris qui te trouvera.

SUFFOLK.

— Je pars.

LA REINE MARGUERITE.

En emportant mon cœur avec toi.

SUFFOLK.

— Joyau enfermé dans la plus funèbre cassette — qui ait jamais contenu une chose de prix. — Comme une barque se brise, nous nous séparons. — C'est de ce côté-là que je tombe à la mort.

LA REINE MARGUERITE.

Et moi de celui-ci.

Ils sortent de deux côtés différents.

SCÈNE XI.

[Londres. La chambre à coucher du cardinal Beaufort.]

Entrent LE ROI HENRY, SALISBURY, WARWICK et autres. Le cardinal est au lit; quelques gens de service sont auprès de lui (22).

LE ROI HENRY.

— Comment va monseigneur ? Parle, Beaufort, à ton souverain.

LE CARDINAL.

— Si tu es la Mort, je te donnerai des trésors de l'Angleterre — assez pour acheter une autre île pareille, — pourvu que tu me laisses vivre et que je cesse de souffrir.

LE ROI HENRY.

— Ah! quel signe d'une vie mauvaise, — quand l'approche de la mort semble si terrible !

WARWICK.

— Beaufort, c'est ton souverain qui te parle.

LE CARDINAL.

— Faites-moi mon procès quand vous voudrez. — N'est-il pas mort dans son lit? Où devait-il mourir? — Puis-je faire vivre les gens bon gré mal gré? — Oh! ne me torturez plus! j'avouerai... — Revenu à la vie! alors montrez-moi où il est. — Je donnerai mille livres pour le voir... — Il n'a pas d'yeux; la poussière l'a aveuglé... — Relissez ses cheveux; voyez, voyez, ils sont dressés — comme des gluaux tendus pour attraper mon âme au vol! — Donnez-moi à boire, et dites à l'apothicaire — d'apporter le poison violent que je lui ai acheté.

LE ROI HENRY.

— O toi, éternel moteur des cieux, — jette un regard de pitié sur ce misérable! — Oh! chasse l'actif et importun démon — qui assiége si rudement l'âme de ce misérable ; — et purge son cœur de ce noir désespoir !

WARWICK.

— Voyez comme les angoisses de la mort le font grincer des dents.

SALISBURY.

— Ne le troublons pas ; laissons-le passer paisiblement.

LE ROI HENRY.

— Pais à son âme, si c'est le bon plaisir de Dieu ! — Lord cardinal, si tu penses aux félicités du ciel, — élève la main, comme un signal d'espérance. — Il meurt sans faire de signe. O Dieu! pardonne-lui.

WARWICK.

— Une mort si affreuse accuse une vie monstrueuse.

LE ROI HENRY.

— Abstenons-nous de juger, car nous sommes tous

pécheurs. — Fermez-lui les yeux, tirez les rideaux, — et allons tous méditer.

Ils sortent (23).

SCÈNE XII.

[Le comté de Kent. Une plage près de Douvres.]

Crépuscule. On entend des coups de feu en mer. Puis on voit descendre d'une barque UN CAPITAINE, UN PILOTE, UN CONTRE-MAITRE, WALTER WHITMORE et d'autres ; avec eux SUFFOLK et d'autres GENTILSHOMMES, prisonniers (24).

LE CAPITAINE.

— Le jour éclatant, bavard et débonnaire — s'est glissé dans le sein de la mer ; — et voici le moment où les hurlements des loups éveillent les dragons — qui traînent la nuit tragique et mélancolique, — caressant de leurs ailes indolentes, molles et flasques — les sépulcres des hommes et exhalant de leurs gueules brumeuses — dans les airs l'affreuse contagion des ténèbres. — Amenez donc les gens de guerre que nous venons de prendre. — Tandis que notre pinasse est à l'ancre dans les dunes, — ils conviendront de leur rançon ici même, sur le sable, — ou ils rougiront de leur sang cette plage décolorée. — Pilote, voici un prisonnier que je t'abandonne ; — et toi, son contre-maître, fais ton butin de celui-ci. — L'autre sera ton partage, Walter Whitmore.

Il désigne SUFFOLK.

PREMIER GENTILHOMME.

— Quelle sera ma rançon, dites-moi, pilote ?

LE PILOTE.

— Mille couronnes ; sinon à bas la tête !

LE CONTRE-MAITRE, au second gentilhomme.

— Et vous m'en donnerez autant, ou la vôtre tombe.

SCÈNE XII.

LE CAPITAINE.

— Quoi! vous trouvez exorbitant de payer deux mille couronnes, — et vous prenez le titre et les allures de gentilshommes? — Coupez la gorge à ces deux coquins... Il faut que vous mouriez : — la vie de ceux que nous avons perdus dans le combat — est-elle compensée par une si faible somme ?

PREMIER GENTILHOMME.

— Je la paierai, monsieur; épargnez donc ma vie.

DEUXIÈME GENTILHOMME.

— Moi aussi, et pour avoir la somme j'écris chez moi immédiatement.

WHITMORE, à Suffolk.

— J'ai perdu un œil à l'abordage de la prise ; — et en revanche tu vas mourir... — Il en serait de même des autres, si j'en étais le maître.

LE CAPITAINE.

— Ne sois pas si dur, accepte une rançon; laisse-le vivre.

SUFFOLK, montrant son collier.

— Regarde mon Saint-Georges, je suis gentilhomme; — taxe-moi comme tu voudras, tu seras payé.

WHITMORE.

— Et moi aussi, je suis gentilhomme... Mon nom est Walter Whitmore... — Eh bien ! pourquoi tressailles-tu ? Çà, est-ce que la mort te fait peur?

SUFFOLK.

— J'ai peur de ton nom qui a pour moi le son de la mort. — Un savant a tiré mon horoscope, — et m'a dit que je périrais par l'eau. — Pourtant que ceci ne te rende pas sanguinaire ! — Ton nom est Gualtier, à le bien prononcer.

WHITMORE.

— Que ce soit Gualtier ou Walter, peu m'importe. —

Jamais l'ignoble déshonneur n'a terni notre nom, — que nous n'ayons effacé la tache avec notre épée. — Si donc je fais jamais marchandise de ma vengeance, — qu'on brise mon épée, que mes armes soient arrachées et souillées, — et que je sois proclamé couard à la face du monde!

Il empoigne Suffolk.

SUFFOLK.

— Arrête, Whitmore; car ton prisonnier est un prince, — le duc de Suffolk, William de la Poole.

WHITMORE.

— Le duc de Suffolk affublé de guenilles!

SUFFOLK.

— Oui, mais ces guenilles ne font pas partie du duc. — — Jupiter s'est parfois déguisé; et pourquoi pas moi?

LE CAPITAINE.

— Mais Jupiter n'a pas été tué, et tu vas l'être.

SUFFOLK.

— Obscur et vil maraud, le sang du roi Henry, — le noble sang de Lancastre, — ne doit pas être versé par un valet d'écurie tel que toi. — N'as-tu pas maintes fois, après avoir baisé ta main, tenu mon étrier? — Tu marchais tête nue près de ma mule caparaçonnée, — et tu t'estimais heureux quand je te faisais un signe de tête! — Que de fois tu as rempli ma coupe, — mangé mes restes et servi à genoux, — quand je banquetais avec la reine Marguerite? — Que ce souvenir te fasse un peu plier le chef — et rabattre ton orgueil avorton! — Que de fois n'es-tu pas resté dans notre antichambre — à attendre respectueusement ma sortie? — Ma main qui, avec une signature, t'a octroyé tant de grâces — pourra bien retenir sous le charme ta langue insolente.

WHITMORE.

— Parlez, capitaine, poignarderai-je ce beau délaissé?

SCÈNE XII.

LE CAPITAINE.

— Laissez-moi d'abord le poignarder de mes paroles, comme il m'a poignardé des siennes.

SUFFOLK.

— Vil manant, tes paroles sont aussi obtuses que tu es obtus.

LE CAPITAINE.

— Emmenez-le d'ici, et tranchez-lui la tête — sur le côté de notre chaloupe.

SUFFOLK.

Tu n'oserais, il y va de la tienne.

LE CAPITAINE.

— Si fait, Poole !

SUFFOLK.

Poole ?

LE CAPITAINE.

Poole ? Sir Poole ? Lord Poole ? — Poule d'eau bourbeuse, de sentine et d'égout, qui de tes ordures et de ta fange — souilles la source argentine où s'abreuve l'Angleterre !... — Je vais donc clore ta bouche béante — qui a englouti les trésors du royaume ! — Tes lèvres, qui ont baisé la reine, vont balayer la poussière ! — Et toi, que faisait sourire la mort du bon duc Homphroy, — vainement tu grinceras des dents aux vents insensibles — qui te répondront de leur sifflement dédaigneux. — Va, sois marié aux sorcières de l'enfer — pour avoir osé fiancer un puissant prince — à la fille d'un misérable roi — sans sujets, sans fortune et sans diadème ! — Tu as grandi par une politique diabolique, — et, comme l'ambitieux Sylla, tu as dévoré, — bouchée par bouchée, le cœur saignant de ta mère ! — Par toi l'Anjou et le Maine ont été vendus à la France ; — les Normands félons et rebelles, grâce à toi, — refusent de nous reconnaître pour maîtres ; et la Picardie — a égorgé ses gouverneurs, surpris nos forts, — et nous a renvoyé en haillons nos soldats blessés. — Le princier Warwick et tous les Névils, — dont jamais les redoutables épées ne furent tirées en vain, — en haine de toi courent aux armes ; — et maintenant la maison d'York, rejetée du trône — par le meurtre infâme d'un roi innocent — et par une tyrannie altière, insolente et usurpatrice, — brûle des feux de la vengeance ; et déjà ses drapeaux pleins d'espoir — arborent un soleil à demi voilé, qui s'efforce de resplendir — et sous lequel est écrit *Invitis nubibus.* — Ici même, dans le Kent, le peuple est en armes. — Pour conclure, l'opprobre et la misère — sont entrées dans le palais de notre roi, — et tout cela par ta faute... Allons ! emmenez-le.

SUFFOLK.

— Oh ! que ne suis-je un Dieu, pour lancer la foudre — sur ces manants misérables, serviles et abjects ! — La moindre chose enorgueillit l'homme infime : ce drôle que voici, — parce qu'il est capitaine d'une pinasse, a le verbe plus menaçant — que Bargulus, le fameux pirate d'Illyrie. (25) — Les frelons ne sucent pas le sang des aigles, mais pillent les ruches des abeilles. — Il est impossible que je sois mis à mort — par un vassal aussi bas que toi. — Tes paroles émeuvent en moi la rage et non la frayeur. — Je vais en France avec un message de la reine ; — je te somme de me mener sain et sauf de l'autre côté du détroit...

LE CAPITAINE.

— Walter !

WHITMORE.

Viens, Suffolk, je vais te faire voguer à la mort.

SUFFOLK.

— *Pene gelidos timor occupat artus...* C'est toi que je crains.

WHITMORE.

— Tu auras sujet de me craindre avant que je te quitte.

SCÈNE XII.

— Eh bien, es-tu enfin dompté? Vas-tu enfin t'humilier?

PREMIER GENTILHOMME.

— Mon gracieux lord, adjurez-le, parlez-lui doucement.

SUFFOLK.

— La voix impériale de Suffolk est inflexible et rude; — habituée au commandement, elle ne sait pas solliciter de faveur. — Fi donc! nous, honorer de telles gens — d'une humble prière! — Non; plutôt ployer la tête — sur le billot que plier le genou devant qui que ce soit, — le Dieu du ciel et mon roi exceptés! — Que ma tête danse au haut d'une pique sanglante — plutôt que de rester découverte devant un valet vulgaire! — La vraie noblesse est exempte de peur. — J'ai plus de longanimité que vous n'avez d'audace meurtrière.

LE CAPITAINE.

— Entraînez-le, et faites-le taire.

SUFFOLK.

— Allons, soldats, montrez-moi toute la cruauté possible, — que ma mort en soit à jamais mémorable! — Les grands hommes sont souvent frappés par de vils maroufles. — Un soudard romain et un infâme bandit — assassinèrent le suave Tullius; la main bâtarde de Brutus — poignarda Jules César; de sauvages insulaires — égorgèrent le grand Pompée; et Suffolk est tué par des pirates!

Suffolk sort avec Whitmore et d'autres.

LE CAPITAINE.

— Quant à ceux dont nous avons fixé la rançon, — c'est notre bon plaisir que l'un d'eux soit relâché. — Que celui-ci parte donc, et vous, venez avec nous.

Tous sortent, excepté le premier gentilhomme.

WHITMORE *revient avec le cadavre de Suffolk.*

WHITMORE.

— Que sa tête et son corps inanimé restent là gisants, —

jusqu'à ce que la reine, sa maîtresse, le fasse ensevelir.

Il sort.

####### PREMIER GENTILHOMME.

— O barbare et sanglant spectacle ! — Je vais porter son corps au roi. — S'il n'est pas vengé par le roi, il le sera par ses amis, —il le sera par la reine, à qui vivant il était si cher.

Il sort avec le cadavre.

SCÈNE XIII.

[Blackheath.]

Entrent GEORGE BEVIS et JOHN HOLLAND.

####### GEORGE.

Allons, procure-toi une épée, fût-ce une latte. Ils sont sur pied depuis deux jours.

####### JOHN.

Ils n'en ont que plus grand besoin de dormir aujourd'hui.

####### GEORGE.

Je te dis que Jack Cade le drapier a l'intention de remettre l'État à neuf, de le retourner et de lui donner un nouveau poil.

####### JOHN

Il en a grand besoin, car il montre la corde... Dame, je le dis, il n'y a plus eu de bon temps en Angleterre depuis qu'il y a surgi des gentilshommes.

####### GEORGE.

O misérable siècle ! la vertu n'est plus considérée chez les artisans.

####### JOHN.

La noblesse croit que c'est une honte d'aller en tablier de cuir.

GEORGE.

Au surplus, les conseillers du roi ne sont pas de bons ouvriers.

HOLLAND.

C'est vrai ; et pourtant on dit toujours : *Travaille selon ta vocation.* Ce qui équivaut à dire : *Que les magistrats soient des hommes de labeur.* C'est donc à nous d'être magistrats.

GEORGE.

Tu as touché juste, car il n'y a pas de plus grand signe d'un bon esprit qu'une main rude.

JOHN.

Je les vois ! je les vois ! Voilà le fils de Best, le tanneur de Wingham...

GEORGE.

Il aura le cuir de nos ennemis pour en faire de la peau de chien.

JOHN.

Et Dick le boucher.

GEORGE.

Alors le crime va être assommé comme un bœuf, et l'iniquité égorgée comme un veau.

JOHN.

Et Smith le tisserand...

GEORGE.

Argo, leur existence ne tient plus qu'à un fil.

JOHN.

Viens, viens ; joignons-nous à eux.

Tambour. Entrent CADE, DICK le boucher, SMITH le tisserand, et une foule d'autres.

CADE.

Nous, John Cade, ainsi nommé de notre père putatif...

DICK, à part.

Ou plutôt pour avoir volé un sac de muscade.

CADE.

Parce que nous consommerons la décadence de nos ennemis, étant appelé par une inspiration d'en haut à renverser rois et princes... Qu'on commande le silence.

DICK.

Silence !

CADE.

Mon père était un Mortimer.

DICK, à part.

C'était un honnête homme, et un bon maçon.

CADE.

Ma mère une Plantagenet.

DICK, à part.

Je l'ai bien connue ; elle était sage-femme.

CADE.

Ma femme descend des Lacys.

DICK, à part.

Elle est en effet fille d'un colporteur, et a vendu force lacets.

SMITH, à part.

Mais depuis peu, n'étant plus en état de voyager avec sa balle de fourrure, elle fait la lessive chez elle.

CADE.

Je suis donc d'une honorable maison.

DICK, à part.

Oui, ma foi; les champs sont honorables, et il y est né sous une haie ; car son père n'a jamais eu d'autre maison que la prison

CADE.

Je suis vaillant.

SMITH, à part.

Il le faut bien ; la mendicité est vaillante.

CADE.

Je suis capable de beaucoup endurer.

DICK, à part.

Sans aucun doute : je l'ai vu fouetter trois jours de marché consécutifs.

CADE.

Je ne crains ni le fer ni le feu.

SMITH, à part.

Il n'a pas à craindre le fer, car il a une cotte à toute épreuve.

DICK, à part.

Mais il me semble qu'il devrait craindre le feu, ayant eu la main brûlée pour vol de bétail.

CADE.

Soyez donc braves, car votre capitaine est brave, et fait vœu de tout réformer. Désormais en Angleterre sept pains d'un sou se vendront deux sous ; le pot de trois chopines contiendra dix chopines ; et ce sera félonie de boire de la petite bière ; tout le royaume sera en commun, et mon palefroi paîtra dans Cheapside... Et quand je serai roi (car je serai roi...).

TOUS.

Dieu garde Votre Majesté !

CADE.

Merci, bon peuple !... Il n'y aura plus d'argent ; tous mangeront et boiront à mon compte, et je veux que tous soient habillés de la même livrée, en sorte que tous s'accordent comme des frères et m'honorent comme leur seigneur.

DICK.

Commençons par tuer tous les gens de loi.

CADE.

Oui, c'est bien mon intention. N'est-ce pas chose lamentable, que de la peau d'un innocent agneau on fasse un parchemin, et que ce parchemin, couvert d'un griffonnage, suffise à ruiner un homme ? On dit que l'abeille pique; mais, moi, je dis que c'est la cire de l'abeille; car je n'ai jamais apposé un sceau qu'une seule fois, et depuis lors je n'ai jamais été mon maître. Eh bien! qui vient à nous?

Entrent des gens du peuple amenant LE CLERC *de Chatham.*

SMITH.

Le clerc de Chatham! il sait écrire, et lire, et compter.

CADE.

O monstruosité!

SMITH.

Nous l'avons surpris faisant des modèles pour les enfants.

CADE.

Voilà un coquin!

SMITH.

Il a un livre dans sa poche avec des lettres rouges dedans.

CADE.

Eh! c'est donc un sorcier.

DICK.

Et il sait dresser des contrats et écrire en grosse!

CADE.

J'en suis fâché pour lui : l'homme m'a l'air d'un brave homme, sur mon honneur. A moins que je ne le trouve coupable, il ne mourra pas... Approche, l'ami, il faut que je t'examine... Quel est ton nom?

LE CLERC.

Emmanuel.

DICK.

D'habitude ils écrivent ça en tête des lettres... Ça ira mal pour vous.

CADE.

Laissez-moi lui parler... As-tu l'habitude d'écrire ton nom? ou as-tu ta marque particulière, comme un simple honnête homme?

LE CLERC.

Dieu merci, monsieur, j'ai été assez bien élevé pour savoir écrire mon nom.

TOUS.

Il a avoué; qu'on l'expédie! c'est un coquin et un traître.

CADE.

Qu'on l'expédie, je le veux, et qu'on le pende avec sa plume et son écritoire au cou.

On emmène le Clerc.

Entre MICHEL.

MICHEL.

Où est notre général?

CADE.

Me voici, mon particulier gaillard.

MICHEL.

Fuyez, fuyez, fuyez! sir Homphroy Stafford et son frère sont près d'ici avec les troupes du roi.

CADE.

Arrête, coquin, arrête, ou je t'assomme... Il aura affaire à un homme qui le vaut bien... Ce n'est qu'un chevalier, n'est-ce pas?

MICHEL.

Pas davantage.

CADE.

Pour être son égal, je vais sur-le-champ me faire chevalier... Relevons-nous, sir John Mortimer... Maintenant gare à lui! (26)

Entrent SIR HOMPHROY STAFFORD *et* WILLIAM, *son frère, tambour battant, à la tête de leurs troupes.*

STAFFORD.

— Manants rebelles, la fange et l'écume de Kent, — marqués pour le gibet, mettez bas les armes, — regagnez vos chaumières, et abandonnez ce maraud. — Si vous le désertez, le roi sera clément.

WILLIAM STAFFORD.

— Mais il sera courroucé, inflexible et enclin à verser le sang, — si vous persistez : donc soumettez-vous, ou vous êtes morts.

CADE.

— Pour ces esclaves habillés de soie, je ne m'en occupe pas... — C'est à vous, bon peuple, que je parle, — à vous sur qui j'espère régner un jour à venir ; — car je suis le légitime héritier de la couronne.

STAFFORD.

— Coquin, ton père était un plâtrier, — et tu es toi-même un tondeur de drap ; ne l'es-tu pas ?

CADE.

— Et Adam était jardinier.

WILLIAM STAFFORD.

Et après ?

CADE.

— Eh bien ! voici : Edmond Mortimer, comte de March, — épousa la fille du duc de Clarence, n'est-ce pas ?

STAFFORD.

Oui, messire.

CADE.

— D'elle, il eut deux jumeaux.

WILLIAM STAFFORD.

C'est faux.

CADE.

— Oui-dà, voilà la question ; mais moi, je dis que c'est vrai. — L'aîné, ayant été mis en nourrice, — fut volé par une mendiante, — et, ignorant sa naissance et sa parenté, — se fit maçon quand il fut d'âge. — Je suis son fils, niez ça, si vous pouvez.

DICK.

— Eh ! ce n'est que trop vrai : donc il sera roi !

SMITH.

Monsieur, il a fait une cheminée dans la maison de

mon père, et les briques sont encore là vivantes pour l'attester; ne le niez donc pas.

STAFFORD.

— Et vous ajoutez foi aux paroles de ce vil manœuvre, qui ne sait ce qu'il dit !

TOUS.

Oui, morbleu, oui ; ainsi, allez-vous-en.

WILLIAM STAFFORD.

Jack Cade, le duc d'York vous a fait la leçon.

CADE, à part.

Il ment, car j'ai moi-même inventé tout ça.

Haut.

Va, l'ami, dis au roi de ma part que, par considération pour son père, Henri cinquième, au temps de qui les enfants jouaient à la fossette avec des écus français, je consens à ce qu'il règne; mais je veillerai sur lui comme protecteur.

DICK.

Et, en outre, nous voulons la tête de lord Say, qui a vendu le duché du Maine.

CADE.

Et vous avez raison; car par là l'Angleterre est estropiée, et elle serait obligée de marcher avec un baton, si ma puissance ne la soutenait pas. Rois, mes frères, je vous dis que lord Say a châtré l'État et l'a fait eunuque; et, qui plus est, il sait parler français; donc c'est un traître.

STAFFORD.

O grossière et misérable ignorance !

CADE.

Eh ! répliquez à ceci, si vous pouvez : les Français sont nos ennemis ; or, je le demande, celui qui parle le langage d'un ennemi peut-il être un bon conseiller, ou non?

TOUS.

Non, non; et par conséquent nous voulons sa tête.

WILLIAM STAFFORD.

— Allons, puisque les paroles de douceur sont sans effet, — assaillons-les avec l'armée du roi.

STAFFORD.

— Héraut, en marche! et, dans toutes les villes, — proclamez traîtres ceux qui s'insurgent avec Cade ; — déclarez que ceux-là même qui auront pu fuir avant la fin du combat — seront, pour l'exemple, pendus à leurs portes — sous les yeux même de leurs femmes et de leurs enfants. — Vous tous, qui êtes les amis du roi, suivez-moi.

Sortent les deux Stafford et leurs troupes.

CADE.

— Et vous tous, qui aimez le peuple, suivez-moi. — Maintenant montrez que vous êtes des hommes : c'est pour la liberté ! — Nous ne laisserons pas un seul lord, pas un seul gentilhomme. — Nous n'épargnerons que ceux qui vont en souliers cloutés ; — car ce sont des gens économes et honnêtes, et — qui prendraient notre parti, s'ils l'osaient.

DICK.

Les voilà tous en ordre, et ils marchent contre nous.

CADE.

Mais nous, nous sommes en ordre, surtout quand nous sommes en désordre. Allons, en avant, marche!

Ils sortent.

Fanfare d'alarme. Les deux partis reviennent sur la scène et se battent. Les deux Stafford sont tués.

CADE.

Où est Dick, le boucher d'Ashford ?

DICK.

Ici, messire.

CADE.

Ils tombaient devant toi comme des moutons et des bœufs, et tu t'es comporté comme si tu avais été dans ton abattoir. En conséquence voici ta récompense : le carême aura une durée double; et tu auras seul le privilége de tuer pour quatre-vingt-dix-neuf personnes par semaine.

DICK.

Je n'en demande pas davantage.

CADE.

Et, à dire vrai, tu ne mérites pas moins... Je veux porter ce trophée de notre victoire, et je traînerai ces cadavres à la queue de mon cheval jusqu'à ce que j'arrive à Londres, où je ferai porter devant moi l'épée du maire.

DICK.

Si nous voulons prospérer et bien faire, forçons les prisons et relâchons les prisonniers.

CADE.

N'aie pas peur, je te le promets. Allons, marchons sur Londres.

Ils sortent.

SCÈNE XIV.

[Londres. Un palais.]

Entrent le ROI HENRY, lisant une supplique. Le DUC DE BUCKINGHAM et LORD SAY l'accompagnent. A distance apparaît la REINE MARGUERITE; elle pleure en regardant la tête de Suffolk.

LA REINE MARGUERITE.

J'ai souvent ouï dire que la douleur énerve l'âme, — la rend craintive et la fait dégénérer. — Mais qui pourrait s'empêcher de pleurer en voyant ceci? — Sa tête peut bien reposer ici sur mon sein haletant: — mais où est le corps que je voudrais étreindre? —

BUCKINGHAM, au roi.

Quelle réponse fait Votre Grâce à la supplique des rebelles?

LE ROI HENRY.

— J'enverrai quelque saint évêque les adjurer. — Car à

Dieu ne plaise que tant de simples créatures — périssent par l'épée ! Et moi-même, — plutôt que de les laisser exterminer par une guerre sanglante, — je parlementerai avec Jack Cade leur général. — Mais attendez, je vais la relire encore une fois.

LA REINE MARGUERITE.

— Ah ! misérables barbares ! cette tête adorable — me dominait comme une planète souveraine, — et elle n'a pu forcer à la pitié ces êtres — qui étaient indignes de la contempler !

LE ROI HENRY.

— Lord Say, Jack Cade a juré d'avoir ta tête.

SAY.

— Oui, mais j'espère que Votre Altesse aura la sienne.

LE ROI HENRY.

Eh bien, madame, toujours — à gémir, et à pleurer la mort de Suffolk ! — Si j'étais mort, mon amour, j'en ai bien peur, — tu ne me pleurerais pas autant.

LA REINE MARGUERITE.

— Non, mon amour, je ne te pleurerais pas, je mourrais.

Entre un messager.

LE ROI HENRY.

— Eh bien, quelles nouvelles ? Pourquoi viens-tu en si grande hâte ?

LE MESSAGER.

— Les rebelles sont dans Southwark !... Fuyez, milord ! — Jack Cade se proclame lord Mortimer, — descendant de la maison du duc de Clarence ; — il traite ouvertement Votre Grâce d'usurpateur, — et fait vœu de se couronner lui-même dans Westminster. — Son armée est une multitude déguenillée — de manants, de paysans grossiers et impitoyables. — La mort de sir Homphroy Stafford et de son frère — leur a donné cœur et courage pour aller en avant. — Gens d'étude, gens de loi, gens de cour, gentilshommes, — tous sont pour eux des chenilles traîtresses qu'ils prétendent exterminer.

LE ROI HENRY.

— O hommes privés de la grâce! ils ne savent ce qu'ils font.

BUCKINGHAM.

— Mon gracieux seigneur, retirez-vous à Kenilworth, — jusqu'à ce qu'on ait levé des forces suffisantes pour les écraser.

LA REINE MARGUERITE.

— Ah! si le duc de Suffolk était encore vivant, — ces rebelles de Kent seraient bientôt soumis.

LE ROI HENRY.

— Lord Say, les traîtres te haïssent; — pars donc avec nous pour Kenilworth.

SAY.

— Cela pourrait mettre en danger la personne de Votre Grâce. — Ma vue leur est odieuse; — conséquemment je resterai dans cette ville, — et j'y vivrai seul aussi secrètement que possible.

Entre un DEUXIÈME MESSAGER.

LE DEUXIÈME MESSAGER.

— Jack Cade a occupé le pont de Londres ; les bourgeois — fuient et abandonnent leurs maisons ; — la canaille, altérée de butin, — se joint au traître; et tous jurent à l'envi — de piller la cité et votre royale cour.

BUCKINGHAM.

— Ne tardez pas, milord : vite à cheval!

LE ROI HENRY.

— Venez, Marguerite; Dieu, notre espoir, nous secourra.

LA REINE MARGUERITE.

—Mon espoir s'est évanoui, depuis que Suffolk est mort.

LE ROI HENRY, à lord Say.

—Adieu, milord, ne vous fiez pas aux rebelles de Kent.

BUCKINGHAM.

—Ne vous fiez à personne, de peur d'être trahi.

SAY.

— Ma confiance est dans mon innocence ; —et c'est ce qui me rend hardi et résolu.

Ils sortent.

SCÈNE XV.

[La Tour de Londres.]

Lord Scales et quelques autres paraissent au haut des remparts. Au bas paraissent quelques Bourgeois.

SCALES.

Eh bien? Jack Cade est-il tué !

PREMIER BOURGEOIS.

Non, milord, et il n'est pas vraisemblable qu'il le soit : car ils ont pris le pont, tuant tous ceux qui leur résistaient. Le lord maire conjure Votre Honneur d'envoyer de la Tour des renforts pour défendre la Cité contre les rebelles.

SCALES.

—Tous les renforts dont je puis disposer seront mis à vos ordres, mais je suis moi-même inquiété ici, —les rebelles ayant essayé de prendre la Tour. —Mais rendez-vous à Smithfield, rassemblez-y des forces, —et je vous enverrai là Mathieu Gough. —Combattez pour votre roi, pour votre patrie, pour vos existences ; —et sur ce adieu, car il faut que je m'en retourne.

Ils sortent.

SCÈNE XVI.

[Londres. Canon Street.]

Entrent JACK CADE *et ses compagnons. Il frappe de son bâton de commandement la borne de Londres.*

CADE.

Maintenant voici Mortimer lord de la cité. Et ici même, assis sur la borne de Londres, j'ordonne et je commande qu'aux frais de la Cité la fontaine publique pisse uniquement du vin clairet pendant la première année de notre règne. Et désormais ce sera un crime de trahison de m'appeler autrement que lord Mortimer.

UN SOLDAT *entre en courant.*

LE SOLDAT.

Jack Cade ! Jack Cade !

CADE.

Assommez-le sur place.

Le soldat est tué.

SMITH.

Si ce gaillard-là est sage, il ne vous appellera plus Jack Cade ; je crois qu'il a eu une bien bonne leçon.

DICK.

Milord, il y a une armée rassemblée à Smithfield.

CADE.

En avant donc ! allons la combattre. Mais commencez par mettre le feu au pont de Londres, et, si vous pouvez, incendiez aussi la Tour. Allons, partons.

Ils sortent.

SCÈNE XVII.

[Smithfield.]

Fanfare d'alarme. Entrent d'un côté Cade et ses compagnons, de l'autre les bourgeois et les troupes du roi, commandés par Mathieu Gough. Combat. Les bourgeois sont mis en déroute, et Mathieu Gough est tué.

CADE.

C'est ça, mes maîtres... Maintenant, que quelques-uns aillent démolir l'hôtel de Savoie; d'autres aux écoles de droit; abattez tout.

DICK.

J'ai une demande à adresser à Votre Seigneurie.

CADE.

Quand ce serait une seigneurie, tu l'auras pour ce mot-là.

DICK.

Je demande que les lois de l'Angleterre émanent de votre bouche.

JOHN, à part.

Par la messe, ce seront des lois sanglantes; car il a reçu un coup de lance dans la bouche, et elle n'est pas guérie encore.

SMITH, à part.

Bah! John, ce seront des lois puantes; car il s'empuante l'haleine à manger du fromage grillé.

CADE.

J'y ai pensé, cela sera ainsi. Allez, brûlez tous les recors du royaume; ma bouche sera le parlement d'Angleterre.

JOHN, à part.

Alors nous aurons des statuts mordants, à moins qu'on ne lui arrache les dents.

CADE.

Et dorénavant toutes choses seront en commun.

SCÈNE XVII.

Entre un Messager.

LE MESSAGER.

Milord, une prise, une prise! voici lord Say, celui qui vendait les villes en France, celui qui nous a fait payer, au dernier subside, vingt et un quinzièmes, et un shilling par livre sterling.

Entre George Bévis, amenant lord Say.

CADE.

Eh bien, il sera décapité dix fois pour ça! Ah! Say, c'est toi, c'est toi, serge, c'est toi, lord de bougran. Te voilà sous le coup de notre juridiction royale. Qu'as-tu à répondre à Ma Majesté pour avoir abandonné la Normandie à monsieur Basimecu, le Dauphin de France? Apprends donc en cette auguste présence, en présence de lord Mortimer lui-même, que je suis le balai qui doit débarrasser la cour d'immondices comme toi. Tu as fort traîtreusement corrompu la jeunesse du royaume, en érigeant une école de grammaire. Nos pères n'avaient jadis d'autres livres que la marque et la taille; toi, tu as fait employer l'imprimerie, et, au mépris du roi, de sa couronne et de sa dignité, tu as bâti un moulin à papier. Il sera prouvé à ta face que tu as près de toi des gens qui parlent habituellement de noms, de verbes, et autres mots abominables qu'une oreille chrétienne ne saurait endurer. Tu as établi des juges de paix, pour citer devant eux les pauvres gens à propos de choses sur lesquelles ils n'étaient pas en état de répondre. En outre, tu les as mis en prison, et, parce qu'ils ne savaient pas lire, tu les as pendus, quand c'était justement pour ça qu'ils étaient dignes de vivrer Tu montes un cheval caparaçonné, n'est-ce pas?

SAY.

Eh bien, après?

CADE.

Morbleu, tu ne devrais pas faire porter un manteau à

ton cheval, quand de plus honnêtes que toi vont en chausses et en pourpoint.

DICK.

Et travaillent même en chemise, comme moi, par exemple, qui suis boucher.

SAY.

Hommes de Kent!

DICK.

Que dites-vous de Kent?

SAY.

Rien que ceci : *Bona terra, mala gens.*

CADE.

Expédiez-le, expédiez-le. Il parle latin!

SAY.

—Écoutez seulement ce que j'ai à dire, et puis dépêchez-moi comme vous voudrez. — Dans les Commentaires écrits par César, Kent — est désigné comme la contrée la plus policée de toute cette île. — Le pays est beau, étant rempli de richesses; — la population généreuse, vaillante, active, opulente, — ce qui me fait espérer que vous n'êtes pas dénués de piété. — Je n'ai pas vendu le Maine, je n'ai pas perdu la Normandie; — mais, pour les recouvrer, je perdrais volontiers la vie. — J'ai toujours fait justice avec indulgence; — les prières et les larmes m'ont touché, les présents jamais. — Quand ai-je rien exigé de vous, — si ce n'est pour maintenir le roi, le royaume et vous? — J'ai prodigué les largesses aux savants clercs, — parce que c'est mon instruction qui m'a fait distinguer du roi. — Et comme l'ignorance est la malédiction de Dieu, — et la science, l'aile avec laquelle nous nous élevons vers le ciel, — à moins que vous ne soyez possédés d'un esprit diabolique, — il est impossible que vous m'assassiniez. — Ma bouche a été auprès des rois étrangers l'interprète — de vos intérêts.

SCÈNE XVII.

CADE.

Bah! est-ce que tu as jamais frappé un coup sur le champ de bataille?

SAY.

— Les hommes supérieurs ont le bras long. J'ai souvent frappé — ceux que je ne voyais pas, et je les ai frappés à mort.

GEORGE.

— O couard monstrueux! Quoi! surprendre les gens par derrière!

SAY.

— Mes joues ont pâli à veiller pour votre bien. —

CADE.

Donnez-lui un soufflet, et elles reprendront leur rougeur.

SAY.

— Les longues séances passées à juger les causes des pauvres gens — m'ont grevé d'infirmités et de maladies. —

CADE.

On va vous administrer une potion au chanvre et une saignée à la hache.

DICK.

Qu'est-ce qui te fait trembler, l'homme?

SAY.

La paralysie, et non la peur.

CADE.

Eh! il hoche la tête de notre côté comme quelqu'un qui dirait: *Je vous revaudrai cela.* Je vais voir si son chef sera plus ferme au bout d'une pique. Qu'on l'emmène et qu'on le décapite.

SAY.

— Dites-moi en quoi je suis si coupable. — Ai-je convoité les richesses ou les honneurs? dites! — Mes coffres sont-ils remplis d'un or extorqué? — Mon costume est-il somptueux à voir? — Qui de vous ai-je lésé, pour que vous réclamiez ma mort? — Ces mains sont pures de sang innocent, — ce cœur de pensées noires et perfides. — Oh! laissez-moi la vie!

CADE.

Je sens que ses paroles émeuvent en moi la pitié ; mais je la dominerai : il mourra, ne fût-ce que pour avoir si bien plaidé pour sa vie. Emmenez-le! Il a un démon familier sous la langue; il ne parle pas au nom de Dieu. Allons, emmenez-le, vous dis-je ; et tranchez-lui la tête sur-le-champ; puis forcez la maison de son gendre, sir James Cromer, et tranchez-lui aussi la tête, et apportez-les-moi ici l'une et l'autre sur deux piques.

TOUS.

Ce sera fait.

SAY.

— O concitoyens! si, quand vous faites vos prières, — Dieu était aussi endurci que vous l'êtes, — qu'adviendrait-il de vos âmes après la mort? — Laissez-vous donc attendrir, et épargnez ma vie.

CADE.

Emmenez-le, et faites ce que je vous commande.

Des émeutiers sortent avec lord Say.

Le pair le plus altier du royaume ne gardera pas sa tête sur les épaules, s'il ne me paie tribut; pas une pucelle ne se mariera sans me payer son pucelage au préalable. Les hommes seront mes contribuables, *in capite*, et nous ordonnons et commandons que leurs femmes soient aussi complaisantes que le cœur peut le souhaiter ou la langue le demander.

DICK.

Milord, quand irons-nous à Cheapside emprunter des provisions sur nos hallebardes?

CADE.

Morbleu, immédiatement.

TOUS.

Oh! magnifique!

Les rebelles reviennent avec les têtes de lord Say et de son gendre.

CADE.

Mais voici qui est plus magnifique!... Faites-les se baiser, car ils s'aimaient fort quand ils étaient vivants... Maintenant séparez-les, de peur qu'ils ne se consultent pour la reddition de nouvelles villes en France. Soldats, différez le pillage de la Cité jusqu'à la nuit; car nous voulons chevaucher par les rues avec ces têtes portées devant nous en guise de masses, et, à tous les carrefours, nous les ferons se baiser! En avant!

Ils sortent.

SCÈNE XVIII.

[Southwark.]

Alarme. Entrent Cade et toute sa bande.

CADE.

Remontez Fish Street! par l'angle de Saint-Magnus! Tuez et assommez! jetez-les à la Tamise!

Chamade, puis retraite.

Quel est ce bruit? quelqu'un aurait-il l'audace de sonner la retraite ou la chamade, quand je commande qu'on tue?

Entrent BUCKINGHAM et le vieux CLIFFORD, avec leurs troupes.

BUCKINGHAM.

— Oui, c'est nous qui avons cette audace de te déranger. — Sache, Cade, que nous venons comme ambassadeurs du roi — auprès du peuple que tu as égaré! — et ici nous proclamons amnistie entière pour tous ceux — qui te quitteront et retourneront paisiblement chez eux.

CLIFFORD.

— Qu'en dites-vous, concitoyens? Voulez-vous céder, —

et accepter le pardon qui vous est offert, — ou vous laisser mener à la mort par la canaille? — Que celui qui aime le roi et veut avoir sa grâce, — jette sa toque en l'air en criant : Dieu garde Sa Majesté! — Que celui qui le hait et n'honore pas son père, — Henry Cinq, qui fit trembler toute la France, — brandisse son arme contre nous et passe outre!...—

TOUS.

Dieu garde le roi! Dieu garde le roi!

CADE.

Quoi! Buckingham et Clifford, vous avez cette outrecuidance!... Et vous, vils manants, les croyez-vous? Voulez-vous être pendus avec vos pardons au cou? Mon épée s'est-elle donc fait jour à travers les portes de Londres, pour que vous m'abandonniez ainsi au Cerf Blanc dans Southwark!... Je croyais que vous ne mettriez bas les armes qu'après avoir recouvré vos anciennes libertés; mais vous êtes tous des apostats et des lâches, et vous vous plaisez à vivre esclaves de la noblesse. Qu'ils vous cassent les reins sous les fardeaux, qu'ils vous prennent vos maisons à votre barbe, qu'ils violent vos femmes et vos filles sous vos yeux... Quant à moi, je me tirerai d'affaire tout seul; et sur ce, que la malédiction de Dieu tombe sur vous tous!

TOUS.

Nous suivrons Cade, nous suivrons Cade.

CLIFFORD.

— Cade est-il le fils de Henry V, — pour que vous déclariez si haut vouloir marcher avec lui? — Vous conduira-t-il au cœur de la France, — et fera-t-il des plus humbles d'entre vous des ducs et des comtes? — Hélas! il n'a pas de toit, pas d'asile où se réfugier; — et il ne saurait vivre que de pillage, — qu'en volant vos amis et nous. — Tandis que vous vivez ainsi en querelle, quelle honte pour vous — si le formidable Français, dont vous triomphiez naguère, — traversait les mers et triomphait de vous! — Déjà, au milieu de cette guerre civile, il me semble — les voir se pavaner dans les rues de Londres, — criant : *villageois!* à tous ceux qu'ils rencontrent. — Ah! périssent dix mille misérables Cades, — plutôt que vous vous livriez à la merci d'un Français ! — En France, en France! et reprenez ce que vous avez perdu; — épargnez l'Angleterre, car c'est votre rive natale. — Henry a de l'argent; vous êtes forts et vaillants ; — avec Dieu pour nous, ne doutez pas de la victoire.

TOUS.

Vive Clifford! vive Clifford ! nous suivrons le roi et Clifford.

CADE.

Vit-on jamais plume remuer à tous vents, aussi légèrement que cette multitude? Le nom de Henry V les entraîne à cent fautes, et les voilà qui me laissent dans l'isolement. Je les vois se consulter pour me surprendre; c'est à mon épée de me frayer un chemin, car je ne puis plus attendre... En dépit des démons et de l'enfer, je passerai au milieu de vous. Le ciel et l'honneur me sont témoins que ce n'est pas le manque de résolution, mais la basse, l'ignominieuse trahison de mes compagnons qui me force à jouer des talons.

Il sort.

BUCKINGHAM.

—Quoi, il se sauve! qu'on aille à sa poursuite !—Celui qui apportera sa tête au roi—recevra mille couronnes pour sa récompense.

Quelques hommes sortent.

—Suivez-moi, combattants ; nous aviserons—à vous réconcilier tous au roi.

Il sortent.

SCÈNE XIX.

(Le château de Kenilworth.)

Entrent sur la terrasse LE ROI HENRY, LA REINE MARGUERITE et SOMERSET.

LE ROI HENRY.

— Jamais roi, ayant jouissance d'un trône terrestre, — put-il avoir à commandement moins de bonheur que moi ? — A peine étais-je sorti du berceau — que je fus fait roi à l'âge de neuf mois. — Jamais sujet ne désira être roi — aussi ardemment que je désire être sujet.

Entrent BUCKINGHAM et CLIFFORD.

BUCKINGHAM.

Salut et bonnes nouvelles à Votre Majesté !

LE ROI HENRY.

— Eh bien ! Buckingham, le traître Cade est-il pris ? — Ou n'a-t-il fait retraite que pour se renforcer ?

Entrent, au bas de la terrasse, un grand nombre des compagnons de Cade, la corde au cou.

CLIFFORD.

— Il s'est enfui, milord ; tous ses partisans se rendent, — et les voici qui, humblement, la hart au cou, — attendent de l'arrêt de Votre Altesse la vie ou la mort.

LE ROI HENRY.

— Ouvre donc, ô ciel, tes portes éternelles — pour accueillir mes louanges et mes actions de grâces ! — Soldats, vous avez aujourd'hui racheté votre vie, — et montré combien vous aimiez votre prince et votre pays. — Persévérez toujours dans de si bons sentiments, — et Henry, si infortuné qu'il soit, — ne sera jamais ingrat, soyez-en sûrs. — Et sur ce, en vous remerciant et vous pardonnant tous, — je vous renvoie chacun dans vos foyers.

SCÈNE XIX.

TOUS.

— Dieu garde le roi ! Dieu garde le roi !

Entre un MESSAGER.

LE MESSAGER.

— Que Votre Grâce me permette de lui annoncer — que le duc d'York est récemment arrivé d'Irlande, — avec une puissante et nombreuse armée — de Gallowglasses et de Kernes vaillants ; — il s'avance vers ces lieux en superbe ordonnance, — proclamant partout sur sa route — qu'il n'a pris les armes que pour éloigner de vous — le duc de Somerset, qu'il qualifie de traître.

LE ROI HENRY.

— Voilà donc mon empire entre deux détresses, Cade et York, — pareil à un navire qui, ayant échappé à une tempête, — est immédiatement surpris par un calme et abordé par un pirate. — A peine Cade est-il repoussé et sa troupe dispersée, — et voilà York en armes qui lui succède. — Je t'en prie, Buckingham, va à sa rencontre, — et demande-lui quelle est la raison de cette prise d'armes ; — dis-lui que j'enverrai le duc Edmond à la Tour… — Somerset, nous te garderons là — jusqu'à ce qu'il ait licencié son armée.

SOMERSET.

Milord, — j'irai volontiers en prison, — ou même à la mort, pour le bien de mon pays.

LE ROI HENRY, *à* Buckingham.

— En tout cas, ne lui parlez pas en termes trop durs ; — car il est violent, et ne saurait supporter un langage rude.

BUCKINGHAM.

— J'obéirai, milord, et je ferai en sorte, je n'en doute pas, — que toutes choses tournent à votre avantage.

LE ROI HENRY.

— Viens, femme, rentrons, et apprenons à mieux

gouverner; — car l'Angleterre a pu jusqu'ici maudire mon misérable règne.

Ils sortent.

SCÈNE XX.

[Kent. Un jardin.]

Entre CADE.

CADE.

Fi de l'ambition! fi de moi-même qui ai une épée et qui pourtant suis près de mourir de faim. Voici cinq jours que je me tiens caché dans ces bois, sans oser en sortir, car tout le pays est à ma recherche; mais maintenant je suis tellement affamé que, quand on m'offrirait un bail de vie pour mille ans, je ne pourrais plus y tenir. Aussi j'ai escaladé un mur de brique et pénétré dans ce jardin, pour voir si je pourrais y manger de l'herbe ou y cueillir une salade : excellente chose pour rafraîchir l'estomac d'un homme par ce temps chaud. Et, ma foi, toutes les salades ont été mises au monde pour mon bien; car bien des fois, sans ma salade, j'aurais eu la caboche fendue d'un coup de hallebarde; et bien des fois, quand j'avais le gosier sec, et que je marchais vivement, elle m'a servi de pot pour boire; et c'est encore la salade qui va servir à mon repas!

Entre IDEN avec ses domestiques.

IDEN.

— Seigneur, qui voudrait vivre dans le tumulte des cours,—pouvant jouir de ces paisibles promenades ! — Ce petit héritage, que m'a laissé mon père, me suffit et vaut une monarchie. — Je ne cherche pas à m'agrandir par l'appauvrissement d'autrui ; — j'accumule l'argent, sans craindre l'envie ; — il me suffit de maintenir ma maison — et de renvoyer le pauvre satisfait de ma porte. —

CADE.

Voici le maître du lieu qui vient m'arrêter pour vagabondage, comme ayant pénétré dans son domaine sans permission...Ah! coquin, tu veux me vendre et obtenir du roi mille couronnes, en lui portant ma tête! mais je te ferai manger du fer comme une autruche, et avaler mon épée comme une grande épingle, afin que nous nous séparions.

IDEN.

— Eh! grossier compagnon, qui que tu sois, — je ne te connais pas. Pourquoi donc te vendrais-je? — N'est-ce pas assez que tu te sois faufilé dans mon jardin, — et que, comme un voleur, tu sois venu piller mes terres, — en escaladant mon mur en dépit de moi, le propriétaire, — sans vouloir encore me braver par des propos insolents? —

CADE.

Te braver! oui, par le meilleur sang qui fut jamais versé, et t'insulter à ta barbe... Regarde-moi bien; je n'ai pas mangé depuis cinq jours; pourtant, venez, toi et tes cinq hommes, et si je ne vous étends pas tous roides morts comme un clou de porte, Dieu fasse que je ne puisse plus manger d'herbe!

IDEN.

— Non, tant que l'Angleterre subsistera, il ne sera pas dit — qu'Alexandre Iden, écuyer de Kent, — s'est prévalu du nombre pour combattre un pauvre homme affamé. — Oppose ton regard fixe au mien, — et vois si tu peux me faire baisser les yeux. — Mesurons-nous membre à membre, tu es de beaucoup le plus chétif. — Ta main n'est qu'un doigt auprès de mon poignet; — ta jambe est une badine, comparée à ce rondin; — dans mon pied il y a autant de vigueur que dans toute ta personne; — et si je lève le bras en l'air, — ta fosse est déjà creusée en terre...
— Mais mettons fin à cette lutte de gros mots, — et que mon épée dise ce que tait ma langue. —

####### CADE.

Par ma valeur, voilà le plus parfait champion que j'aie entendu !... Acier, si ton fil s'émousse, si, avant de dormir en ton fourreau, tu ne découpes pas ce gros rustre ossu en émincés de bœuf, je prie Dieu à deux genoux qu'il soit fait de toi des gros clous.

Ils se battent. Cade tombe.

Oh ! je suis mort ! La faim seule m'a tué : quand dix mille diables se mettraient contre moi, qu'on me donne seulement les dix repas que j'ai perdus, et je les défie tous... Jardin, flétris-toi ; et sois désormais le cimetière de tout ce qui vit dans cette maison, puisqu'ici l'âme indomptée de Cade s'est évanouie.

####### IDEN.

— Est-ce donc Cade que j'ai tué, lui, ce traître monstrueux ? — Épée, je veux que tu sois sanctifiée pour cet acte, — et suspendue sur ma tombe, quand je serai mort : — jamais ce sang ne sera essuyé de ta pointe, — mais tu le garderas comme un blason héraldique, — emblème de l'honneur que s'est acquis ton maître (27). —

####### CADE.

Iden, adieu, et sois fier de ta victoire. Dis de ma part au pays de Kent qu'il a perdu son meilleur homme, et exhorte tout le monde à être lâche ; car moi, qui n'ai jamais redouté personne, je suis vaincu par la famine, non par la valeur.

Il meurt.

####### IDEN.

— Combien tu m'outrages, le ciel le sait !... — Meurs, damné misérable, malédiction de celle qui t'enfanta ! — Comme je plonge mon épée dans ton corps, — je voudrais pouvoir plonger ton âme dans l'enfer ! — Je vais te traîner par les talons — sur un fumier qui sera ta fosse ; — là, je trancherai ta tête maudite, — et la porterai triomphale-

ment au roi,—laissant ton corps en pâture aux corbeaux.
Il sort, traînant le corps.

SCÈNE XXI.

[Les plaines entre Dartford et Blackheath.]

D'un côté est le camp du roi, de l'autre côté YORK entre avec une escorte, tambour battant, enseignes déployées; ses troupes restent à quelque distance.

YORK.

— Ainsi York revient d'Irlande pour revendiquer son droit, — et arracher la couronne de la tête du faible Henry. — Cloches, sonnez à toutes volées; feux de joie, brûlez clairs et brillants, — pour la réception du roi légitime de la grande Angleterre. — Ah! *sancta majestas!* qui ne t'achèterait pas cher? — Que ceux-là obéissent qui ne savent pas commander! — Cette main est faite pour ne manier que l'or. — Je ne puis donner à mes paroles leur véritable action — qu'en brandissant un sceptre ou une épée: — sur mon âme, j'aurai un sceptre — au bout duquel j'agiterai les fleurs de lis de France.

Entre BUCKINGHAM.

— Qui nous arrive ici? Buckingham! c'est pour me faire obstacle! — Le roi l'a envoyé, sans doute : dissimulons.

BUCKINGHAM.

— York, si tu agis en ami, je te salue en ami.

YORK.

— Homphroy de Buckingham, j'accepte ton salut. — Est-ce comme messager ou bien de ton gré que tu viens?

BUCKINGHAM.

— Comme messager de Henry, notre auguste souverain; — je viens savoir la raison de cet armement en pleine paix; — pourquoi toi, qui n'es qu'un sujet, comme moi, — as-tu, au mépris de ton serment sacré d'allégeance, — levé des forces si considérables sans sa permission, — et oses-tu les amener si près de la cour?

YORK, à part.

— Je puis à peine parler, si grande est ma colère ! — Oh! je pourrais pourfendre des rochers et combattre la pierre, — tant je suis courroucé par ces paroles abjectes ! — Je pourrais, comme Ajax, fils de Télamon, — assouvir ma fureur sur des moutons ou des bœufs! — Je suis beaucoup mieux né que le roi ; — j'ai plus l'air d'un roi, j'ai des pensées plus royales que lui; — mais il faut que j'affecte quelque temps encore la sérénité, — oui, jusqu'à ce que Henry soit plus faible et moi plus fort (28).

Haut.

— O Buckingham, pardonne-moi, je te prie, — d'être resté si longtemps sans te répondre. — Mon esprit était en proie à une profonde mélancolie. — La cause pour laquelle j'ai amené ici cette armée, — la voici : c'est pour éloigner du roi l'altier Somerset, — traître envers Sa Grâce et envers l'État.

BUCKINGHAM.

C'est trop de présomption de ta part. — Mais, si ta prise d'armes n'a pas d'autre but, — le roi a déjà accédé à ta demande : le duc de Somerset est à la Tour.

YORK.

— Sur ton honneur, est-il prisonnier ?

BUCKINGHAM.

— Sur mon honneur, il est prisonnier.

YORK.

— Eh bien, Buckingham, je licencie mes troupes... — Soldats, je vous remercie tous; dispersez-vous ; — venez me rejoindre demain aux prés de Saint-Georges, là vous aurez votre paie et tout ce que vous désirez. — Mon souverain, le vertueux Henry, — n'a qu'à réclamer mon fils aîné, que dis-je! tous mes fils, — comme otages de ma féauté et de mon dévouement; — je les lui enverrai aussi volontiers que j'existe. — Terres, biens, chevaux, armures, tout ce que j'ai — est à ses ordres, pourvu que Somerset meure.

BUCKINGHAM.

— York, je loue cette affectueuse soumission : — nous allons nous rendre tous deux à la tente de Son Altesse.

Entre LE ROI HENRY avec son escorte.

LE ROI HENRY.

— Buckingham, York n'a donc contre nous aucune mauvaise intention, — que je le vois marcher avec toi bras dessus bras dessous.

YORK.

— En toute soumission et humilité, — York se présente à Votre Altesse.

LE ROI HENRY.

— Alors dans quel but as-tu amené ces troupes?

YORK.

— Pour enlever d'ici le traître Somerset, — et pour combattre ce monstrueux rebelle, Cade, — dont j'ai appris depuis la déconfiture.

Entre IDEN, portant la tête de Cade.

IDEN.

— Si un homme aussi grossier et d'aussi humble condition — peut être admis en présence d'un roi, — permettez que j'offre à Votre Grâce la tête d'un traître, — la tête de Cade, que j'ai tué dans un combat.

LE ROI HENRY.

— La tête de Cade!...Grand Dieu, combien tu es juste!... — Oh! fais-moi voir, mort, le visage de celui — qui vivant m'a causé tant de troubles (29). — Dis-moi, mon ami, est-ce toi qui l'as tué?

IDEN.

— C'est moi-même, n'en déplaise à Votre Majesté.

LE ROI HENRY.
— Comment t'appelles-tu? et quelle est ta condition?
IDEN.
— J'ai nom Alexandre Iden, — pauvre écuyer de Kent, qui aime son roi.
BUCKINGHAM, au roi.
— Sous votre bon plaisir, milord, il ne serait pas mal — de le créer chevalier pour un si grand service.
LE ROI HENRY.
— Iden, à genoux.

Iden s'agenouille.

Relève-toi chevalier. — Nous te donnons mille marcs pour récompense, — et voulons que tu sois désormais attaché à notre personne.

IDEN.
— Puisse Iden vivre pour se rendre digne d'une telle faveur, — et ne vivre que fidèle à son roi!
LE ROI HENRY.
Regarde, Buckingham! voici Somerset qui vient avec la reine; — va lui dire de se cacher vite, que le duc ne le voie pas.

Entrent LA REINE MARGUERITE et SOMERSET.

LA REINE MARGUERITE.
— Pour mille York, il ne cachera pas sa tête, — mais il restera hardiment à l'affronter en face.
YORK.
— Comment! Somerset est en liberté! — Alors, York, déchaîne tes pensées longtemps emprisonnées, — et que ta langue soit d'accord avec ton cœur? — Endurerai-je la vue de Somerset? — Roi faux! pourquoi m'as-tu manqué de parole, — toi qui sais combien peu je puis souffrir l'outrage? — Je t'ai appelé roi? Non, tu n'es pas roi; — tu n'es pas capable de gouverner ni de dominer des multitudes, — toi qui n'oses ni ne peux dominer un traître. — Ta tête, à

toi, ne va pas à une couronne, — ta main est faite pour étreindre un bâton de pèlerin, — et non pour donner prestige au sceptre formidable d'un prince ! — C'est à moi de ceindre mon front de cet or-là, — à moi dont le sourire et la moue, comme la lance d'Achille, — peuvent alternativement tuer et guérir. — Voici une main propre à tenir un sceptre — et imposer le contrôle des lois. — Fais-moi place ; par le ciel, tu ne régneras plus — sur celui que le ciel a créé pour régner sur toi.

SOMERSET.
— O monstrueux traître !... je t'arrête, York, — pour crime de haute trahison envers le roi et la couronne. — Obéis, traître audacieux ; demande grâce à genoux.

YORK.
— Tu veux que je m'agenouille ? Laisse-moi d'abord demander à mes gens — s'ils pourraient souffrir que je fléchisse le genou devant un homme... — L'ami, va chercher mes fils pour qu'ils soient ma caution.

Un homme de l'escorte sort.
— Je sais qu'avant de me laisser aller en prison, — ils engageront leurs épées pour me délivrer.

LA REINE MARGUERITE.
— Qu'on mande ici Clifford ; qu'on lui dise de venir sur-le-champ — nous dire si les enfants bâtards d'York — peuvent être caution pour leur traître de père.

YORK.
— O Napolitaine au sang vicié, — rebut de Naples, sanglant fléau de l'Angleterre, — les fils d'York, tes supérieurs par la naissance, — seront la caution de leur père ; et gare à ceux — qui refuseraient un tel gage !

Entrent d'un côté ÉDOUARD *et* RICHARD PLANTAGENET *avec des troupes; de l'autre, avec des troupes également, le* VIEUX *et le* JEUNE CLIFFORD.

— Tenez, les voici ; je réponds qu'ils me feront honneur.

LA REINE MARGUERITE.

—Et voici Clifford qui vient repousser leur caution.

CLIFFORD.

—Salut et prospérité à mon seigneur le roi!

Il s'agenouille.

YORK.

—Je te remercie, Clifford : quelles nouvelles apportes-tu, dis?—Non, ne nous menace pas de cet air furieux : —nous sommes ton souverain, Clifford, remets-toi à genoux;—nous te pardonnons ta méprise.

CLIFFORD, montrant Henry.

—Voici mon roi, York, je ne me méprends pas;—c'est toi qui te méprends en m'attribuant une méprise...—A Bedlam, cet homme! Est-il devenu fou?

LE ROI HENRY.

—Oui, Clifford, une folle humeur ambitieuse—le porte à s'opposer à son roi.

CLIFFORD.

—C'est un traître; qu'on le mène à la Tour,—et qu'on lui tranche sa factieuse caboche.

LA REINE MARGUERITE.

—Il est arrêté, mais il ne veut pas obéir.—Ses fils, dit-il, engageront pour lui leur parole.

YORK.

—N'est-ce pas, mes fils?

ÉDOUARD.

Oui, mon noble père, si nos paroles suffisent,

RICHARD.

—Si nos paroles ne suffisent pas, nous aurons recours à nos épées.

CLIFFORD.

—Çà, quelle engeance de traîtres avons-nous là?

YORK.

—Regarde dans une glace, et tu y verras l'image de la

trahison. — Je suis ton roi, et toi, tu es un traître au cœur fourbe. — Qu'on appelle dans l'arène mes deux braves ours, — pour qu'avec le seul bruit de leurs chaînes — ils frappent de stupeur ces féroces et lâches limiers. — Dites à Salisbury et à Warwick de venir à moi.

Tambours. Entrent Salisbury et Warwick avec des soldats.

CLIFFORD.

— Sont-ce là tes ours? Nous allons les harceler jusqu'à la mort, — et avec leur chaîne garrotter leur gardien, — si tu oses les amener dans la lice. —

RICHARD.

J'ai souvent vu un dogue ardent et présomptueux — bondir en arrière et mordre celui qui le retenait; — mais, dès que, lâché, il sentait la patte terrible de l'ours, — il serrait sa queue entre ses jambes, et hurlait. — Vous en ferez tout autant, — si vous entrez en lutte avec lord Warwick.

CLIFFORD.

— Arrière, monceau de fureur, hideux et indigeste moignon, — aussi tortueux d'esprit que de forme !

YORK.

— Ah! nous allons vous réchauffer de la belle manière.

CLIFFORD.

— Prenez garde de vous brûler vous-même à cette chaleur.

LE ROI HENRY.

— Eh quoi! Warwick, ne sais-tu plus ployer ton genou? — Vieux Salisbury, honte à tes cheveux d'argent, — guide extravagant d'un fils écervelé ! — Veux-tu donc faire le brigand sur ton lit de mort, — et chercher la ruine avec tes besicles ! — Oh ! où est la foi? où est la loyauté? — Si elles sont bannies de cette tête chenue, — où trouveront-elles asile sur la terre? — Veux-tu donc creuser ta fosse pour exhumer une guerre, — et souiller de sang ton âge vénérable ? — Pourquoi, étant vieux, manques-tu d'expérience? — Ou si tu en as, pourquoi en mésuses-tu ? — Par pudeur! que devant moi le respect te fasse plier ce genou — que la vieillesse incline déjà vers la tombe !

SALISBURY.

— Milord, j'ai examiné moi-même les titres de ce très-illustre duc ; — et dans ma conscience, je regarde Sa Grâce — comme le légitime héritier du royal trône d'Angleterre.

LE ROI HENRY.

— Est-ce que tu ne m'as pas juré allégeance ?

SALISBURY.

Oui.

LE ROI HENRY.

— Peux-tu à la face du ciel te dégager d'un tel serment?

SALISBURY.

— C'est un grand mal de s'engager au mal; — mais c'est un plus grand mal de tenir ce mauvais engagement. — Quel vœu solennel peut obliger un homme — à commettre un meurtre, à voler autrui, — à attenter à la chasteté immaculée d'une vierge, — à ravir à l'orphelin son patrimoine, — à extorquer à la veuve son droit coutumier? — Tous ces crimes seraient-ils justifiés par cette unique raison — qu'il était lié par un serment solennel?

LE ROI HENRY.

— Qu'on appelle Buckingham, et qu'on lui dise de s'armer.

YORK.

— Appelle Buckingham et tous les amis que tu as. — Je suis résolu : la royauté ou la mort !

CLIFFORD.

— La mort ! je te la garantis, si mon rêve se réalise.

WARWICK.

— Tu ferais très-bien d'aller au lit et de te remettre à

rêver, — pour te garantir des tempêtes de la bataille.

CLIFFORD.

— Je suis résolu à soutenir de plus terribles ouragans — que tu n'en pourras évoquer aujourd'hui ; — et j'en inscrirai la preuve sur ton heaume, — pour peu que je puisse te reconnaître au blason de ta maison.

WARWICK.

— Eh bien, par le blason de mon père, je jure de porter le vieux cimier des Nevil, — l'ours rampant enchaîné au bâton noueux, — et de le porter au-dessus de mon heaume, — comme un cèdre au sommet d'une montagne — gardant tout son feuillage en dépit des tempêtes ; — si bien que tu seras épouvanté à son seul aspect.

CLIFFORD.

— Et moi, j'arracherai ton ours de ton heaume, — et je le foulerai sous mes pieds avec un mépris suprême, — en dépit du montreur d'ours qui protége l'ours.

LE JEUNE CLIFFORD.

— Et sur ce, aux armes, mon victorieux père ! — Écrasons les rebelles et leurs complices.

RICHARD.

— Fi ! plus de charité, par pudeur ! Ne parlez pas avec tant de haine, — car vous souperez ce soir avec Jésus-Christ.

LE JEUNE CLIFFORD.

— Hideux stigmate, c'est plus que tu ne peux dire.

RICHARD.

— Si ce n'est au ciel, vous souperez à coup sûr en enfer.

Ils se séparent.

SCÈNE XXII.

[Saint-Albans.]

Alarme. Mouvements de troupes. Entre WARWICK.

WARWICK.

— Clifford de Cumberland, c'est Warwick qui t'appelle. — Et si tu ne fuis pas devant l'ours, — maintenant que la trompette furieuse sonne l'alarme, — et que les cris des mourants remplissent le vide des airs, — Clifford, je te dis : Viens te battre avec moi ! — Prince altier du Nord, Clifford de Cumberland, — Warwick s'enroue à te défier.

Entre YORK.

— Et quoi ! mon noble lord? quoi ! à pied !

YORK.

— Le ravageur Clifford a tué mon destrier ; — mais j'ai rendu coup pour coup, — et j'ai fait une proie pour les vautours et les corbeaux — de la bonne bête qu'il aimait tant.

Entre CLIFFORD.

WARWICK.

Pour l'un de nous ou pour tous deux l'heure suprême est venue.

YORK.

— Arrête, Warwick, cherche un autre gibier ; — car ce cerf, c'est moi qui dois le chasser à outrance.

WARWICK.

— Agis donc noblement, York ; c'est pour une couronne que tu combats. — Aussi vrai, Clifford, que j'espère triompher aujourd'hui, — ce m'est un crève-cœur de te quitter sans te combattre.

Sort Warwick.

SCÈNE XXII.

CLIFFORD.

— Que considères-tu en moi, York ? Pourquoi t'arrêtes-tu ?

YORK.

— Je serais épris de ta fière attitude, — si tu n'étais pas un ennemi si acharné.

CLIFFORD.

— Et l'on ne refuserait pas l'éloge et l'estime à ta prouesse, — si elle n'éclatait honteusement dans la trahison.

YORK.

— Puisse-t-elle me défendre aujourd'hui contre ton épée, — comme il est vrai qu'elle se manifeste en faveur de la justice et du bon droit !

CLIFFORD.

— Je me risque ici corps et âme.

YORK.

— Formidable va-tout ?... Vite, en garde.

Ils se battent. Clifford tombe (30).

CLIFFORD.

La fin couronne les œuvres.

Il meurt.

YORK.

— Ainsi la guerre t'a donné la paix, car te voilà tranquille. — Paix à son âme, ô ciel, si c'est ta volonté !

Il sort.

Entre LE JEUNE CLIFFORD.

LE JEUNE CLIFFORD.

— Honte et confusion ! tout est en déroute ! — La peur produit le désordre, et le désordre blesse — ceux qu'il voudrait protéger. O guerre, enfant de l'enfer, — dont les cieux irrités font leur ministre, — jette dans les cœurs glacés de nos partisans — les charbons ardents de la vengeance !... Que pas un soldat ne fuie ! — Celui qui s'est vraiment consacré à la guerre — n'a plus l'amour de soi-même; celui qui s'aime soi-même — ne mérite pas essentiellement, mais seulement par circonstance, — le nom de brave.

Apercevant son père mort.

Oh! que ce monde infâme finisse, — et puissent avant le temps les flammes du dernier jour — confondre le ciel et la terre! — Que maintenant l'universelle trompette entonne sa fanfare — et fasse taire les chétives rumeurs — des êtres!... Étais-tu donc destiné, cher père, — à user ta jeunesse dans la paix et à revêtir — la livrée d'argent de la sage vieillesse — pour venir ainsi, à l'âge vénérable que le fauteuil réclame, — mourir dans une bataille forcenée?... Rien qu'à ce spectacle, — mon cœur s'est pétrifié; et tant qu'il sera mien, — il sera de pierre. York n'épargne pas nos vieillards; — eh bien, je n'épargnerai pas leurs enfants; les larmes virginales, — me seront, à moi, ce que la rosée est à l'incendie; — et la beauté, qui souvent fléchit le tyran, — ne sera qu'huile et que cire pour ma colère en flamme! — Désormais, je n'aurai que faire de la pitié. — Si je rencontre un enfant de la maison d'York, — je le découperai en morceaux, — farouche comme Médée dépeçant la jeune Absyrte. — C'est dans la cruauté que je chercherai ma gloire.

Chargeant le corps sur ses épaules.

— Viens, toi, nouvelle ruine de la vieille maison de Clifford! — Comme autrefois Énée porta le vieil Anchise, — ainsi je te porte sur mes mâles épaules; — Mais Énée, lui, portait une charge vivante, — bien moins lourde que mon funèbre fardeau.

Il sort.

Entrent RICHARD PLANTAGENET *et* SOMERSET; *ils se battent, et Somerset est tué.*

RICHARD.

C'est bien, étends-toi là: — en expirant ainsi au dessous de cette misérable enseigne d'auberge, — qui représente le château de Saint-Albans, Somerset — a rendu fameuse la sorcière qui avait prédit sa mort... — Épée, garde ta trempe ; cœur, conserve ta furie. — Les prêtres prient pour leurs ennemis, mais les princes les tuent.

Il sort.

Alarme. Mouvement de troupes. Entrent LE ROI HENRY, LA REINE MARGUERITE et autres, faisant retraite.

LA REINE MARGUERITE.

— Fuyez, milord ! Que vous êtes lent ! par pudeur ! fuyez.

LE ROI HENRY.

— Est-ce que nous pouvons devancer les cieux ? Bonne Marguerite, arrêtons-nous.

LA REINE MARGUERITE.

— De quoi donc êtes-vous fait ? Vous ne voulez ni combattre ni fuir. — Maintenant le courage, la sagesse, la prudence, — c'est de céder le champ à l'ennemi. Sauvons-nous — comme nous pouvons ; nous ne le pouvons qu'en fuyant.

Fanfare d'alarme au loin.

— Si vous êtes pris, nous voyons le fond — de notre destinée ; mais si nous échappons — (et nous le pouvons aisément, à moins que votre indolence ne nous empêche), — nous gagnerons Londres, où vous êtes aimé, — et où la brèche faite à notre fortune — pourra être promptement réparée.

Entre LE JEUNE CLIFFORD.

LE JEUNE CLIFFORD.

— Si mon cœur n'était résolu à de nouvelles représailles, — j'aimerais mieux blasphémer que de vous conseiller la fuite. — Mais il faut fuir ; un incurable découragement — règne dans le cœur de tous nos partisans. — Fuyez, au nom de votre salut ! et nous vivrons — pour voir le jour où nous leur rendrons coup pour coup : — en marche, milord, en marche.

Ils sortent (31).

SCÈNE XXIII.

(Une plaine près de Saint-Albans.)

Alarme. Retraite. Fanfare. Alors entrent YORK, RICHARD PLANTAGENET, WARWICK, et des soldats, tambours battants, enseignes déployées.

YORK.

— Mais Salisbury! qui peut nous donner des nouvelles — de ce lion chenu qui, dans sa furie, oublie — les contusions de l'âge et les injures du temps, — et, pareil au brave à la fleur de la jeunesse, — reprend force dans l'occasion? Cette heureuse journée — n'est plus elle-même, et nous n'y avons rien gagné, — si Salisbury est perdu.

RICHARD.

Mon noble père, trois fois je l'ai remis en selle, — trois fois je l'ai couvert de ma personne; trois fois je l'ai emmené de l'action, — en le conjurant de n'y plus prendre part, — mais toujours je l'ai retrouvé où était le danger; — telle qu'une riche tenture dans un humble logis, — telle était sa volonté dans son faible vieux corps. — Mais, le noble soldat, le voici qui vient.

Entre SALISBURY.

SALISBURY, à York.

— Ah! par mon épée, tu as bien combattu aujourd'hui; — nous tous aussi, par la messe!... Je vous rends grâces, Richard; — Dieu sait combien de temps j'ai à vivre; il a permis que trois fois aujourd'hui — je fusse sauvé par vous d'une mort imminente. — Mais, milords, ce que nous possédons ne nous appartient pas encore. — Ce n'est pas assez que nos ennemis soient cette fois mis en fuite : — de tels adversaires auront vite réparé leur échec.

YORK.

— Notre sûreté, je le sais, exige que nous les poursuivions. — Car j'apprends que le roi s'est enfui à Londres — pour y convoquer sur-le-champ le parlement. — Rejoignons-le, avant que les lettres de convocation soient parties. — Que dit lord Warwick? Irons-nous après eux?

WARWICK.

— Après eux? non! Avant eux, si nous pouvons. — Ah! ma foi, milords, voilà une glorieuse journée. — La bataille de Saint-Albans, gagnée par le fameux York, — sera immortalisée dans les âges à venir. — Sonnez, tambours et trompettes... A Londres tous! — Et puissions-nous avoir d'autres journées comme celle-ci!

Ils sortent.

FIN DE LA DEUXIÈME PARTIE DE HENRI VI.

LA TROISIÈME PARTIE

DE

HENRY VI

PERSONNAGES:

LE COMTE DE WARWICK, surnommé le Faiseur de rois.
HENRY VI, roi d'Angleterre.
ÉDOUARD, prince de Galles, son fils.
LE DUC DE SOMERSET,
LE DUC D'EXETER,
LE COMTE D'OXFORD,
LE COMTE DE NORTHUMBERLAND,
LE Cte DE WESTMORELAND,
LORD CLIFFORD,
} du parti de Lancastre.

RICHARD PLANTAGENET, duc d'York.
ÉDOUARD, Cte DE MARCH, depuis ÉDOUARD IV,
EDMOND, COMTE DE RUTLAND,
GEORGE, plus tard DUC DE CLARENCE,
RICHARD, plus tard DUC DE GLOCESTER,
} ses fils.

LE DUC DE NORFOLK,
LE MARQUIS DE MONTAGUE,
LE Cte DE PEMBROKE,
LORD HASTINGS,
LORD STAFFORD,
} du parti d'York.

SIR JOHN MORTIMER
SIR HUGH MORTIMER
} oncles du duc d'York.

LOUIS XI, roi de France.
Le jeune HENRY, comte de Richmond, depuis Henry VII.
LORD RIVERS, frère de lady Grey.
SIR WILLIAM STANLAY.
SIR JOHN MONTGOMERY.
SIR JOHN SOMERVILLE.
LE GOUVERNEUR DU COMTE DE RUTLAND.
LE MAIRE D'YORK.
LE LIEUTENANT DE LA TOUR.
UN LORD.
DEUX GARDES-CHASSE.
UN CHASSEUR.
UN FILS QUI A TUÉ SON PÈRE.
UN PÈRE QUI A TUÉ SON FILS.

LA REINE MARGUERITE, femme de Henry VI.
LADY GREY, femme d'Édouard IV, plus tard reine d'Angleterre.
BONNE, belle-sœur de Louis XI.

SOLDATS, GENS DE SUITE, MESSAGERS, GARDES, ETC.

La scène est en Angleterre et en France.

SCÈNE I.

[Londres. La salle du parlement (32).]

Tambours. Des soldats du parti d'York envahissent la salle. Alors entrent le DUC D'YORK, ÉDOUARD, RICHARD, NORFOLK, MONTAGUE, WARWICK *et autres, ayant des roses blanches à leurs chapeaux.*

WARWICK.
— Je m'étonne que le roi ait échappé de nos mains.

YORK.
— Tandis que nous poursuivions la cavalerie du Nord, — il s'est secrètement évadé, abandonnant ses hommes; — sur quoi le grand lord Northumberland, — dont l'oreille martiale n'a jamais pu se faire au son de la retraite, — a ranimé l'armée abattue; et lui-même, — lord Clifford et lord Stafford, tous trois de front, — ont chargé notre corps de bataille, et, en s'y enfonçant, — sont tombés sous les épées de nos simples soldats.

ÉDOUARD.
— Le père de lord Stafford, le duc de Buckingham, — doit être ou tué ou dangereusement blessé. — J'ai fendu son casque d'un coup d'aplomb; et pour preuve, père, regardez son sang.

Il montre son épée sanglante.

MONTAGUE, *montrant la sienne à York.*
— Et voici, frère, le sang du comte de Wiltshire — que j'ai rencontré dès le premier choc.

RICHARD, *jetant à terre la tête de Somerset.*
— Toi, parle pour moi, et dis-leur ce que j'ai fait.

YORK.
— De tous mes fils, c'est Richard qui s'est le plus dis-

tingué. — Eh quoi! Votre Grâce est morte, milord de Somerset?

NORFOLK.

— Que tel soit l'avenir de toute la descendance de Jean de Gand !

RICHARD.

— J'espère secouer ainsi la tête du roi Henry.

WARWICK.

— Et moi aussi, victorieux prince d'York, — tant que je ne t'aurai pas vu assis sur ce trône — qu'usurpe maintenant la maison de Lancastre, — je le jure, par le ciel, ces yeux ne se fermeront pas. — Voici le palais de ce roi timoré, — et voici le siége royal : prends-en possession, York ; — car il est à toi, et non aux héritiers du roi Henry.

YORK.

— Assiste-moi donc, cher Warwick, et je vais le faire ; — car c'est par la force que nous avons pénétré ici.

NORFOLK.

— Nous vous assisterons tous : celui qui fuit est mort.

YORK.

— Merci, noble Norfolk... Restez près de moi, milords; — et vous, soldats, restez, et logez près de moi cette nuit.

WARWICK.

— Et quand le roi viendra, ne lui faites aucune violence, — à moins qu'il ne tente de vous expulser par la force.

Les soldats se retirent.

YORK.

— La reine tient ici son parlement aujourd'hui ; — mais elle ne se doute guère que nous serons de son conseil : — par les paroles ou par les coups, nous reconquerrons ici nos droits.

RICHARD.

— Armés comme nous sommes, restons dans ce palais.

SCÈNE I.

WARWICK.

— Ce parlement s'appellera le parlement de sang, — à moins que Plantagenet, duc d'York, ne soit fait roi, — et que Henry ne soit déposé, ce peureux Henry dont la couardise — a fait de nous la risée de nos ennemis.

YORK.

— Donc ne me quittez pas, milords; soyez résolus; — j'entends prendre possession de mes droits.

WARWICK.

— Ni le roi, ni son plus dévoué partisan, — le plus fier de ceux qui tiennent pour Lancastre, — n'osera remuer l'aile, si Warwick agite ses grelots. — Je vais planter Plantagenet : le déracine qui l'ose ! — De la résolution, Richard ; réclame la couronne d'Angleterre.

Warwick conduit au trône York qui s'y assied. Fanfares. Entrent le roi HENRY, CLIFFORD, NORTHUMBERLAND, WESTMORELAND, EXETER *et autres, ayant des roses rouges à leurs chapeaux.*

LE ROI HENRY.

— Milords, voyez où s'assied l'effronté rebelle ! — sur le trône même de l'État ! apparemment — qu'appuyé par les forces de Warwick, ce gair félon, — il prétend atteindre à la couronne et régner comme roi !... — Comte de Northumberland, il a tué ton père, — et le tien, lord Clifford, et tous deux vous avez juré de vous en venger — sur lui, sur ses fils, ses favoris et ses amis.

NORTHUMBERLAND.

— Si je ne le châtie pas, cieux, châtiez-moi.

CLIFFORD.

— C'est dans l'espoir de la vengeance que Clifford porte le deuil en acier.

WESTMORELAND, *montrant York.*

— Quoi ! nous souffrirons ceci ! Jetons-le à bas. — Mon cœur brûle de colère; je ne puis y tenir.

LE ROI HENRI.

— De la patience, cher comte de Westmoreland.

CLIFFORD.

— La patience est bonne pour les poltrons tels que lui : — il n'oserait pas s'asseoir là, si votre père vivait. — Mon gracieux lord, permettez qu'ici même, dans le parlement, — nous attaquions la famille d'York.

NORTHUMBERLAND.

— Bien parlé, cousin ; attaquons !

LE ROI HENRY.

— Eh ! ne savez-vous pas que la Cité est en leur faveur, — et qu'ils ont des masses de soldats à leurs ordres ?

EXETER.

— Mais, quand le duc sera tué, ils s'enfuiront vite.

LE ROI HENRY.

— Loin du cœur de Henry la pensée — de faire un charnier du parlement ! — Cousin d'Exeter, les regards et les paroles sévères, le menaces — sont les seules armes que Henry veuille employer.

Il s'avance vers le duc.

— Factieux duc d'York, descends de mon trône, — et tombe à mes pieds pour implorer grâce et merci : — je suis ton souverain.

YORK.

Je suis le tien.

EXETER.

— Par pudeur, descends; c'est lui qui t'a fait duc d'York.

YORK.

— Ce duché était mon patrimoine, comme le comté de March.

EXETER.

— Ton père fut traître à la couronne.

WARWICK.

— Exeter, c'est toi qui es traître à la couronne — en soutenant cet usurpateur Henry.

CLIFFORD.

— Ne faut-il pas qu'il soutienne son roi légitime?

WARWICK.

— En effet, Clifford; et c'est Richard, duc d'York.

LE ROI HENNY, à York.

— Et je resterai debout, quand tu es assis sur mon trône!

YORK.

— Cela doit être; il le faut; résigne-toi.

WARWICK, à Henry.

— Sois duc de Lancastre, et, lui, qu'il soit roi.

WESTMORELAND.

— Henry est à la fois duc de Lancastre et roi, — et cela, lord Westmoreland le maintiendra.

WARWICK.

— Et Warwick le contestera. Vous oubliez — que c'est nous qui vous avons chassé de la plaine, qui avons tué vos pères et qui, enseignes déployées, — avons marché à travers la Cité pour pénétrer dans ce palais.

NORTHUMBERLAND.

— Si fait, Warwick, je me rappelle cela à ma grande douleur; — et, par l'âme de mon père, toi et ta maison, vous en pâtirez.

WESTMORELAND.

— A toi, Plantagenet, à tes fils que voici, — à tes parents, à tes amis, j'arracherai plus d'existences — qu'il n'y avait de gouttes de sang dans les veines de mon père.

CLIFFORD.

— N'insiste plus, Warwick, de peur qu'au lieu de paroles, — je ne t'adresse un messsger — qui venge la mort de mon père, avant que je sorte d'ici.

WARWICK.

— Ce pauvre Clifford! que je méprise ses misérables menaces!

YORK.

— Voulez-vous que nous démontrions nos titres à la couronne? — Sinon, nos épées les revendiqueront sur le champ de bataille.

LE ROI HENRY.

— Traître, quels titres as-tu à la couronne? — Ton père était, comme toi, duc d'York (33); — ton aïeul était Roger Mortimer, comte de March. — Moi, je suis le fils de Henry V — qui subjugua le dauphin et les Français, — et conquit leurs villes et leurs provinces.

WARWICK.

— Ne parle pas de la France, puisque tu l'as perdue tout entière.

LE ROI HENRY.

— C'est le lord protecteur qui l'a perdue, et non moi. — Quand je fus couronné, je n'avis que neuf mois.

RICHARD.

— Vous êtes assez âgé maintenant, et pourtant il me semble que vous perdez toujours. — Mon père, arrachez la couronne de la tête de l'usurpateur.

ÉDOUARD, à York.

— Faites, cher père, mettez-la sur votre tête.

MONTAGUE, à York.

— Mon bon frère, si tu aimes et honores les armes, — vidons la querelle par le combat, et ne restons pas à ergoter ainsi.

RICHARD.

— Que tambours et trompettes sonnent, et le roi va fuir.

YORK.

Silence, mes fils!

LE ROI HENRY.

— Silence toi-même! Et laisse parler le roi Henry.

WARWICK.

— Plantagenet parlera le premier... Écoutez-le, milords, — et soyez silencieux et attentifs, — car celui qui l'interrompt cesse de vivre.

LE ROI HENRI.

— Crois tu donc que je consente à quitter mon trône royal, — où se sont assis mon aïeul et mon père? — Non; auparavant la guerre aura dépeuplé mon royaume, — et leur étendard, qui si longtemps fut arboré en France, — et qui, à ma grande douleur, ne l'est plus maintenant qu'en Angleterre, — m'aura servi de linceul. Pourquoi hésitez-vous, milords? — Mes titres sont bons, bien meilleurs que les siens.

WARWICK.

— Prouve-le, Henry, et tu seras roi.

LE ROI HENRY.

— Henry IV a conquis la couronne.

YORK.

— Par une rébellion contre son roi.

LE ROI HENRY.

— Je ne sais que dire; mes titres sont faibles. — Dites-moi, le roi peut-il adopter un héritier?

WARWICK.

Eh bien, après?

LE ROI HENRY.

— S'il le peut, alors je suis roi légitime; — car Richard, en présence d'un grand nombre de lords, — résigna la couronne à Henry IV, — dont mon père fut l'héritier comme je suis l'héritier de mon père.

YORK.

— Il se révolta contre Richard son souverain, — et l'obligea par force à résigner la couronne.

WARWICK.

— Et en supposant, milords, que Richard eût agi de son plein gré, — croyez-vous qu'il eût pu porter atteinte au droit de la couronne?

EXETER.

— Non; car, dès qu'il résignait la couronne, — le plus proche héritier devait lui succéder et régner.

LE ROI HENRY.

— Es-tu donc contre nous, duc d'Exeter?

EXETER, montrant York.

— Le droit est pour lui; veuillez donc me pardonner.

YORK.

— Pourquoi murmurez-vous, milords, et ne parlez-vous pas?

EXETER, montrant York.

— Ma conscience me dit qu'il est le roi légitime.

LE ROI HENRY.

— Tous vont me déserter et passer à lui.

NORTHUMBERLAND.

— Plantagenet, malgré toutes tes prétentions, — ne crois pas que Henry sera ainsi déposé.

WARWICK.

— Déposé! il le sera en dépit de tous.

NORTHUMBERLAND.

— Tu te leurres; ce ne sont pas tes milices du Midi, — d'Essex, de Norfolk, de Suffolk ni de Kent, — si présomptueux et si fier qu'elles te rendent, — qui pourraient élever le duc au trône, en dépit de moi.

CLIFFORD.

— Roi Henry, que ton titre soit bon ou mauvais, — lord Clifford jure de combattre pour ta défense. — Puisse le sol s'entr'ouvrir et m'engloutir vivant — là où je m'agenouillerai devant le meurtrier de mon père!

LE ROI HENRY.

— O Cliffort ! que tes paroles raniment mon cœur !

YORK.

— Henry de Lancastre, résigne ta couronne. — Que murmurez-vous, que complotez-vous là, milords ?

WARWICK, à Henry.

— Faites droit au princier duc d'York, — ou je vais remplir cette salle d'hommes armés, — et, sur le trône même où il est assis en ce moment, — inscrire son titre avec le sang de l'usurpateur.

Il frappe du pied, et les soldats se montrent.

LE ROI HENRY.

— Milord de Warwick, un mot seulement ! — Laissez-moi régner, comme roi, ma vie durant.

YORK.

— Assure-moi la couronne, à moi et à mes héritiers, — et tu régneras en paix tant que tu vivras.

LE ROI HENRY.

— J'y consens. Richard Plantagenet, — jouis du trône après ma mort.

CLIFFORD.

— Quelle injure pour le prince votre fils !

WARWICK.

— Quel bonheur pour l'Angleterre et pour lui-même !

WESTMORELAND.

— Vil, peureux et désespérant Henry !

CLIFFORD.

— Quel tort tu fais à toi-même et à nous !

WESTMORELAND.

Je ne puis rester à entendre ces conditions.

HORTHUMBERLAND.

Ni moi.

CLIFFORD.

— Venez, cousin, allons porter cette nouvelle à la reine.

WESTMOLELAND.

— Adieu, roi pusillanime et dégénéré, — dont le sang glacé ne recèle pas même une étincelle d'honneur !

NORTHUMBERLAND.

— Sois donc la proie de la maison d'York, — et meurs dans les chaînes pour cet acte de lâcheté !

CLIFFORD.

— Puisses-tu succomber dans une guerre terrible, — ou vivre en paix abandonné et méprisé !

Sortent Northumberland, Clifford et Westmoreland.

WARWICK.

— Tourne-toi de notre côté, Henry, et ne te soucie pas d'eux.

EXETER.

— Ils ne cherchent que la vengeance ; voilà pourquoi ils ne veulent pas céder.

LE ROI HENRY.

— Ah ! Exeter !

WARWICK.

Pourquoi ce soupir, milord ?

LE ROI HENRY.

— Il n'est pas pour moi, lord Warwick, mais pour mon fils, — qu'en père dénaturé je vais déshériter. — Mais advienne que pourra !...

Au duc d'York.

Je lègue ici — la couronne pour toujours à toi et à tes héritiers, — à condition que tu jureras ici — de mettre fin à la guerre civile et, tant que je vivrai, — de m'honorer comme ton roi et souverain, — et de ne jamais chercher, par trahison ou par hostilité, — à me renverser pour régner toi-même.

YORK, *descendant du trône.*

— Je fais volontiers ce serment, et je le tiendrai.

WARWICK.

— Vive le roi Henry ! Plantagenet, embrasse-le.

LE ROI, embrassant York.

— Puissiez-vous vivre longtemps, toi et tes fils précoces !

YORK.

— Maintenant York et Lancastre sont réconciliés.

EXETER.

— Maudit soit celui qui chercherait à les rendre ennemis !

Symphonie. Les lords s'avancent.

YORK.

— Adieu, mon gracieux lord, je pars pour mon château.

WARWICK.

— Et moi, je vais occuper Londres avec mes soldats.

NORFOLK.

— Et moi, je vais à Norfolk avec mes gens.

MONTAGUE.

— Et moi, je retourne à la mer d'où je suis venu.

Sortent York et ses fils, Warwick, Norfolk. Montague, les soldats et la suite.

LE ROI HENRY.

— Et moi, le chagrin et la douleur au cœur, je retourne à la cour.

Entrent la reine MARGUERITE et le PRINCE DE GALLES.

EXETER.

— Voici la reine qui vient ; son visage trahit la colère ; — je me dérobe.

LE ROI HENRY.

Et moi aussi, Exeter.

LA REINE MARGUERITE.

— Non, ne t'éloigne pas de moi ; je te suivrai.

LE ROI HENRY.

— Soyez calme, chère reine, je vais rester.

LA REINE MARGUERITE.

— Qui pourrait être calme en de telles extrémités ? —

Ah! misérable homme! Je voudrais être morte fille, — et ne t'avoir jamais vu, ne t'avoir jamais donné de fils, — quand je vois en toi un père si dénaturé! — A-t-il mérité de perdre ainsi son patrimoine? — Si tu l'avais aimé la moitié seulement autant que je l'aime, — s'il t'avait coûté les mêmes peines qu'à moi, — si tu l'avais nourri, comme moi, avec ton sang, — tu aurais versé ici le sang le plus pur de ton cœur; — avant de faire ton héritier de ce duc sauvage — et de déshériter ton fils unique.

LE PRINCE.

— Mon père, vous ne pouvez pas me déshériter. — Si vous êtes roi, pourquoi ne vous succéderais-je pas?

LE ROI HENRY.

— Pardon, Marguerite; pardon, cher fils; — le comte de Warwick et le duc m'ont forcé.

LA REINE MARGUERITE.

— T'ont forcé! Es-tu roi pour être ainsi forcé? — Je rougis de t'entendre. Ah! misérable timoré! — Tu nous as tous perdus, toi, ton fils et moi. — Tu as donné un tel pouvoir à la maison d'York — que tu ne régneras plus que par sa tolérance. — En léguant la couronne à lui et à ses héritiers, — tu creuses ton sépulcre — pour y descendre bien avant ton heure. — Warwick est chancelier et lord de Calais, — le farouche Fauconbridge commande le détroit, — le duc est fait protecteur du royaume, — et tu crois être en sûreté! Oui, en sûreté, — comme l'agneau tremblant qu'environnent les loups. — Si j'avais été là, moi qui ne suis qu'une faible femme, — les soldats m'auraient fait sauter sur leurs piques — avant que j'eusse consenti à un pareil acte. — Mais tu préfères ta vie à ton honneur. — Cela étant, Henry, je répudie moi-même — ta table et ton lit — jusqu'à ce que j'aie vu révoquer l'acte du parlement — qui déshérite mon fils. — Les lords du Nord, qui ont abjuré tes drapeaux, — suivront les miens, dès qu'ils les verront déployés, — et ils vont l'être à ta grande honte — et pour la ruine complète de la maison d'York. — Sur ce, je te quitte... Allons, mon fils, partons ; — notre armée est prête ; allons la rejoindre.

LE ROI HENRY.

— Arrête, gente Marguerite, et écoute-moi parler.

LA REINE MARGUERITE.

— Tu n'as déjà que trop parlé : va-t'en.

LE ROI HENRY.

— Mon gentil fils Édouard, toi, tu resteras avec moi?

LA REINE MARGUERITE

— Oui, pour être assassiné par ses ennemis !

LE PRINCE.

— Quand je reviendrai victorieux du champ de bataille, — je verrai Votre Grâce ; jusque-là je suivrai ma mère.

LA REINE MARGUERITE.

— Allons, mon fils, en route ! nous ne devons pas nous attarder ainsi.

Sortent la reine Marguerite et le prince.

LE ROI HENRY.

— Pauvre reine ! comme son amour pour moi et pour mon fils — l'a fait éclater en paroles furieuses ! — Puisse-t-elle être vengée de ce duc odieux — dont l'orgueil hautain sur les ailes de l'ambition — tourne autour de ma couronne, prêt, comme l'aigle affamé, — à se repaître de ma chair et de celle de mon fils. — La défection de ces trois lords tourmente mon cœur ; — je vais leur écrire et les adjurer amicalement. — Venez, cousin, vous serez le messager.

EXETER.

Et moi, j'espère les réconcilier tous avec vous.

Ils sortent.

SCÈNE II.

[Le château de Sandal, près de Wakefield, dans le comté d'York.]

Entrent ÉDOUARD, RICHARD et MONTAGUE.

RICHARD.

— Frère, quoique je sois le plus jeune, laisse-moi parler.

ÉDOUARD.

— Non je saurai mieux que toi faire l'orateur.

MONTAGUE.

— Mais j'ai des raisons fortes et irréfragables.

Entre YORK.

YORK.

— Eh bien, qu'est-ce à dire? mes fils et mon frère en dispute! — Quelle est votre querelle? Comment a-t-elle commencé?

ÉDOUARD.

— Ce n'est pas une querelle, c'est un léger débat.

YORK.

Sur quoi?

RICHARD.

— Sur une chose qui intéresse Votre Grâce et nous : — la couronne d'Angleterre, mon père, qui vous appartient.

YORK.

— A moi, mon enfant? Non, pas avant que le roi Henry soit mort.

RICHARD.

— Votre droit ne dépend pas de sa vie ni de sa mort.

ÉDOUARD.

— Vous êtes héritier, jouissez donc de votre héritage.
— Si vous laissez à la maison de Lancastre le temps de respirer, — elle finira, père, par vous devancer.

YORK.

— J'ai fait serment de le laisser régner en repos.

ÉDOUARD.

— Mais on peut rompre un serment pour un royaume.
— J'en romprais mille, moi, pour régner un an.

RICHARD.

— Non, à Dieu ne plaise que Votre Grâce se parjure !

YORK.

— Je me parjurerai, si je fais appel aux armes.

RICHARD.

— Je vous prouverai que non, si vous voulez m'écouter.

YORK.

— Tu ne le prouveras pas, mon fils ; c'est impossible.

RICHARD.

— Un serment n'a de valeur que quand il est prêté — devant un véritable et légitime magistrat — ayant autorité sur celui qui jure. — Henry n'en avait aucune sur vous, ayant occupé votre place ; — donc, puisque c'est lui qui a requis de vous l'engagement, — votre serment, milord, est vain et futile (34). — Ainsi, aux armes. Et puis, mon père, songez seulement — quelle douce chose c'est de porter une couronne ! — Dans son cercle est un Élysée — avec toutes les délices et les joies rêvées par les poëtes ! — Pourquoi tardons-nous ainsi ? Je n'aurai pas de repos, — que la rose blanche que je porte ne soit teinte — dans le sang tiède du cœur de Henry.

YORK.

— Richard, il suffit. Je veux être roi ou mourir... — Frère, tu vas partir pour Londres immédiatement, — et stimuler Warwick à cette entreprise. — Toi, Richard, tu iras trouver le duc de Norfolk, — et tu lui diras secrètement nos intentions... — Vous, Édouard, vous irez trouver lord Cobham ; — avec lui, les hommes de Kent se soulèveront volontiers ; — j'ai confiance en eux, car ce sont des soldats — intelligents, courtois, généreux, pleins d'ardeur...

— Pendant que vous serez ainsi occupés, il ne me restera plus — qu'à chercher l'occasion d'un soulèvement, — sans que mes menées soient connues du roi — ni d'aucun membre de la maison de Lancastre.

Entre UN MESSAGER.

— Mais arrêtez!... Quelles nouvelles? Pourquoi viens-tu si précipitamment?

LE MESSAGER.

— La reine, avec tous les comtes et les lords du Nord, — se prépare à vous assiéger ici dans votre château. — Elle approche avec vingt mille hommes ; — ainsi fortifiez votre position, milord.

YORK.

— Oui, avec mon épée... Çà, crois-tu que nous les craignions? — Édouard et Richard, vous resterez avec moi. — Mon frère Montague courra jusqu'à Londres : — que le noble Warwick, Cobham et les autres, — que nous avons laissés comme protecteurs près du roi, — se consolident par une puissante politique, — et ne se fient pas au simple Henry ni à ses serments!

MONTAGUE.

— Frère, je pars; je les déciderai, ne craignez rien; — et sur ce je prends très-humblement congé de vous.

Il sort.

Entrent sir JOHN et sir HUGH MORTIMER.

YORK.

— Sir John et sir Hugh Mortimer, mes oncles! — Vous arrivez à Sandal au bon moment : — l'armée de la reine se prépare à nous assiéger.

SIR JOHN.

— Elle n'en aura pas besoin ; nous irons à sa rencontre dans la plaine.

YORK.

— Quoi ! avec cinq mille hommes !

RICHARD.

Oui, et avec cinq cents, père, s'il le faut, — Leur général est une femme : qu'avons-nous à craindre ?

Marche militaire au loin.

ÉDOUARD.

— J'entends leurs tambours ; rangeons nos hommes, — sortons et livrons-leur immédiatement bataille.

YORK.

— Cinq contre vingt ! si grande que soit cette disproportion ; — je ne doute pas, mon oncle, de notre victoire. — J'ai gagné en France plus d'une bataille — où les ennemis étaient dix contre un. — Pourquoi n'aurais-je pas aujourd'hui le même succès ?

Alarme. Ils sortent.

SCÈNE III.

[Une plaine près du château de Sandal (35).]

Alarme. Mouvements de troupes. Entrent RUTLAND et SON GOUVERNEUR.

RUTLAND.

— Ah ! où fuir pour échapper de leurs mains ? — Ah ! mon gouverneur ! voyez, voilà le sanguinaire Clifford.

Entrent CLIFFORD et des soldats.

CLIFFORD.

— Chapelain, va-t'en ! ta prêtrise sauve ta vie. — Quant au marmot de ce duc maudit, — son père a tué mon père : il mourra.

LE GOUVERNEUR.

— Et moi, milord, je lui tiendrai compagnie.

CLIFFORD, montrant le gouverneur.

— Soldats, emmenez-le.

LE GOUVERNEUR.

— Ah! Clifford! ne tuez pas cet enfant innocent, — de peur d'être haï de Dieu et de l'humanité.

Il sort traîné par des soldats.

CLIFFORD, regardant Rutland.

— Et quoi! est-il déjà mort? ou est-ce la peur — qui lui fait fermer les yeux?... Je vais les lui ouvrir.

RUTLAND.

— Ainsi le lion affamé regarde l'être misérable — qui tremble sous sa griffe vorace; — et ainsi il vient insulter à sa proie; — et ainsi il s'avance pour la mettre en lambeaux. — Ah! bon Clifford, tue-moi avec ton épée, — et non d'un regard si cruellement menaçant. — Doux Clifford, écoute-moi avant que je meure. — Je suis pour ta fureur un sujet trop chétif; — venge-toi sur des hommes, et laisse-moi vivre.

CLIFFORD.

— C'est en vain que tu parles, pauvre enfant; le sang de mon père — a fermé l'issue où devraient pénétrer tes paroles.

RUTLAND.

— Eh bien! que le sang de mon père la rouvre: — c'est un homme, lui; Clifford, mesure-toi avec lui.

CLIFFORD.

— Eussé-je ici tes frères, leurs vies et la tienne — ne suffiraient pas à ma vengeance; — non, quand j'aurais fouillé les tombeaux de tes ancêtres — et pendu à des chaînes leurs cadavres pourris, — mon courroux ne serait pas éteint, ni mon cœur soulagé. — La vue de quelqu'un de la maison d'York — est une furie qui tourmente mon âme. — Et jusqu'à ce que j'aie extirpé cette race maudite, — sans en laisser un seul vivant, je vis en enfer. — Donc...

Il lève le bras.

RUTLAND.

— Oh! laisse-moi prier avant de recevoir la mort. —

C'est toi que je prie : doux Clifford, aie pitié de moi!
CLIFFORD.
— Toute la pitié qu'il y a dans la pointe de mon épée.
RUTLAND.
— Je ne t'ai jamais fait de mal : pourquoi veux-tu me tuer?
CLIFFORD.
— Ton père m'en a fait.
RUTLAND.
Mais c'était avant que je fusse né. — Tu as un fils ; au nom de ce fils, aie pitié de moi, — de peur qu'en expiation, comme Dieu est juste, — il ne soit assassiné aussi misérablement que moi. — Ah! laisse-moi vivre en prison tous mes jours ; — et si je te donne aucun sujet de colère, — alors fais-moi mourir ; car maintenant tu n'as aucun motif.
CLIFFORD.
Aucun motif ! — Ton père a tué mon père : donc meurs.
Il poignarde Rutland.
RUTLAND.
Dii faciant, laudis summa sit ista tuæ !
Il meurt.
CLIFFORD.
— Plantagenet! j'arrive, Plantagenet ! — Le sang de ton fils figé sur mon épée — en rouillera la lame jusqu'à ce que ton sang — s'y coagule avec lui et que je les essuie tous deux.
Il sort.

SCÈNE IV.

[Même lieu.]

Alarme. Entre York.

YORK.

— L'armée de la reine est maîtresse du champ de bataille ; — mes deux oncles ont été tués en venant à ma rescousse, — et tous mes partisans tournent le dos — à l'ennemi acharné, et fuient, comme des vaisseaux devant le vent, — ou comme des agneaux poursuivis par des loups affamés. — Mes fils... Dieu sait ce qu'ils sont devenus ; — mais ce que je sais, c'est que, vivants ou morts, — ils se sont comportés en hommes nés pour la gloire. — Trois fois Richard s'est frayé passage jusqu'à moi, — et trois fois il s'est écrié : *Courage, père ! tenez jusqu'au bout !* — Trois fois Édouard est venu à mon côté, — avec une épée pourpre, teinte jusqu'à la garde — du sang de ceux qui l'avaient affrontée ; — et quand les plus hardis guerriers se retiraient, — Richard criait : *A la charge ! ne cédez pas un pouce de terrain !* — Et il criait encore : *Une couronne ou un glorieux tombeau ! — Un sceptre ou une fosse en terre !* — Sur ce, nous avons chargé encore une fois, mais une fois encore, hélas ! — nous avons échoué ; ainsi j'ai vu un cygne — s'évertuer vainement à nager contre le courant, — et user ses forces contre les flots irrésistibles.

Courte fanfare d'alarme.

— Ah ! écoutons ! le persécuteur fatal nous poursuit ; — et je suis trop défaillant pour pouvoir fuir sa furie ; — d'ailleurs, eussé-je toutes mes forces, je ne l'éviterais pas. — Les grains de sable qui mesurent ma vie sont comptés. — Ici je dois demeurer, et ici ma vie doit finir.

Entrent la REINE MARGUERITE, CLIFFORD, NORTHUMBERLAND
et des soldats.

— Venez, sanguinaire Clifford, farouche Northumberland ; — je défie votre inépuisable fureur à un surcroît de frénésie ; — je suis votre cible, et j'attends vos coups.

NORTHUMBERLAND.
— Rends-toi à notre merci, fier Plantagenet.

CLIFFORD.
— Oui, à cette même merci que son bras implacable —

montra pour mon père, quand il lui régla son compte. — Donc, Phaéton est tombé de son char, — et a fait la nuit sur le coup de midi.

YORK.

— Mes cendres, comme celles du phénix, peuvent produire — un oiseau qui me vengera de vous tous : — dans cet espoir, je jette les yeux vers le ciel, — en me moquant de tout ce que vous pouvez m'infliger. — Pourquoi n'avancez-vous pas ? Quoi ! être une multitude et avoir peur !

CLIFFOPD.

— Ainsi combattent les couards, quand ils ne peuvent plus fuir ; — ainsi les colombes mordent les serres déchirantes du faucon ; — ainsi les voleurs condamnés, désespérant de vivre, — exhalent l'invective contre les recors.

YORK.

— Oh ! Clifford, recueille-toi un moment, — et rappelle à ton souvenir mon passé ; — puis, si tu le peux sans rougir, regarde-moi en face, — et mords ta langue qui accuse de lâcheté l'homme — dont un regard menaçant te faisait défaillir et fuir.

CLIFFORD.

— Je ne veux pas faire assaut de paroles avec toi ; — je veux lutter corps à corps et rendre quatre coups pour un.

Il dégaine.

LA REINE MARGUERITE.

— Arrête, vaillant Clifford ! pour mille raisons, — je désire prolonger un peu la vie du traître. — La fureur le rend sourd ; parle-lui, Northumberland.

NORTHUMBERLAND.

— Arrête, Clifford ; ne lui fais pas l'honneur — de te piquer le doigt même pour lui percer le cœur. — Quand un chien montre les dents, quelle valeur y a-t-il — à lui fourrer la main dans la mâchoire, — alors qu'on peut le chasser du pied ? — C'est le droit de la guerre de prendre tous ses avantages ; — et, pour être dix contre un, on ne ternit pas sa valeur.

Ils empoignent York, qui se débat.

CLIFFORD.

— Oui, oui, ainsi le coq de bruyère se débat dans le trébuchet.

NORTHUMBERLAND.

— Ainsi le lapin se démène dans le filet.

York est fait prisonnier.

YORK.

— Ainsi les voleurs triomphent du butin conquis ; — ainsi l'honnête homme succombe, accablé par les brigands.

NORTHUMBERLAND, à la reine.

— Maintenant qu'est-ce que Votre Grâce veut faire de lui ?

LA REINE MARGUERITE.

— Braves guerriers, Clifford et Northumberland, — faites-le tenir debout sur ce tertre, — lui qui allongeait les bras pour embrasser les montagnes, — mais qui n'en a étreint que l'ombre dans sa main ! — Quoi ! c'était vous qui vouliez être roi d'Angleterre ! — C'était vous qui vous prélassiez dans notre parlement, — en prêchant sur votre haute naissance ! — Où donc est votre racaille de fils pour vous prêter main-forte ? — Où est le libertin Édouard, et le gros Georges ? — Où est ce vaillant, ce bossu prodige, — votre petit Dicky qui, de sa voix grommelante, — avait coutume d'exciter son papa à l'émeute ? — Où est donc également votre Rutland chéri ? — Tiens, York, j'ai trempé ce mouchoir dans le sang — qu'avec la pointe de sa rapière le vaillant Clifford — a fait jaillir du sein de l'enfant ; — et, si tes yeux peuvent pleurer sur sa mort, — je te donne ceci pour essuyer tes joues. — Hélas, pauvre York ! si je ne te haïssais mortellement, — je m'apitoierais sur ton misérable état ! —

Je t'en prie, désole-toi pour m'égayer, York : — trépigne, rage, écume, que je puisse chanter et danser ! — Quoi ! les ardeurs de ton cœur ont-elles à ce point desséché tes entrailles — que tu ne puisses verser une larme sur la mort de Rutland ! — Pourquoi tant de patience, l'homme ? Tu devrais être furieux ; — et c'est pour te rendre furieux que je me moque ainsi de toi. — Je le vois, pour m'amuser, tu veux un salaire. — York ne saurait parler, sans porter une couronne. — Une couronne pour York !... Et vous, milords, inclinez-vous bien bas devant lui !... — Tenez-lui les mains, pendant que je vais le couronner.

Elle lui met sur la tête une couronne de papier.

— Eh ! ma foi, messieurs, il a l'air d'un roi maintenant ! — Oui-dà, voilà celui qui occupait le trône du roi Henry, — voilà celui qui était son héritier d'adoption... — Mais comment se fait-il que le grand Plantagenet — soit couronné si tôt et viole son serment solennel ? — Si je ne me trompe, vous ne deviez être roi — que quand Henry aurait donné la main à la mort. — Et vous ceignez ainsi votre tête de l'auréole de Henry, — et vous frustrez son front du diadème, — lui vivant, au mépris de votre serment sacré ! — Oh ! c'est un crime trop, bien trop impardonnable ! — A bas cette couronne ! et, avec cette couronne, à bas cette tête ! — Que le temps qui nous suffit à respirer suffise à le mettre à mort !

CLIFFORD.

— Je réclame cet office, en souvenir de mon père.

LA REINE MARGUERITE.

— Non, arrêtez !... Écoutons-le faire ses oraisons.

YORK.

— Louve de France, pire même que les loups de France, — toi dont la langue est plus venimeuse que la dent de la vipère, — qu'il sied mal à ton sexe — de triompher, amazone infâme, — du malheur de ceux que la fortune tient captifs ! — Si ta face n'était pas impassible comme un masque, — si elle n'était pas faite à l'impudeur par l'habitude des actions mauvaises, — j'essaierais, reine altière, de te faire rougir. — Te dire d'où tu viens, de qui tu descends, — ce serait assez pour te faire honte, si tu n'étais pas éhontée. — Ton père porte le titre de roi de Naples, — des Deux-Siciles et de Jérusalem ; — pourtant il est moins riche qu'un fermier anglais. — Est-ce ce pauvre monarque qui t'a appris l'insolence ? — C'est chose inutile et superflue, reine altière — à moins que tu ne veuilles justifier l'adage : — Gueux en selle galope à crever sa monture ! — C'est la beauté souvent qui rend les femmes altières ; — mais Dieu sait combien la tienne est mince. — C'est par la vertu surtout que les femmes causent l'admiration ; — c'est par le contraire que tu causes la stupeur. — C'est la pudeur qui les fait paraître divines ; — c'est l'impudeur qui te fait abominable. — Tu es l'opposé de tout bien, — comme l'antipode l'est de nous, — comme le sud l'est du septentrion ! — O cœur de tigre caché sous la peau d'une femme ! — Comment, après avoir versé le sang de l'enfant, — et dit au père de s'en essuyer les yeux, — peux-tu encore avoir un visage de femme ? — Les femmes sont tendres, douces, pitoyables, sensibles ; — toi, tu es de pierre, tu es rude, endurcie, âpre, implacable. — Tu me sommais d'entrer en fureur ? Eh bien, ton désir est exaucé. — Tu voulais me voir pleurer ? Eh bien, ta volonté est satisfaite. — Car le vent furieux chasse l'ondée incessante ; — et, dès que sa fureur s'apaise, la pluie commence. — Ces larmes sont les obsèques de mon doux Rutland ; — et chacune d'elles crie vengeance contre ses meurtriers, — contre toi, féroce Clifford, et toi, perfide Française.

NORTHUMBERLAND.

— Fi ? son affliction m'émeut au point — que je puis à peine retenir les larmes de mes yeux.

YORK.

— Son visage, à lui, les cannibales affamés — ne l'auraient pas touché, ne l'auraient pas ensanglanté ; — mais vous êtes plus inhumains, plus inexorables, — oh ! dix fois plus !... que les tigres d'Hyrcanie. — Vois, reine insensible, les larmes d'un père désolé. — Ce linge, tu l'as trempé dans le sang de mon doux enfant, — mais, moi, j'en lave le sang avec mes larmes. — Reprends ce mouchoir, et va te vanter de ceci.

Il lui rend le mouchoir.

— Et, si tu racontes exactement la lamentable histoire, — sur mon âme, les auditeurs verseront des larmes. — Oui, mes ennemis même verseront des larmes à flot, — et diront : Hélas ! ce fut une pitoyable action ! — Tiens, prends cette couronne, et, avec cette couronne, ma malédiction ! — Et puisses-tu, dans ta détresse, trouver la consolation — que je recueille maintenant de ta trop cruelle main ! — Implacable Clifford, enlève-moi de ce monde. — Mon âme au ciel, mon sang sur vos têtes !

NORTHUMBERLAND.

— Eût-il massacré toute ma famille, — je ne pourrais pas m'empêcher de pleurer avec lui, — en voyant quelle douleur poignante étreint son âme.

LA REINE MARGUERITE.

— Quoi ! vous en êtes à larmoyer, milord Northumberland ? — Songez seulement au mal qu'il nous a fait, — et cela aura bientôt séché vos pleurs.

CLIFFORD.

— Voilà pour mon serment, voilà pour la mort de mon père.

Il poignarde York.

LA REINE MARGUERITE.

— Et voici pour venger notre excellent roi.

Elle le poignarde.

YORK.

— Ouvre les portes de ta miséricorde, Dieu de grâce !

— Mon âme s'envole par ces blessures à ta recherche.

Il meurt (36).

LA REINE MARGUERITE.

— Tranchez-lui la tête, et placez-la sur les portes d'York, — en sorte qu'York domine la ville d'York.

Ils sortent.

SCÈNE V.

[Une plaine près de la Croix de Mortimer, dans le comté d'Hereford.]

Tambours. Entrent ÉDOUARD et RICHARD avec leurs troupes. Marche militaire.

ÉDOUARD.

— Je me demande comment notre auguste père s'est échappé : — a-t-il pu, ou non, échapper — à la poursuite de Clifford et de Northumberland? — S'il avait été pris, nous en aurions ouï la nouvelle. — S'il avait été tué, nous en aurions ouï la nouvelle. — Mais s'il avait échappé, il me semble que nous aurions reçu — l'heureux avis de sa bonne délivrance... — Comment se trouve mon frère? pourquoi est-il si triste?

RICHARD.

— Je n'aurai pas de joie que je ne sache — ce qu'est devenu notre très-vaillant père. — Je l'ai vu parcourir en tous sens le champ de bataille; — j'ai remarqué comme il s'acharnait sur Clifford. — Il se démenait au plus épais de la mêlée, — comme un lion au milieu d'un troupeau de bœufs, — ou comme un ours traqué par des chiens : — dès que l'ours en a mordu et fait hurler quelques-uns, — les autres se tiennent à distance en aboyant contre lui; — ainsi notre père faisait avec ses ennemis; — ainsi ses ennemis fuyaient notre martial père. — C'est un assez grand honneur, il me semble, d'être son fils... — Voyez, comme l'aube ouvre ses portes d'or — et fait ses adieux au resplendissant soleil! — Et lui, comme il ressemble à un jouvenceau — dans tout l'éclat de la jeunesse, étalant sa parure devant sa bien-aimée!

ÉDOUARD.

— Mes yeux ont-ils un éblouissement, ou vois-je en effet trois soleils (37) ?

RICHARD.

— Trois splendides soleils, chacun parfaitement distinct, — non pas séparés par des nuées tumultueuses, — mais espacés sur un ciel pâle et clair. — Voyez, voyez, ils se joignent, se serrent et semblent se baiser, — comme s'ils juraient une ligue inviolable. — Maintenant ils ne forment plus qu'une lampe, qu'une lumière, qu'un soleil. — En ceci le ciel figure quelque événement.

ÉDOUARD.

— C'est prodigieusement étrange et tout à fait inouï. — Je crois, frère, que le ciel nous appelle ainsi à une nouvelle campagne : — il veut que nous, les fils du brave Plantagenet, — déjà brillants par nos mérites distincts, — nous confondions ensemble nos lumières — pour resplendir sur la terre, comme ce soleil sur le monde. — Quel que soit ce présage, je veux désormais porter — sur mon écu trois soleils éclatants.

RICHARD.

— Non, portez plutôt trois lunes ; permettez-moi de vous le dire, — vous aimez mieux les femelles que les mâles.

Entre un MESSAGER.

— Mais qui es-tu, toi dont l'air accablé annonce — quelque terrible histoire suspendue à tes lèvres?

LE MESSAGER.

— Ah! je suis un homme qui vient de voir une chose lamentable : — j'ai vu tuer le noble duc d'York, — votre auguste père et mon bien-aimé souverain.

ÉDOUARD.

— Oh! ne parle plus, j'en ai trop entendu.

RICHARD.

— Dis comment il est mort, car je veux tout entendre.

LE MESSAGER.

— Il était environné d'une foule d'ennemis — et luttait contre eux, comme le héros, espoir de Troie, — contre les Grecs qui voulaient entrer dans Troie. — Mais Hercule lui-même doit succomber au nombre; — et les coups multipliés d'une petite hache — tranchent et abattent le chêne le plus dur. — Votre père a été maîtrisé par une foule de mains, — mais il n'a été égorgé que par le bras furieux — de l'impitoyable Clifford et par celui de la reine. — Elle a couronné le gracieux duc par une amère dérision ; — elle lui a ri à la face ; et, quand il pleurait de douleur, — cette reine implacable lui a donné, pour essuyer ses joues, — un mouchoir trempé dans le sang innocent — de ce doux jeune Rutland, assassiné par le brutal Clifford, — et, après maintes insultes et maints outrages noirs, — ils ont abattu sa tête, et l'ont placée — sur les portes d'York, où elle est restée, — lugubre spectacle, le plus lugubre que j'aie jamais vu !

ÉDOUARD.

— Bien-aimé duc d'York, appui sur qui nous nous reposions, — maintenant que tu n'es plus, nous n'avons plus ni soutien ni protection ! — O Clifford, forcené Clifford, tu as tué — la fleur de la chevalerie d'Europe ; — tu l'as vaincu, lui, par la trahison, — car, glaive à glaive, c'est lui qui t'eût vaincu ! — Désormais le palais de mon âme en est devenu la prison ; — ah ! si elle pouvait s'en échapper ! si mon corps — pouvait être enseveli en paix sous la terre ! — Car je n'aurai plus jamais de joie : — jamais ! oh ! je ne connaîtrai plus jamais la joie.

RICHARD.

— Je ne puis pleurer ; car toutes les larmes de mon corps — ne sauraient éteindre la fournaise ardente de mon cœur; — et ma langue ne peut alléger le lourd fardeau de mon cœur. — Le souffle même nécessaire à chaque parole — attiserait les charbons qui brûlent dans mon sein — et y activerait l'incendie que les larmes essaieraient d'éteindre... — Pleurer, c'est rendre la douleur moins profonde : — aux enfants donc les larmes, à moi la lutte et la vengeance ! — Richard, je porte ton nom, je veux venger ta mort, — ou mourir glorieux en le tentant.

ÉDOUARD.

— Ce vaillant duc t'a laissé son nom ; — il m'a laissé, à moi, son duché et son siége.

RICHARD.

— Ah ! si tu es bien l'aiglon de cet aigle princier, — prouve ta race en regardant fixement le soleil. — Son siége et son duché, dis-tu? Dis donc son trône et son royaume : — tous deux sont à toi, ou toi tu n'es pas de lui !

Marche militaire. Entrent WARWICK *et* MONTAGUE *avec leurs troupes.*

WARWICK.

— Eh bien, beaux lords, où en êtes-vous ? quelles nouvelles ?

RICHARD.

— Grand lord de Warwick, s'il nous fallait conter — nos lamentables nouvelles, et, à chaque mot, — enfoncer un poignard dans notre chair jusqu'à ce que tout fût dit, — les paroles nous causeraient plus d'angoisses que les blessures. — O vaillant lord, le duc d'York est tué.

ÉDOUARD.

— O Warwick! Warwick! ce Plantagenet, — à qui tu étais aussi cher que le salut de son âme, — a été mis à mort par la féroce lord Clifford.

WARWICK.

— Il y a dix jours déjà que j'ai noyé dans les larmes cette nouvelle : — et maintenant, pour augmenter la mesure de vos malheurs, — je viens vous dire ce qui est arrivé depuis. — Après le sanglant combat de Wakefield — où votre vaillant père a rendu le dernier soupir, — la nouvelle de votre désastre et de sa mort — m'a été transmise au galop des plus rapides courriers. — J'étais alors à Londres, gardien du roi : — j'ai rassemblé mes soldats, réuni une foule d'amis ; — et, avec des forces que je croyais suffisantes, — j'ai marché sur Saint-Albans pour barrer le passage à la reine, — emmenant le roi pour m'autoriser de sa présence. — Car j'avais été averti par mes espions — qu'elle venait avec la pleine intention — de casser le dernier décret du parlement — touchant le serment du roi Henry et votre succession. — Bref, nous nous sommes rencontrés à Saint-Albans. — Nos armées se sont choquées, et les deux partis se sont battus avec furie. — Mais était-ce la froideur du roi, — occupé à regarder complaisamment sa martiale épouse, — qui enlevait à mes soldats leur hostile ardeur ? — Était-ce le bruit des succès de la reine ? — Était-ce la crainte excessive des rigueurs de Clifford — qui foudroie ses captifs de cris de sang et de mort ? — Je ne saurais le dire. Toujours est-il — que les armes ennemies allaient et venaient comme l'éclair, — tandis que celles de nos soldats, pareilles au vol indolent de la chouette — ou au fléau d'un moissonneur paresseux, — tombaient mollement, comme si elles frappaient des amis. — J'ai essayé de les ranimer par l'éloge de notre cause, — par la promesse d'une haute paie et de grandes récompenses ; — tout a été vain ! Ils n'avaient pas le cœur de combattre ; — et nous, n'ayant plus l'espoir de vaincre avec de pareils hommes, — nous avons fui : le roi pour retrouver la reine, — lord George votre frère, Norfolk, et moi-même, — pour venir vous joindre

en toute hâte. — Car nous avions appris que vous étiez
ici, dans les Marches, — rassemblant une autre armée
pour un nouveau combat.

ÉDOUARD.

— Ou est le duc de Norfolk, cher Warwick ? — Et quand
George est-il revenu de Bourgogne en Angleterre ?

WARWICK.

— Le duc est à six milles d'ici environ avec ses soldats.
— Et quant à votre frère, il vient de nous être envoyé —
par votre bonne tante, la duchesse de Bourgogne, — avec
un renfort de soldats bien nécessaire pour cette campagne.

RICHARD.

— La partie a dû être bien inégale, pour que le vaillant Warwick ait fui. — Je lui ai souvent entendu attribuer l'honneur d'une poursuite, — mais jamais jusqu'aujourd'hui l'humiliation d'une retraite.

WARWICK.

— Et ce n'est pas mon humiliation que tu apprends aujourd'hui, Richard. — Car tu verras que j'ai le bras droit
assez fort — pour enlever le diadème de la tête du faible
Henry — et arracher de sa main le sceptre redoutable, —
fût-il aussi illustre pour sa hardiesse en guerre — qu'il est
fameux pour sa douceur, sa tranquillité et sa piété.

RICHARD.

— Je sais cela, lord Warwick ; ne me blâme pas. — C'est
l'amour que je porte à ta gloire qui me fait parler — Mais
dans ces temps de trouble qu'y a-t-il à faire ? — Allons-
nous jeter nos cottes d'acier — et nous envelopper dans
des robes de deuil, — pour psalmodier nos *Ave Maria* sur
nos chapelets ? — Ou devons-nous avec des armes vengeresses — dire nos dévotions sur les casques de nos ennemis ? — Si vous êtes pour le dernier parti, dites oui, et en
campagne, milords !

WARWICK.

— Eh ! c'est pour cela que Warwick est venu vous chercher ; — c'est pour cela que vient mon frère Montague. — Attention, milords. L'altière et insolente reine, — de concert avec Clifford, le hautain Northumberland, — et maints autres fiers oiseaux de la même volée, — a pétri le flexible roi comme une cire. — Il avait juré que vous seriez son successeur ; — son serment est enregistré au parlement ; — eh bien, toute la bande est allée à Londres — pour annuler ce serment et tout — ce qui peut faire obstacle à la maison de Lancastre. — Leurs forces s'élèvent, je crois, à trente mille hommes. — Maintenant, si le contingent de Norfolk et le mien, — et tous les partisans que toi, brave comte de March, — tu peux te procurer parmi les fidèles Gallois, — peuvent porter notre armée seulement à vingt-cinq mille hommes, — en avant ! Nous marchons droit sur Londres, — et, montant une fois encore nos destriers écumants, — nous nous écrions une fois encore : *Sus à l'ennemi !* — bien résolus cette fois à ne plus reculer ni fuir.

RICHARD.

— Oui, à présent, c'est bien le grand Warwick que j'entends parler. — Puisse-t-il ne plus jamais voir un jour de soleil — celui qui réclamera la retraite, quand Warwick lui ordonnera de tenir !

ÉDOUARD.

— Lord Warwick, c'est sur ton épaule que j'entends m'appuyer ; — et si tu tombes, ce qu'à Dieu ne plaise, — il faudra, le ciel m'en préserve ! qu'Édouard tombe aussi.

WARWICK.

— Tu n'es plus comte de Marc, mais duc d'York. — Le degré prochain, c'est le trône d'Angleterre. — Car tu seras proclamé roi d'Angleterre — dans tous les bourgs que nous traverserons ; — et celui qui de joie ne jettera pas son bonnet en l'air, — paiera cette offense de sa tête.

— Roi Édouard, vaillant Richard, Montague, — ne nous arrêtons plus à rêver de gloire, — mais que les trompettes sonnent, et à l'œuvre.

RICHARD.

— Ah! Clifford, ton cœur fût-il dur comme l'acier, — (tu as prouvé par tes actes qu'il est de pierre), — je cours le percer, ou te livrer le mien.

ÉDOUARD.

— Battez donc, tambours. Que Dieu et saint Georges soient pour nous!

Entre un MESSAGER.

WARWICK.

— Eh bien! quelles nouvelles?

LE MESSAGER.

— Le duc de Norfolk m'envoie vous dire — que la reine s'avance avec une puissante armée : — il implore votre compagnie pour une prompte délibération.

WARWICK.

— Tout va donc à souhait; braves guerriers, partons.

Ils sortent.

SCÈNE VI.

[Devant York.]

Entrent LE ROI HENRY, LA REINE MARGUERITE, LE PRINCE DE GALLES, CLIFFORD et NORTHUMBERLAND, avec des troupes.

LA REINE MARGUERITE, au roi.

— Soyez le bienvenu, milord, dans cette bonne ville d'York. — Là est la tête de cet ennemi acharné — qui a tenté de ceindre votre couronne. — Est-ce que ce spectacle ne vous réjouit pas le cœur, milord?

LE ROI HENRY.

— Oui, comme la vue du roc réjouit celui qui craint le

naufrage. — Cet aspect me navre dans l'âme. — Retiens ta vengeance, Dieu chéri! ce n'est pas ma faute ; — ce n'est pas de mon plein gré que j'ai enfreint mon serment.

CLIFFORD.

— Mon gracieux seigneur, cette excessive douceur — et cette pitié funeste doivent être mises de côté. — A qui les lions jettent-ils de tendres regards? — Ce n'est pas à la bête qui veut usurper leur tanière. — A qui l'ourse des forêts lèche-t-elle la main? — Ce n'est pas à celui qui détruit ses petits sous ses yeux. — Qui échappe à la mortelle piqûre du serpent aux aguets? — Ce n'est pas celui qui lui met le pied sur le dos. — Le plus chétif reptile se redresse contre qui l'écrase, — et les colombes mordent pour défendre leur couvée. — L'ambitieux York aspirait à ta couronne, — et tu souriais, quand il fronçait le sourcil avec colère. — Lui, qui n'était que duc, il voulait faire son fils roi, — et travaillait, en père tendre, à l'élévation de sa race ; et toi, qui es roi, qui as eu le bonheur d'avoir un fils excellent, — tu as consenti à le déshériter, — ce qui était l'acte du père le plus dénaturé. — Les oiseaux, créatures privées de raison, nourrissent leurs petits ; — et, quelque terrible que soit à leurs yeux la face de l'homme, — qui ne les a vus, pour la protection de leur tendre nichée, — s'armer des ailes mêmes — qui servent d'habitude à leur fuite alarmée, — et combattre l'ennemi qui grimpait jusqu'à leur nid, — offrant leur vie pour la défense de leurs poussins? — Pour votre honneur, mon suzerain, prenez exemple sur eux. — Ne serait-ce pas dommage que ce bel enfant — perdît les droits de sa naissance par la faute de son père, — et qu'il pût dire un jour à son fils : — *Ce qu'avaient possédé mon bisaïeul et mon aïeul, — mon père insouciant l'a follement perdu!* — Oh! quelle honte ce serait! Regarde ce garçon ; — et puisse son mâle visage, qui promet — une fortune prospère, donner à ton cœur en fusion la trempe nécessaire — pour défendre ton bien et le transmettre à ton fils !

LE ROI HENRY.

— Clifford s'est montré parfait orateur, — en invoquant des arguments d'une grande force. — Mais, Clifford, dis-moi, n'as-tu jamais ouï dire — qu'un bien mal acquis ne profite jamais ? — Est-il toujours heureux le fils — dont le père a gagné l'enfer à force de thésauriser (38) ? — Je léguerai à mon fils mes bonnes actions ; — et plût au ciel que mon père ne m'eût rien légué de plus ! — Car tous les autres biens s'achètent à trop haut prix : on a mille fois plus de peine à les conserver — que de plaisir à les posséder. — Ah ! cousin York ! si tes meilleurs amis savaient — combien je suis désolé que ta tête soit là !

LA REINE MARGUERITE.

— Milord, relevez vos esprits ; nos ennemis sont proches, — et la mollesse de votre courage fait fléchir vos partisans. — Vous avez promis la chevalerie à notre fils précoce ; dégainez votre épée, et armez-le sur-le-champ. — Édouard, à genoux !

LE ROI HENRY.

— Édouard Plantagenet, relève-toi chevalier, — et retiens cette leçon, tire l'épée pour le droit.

LE PRINCE DE GALLES.

— Mon gracieux père, avec votre royale permission, — je la tirerai comme héritier présomptif de la couronne, — et dans cette querelle je l'emploierai jusqu'à la mort.

CLIFFORD.

— Eh ! c'est parler en prince capable.

Entre UN MESSAGER.

LE MESSAGER.

— Chefs royaux, tenez-vous prêts : — car, à la tête d'une bande de trente mille hommes, — Warwick s'avance appuyant le duc d'York ; — dans toutes les villes qu'il traverse, — il le proclame roi, et on accourt en foule à lui. — Rangez votre armée, car ils sont tout près.

CLIFFORD, au roi.

— Je souhaiterais que Votre Altesse voulût quitter le champ de bataille ; — la reine a meilleur succès quand vous êtes absent.

LA REINE MARGUERITE.

— Oui, mon bon seigneur ; laissez-nous à notre fortune.

LE ROI HENRY.

— Éh ! votre fortune est aussi la mienne ; donc je reste.

NORTHUMBERLAND.

— Que ce soit donc avec la résolution de combattre.

LE PRINCE DE GALLES.

— Mon royal père, encouragez donc ces nobles lords, — et animez ceux qui combattent pour votre défense. — Tirez l'épée, bon père, et criez : Saint Georges !

Marche militaire. Entrent ÉDOUARD, GEORGE, RICHARD, WARWICK, NORFOLK, MONTAGUE *et des soldats.*

ÉDOUARD.

— Eh bien, parjure Henry, veux-tu demander grâce à genoux, — et mettre ton diadème sur ma tête, — ou affronter les mortels hasards d'un combat ?

LA REINE MARGUERITE.

— Va tancer tes mignons, insolent marmouset ! — Il te sied bien de tenir un langage aussi hardi — devant ton souverain, ton roi légitime !

ÉDOUARD.

— C'est moi qui suis son roi, et c'est à lui de fléchir le genou. — Il m'a, de son libre consentement, adopté pour héritier ; — depuis, il a violé son serment ; car, à ce que j'apprends, — vous qui êtes le vrai roi, quoique ce soit lui qui porte la couronne, — vous l'avez obligé, par un nouvel acte du parlement, — à m'éliminer et à me substituer son fils.

CLIFFORD.

Et c'est avec raison : — qui doit succéder au père, si ce n'est le fils !

RICHARD.

— Vous êtes donc là, boucher ?... Oh ! je ne puis parler.

CLIFFORD.

— Oui, bossu : me voici pour te répondre, à toi, — et à tous les insolents de ta sorte.

RICHARD.

— C'est vous qui avez tué le jeune Rutland, n'est-ce pas ?

CLIFFORD.

— Oui, et le vieux York, et je ne suis pas encore satisfait.

RICHARD.

— Au nom du ciel, milords, donnez le signal du combat.

WARWICK.

— Que dis-tu, Henry ? Veux-tu céder la couronne ?

LA REINE MARGUERITE.

— Oui-dà, vous avez la langue bien longue, Warwick ! vous osez parler ! — La dernière fois que vous et moi nous sommes rencontrés à Saint-Albans, — vos jambes ont fait plus de service que vos bras.

WARWICK.

— Alors c'était mon tour de fuir ; aujourd'hui c'est le tien.

CLIFFORD.

— Vous en disiez autant naguère, et vous n'en avez pas moins fui.

WARWICK.

— Ce n'est pas votre valeur, Clifford, qui m'a fait battre en retraite.

NORTHUMBERLAND.

— Et ce n'est pas votre vaillance qui vous a donné l'énergie de tenir ferme.

RICHARD.

— Northumberland, toi, je te respecte... — Brisons ce pourparler ; car je puis à peine contenir — l'explosion de mon cœur gonflé — contre ce Clifford, ce cruel tueur d'enfants.

CLIFFORD.

— J'ai tué ton père ; le tiens-tu pour un enfant?

RICHARD.

— Oui, tu l'as assassiné en lâche et en traître, — comme tu as assassiné notre tendre frère Rutland. — Mais, avant le coucher du soleil, je te ferai maudire cette action.

LE ROI HENRY.

— Finissez, milords, et écoutez-moi.

LA REINE MARGUERITE.

— Défie-les donc, ou reste bouche close.

LE ROI HENRY.

— N'assigne pas, je te prie, de limites à ma langue. — Je suis roi, et j'ai toute liberté de parler.

CLIFFFORD.

— Mon suzerain, la plaie qui a provoqué cette réunion — ne peut être guérie par des paroles ; gardez donc le silence.

RICHARD.

— Dégaine donc, bourreau. — Par Celui qui nous créa tous, je suis convaincu — que tout le courage de Clifford est dans sa langue.

ÉDOUARD.

— Parle, Henry, me feras-tu droit ou non? — Des milliers d'hommes ont déjeuné aujourd'hui — qui ne dîneront pas, si tu ne cèdes la couronne.

WARWICK.

— Si tu la refuses, que leur sang retombe sur ta tête !
— Car c'est pour la justice qu'York revêt son armure.

LE PRINCE DE GALLES.

— Si ce que Warwick dit être juste est juste, — il n'y a plus d'injustice ; tout est juste.

RICHARD, montrant la reine.

— Quel que soit ton père, voilà bien ta mère ; — car, je le vois bien, tu as la langue de ta mère.

LA REINE MARGUERITE.

— Mais toi, tu ne ressembles ni à ton papa, ni à ta maman ; — tu es un monstre que la difformité stigmatise, — marqué par le destin pour être évité, — comme le crapaud venimeux ou le lézard au dard redoutable.

RICHARD.

— Fer de Naples que couvre une dorure anglaise, — toi dont le père porte le titre de roi, — comme si un ruisseau s'appelait l'Océan, — n'as-tu pas honte, sachant ton extraction, — de trahir par ton langage la bassesse native de ton cœur ?

ÉDOUARD.

— Je donnerais mille couronnes d'une poignée de verges, - pour rappeler à elle-même cette caillette éhontée...
— Hélène de Grèce était beaucoup plus belle que toi, — quoique ton mari puisse être un Ménélas, — et pourtant jamais le frère d'Agamemnon ne fut outragé — par cette femme perfide, comme ce roi l'a été par toi. — Son père triompha au cœur de la France ; — il en dompta le roi, et fit fléchir le Dauphin ; — et lui, s'il avait fait un mariage conforme à son rang, — il aurait pu garder jusqu'ici ce legs de gloire. — Mais le jour où il a mis dans son lit une mendiante — et où il a honoré ton pauvre père de son alliance, — ce jour-là a attiré sur sa tête un orage — qui a balayé de France l'empire de son père — et ici même

amassé la sédition autour de sa couronne. — Car qu'est-ce qui a causé ces troubles, si ce n'est ton orgueil ? — Si tu avais été modeste, nos titres sommeilleraient encore, — et nous, par pitié pour ce doux roi, — nous aurions ajourné notre réclamation à une autre époque.

GEORGE.

— Mais quand, nos rayons ayant fait ton printemps, nous avons vu — que ton été restait stérile pour nous, — nous avons mis la hache à ta racine usurpatrice ; — et, bien que le tranchant nous ait parfois blessés nous-mêmes, — sache pourtant qu'ayant commencé à frapper, — nous ne te lâcherons que quand nous t'aurons abattue — ou quand nous aurons arrosé ta grandeur croissante de notre sang brûlant.

ÉDOUARD.

— Et c'est dans cette résolution que je te défie, — ne voulant plus prolonger cette conférence, — puisque tu empêches le doux roi de parler. — Sonnez, trompettes ! Faites onduler nos sanguinaires drapeaux ! — Ou la victoire ou la tombe !

LA REINE MARGUERITE.

Arrête, Édouard.

ÉDOUARD.

— Non femme querelleuse ; nous n'arrêterons pas un moment de plus. — Tes paroles vont coûter aujourd'hui dix mille vies.

Ils sortent.

SCÈNE VII.

[Un champ de bataille entre Towton et Saxton, dans l'Yorkshire.]

Alarme. Mouvements de troupes. Entre WARWICK.

WARWICK.

— Harassé par la fatigue, comme un coureur par sa course, — je vais m'asseoir ici pour respirer un moment ;

— car les coups reçus et rendus — ont dérobé leur force à mes muscles robustes ; — et, en dépit de mon dépit, il faut que je me repose un peu.

Entre ÉDOUARD en courant,

ÉDOUARD.

— Souris, ciel clément ! ou frappe, mort inclémente ! — Car tout s'assombrit, et le soleil d'Édouard se couvre de nuages.

WARWICK.

— Eh bien, milord ? quel est notre sort ? Quelle espérance nous reste-t-il ?

Entre GEORGE.

GEORGE.

— Notre sort, c'est le désastre ; notre espérance, c'est le triste désespoir. — Nos rangs sont rompus, et la ruine nous poursuit. — Quel conseil donnez-vous ? Où fuirons-nous ?

ÉDOUARD.

— La fuite est inutile ; ils ont des ailes pour nous poursuivre ; — et, affaiblis comme nous le sommes, nous ne pouvons leur échapper.

Entre RICHARD.

RICHARD.

— Ah ! Warwick ! pourquoi t'es-tu retiré ? — La terre altérée a bu le sang de ton frère, — qu'a fait ruisseler la pointe acérée de la lance de Cliffort ; — dans les angoisses même de l'agonie, — il criait d'une voix lugubre comme un tocsin lointain : — *Warwick, venge-moi ! frère, venge ma mort !* — Et ainsi, sous le ventre des chevaux ennemis — qui trempaient leurs fanons dans son sang fumant, — le noble gentilhomme a rendu l'âme.

WARWICK.

— Eh bien, que la terre se soûle de notre sang : — je

vais tuer mon cheval, parce que je ne veux pas fuir. — Pourquoi, comme des femmes pusillanimes, restons-nous ici — à pleurer nos pertes, tandis que l'ennemi fait rage? — Pourquoi restons-nous spectateurs, comme s'il s'agissait d'une tragédie, — jouée pour le plaisir par des acteurs déclamant? — Ici, à genoux, devant le Dieu d'en haut, je fais le vœu — de ne jamais m'arrêter, de ne jamais me reposer, — que la mort n'ait fermé mes yeux, — ou que la fortune n'ait comblé la mesure de ma vengeance.

ÉDOUARD.

— O Warwick! je plie mon genou avec le tien, — et dans ce vœu j'enchaîne mon âme à la tienne... — Avant que mon genou se détache de la froide surface de la terre, — j'élève mes mains, mes yeux, mon cœur vers Toi, — faiseur et destructeur de rois, — te suppliant, si c'est ta volonté — que ce corps soit la proie de mes ennemis, — d'ouvrir les portes de bronze du ciel — et d'accorder un doux accès à mon âme pécheresse! — Maintenant, milords, disons-nous adieu jusqu'à ce que nous nous retrouvions, — soit au ciel, soit sur la terre!

RICHARD.

— Frère, donne-moi ta main; et toi, cher Warwick, — laisse-moi t'étreindre dans mes bras fatigués. — Moi qui n'ai jamais pleuré, je fonds en larmes maintenant — en voyant l'hiver si vite couper court à notre printemps.

WARWICK.

— Partons, partons! Encore une fois, chers seigneurs, adieu.

GEORGE.

— Allons tous ensemble rejoindre nos troupes, — et donnons la permission de fuir à ceux qui ne désirent pas rester; — saluons, comme nos piliers, ceux qui veulent demeurer avec nous; — et, si nous triomphons, promettons-leur les récompenses — que remportaient les vainqueurs aux jeux Olympiques. — Cela peut affermir le courage dans leurs cœurs défaillants ; — car il y a encore espoir de vivre et de vaincre. — Ne tardons plus, partons immédiatement.

Ils sortent.

SCÈNE VIII.

[Une autre partie du champ de bataille.]

Mouvement de troupes. Entrent RICHARD et CLIFFORD.

RICHARD.

— Enfin, Clifford, je te tiens. — Imagine que ce bras est pour le duc d'York, — et celui-ci pour Rutland, tous deux destinés à les venger, — quand tu serais environné d'un mur de bronze.

CLIFFORD.

— Enfin, Richard, je suis face à face avec toi. — Voici la main qui poignarda ton père York, — et voici celle qui tua ton frère Rutland, — et voici le cœur qui triomphe de leur mort, — encourageant ces mains, qui tuèrent ton père et ton frère, — à t'exécuter de même ; — ainsi, à toi !

Ils se battent. WARWICK entre ; CLIFFORD fuit.

RICHARD.

— Non, Warwick ! choisis un autre gibier ; — car je veux moi-même chasser ce loup à mort.

Ils sortent.

SCÈNE IX.

[Un terrain accidenté aux abords du champ de bataille.]

Fanfare d'alarme. Entre LE ROI HENRY.

LE ROI HENRY.

— Cette bataille ressemble à ce combat de la matinée — où l'ombre mourante lutte avec la lumière grandissante, —

à ce moment que le berger, soufflant dans ses ongles, — ne peut appeler ni le jour ni la nuit. — Tantôt elle ondule d'un côté comme une énorme mer — poussée par la marée contre le vent ; — tantôt elle ondule d'un autre côté, comme la même mer — forcée de se retirer devant la furie du vent. — Parfois, le flot l'emporte ; et parfois, le vent. — Maintenant l'avantage est à l'un ; tout à l'heure, à l'autre. — Tous deux se disputent la victoire en s'étreignant, — et il n'y a ni vainqueur ni vaincu, — si parfait est l'équilibre de cette formidable mêlée. — Je vais m'asseoir ici sur ce tertre. — Que la victoire se décide à la volonté de Dieu ! — Car Marguerite, ma reine, et Clifford — m'ont renvoyé du champ de bataille, jurant l'un et l'autre — qu'ils sont plus sûrs de réussir quand je n'y suis pas. — Je voudrais être mort, si telle était la volonté de Dieu. — Car qu'y a-t-il dans ce monde, sinon des chagrins et des malheurs ? — O Dieu ! je m'estimerais bien heureux de n'être qu'un simple berger ! — Assis sur une colline, comme je le suis maintenant, — je tracerais minutieusement un cadran, — j'y mesurerais la marche des minutes, — je compterais combien de minutes complètent l'heure, — combien d'heures font un jour, — combien de jours composent une année, — et combien d'années peut vivre un homme mortel ; — ce calcul achevé, je ferais la distribution de mon temps : — tant d'heures pour veiller à mon troupeau ; — tant d'heures pour prendre mon repos ; — tant d'heures pour méditer ; — tant d'heures pour me divertir ; — tant de jours que mes brebis sont pleines ; — tant de semaines avant que les pauvres bêtes mettent bas ; — tant d'années avant que je tonde leurs toisons. — C'est ainsi que les minutes, les heures, les jours, les mois et les ans, — employés dans un but prédestiné, — conduiraient mes cheveux blancs à un paisible tombeau. — Ah ! quelle vie ce serait ! qu'elle serait douce ! qu'elle serait aimable ! — Le buisson d'aubépine ne donne-t-il pas une ombre plus douce — aux bergers regardant leur innocent troupeau — que le dais richement brodé — aux rois qui toujurs redoutent la trahison de leurs sujets? — Oh! oui, mille fois oui. — En conclusion, l'humble lait caillé du pâtre, — sa froide et légère boisson à même sa bouteille de cuir, — son sommeil coutumier sous le frais ombrage des arbres, — toutes ces choses dont il jouit dans la sécurité la plus douce — sont bien préférables aux délicatesses d'un prince, — à ces repas resplendissants de vaisselle d'or, — à ce lit somptueux où il se couche — et au chevet duquel veillent l'anxiété, la défiance et la trahison (31).

Fanfare d'alarme. Entre UN FILS qui a tué son père et qui traîne son cadavre.

LE FILS.

— Mauvais est le vent qui ne profite à personne. — Cet homme que j'ai tué dans un combat corps à corps, — a peut-être sur lui quelques écus; — et moi, qui ai la chance de les lui prendre en ce moment, — peut-être avant la nuit les céderai-je avec ma vie — à quelque autre, comme ce mort me les cède... — Que vois-je! Grand Dieu! c'est la figure de mon père, — qu'à mon insu j'ai tué dans ce conflit. — O temps désastreux qui enfantent de tels événements! — Moi, j'ai été pressé à Londres par le roi; — mon père, étant des gens du comte de Warwick, — s'est trouvé dans le parti d'York, pressé par son maître; — et moi, qui ai reçu de lui la vie, — je la lui ai enlevée de mes propres mains. — Pardonnez-moi, mon Dieu! je ne savais ce que je faisais! — Et toi, mon père, pardon! Car je ne t'ai pas reconnu! — Mes larmes laveront ces marques sanglantes; — taisons-nous jusqu'à ce qu'elles aient coulé à satiété.

LE ROI HENRY.

— O lamentable spectacle! ô sanglante époque! — Quand

les lions sont en guerre et se disputent leur antre, — les pauvres innocents agneaux pâtissent de leur inimitié. — Pleure, malheureux homme, je te seconderai larme à larme. — Qu'à l'avenant de la guerre civile nos yeux — s'aveuglent de larmes, nos cœurs se brisent de douleur!

Entre UN PÈRE qui a tué son fils, portant le cadavre dans ses bras.

LE PÈRE.

— O toi qui m'as si énergiquement résisté, — donne-moi ton or, si tu as de l'or; — car je l'ai acheté au prix de cent coups. — Mais voyons... est-ce là le visage de mon ennemi? — Oh! non, non, non! C'est mon fils unique! — Ah! mon enfant, s'il te reste encore quelque vie, — lève les yeux... Vois, vois, quelle pluie de larmes tombe, — chassée par les orages de mon cœur, — sur tes blessures qui me crèvent les yeux et le cœur! — Oh! ayez pitié, mon Dieu, de cet âge misérable! — Que de forfaits cruels, sanglants, — erronés, révoltants, monstrueux, — engendre chaque jour cette meurtrière querelle! — O mon enfant, ton père t'a donné la vie trop tôt, — et te l'a enlevée pour t'avoir reconnu trop tard.

LE ROI HENRY.

— Désastres sur désastres! douleurs au-dessus des communes douleurs! — Oh! si ma mort pouvait mettre fin à ces actes lamentables! — Oh! pitié, pitié! ciel clément, pitié! — Je vois sur ce visage la rose rouge et la rose blanche, — fatales couleurs de nos maisons rivales : — ce sang a toute la pourpre de l'une ; — cette joue a bien, il me semble, toute la pâleur de l'autre. — Que l'une des deux roses se flétrisse et laisse l'autre fleurir! — Si vous continuez à lutter, des milliers de vie devront se flétrir.

LE FILS.

— Quels incessants reproches m'adressera ma mère — sur la mort de mon père!

LE PÈRE.

— Quelle incessante mer de larmes versera ma femme — sur la mort de mon fils!

LE ROI HENRY.

— Quels incessants ressentiments le pays — concevra contre son roi après toutes ces catastrophes!

LE FILS.

— Jamais fils fut-il aussi navré de la mort de son père?

LE PÈRE.

— Jamais père pleura-t-il autant son fils?

LE ROI HENRY.

— Jamais roi fut-il aussi affligé du malheur de ses sujets? — Grande est votre douleur; la mienne l'est dix fois plus.

LE FILS.

— Je vais t'emporter d'ici pour pouvoir pleurer à satiété.

Il sort emportant le cadavre de son père (40.)

LE PÈRE.

— Mes bras seront ton linceul; — mon cœur, cher enfant, sera ton sépulcre; — car jamais ton image ne sortira de mon cœur; — mes soupirs seront ton glas funéraire; — et ton père te regrettera, — te pleurera tout autant, toi, son unique enfant, — que Priam pleura tous ses vaillants fils. — Je vais t'emporter d'ici, et abandonner la lutte à qui voudra. — Car j'ai donné le coup de mort où je ne le devais pas.

Il sort emportant le corps de son fils.

Fanfare d'alarme. Mouvement de troupes. Entrent LA REINE MARGUERITE, LE PRINCE DE GALLES *et* EXETER.

LE PRINCE DE GALLES.

— Fuyez, père, fuyez! car tous vos amis sont en fuite, — et Warwick fait rage comme un taureau exaspéré. — Partons! car la mort est à notre poursuite.

LA REINE MARGUERITE.

— A cheval, milord, et courez droit à Berwick : —

Édouard et Richard, comme deux lévriers — voyant fuir le lièvre effaré, — les yeux enflammés et étincelants de courroux, — étreignant de leurs mains furieuses l'acier sanglant, — sont à nos talons ; ainsi partons vite.

EXETER.

— Fuyons ! car la vengeance les accompagne. — Non, ne perdez pas le temps en remontrances, dépêchez-vous ; — ou bien suivez-moi, je vais en avant.

LE ROI HENRY.

— Non, emmène-moi avec toi, mon doux Exeter ; — ce n'est pas que je craigne de rester ici, mais j'aime à aller — où il plaît à la reine. En avant, partons.

Ils sortent.

Bruyante fanfare d'alarme. Entre CLIFFORD, *blessé* (41).

CLIFFORD.

— Mon flambeau est consumé ; oui, il s'éteint ici, — le flambeau qui, tant qu'il a duré, a éclairé le roi Henry. — O Lancastre ! je redoute ta chute — bien plus que la séparation de mon âme et de mon corps. — L'affection et la crainte que j'inspirais t'attachaient bien des amis, — et, maintenant que je succombe, ton parti ramolli va se dissoudre. — Désertant Henry pour renforcer son insolent rival, — le peuple s'élance vers York comme un essaim de moucherons. — Et où volent les moustiques, si ce n'est vers le soleil ? — Et qui rayonne aujourd'hui, si ce n'est l'ennemi de Henry ? — O Phébus, si tu n'avais pas permis — que Phaëton guidât tes ardents coursiers, — ton char flamboyant n'eût jamais embrasé la terre ? — Et toi, Henry, si tu avais régné en roi, — comme ont régné ton père et le père de ton père, — sans céder de terrain à la maison d'York, — ni moi, ni dix mille autres en ce malheureux royaume, — nous ne laisserions de veuves pleurant sur notre mort, — et encore aujourd'hui tu occuperais le trône en paix. — Car n'est-ce pas la douceur de l'air qui fait prospérer les mauvaises herbes ? — Et n'est-ce pas l'excès de l'indulgence qui enhardit les voleurs? — Inutiles sont mes plaintes, et incurables mes blessures? — Plus d'issue pour fuir, ni de force pour soutenir ma fuite. — L'ennemi est inexorable, et il n'aura pas de pitié, — car je n'en ai pas mérité de lui. — L'air a pénétré dans mes blessures mortelles, — et tout le sang que je perds me fait défaillir. — Venez, York, Richard, Warwick, et les autres! — J'ai poignardé vos pères, percez-moi le cœur !

Il s'évanouit.

Fanfare d'alarme et retraite. Entrent ÉDOUARD, GEORGE, RICHARD, MONTAGUE, WARWICK *et des soldats.*

ÉDOUARD.

— Maintenant respirons, milords ; notre bonne fortune nous permet un peu de repos — et déride le front de la guerre avec le sourire de la paix. — Des troupes sont à la poursuite de cette reine sanguinaire — qui conduisait le tranquille Henry, tout roi qu'il était, — comme une voile, gonflée par une violente rafale, — force un galion à fendre les vagues. — Mais croyez-vous, milords, que Clifford ait fui avec eux?

WARWICK.

— Non, il est impossible qu'il ait échappé : — car, je ne crains pas de le déclarer en sa présence, — votre frère Richard l'a marqué pour la tombe ; — et, où qu'il soit, il est sûrement mort.

Clifford pousse un gémissement et meurt.

ÉDOUARD.

— Quel est celui dont l'âme prend son triste congé?

RICHARD.

— C'est un gémissement funèbre comme la transition de la vie à la mort.

ÉDOUARD.

— Voyez qui c'est : et, maintenant que la bataille est finie, — ami ou ennemi, qu'il soit traité avec douceur.

RICHARD.

— Révoque cet arrêt de clémence ; car c'est Clifford, — Clifford qui, non content de couper la branche — à peine bourgeonnante en abattant Rutland, — a frappé de son couteau meurtrier la racine même — d'où avait gracieusement jailli cette tendre tige, — je veux dire notre auguste père le duc d'York.

WARWICK.

— Faites retirer des portes d'York — la tête de votre père que Clifford y avait fixée, — et mettre à sa place celle de Clifford ; il faut rendre à l'ennemi mesure pour mesure.

ÉDOUARD.

— Qu'on apporte ce hibou fatal à notre maison, — qui nous persécutait, nous et les nôtres, de son chant de mort. — Désormais la mort étouffera son cri lugubre et menaçant, — et sa voix ne se fera plus entendre.

On apporte le corps de Clifford.

WARWICK.

— Je crois qu'il a perdu connaissance... — Parle, Clifford, sais-tu qui te parle ? — La sombre nuée de la mort obscurcit les rayons de sa vie : — il ne nous voit pas, et il n'entend pas ce que nous disons.

RICHARD.

— Oh ! que je le regrette !... Mais peut-être entend-il, — et n'est-ce qu'une ruse habile — pour se soustraire aux avanies amères — qu'il a prodiguées à notre père mourant.

GEORGE.

— Si tu le crois, tourmente-le de paroles acerbes.

RICHARD.

— Clifford, implore merci pour ne pas obtenir grâce.

ÉDOUARD.
— Clifford, repens-toi par une inutile pénitence.
WARWICK.
— Clifford, invente des excuses pour tes forfaits.
GEORGE.
— Tandis que pour tes forfaits nous inventerons d'horribles tortures.
RICHARD.
— Tu as aimé York, et je suis fils d'York.
ÉDOUARD.
— Tu as eu pitié de Rutland, j'aurai pitié de toi.
GEORGE.
— Où est donc le capitaine Marguerite, pour vous défendre maintenant?
WARWICK.
— Ils se moquent de toi, Clifford! réplique-leur par ton juron habituel.
RICHARD.
— Quoi! pas un juron! certes, cela va mal, — quand Clifford n'a pas une imprécation en réserve pour ses amis. — A cela je vois qu'il est mort; sur mon âme, — si, afin de le railler tout à mon aise, — je pouvais lui acheter deux heures de vie au prix de ma main droite, — je la couperais avec cette main-ci, et avec le sang qui jaillirait — je suffoquerais l'infâme dont York et le jeune Rutland — n'ont pu satisfaire la soif inextinguible.
WARWICK.
— Oui, mais il est mort : qu'on coupe la tête du traître, — et qu'on la fixe à la place de celle de votre père...
A Édouard.
— Et maintenant marche triomphalement sur Londres, — pour y être couronné roi souverain d'Angleterre. — De là Warwick fendra la mer jusqu'en France, — afin de demander pour toi la main de madame Bonne. — Ainsi tu uniras

étroitement les deux pays ; — et, ayant la France pour amie, tu ne redouteras plus — tes ennemis épars qui espèrent se relever encore. — Car, bien que leur piqûre ne puisse te faire grand mal, — attends-toi à avoir les oreilles importunées de leur bourdonnement. — Je veux d'abord assister au couronnement ; — puis, je m'embarquerai pour la Bretagne — afin de conclure ce mariage, s'il plaît à monseigneur.

ÉDOUARD.

— Qu'il en soit comme tu voudras, cher Warwick. — C'est sur ton épaule que je veux appuyer mon trône ; — et j'entends ne jamais rien entreprendre — sans ton conseil et ton consentement. — Richard, je vais te créer duc de Glocester ; — et toi, George, duc de Clarence... Pour Warwick, il pourra, comme nous-même, — faire et défaire selon son bon plaisir.

RICHARD.

— Que je sois plutôt duc de Clarence, et George duc de Glocester ; — car le duché de Glocester est par trop funeste (42).

WARWICK.

— Bah ! c'est une objection puérile ; — Richard, sois duc de Glocester. Maintenant allons à Londres — prendre possession de ces honneurs.

Ils sortent.

SCÈNE X.

[Un bois dans le nord de l'Angleterre.]

Entrent DEUX GARDES-CHASSE, l'arbalète à la main (43).

PREMIER GARDE-CHASSE.

— Blottissons-nous dans cet épais fourré ; — car les daims traverseront tout à l'heure cette clairière ; — et embusqués sous ce couvert, — nous viserons la principale bête du troupeau.

SCÈNE X.

DEUXIÈME GARDE-CHASSE.

— Je vais me poster au haut de la côte, en sorte que nous puissions tirer tous deux.

PREMIER GARDE-CHASSE.

— Ca ne se peut pas ; le bruit de ton arbalète — effarouchera la bande, et mon coup sera perdu — Embusquons-nous tous deux ici, et visons le plus beau ; — et, pour que le temps ne te semble pas trop long, — je te conterai ce qui m'est arrivé un jour, — à cette même place où nous allons nous embusquer.

DEUXIÈME GARDE-CHASSE.

— Voici un homme qui vient : attendons qu'il soit passé.

Entre le ROI HENRY, déguisé, un livre de prières à la main (44).

LE ROI HENRY.

— Je me suis dérobé de l'Écosse par pur amour de la patrie, — pour saluer mon pays d'un sympathique regard. — Non, Harry, Harry, ce pays n'est plus à toi. — Ta place est occupée, ton sceptre est arraché de tes mains, — le baume dont tu étais oint est effacé. — Désormais nul genou plié ne te proclamera César, — nul humble solliciteur ne s'empressera pour t'exposer ses droits ;—non, nul ne viendra te demander justice, — car comment pourrais-tu aider autrui, ne pouvant t'aider toi-même ?

PREMIER GARDE-CHASSE, à part.

— Eh ! voici un daim dont la peau est une fortune pour un garde-chasse ; — c'est le ci-devant roi ; saisissons-le.

LE ROI HENRY.

— Embrassons cette amère adversité ; — car les sages disent que c'est le parti le plus sage.

DEUXIÈME GARDE-CHASSE, à part.

— Pourquoi hésitons-nous ? mettons la main sur lui.

PREMIER GARDE-CHASSE, à part.

— Attends un peu ; nous allons l'écouter encore.

LE ROI HENRY.

— Ma reine et mon fils sont allés en France chercher du secours; — et, à ce que j'apprends, le puissant capitaine Warwick — y est allé aussi demander la sœur du roi de France — pour la marier à Édouard. Si cette nouvelle est vraie, — pauvre reine, pauvre fils, vous perdez vos peines; — car Warwick est un orateur subtil, — et Louis un prince aisément gagné par d'émouvantes paroles. — A ce compte-là Marguerite pourrait bien aussi le gagner; — car c'est une femme fort digne de pitié; — ses soupirs feront une brèche dans le cœur du roi; — ses larmes pénétreraient un sein de marbre; — le tigre serait attendri, quand elle sanglote; — et Néron serait touché de compassion, — rien qu'à entendre ses plaintes, à voir ses larmes amères. — Oui, mais elle vient pour demander; Warwick, pour donner. — Elle, à la gauche du roi, implore du secours pour Henry; — lui, à la droite, demande une femme pour Édouard. — Elle pleure, et dit que son Henry est déposé; — il sourit, et dit que son Édouard est couronné. — Elle, pauvre malheureuse, la douleur l'empêche de parler, — tandis que Warwick proclame le titre d'Édouard, pallie ses torts, — invoque des arguments d'un puissant effet, — et, en conclusion, l'emporte sur Marguerite auprès du roi, — en obtenant de lui sa sœur avec maints subsides — pour affermir et consolider le roi Édouard sur le trône. — O Marguerite, voilà ce qui arrivera; et toi, pauvre âme, — tu seras abandonnée, étant venue délaissée.

DEUXIÈME GARDE-CHASSE.

— Réponds, qui es-tu, toi qui parles de rois et de reines?

LE ROI HENRY.

— Plus que je ne parais, et moins que je ne devrais être par droit de naissance. — Tout au moins suis-je un homme, car je ne puis être moins; — or les hommes peuvent parler de rois, et pourquoi n'en parlerais-je pas!

DEUXIÈME GARDE-CHASSE.

— Oui, mais tu parles comme si tu étais roi.

LE ROI HENRY.

— Eh bien, je le suis en imagination, et cela suffit.

DEUXIÈME GARDE-CHASSE.

— Mais, si tu es roi, où est ta couronne?

LE ROI HENRY.

— Ma couronne est dans mon cœur, et non sur ma tête; — elle n'est pas ornée de diamants ni de pierreries indiennes; — elle n'est pas visible : ma couronne s'appelle résignation; — une couronne que rarement les rois possèdent!

DEUXIÈME GARDE-CHASSE.

— Eh bien, si vous êtes un roi couronné de résignation, — votre couronne de résignation et vous, il faut que vous vous résigniez — à nous suivre; car, à ce que nous croyons, — vous êtes le roi que le roi Édouard a déposé; et nous, ses sujets, lui ayant fait serment d'allégeance, — nous vous appréhendons comme son ennemi.

LE ROI HENRY.

— Mais ne vous est-il jamais arrivé de faire un serment et de le violer?

DEUXIÈME GARDE-CHASSE.

— Non, un pareil serment, jamais, et nous ne commencerons pas aujourd'hui.

LE ROI HENRY.

— Où habitiez-vous quand j'étais roi d'Angleterre?

DEUXIÈME GARDE-CHASSE.

— Ici, en ce pays où nous demeurons aujourd'hui.

LE ROI HENRY.

— J'ai été sacré roi à l'âge de neuf mois; — mon père et mon grand-père ont été rois; — et vous, étant mes sujets, m'avez juré fidélité; — eh bien donc, dites-moi, est-ce que vous n'avez pas violé votre serment?

PREMIER GARDE-CHASSE.

Non ; — car nous n'avons été vos sujets que tant que vous avez été roi.

LE ROI HENRY.

— Quoi ! suis-je mort ? Est-ce que je n'ai plus souffle d'homme ? — Ah ! hommes simples, vous ne savez ce que vous jurez. — Voyez cette plume que mon souffle écarte de mon visage — et qu'un souffle d'air me renvoie ; — elle obéit à mon souffle, — puis cède à un autre, — toujours régie par la bouffée la plus forte : telle est votre légèreté, hommes vulgaires. — Mais ne violez plus vos serments ; de ce péché-là — ma douce pression ne vous rendra pas coupable. — Allez où vous voudrez, le roi se laissera commander par vous. — Soyez les rois, vous ; commandez, et j'obéirai.

PREMIER GARDE-CHASSE.

— Nous sommes les fidèles sujets du roi, du roi Édouard.

LE ROI HENRY.

— Comme vous seriez encore ceux de Henry, — s'il était sur le trône où est le roi Édouard.

PREMIER GARDE-CHASSE.

— Nous vous sommons, au nom de Dieu et du roi, — de venir avec nous devant les magistrats.

LE ROI HENRY.

— Au nom de Dieu, conduisez-moi ; que le nom de votre roi soit obéi ! — Et, ce que Dieu veut, que votre roi l'accomplisse ! — Moi, j'accède humblement à ce qu'il veut.

Ils sortent.

SCÈNE XI.

[Londres. Un palais.]

Entrent LE ROI ÉDOUARD, RICHARD, CLARENCE *et* LADY GREY.

LE ROI ÉDOUARD, à Richard.

— Frère de Glocester, c'est à la bataille de Saint-Albans — que le mari de cette dame, sir John Grey, a été tué. —

SCÈNE XI.

Ses terres ont été alors saisies par le vainqueur; — elle demande maintenant à en reprendre possession. — Nous ne pouvons en bonne justice lui refuser cela, — puisque c'est en combattant pour la maison d'York — que le digne gentilhomme a perdu la vie (45).

RICHARD.

— Votre Altesse fera bien de lui accorder sa requête; — ce serait une honte de la lui refuser.

LE ROI ÉDOUARD.

— C'est juste; pourtant j'attendrai un peu.

RICHARD, bas à Clarence.

Ah! c'est comme cela! — Je vois que la dame devra accorder quelque chose, — avant que le roi lui accorde son humble demande.

CLARENCE, bas à Richard.

— Il est expert à la chasse : comme il sait prendre le vent!

RICHARD, bas à Clarence.

Silence!

LE ROI ÉDOUARD.

— Veuve, nous examinerons votre requête. — Revenez une autre fois pour savoir nos intentions.

LADY GREY.

— Très-gracieux seigneur, tout délai m'est intolérable; — que Votre Altesse daigne me signifier sa décision dès à présent, — et votre bon plaisir, quel qu'il soit, me satisfera.

RICHARD, à part.

— Oui-dà, la veuve? eh bien je vous garantis toutes vos terres, — pour peu que ce qui lui plaira vous plaise également. — Tenez-vous plus ferme, ou, ma foi, vous attraperez quelque coup.

CLARENCE, à part.

— Je ne crains pas ça pour elle, à moins qu'elle ne fasse une chute.

RICHARD, à part.

— Dieu veuille que non ! car il en prendrait avantage.

LE ROI ÉDOUARD.

— Combien as-tu d'enfants, veuve ? dis-moi.

CLARENCE, à part.

— On dirait qu'il veut lui demander un enfant.

RICHARD, à part.

— Bah ! je veux être fouetté s'il ne lui en donne plutôt deux.

LADY GREY.

— Trois, mon très-gracieux seigneur.

RICHARD, à part.

— Vous en aurez quatre, si vous vous laissez commander par lui.

LE ROI ÉDOUARD.

— Ce serait pitié qu'ils perdissent les terres de leur père.

LADY GREY.

— Ayez donc pitié, auguste seigneur, et restituez-les-leur.

LE ROI ÉDOUARD.

— Milords, laissez-nous libres, je veux mettre à l'épreuve l'esprit de cette veuve.

RICHARD.

— Oui, libre à vous ; vous pouvez user de toute liberté — jusqu'à ce que votre jeunesse prenne la liberté de vous quitter, et vous laisse sur des béquilles.

Richard et Clarence se retirent à l'écart.

LE ROI ÉDOUARD.

— Maintenant dites-moi, madame, aimez-vous vos enfants ?

LADY GREY.

— Oui, aussi chèrement que moi-même.

LE ROI ÉDOUARD.

— Et ne feriez-vous pas beaucoup pour leur faire du bien ?

LADY GREY.

— Pour leur faire du bien, j'endurerais volontiers du mal.

LE ROI ÉDOUARD.

— Obtenez donc les terres de votre mari, pour leur faire du bien.

LADY GREY.

— C'est pour ça que je suis venue auprès de Votre Majesté.

LE ROI ÉDOUARD.

— Je vous dirai comment ces terres peuvent s'obtenir.

LADY GREY.

— Par là vous m'attacherez pour toujours au service de Votre Altesse.

LE ROI ÉDOUARD.

— Quel service es-tu prête à me rendre, si je te les restitue ?

LADY GREY.

— Tous ceux que vous exigerez, pourvu qu'ils soient en mon pouvoir.

LE ROI ÉDOUARD.

— Mais vous ferez des objections à ma proposition.

LADY GREY.

— Non, gracieux lord, je ne vous objecterai que mon impuissance.

LE ROI ÉDOUARD.

— Soit, mais tu peux faire ce que j'ai à te demander.

LADY GREY.

— Eh bien donc, je ferai ce que commandera Votre Grâce.

RICHARD, à part.

— Il la serre de près ; et la pluie finit par user le marbre.

CLARENCE, à part.

— Il est rouge comme du feu ! Il faudra bien que cette cire-là fonde.

LADY GREY, au roi.

— Pourquoi milord s'arrête-t-il? Ne me dira-t-il pas ma tâche?

LE ROI ÉDOUARD.

— Une tâche aisée ; il ne s'agit que d'aimer un roi.

LADY GREY.

— Elle est d'autant plus facile à remplir que je suis une sujette.

LE ROI ÉDOUARD.

— Eh bien donc, je te restitue de grand cœur les terres de ton mari.

LADY GREY.

— Je prends congé de Votre Altesse en lui rendant mille grâces.

RICHARD, à part.

— Le marché est conclu ; elle le scelle d'une révérence.

LE ROI ÉDOUARD.

— Mais arrête ; ce sont des preuves d'amour que j'entends avoir.

LADY GREY.

— Et ce sont des preuves d'amour que j'entends donner, mon aimable suzerain.

LE ROI ÉDOUARD.

— Mais je crains que tu ne comprennes la chose autrement que moi. — Quel amour crois-tu donc que je cherche si instamment à obtenir?

LADY GREY.

— Mon amour jusqu'à la mort, mon humble reconnaissance, mes prières ; — cet amour que la vertu implore et qu'accorde la vertu.

SCÈNE XI.

LE ROI ÉDOUARD

— Non, ma foi, ce n'est pas cet amour-là que je veux dire.

LADY GREY.

— Alors ce que vous voulez dire n'est pas ce que je croyais.

LE ROI ÉDOUARD.

— Mais maintenant vous pouvez entrevoir mon intention.

LADY GREY.

— Jamais je ne me prêterai avec intention au désir — que j'entrevois chez Votre Altesse, si toutefois je vous entends bien.

LE ROI ÉDOUARD.

— A te parler franchement, j'entends coucher avec toi.

LADY GREY.

— A vous parler franchement, j'aimerais mieux coucher en prison.

LE ROI ÉDOUARD.

— Eh bien donc, tu n'auras pas les terres de ton mari.

LADY GREY.

— Eh bien donc, mon honneur sera mon douaire, — car je ne veux pas les acheter à ce prix.

LE ROI ÉDOUARD.

— En cela tu fais grand tort à tes enfants.

LADY GREY.

— En ceci Votre Altesse fait tort à mes enfants comme à moi-même. — Mais, puissant seigneur, cette folâtre inclination — ne s'accorde guère avec la gravité de ma requête; — veuillez me congédier avec un oui ou un non.

LE ROI ÉDOUARD.

— Oui, si tu dis oui à ma requête; — non, si tu dis non à ma demande.

LADY GREY.

— Eh bien, non, milord. Ma démarche est terminée.

RICHARD, à part.

— La veuve ne l'agrée point ; elle fronce le sourcil.

CLARENCE, à part.

— C'est le galant le plus gauche de la chrétienté.

LE ROI ÉDOUARD, à part.

— Son maintien prouve qu'elle est remplie de vertu ; — son langage révèle un esprit incomparable ; — toutes ses perfections réclament la souveraineté ; — de façon ou d'autre, elle est digne d'un roi ; — et elle sera ma maîtresse ou ma femme.

Haut.

— Que dirais-tu si le roi Édouard te choisissait pour sa reine ?

LADY GREY.

— C'est plus tôt dit que fait, mon gracieux lord ! — Je suis une sujette faite pour être raillée, — mais nullement pour être souveraine.

LE ROI ÉDOUARD.

— Charmante veuve, j'en jure par mon pouvoir, — je ne dis que ce que je pense au fond de l'âme ; — je désire que tu sois mon amante.

LADY GREY.

— Et c'est un désir auquel je ne puis accéder. — Je sais que je suis trop peu pour être votre femme, — et pourtant trop pour être votre concubine.

LE ROI ÉDOUARD.

— Veuve, vous épiloguez ; je voulais dire ma femme.

LADY GREY.

— Il serait pénible à Votre Grâce d'entendre mes fils vous appeler leur père.

LE ROI ÉDOUARD.

— Pas plus que d'entendre mes filles t'appeler leur

mère. — Toi, tu es veuve et tu as des enfants ; — et, par la mère de Dieu ! moi, qui suis garçon, — j'en ai aussi ; eh bien, c'est un bonheur — d'être le père de nombreux fils. — Ne réplique plus, tu seras ma femme.

RICHARD, à part.

— Le révérend père a terminé sa confession.

CLARENCE, à part.

— S'il s'est fait confesseur, c'est par malice.

LE ROI ÉDOUARD.

— Frères, vous vous demandez ce que nous avons dit tous deux.

RICHARD, à part.

— La veuve n'en est guère contente, car elle a l'air bien grave.

LE ROI ÉDOUARD.

— Vous seriez bien étonnés si je la mariais.

CLARENCE.

— A qui, milord ?

LE ROI ÉDOUARD.

Eh bien, Clarence, à moi-même.

RICHARD.

— Je serais dix jours au moins sans revenir de ma surprise.

CLARENCE.

— Alors vous seriez d'un jour en retard.

RICHARD.

— Mais aussi la surprise serait tellement grande !

LE ROI ÉDOUARD.

— Soit ! plaisantez, mes frères. Je puis vous le dire, — sa requête est accordée : elle aura les biens de son mari.

Entre UN NOBLE.

LE NOBLE.

— Mon gracieux lord, Henry, votre ennemi, est pris, — et amené captif à la porte de votre palais.

LE ROI ÉDOUARD.

— Veillez à ce qu'il soit transféré à la Tour. — Et nous, frères, allons voir l'homme qui l'a pris, — pour nous informer des détails de cette arrestation. — Venez avec nous, veuve... Milords, ayez pour elle de grands égards.

Sortent le roi Édouard, lady Grey, Clarence et le noble (46).

GLOCESTER, seul.

— Oui-dà, Édouard a de grands égards pour les femmes ! — Je voudrais qu'il fût épuisé jusqu'à la moelle des os, — tellement qu'il ne pût naître de ses flancs aucun rejeton vivace — capable de me barrer l'avenir d'or auquel j'aspire ! — Et pourtant, entre le but de mon âme et moi — (la royauté du libertin Édouard enterrée), — il y a Clarence, Henry et son jeune fils Édouard, — et tous leurs descendants encore inconnus, — lesquels doivent prendre place avant moi : — réflexion réfrigérante pour mon ambition ! — Aussi bien, je ne fais que songer à la souveraineté, — comme un homme qui, debout sur un promontoire, — d'où il aperçoit au loin la plage qu'il voudrait fouler, — souhaite d'avoir le pas aussi étendu que le regard, — et maudit l'Océan qui le sépare du but, — en disant qu'il le mettra à sec pour s'ouvrir un passage. — Ainsi je souhaite la couronne, qui est si lointaine ; — et ainsi je maudis les intermédiaires qui m'en séparent ; — et ainsi je dis que je trancherai tous les obstacles, — me flattant de faire l'impossible. — Mon regard est trop vif, mon cœur trop outrecuidant, — si mon énergie et mon bras ne sont pas à la hauteur. — Et supposons qu'il n'y ait pas de royauté pour Richard ; — quelle autre jouissance le monde peut-il lui offrir ? — Puis-je me faire un paradis dans le giron d'une femme, — et parer ma personne de brillants ornements, — et enchanter les belles dames de mes paroles et de mes regards ? — O misérable pensée, plus irréalisable — que la conquête de vingt couronnes d'or ! — Eh quoi ! l'amour m'a renié dès le ventre de ma mère, — et, pour me mettre hors de sa loi douce, — il a suborné la fragile nature ; il l'a obligée par la corruption — à dessécher mon bras comme un arbuste flétri, — à poser sur mon dos une odieuse montagne — où, pour ridiculiser ma personne, siége la difformité, — à former mes jambes d'inégale longueur, — et à faire de moi un tout disproportionné, — une sorte de chaos, d'ourson mal léché — n'ayant aucun trait de sa mère. — Suis-je donc un homme fait pour être aimé ? — Oh ! monstrueuse erreur de nourrir une telle pensée ! — Donc, puisque cette terre m'offre pour unique joie — de commander, de réprimer, de dominer — quiconque a meilleur air que moi-même, — mon ciel, ce sera de rêver la couronne ; — et, toute ma vie, ce monde me fera l'effet d'un enfer, — tant que le tronc contrefait qui porte cette tête — n'aura pas pour nimbe une couronne radieuse. — Et pourtant je ne sais comment obtenir cette couronne ; — car bien des existences s'interposent entre moi et le but. — Et moi, tel qu'un homme égaré dans un hallier épineux, — qui arrache les épines et que les épines déchirent, — cherchant un chemin et déviant du chemin, — ne sachant comment trouver l'éclaircie, — et tâchant désespérément de la trouver, — je me tourmente pour atteindre à la couronne d'Angleterre ; — mais je m'affranchirai de ce tourment, — dussé-je me frayer le chemin avec une hache sanglante ! — Eh quoi ! je puis sourire et tuer en souriant ; — je puis applaudir à ce qui me navre le cœur, — et mouiller mes joues de larmes factices, — et accommoder mon visage à toute occasion ; — je suis capable de noyer plus de marins que la sirène, — de lancer plus de regards meurtriers que le basilic, — de faire l'orateur aussi bien que Nestor, — de tromper avec plus d'art qu'Ulysse, — et, comme Sinon, de prendre une autre Troie ; — je puis prêter des couleurs au caméléon, — changer de forme mieux que Protée, — et envoyer à l'école le sanguinaire Machiavel ; — je puis faire tout cela, et je ne pourrais pas gagner une couronne ! — Bah ! fût-elle encore plus loin, je mettrai la main dessus.

Il sort. (47).

SCÈNE XII.

[France. Un palais (48)].

Fanfares. Entrent le ROI LOUIS DE FRANCE et MADAME BONNE, avec leur suite. Le roi monte sur son trône ; puis entrent la REINE MARGUERITE, le PRINCE DE GALLES, son fils, et le COMTE D'OXFORD.

LE ROI LOUIS, se levant.

— Belle reine d'Angleterre, noble Marguerite, — assieds-toi près de nous ; il ne convient pas à ton rang — et à ta naissance que tu restes debout, quand Louis est assis.

LA REINE MARGUERITE.

— Non, puissant roi de France, désormais Marguerite — doit baisser pavillon et apprendre à servir — là où les rois commandent. J'étais, je dois le confesser, — la reine de la grande Albion dans un âge d'or écoulé, — mais maintenant le malheur a écrasé mon pouvoir — et m'a renversée contre terre avec ignominie. — Je dois donc prendre un rang d'accord avec ma fortune — et me conformer à cet humble rang.

LE ROI LOUIS.

— Mais dis-moi, belle reine, d'où vient ce profond désespoir ?

LA REINE MARGUERITE.

— D'une cause qui remplit mes yeux de larmes, — et

qui étouffe ma voix, tandis que mon cœur est noyé dans les ennuis.

LE ROI LOUIS.

— Quoi qu'il en soit, reste toujours toi-même, — et assieds-toi à notre côté.

Il la fait asseoir près de lui.

Ne courbe pas la tête — sous le joug de la fortune, mais que ton âme intrépide — plane triomphante au-dessus de tous les malheurs. — Explique-toi, reine Marguerite, et dis-nous tes chagrins : — ils seront soulagés, si la France peut y porter remède.

LA REINE MARGUERITE.

— Ce gracieux langage ranime mes esprits abattus, — et rend la parole à mes muettes douleurs. — Sache donc, noble Louis, — que Henry, l'unique possesseur de mon amour, — de roi qu'il était, n'est plus qu'un proscrit, — forcé de vivre en Écosse dans l'abandon, — tandis que l'insolent et ambitieux Édouard, duc d'York, — usurpe le titre royal et le trône — de l'oint du Seigneur, du roi légitime d'Angleterre. — Voilà pourquoi moi, la pauvre Marguerite, — avec mon fils ici présent, le prince Édouard, héritier de Henry, — je suis venue implorer ton juste et légitime appui ; — et, si tu nous fais défaut, tout espoir est perdu pour nous. — L'Écosse a la volonté de nous secourir, mais non le pouvoir. — Notre peuple et nos pairs sont égarés, — nos trésors saisis, nos soldats mis en fuite, — et tu nous vois nous-mêmes dans une déplorable condition.

LE ROI LOUIS.

— Illustre reine, conjurez l'orage par la patience, — tandis que nous réfléchirons aux moyens de le dissiper.

LA REINE MARGUERITE.

— Plus nous différons, plus notre ennemi devient fort.

LE ROI HENRY.
—Plus je diffère, plus je te secourrai puissamment.
LA REINE MARGUERITE.
—Oh ! mais l'impatience est la compagne de la vraie douleur.—Et voici justement l'auteur de ma douleur.

Entrent WARWICK et sa suite.

LE ROI LOUIS.
—Quel est celui qui vient si hardiment en notre présence ?
LA REINE MARGUERITE.
—C'est notre comte de Warwick, le plus grand ami d'Édouard.
LE ROI LOUIS.
— Sois le bienvenu, brave Warwick ! Qu'est-ce qui t'amène en France ?

Il descend de son trône. La reine Marguerite se lève.

LA REINE MARGUERITE.
— Oui, il va s'élever un second orage, — car voici l'homme qui gouverne vent et marée.
WARWICK.
— C'est de la part du noble Édouard, roi d'Albion, — mon seigneur souverain et ton ami dévoué — que je viens, avec la cordialité de la plus sincère affection, — d'abord pour saluer ta royale personne, — puis pour te demander un traité d'alliance, — et enfin pour resserrer cette alliance — par un nœud nuptial, si tu daignes accorder — la vertueuse madame Bonne, ta charmante sœur, — en légitime mariage au roi d'Angleterre.
LA REINE MARGUERITE, à part.
—Si ceci réussit, c'en est fait des espérances de Henry.
WARWICK, à Bonne.
— Maintenant, ma gracieuse dame, au nom de notre roi, — je suis chargé, avec votre bienveillante permission,

— de baiser humblement votre main et de vous déclarer — de vive voix la passion de son cœur, — où la renommée, perçant son oreille attentive, — vient de placer l'image de votre beauté et de votre vertu.

LA REINE MARGUERITE,

— Roi Louis, et vous, madame Bonne, veuillez m'écouter, — avant de répondre à Warwick. La demande d'Édouard — ne procède pas d'un amour désintéressé et honnête, — mais d'une politique astucieuse, fille de la nécessité. — Car comment les tyrans pourraient-ils régner sûrement au dedans, — s'ils n'acquéraient au dehors de grandes alliances? — Pour le prouver tyran, il suffit de cette raison — que Henry vit encore; mais, fût-il mort, — voici devant vous le prince Édouard, fils du roi Henry. — Veille donc, Louis, à ne pas attirer sur toi — le danger et l'opprobre par cette alliance et ce mariage. — Car les usurpateurs peuvent bien gouverner quelque temps; — mais les cieux sont justes, et le temps renverse l'iniquité.

WARWICK.

— Insolente Marguerite !

LE PRINCE.

Et pourquoi pas reine ?

WARWICK.

— Parce que ton père Henry est un usurpateur, — et que tu n'es pas plus prince qu'elle n'est reine.

OXFORD.

— Ainsi Warwick annule le grand Jean de Gand, — qui soumit la plus grande partie de l'Espagne; — et, après Jean de Gand, Henry IV, — dont la sagesse était le miroir des plus sages; — et, après ce sage prince, Henry V, — qui par sa prouesse conquit toute la France. — C'est d'eux que descend directement notre Henry.

WARWICK.

— Oxford, comment se fait-il que, dans ce doucereux

discours, — tu ne nous aies pas dit comment Henry VI a perdu — tout ce que Henry V avait gagné? — Cela eût fait sourire ces pairs de France, il me semble. — Mais passons... Vous étalez une généalogie – de soixante-deux ans : intervalle bien chétif — pour établir la prescription en matière de royauté.

OXFORD.

— Ah! Warwick, peux-tu parler ainsi contre ton suzerain — à qui tu as obéi pendant trente-six ans, — sans dénoncer ta trahison par ta rougeur?

WARWICK.

— Et Oxford peut-il, lui qui a toujours défendu le droit, — couvrir ainsi le mensonge d'une généalogie? — Par pudeur, laisse là Henry, et reconnais Édouard pour roi.

OXFORD.

— Reconnaître pour mon roi celui qui par une sentence inique — a fait périr mon frère aîné, — lord Aubrey Vere... Que dis-je? qui a fait périr mon père — au déclin d'une vie déjà bien avancée, — alors même que la nature l'amenait au seuil de la mort! — Non, Warwick, non. Tant que la vie soutiendra ce bras, — ce bras soutiendra la maison de Lancastre.

WARWICK.

— Et moi la maison d'York.

LE ROI LOUIS.

— Reine Marguerite, prince Édouard, et vous, Oxford, — veuillez, à notre requête, vous retirer à l'écart, — pendant que je prolongerai l'entretien avec Warwick.

LA REINE MARGUERITE.

— Dieu veuille que les paroles de Warwick ne l'ensorcellent pas!

Elle se retire à l'écart avec le prince et Oxford.

LE ROI LOUIS.

— Maintenant, Warwick, dis-moi, en conscience, —

Édouard est-il votre roi légitime? Car je répugnerais — à me lier avec un prince qui ne serait pas légitimement désigné.

WARWICK.

— J'engage sur sa légitimité ma réputation et mon honneur.

LE ROI LOUIS.

— Mais est-il agréable aux yeux du peuple?

WARWICK.

— Il l'est d'autant plus que Henry n'a pas été heureux.

LE ROI LOUIS.

— Encore un mot. Toute dissimulation mise à part, — dis-moi franchement la mesure de son amour — pour notre sœur Bonne.

WARWICK.

C'est un sentiment — digne d'un monarque comme lui. — Moi-même je l'ai souvent entendu dire et jurer — que son amour était une plante immortelle, — enracinée dans le terrain de la vertu, — qui multiplierait les feuilles et les fruits au soleil de sa beauté, — inaccessible au ressentiment, mais qui ne résisterait pas au dédain, — si madame Bonne ne le payait pas de retour.

LE ROI LOUIS.

— Maintenant, sœur, dites-nous votre résolution définitive.

BONNE.

— Consentement ou refus, votre réponse sera la mienne.

A Warwick.

— Pourtant j'avouerai que souvent déjà, — quand j'entendais vanter les mérites de votre roi, — mon oreille a incliné ma raison vers la sympathie.

LE ROI LOUIS.

— Eh bien, Warwick, voici : Notre sœur sera la femme

d'Édouard, — et à l'instant même sera dressé le contrat —stipulant le douaire que doit accorder votre roi, — et qui doit être proportionné à la dot qu'elle apportera... — Approchez, reine Marguerite, et soyez témoin — que Bonne est fiancée au roi d'Angleterre.

LE PRINCE DE GALLES.

— A Édouard, mais non au roi d'Angleterre.

LA REINE MARGUERITE.

— Astucieux Warwick, tu as imaginé — cette alliance pour faire échouer ma démarche. — Avant ton arrivée, Louis était l'ami de Henry.

LE ROI LOUIS.

— Il est encore son ami, comme celui de Marguerite. — Mais si vos droits à la couronne sont faibles, — comme les succès d'Édouard semblent l'indiquer, — il est tout juste que je sois dispensé — d'accorder le secours que je viens de promettre. — Pourtant vous aurez de moi tous les égards — que réclame votre rang et que le mien peut accorder.

WARWICK.

— Henry vit maintenant en Écosse fort à l'aise : — n'ayant rien, il ne peut rien perdre. — Et quant à vous, notre ci-devant reine, — vous avez un père capable de vous maintenir ; — et vous feriez mieux de vous mettre à sa charge qu'à celle du roi de France.

LA REINE MARGUERITE.

— Silence, impudent et éhonté Warwick, silence, — arrogant faiseur et démolisseur de rois ! — Je ne m'en irai pas d'ici que mes paroles et mes larmes, — pleines de sincérité, n'aient édifié le roi Louis — sur ton artificieuse intrigue et sur l'amour menteur de ton maître ; — car vous êtes tous des oiseaux de la même volée.

On entend le son d'un cor.

SCÈNE XII.

LE ROI LOUIS.

— Warwick, c'est quelque dépêche pour nous ou pour toi.

Entre un COURRIER.

LE COURRIER, à Warwick.

— Milord ambassadeur, cette lettre est pour vous ; — de la part de votre frère, le marquis de Montague...

Au roi Louis.

— Celle-ci pour Votre Majesté, de la part de notre roi.

A la reine Marguerite.

— Celle-ci pour vous, Madame : de quelle part, je l'ignore.

Tous lisent leurs lettres.

OXFORD.

— Je vois avec plaisir que notre belle reine et maîtresse — sourit à ses nouvelles, et que Warwick fait la grimace aux siennes.

LE PRINCE DE GALLES.

— Mais, voyez, Louis frappe du pied comme s'il était piqué au vif. — Tout est pour le mieux, j'espère.

LE ROI LOUIS.

— Warwick, quelles sont tes nouvelles ? Et les vôtres, belle reine ?

LA REINE MARGUERITE.

— Les miennes remplissent mon cœur d'une joie inespérée.

WARWICK.

— Les miennes ne rapportent que chagrin et mécontentement.

LE ROI LOUIS.

— Quoi ! votre roi a épousé lady Grey ! — Et à présent, voulant pallier votre imposture et la sienne, — il m'envoie ce papier pour m'inviter à la patience ! — Est-ce là l'alliance qu'il recherche avec la France ? — Ose-t-il nous narguer de cette insolente manière ?

LA REINE MARGUERITE.

— J'avais prévenu Votre Majesté de tout cela. — Voilà qui prouve l'amour d'Édouard et l'honnêteté de Warwick !

WARWICK.

— Roi Louis, je proteste ceans, à la face du ciel, — et par l'espoir que j'ai de la félicité céleste, — que je suis innocent de ce méfait d'Édouard. — Il n'est plus mon roi, car il me couvre de confusion, — et il en serait lui-même accablé, s'il était capable de voir son infamie. — Eh quoi ! j'avais oublié que la maison d'York — fût cause de la mort prématurée de mon père, — j'avais fermé les yeux sur l'outrage fait à ma nièce (49), — j'avais couronné Édouard du diadème royal, — j'avais dépouillé Henry des droits de sa naissance, — et j'en suis récompensé enfin par cette infamie ! — Eh bien, que l'infamie soit pour lui ! Car j'ai toujours droit à l'honneur. — Pour réparer mon honneur lésé par lui, — je le renie ici-même, et je retourne à Henry. — Ma noble reine, oublions les griefs passés, — et désormais je suis ton loyal serviteur ; — je veux venger l'affront fait à madame Bonne, — et restaurer Henry dans son ancien pouvoir.

LA REINE MARGUERITE.

— Warwick, ces paroles ont changé ma haine en amour ; — je pardonne et j'oublie entièrement les fautes anciennes, — et je suis heureuse que tu redeviennes l'ami du roi Henry.

WARWICK.

— Oui, certes, son ami, et son ami tellement sincère — que, si le roi Louis daigne nous fournir — quelques bandes de soldats d'élite, — j'entreprendrai de les débarquer sur nos côtes — et de renverser le tyran de son trône à main armée. — Ce n'est pas la nouvelle mariée qui pourra le secourir ; — et, quant à Clarence, on m'écrit ici — qu'il abandonnera probablement son frère, — après ce mariage conclu, par un caprice sensuel, en dépit de l'honneur, — de la grandeur et de la sécurité de notre pays.

BONNE.

— Cher frère, comment pourrais-tu mieux venger Bonne, — qu'en secourant cette reine en détresse?

LA REINE MARGUERITE.

— Cher frère, comment le pauvre Henry pourrait-il vivre, — si vous ne l'arrachez à l'affreux désespoir?

BONNE.

— Ma cause et celle de la reine d'Angleterre n'en font qu'une.

WARWICK.

— Et la mienne, belle madame Bonne, se confond avec la vôtre.

LE ROI LOUIS, à Warwick.

— Et la mienne avec la tienne, avec celle de Bonne, avec celle de Marguerite. — Enfin donc, j'y suis fermement résolu, — vous aurez mon aide.

LA REINE MARGUERITE.

— Laissez-moi vous en rendre humblement grâces.

LE ROI LOUIS.

— Donc, courrier d'Angleterre, retourne vite — dire au fourbe Édouard, ton roi supposé, — que Louis de France va lui envoyer des masques — pour entrer en danse avec lui et sa nouvelle épousée : — tu vois ce qui s'est passé, fais trembler le roi en le lui redisant.

BONNE.

— Dis-lui que, dans l'espoir de son veuvage prochain, — je porterai à son intention la guirlande de saule.

LA REINE MARGUERITE.

— Dis-lui que mes habits de deuil sont mis de côté, — et que je suis prête à revêtir mon armure.

WARWICK.

— Dis-lui de ma part qu'il m'a fait un affront, — et

qu'en revanche je le découronnerai, avant qu'il soit longtemps. — Voici pour ta récompense ; pars.

Le courrier sort.

LE ROI LOUIS.

Toi, Warwick, — et Oxford, avec cinq mille hommes, — vous allez traverser les mers, et livrer bataille au fourbe Édouard ; — puis, le moment venu, cette noble reine — et le prince vous rejoindront avec de nouveaux renforts. — Pourtant, avant de partir, tire-moi d'un doute : quelle garantie avons-nous de ton invariable loyauté ?

WARWICK.

— En voici une qui vous assurera ma loyauté immuable : — si notre reine et ce jeune prince y consentent, — j'unirai avec lui immédiatement, par les liens sacrés du mariage, — ma fille aînée, ma joie !

LA REINE MARGUERITE.

— Oui, j'y consens, et je vous remercie de votre motion. — Édouard, mon fils, elle est belle et vertueuse, — par conséquent n'hésite pas, donne ta main à Warwick, — et, avec ta main, ton irrévocable promesse — de n'avoir d'autre femme que la fille de Warwick.

LE PRINCE DE GALLES.

— Oui, je l'accepte, car elle le mérite, — et, pour gage de ma foi, voici ma main.

Il donne la main à Warwick.

LE ROI LOUIS.

— Qu'attendons-nous à présent ? Ces troupes vont être levées, — et toi, seigneur Bourbon, notre grand amiral, — tu les transporteras sur notre flotte royale. — Il me tarde qu'Édouard tombe sous les coups de la guerre, — pour avoir proposé à une dame de France ce mariage dérisoire.

Tous sortent excepté Warwick.

WARWICK.

— Je suis venu comme ambassadeur d'Édouard, — mais je m'en retourne son ennemi mortel et juré. — Il m'avait donné mission pour une affaire de mariage : — une guerre terrible sera la réponse à sa demande. — Étais-je donc le seul qu'il pût prendre pour mannequin ? — Eh bien, seul aussi je saurai tourner sa plaisanterie en douleur. — J'ai été le suprême agent de son élévation au trône : — je serai l'agent suprême de sa chute. — Non que je compatisse à la misère de Henry ; — mais je veux me venger de l'insulte d'Édouard.

Il sort.

SCÈNE XIII.

[Londres, Un palais.]

Entrent RICHARD, CLARENCE, SOMERSET, MONTAGUE et autres.

RICHARD.

— Dites-moi donc, frère Clarence, que pensez-vous de ce nouveau mariage avec lady Grey ? — Notre frère n'a-t-il pas fait un digne choix ?

CLARENCE

— Hélas ! vous savez qu'il y a loin d'ici en France ; — comment pouvait-il attendre jusqu'au retour de Warwick ?

SOMERSET.

— Milords, rompez cette conversation. Voici venir le roi.

Fanfare. Entrent LE ROI ÉDOUARD et sa suite ; LADY GREY, devenue LA REINE ÉLISABETH ; PEMBROKE, STAFFORD, HASTINGS et autres.

RICHARD.

Et sa digne compagne.

CLARENCE

— J'entends lui dire nettement ce que je pense.

LE ROI ÉDOUARD.

— Eh bieu, frère Clarence, quelle opinion avez-vous de notre choix? — Vous restez pensif, comme à demi mécontent.

CLARENCE.

— La même opinion que Louis de France et le comte de Warwick, — qui ont assez peu de courage et d'esprit — pour ne pas s'offenser de notre affront.

LE ROI ÉDOUARD.

— Supposons qu'ils s'offensent sans raison, — ils ne sont en somme que Louis et Warwick; et moi, je suis Édouard, — votre roi et celui de Warwick, et il faut que ma volonté soit faite.

RICHARD.

— Et elle se fera, parce que vous êtes notre roi : — pourtant un mariage précipité tourne rarement bien.

LE ROI ÉDOUARD.

— Oui-dà, frère Richard, vous êtes donc offensé, vous aussi ?

RICHARD.

Moi ! non ! — non ! à Dieu ne plaise que je désire séparer — ceux que Dieu a joints ensemble ! et certes ce serait dommage — de désunir ceux qui sont si bien appariés.

LE ROI ÉDOUARD.

— Mettant de côté vos sarcasmes et votre antipathie, — dites-moi pour quelle raison lady Grey — ne devait pas devenir ma femme et reine d'Angleterre. — Et vous aussi, Somerset et Montague, — dites franchement ce que vous pensez.

CLARENCE.

— Eh bien, mon opinion, c'est que le roi Louis — devient votre ennemi, parce que vous vous êtes moqué de

SCÈNE XIII.

lui — dans l'affaire du mariage avec madame Bonne.

RICHARD.

— Et Warwick, ayant fait ce que vous lui aviez commandé, — est désormais déshonoré par ce nouveau mariage.

LE ROI ÉDOUARD.

— Et si je parviens à apaiser Louis et Warwick — par quelque expédient de mon invention ?

MONTAGUE.

— N'importe : cette alliance, en nous unissant avec la France, — aurait fortifié notre empire — contre les orages étrangers bien mieux qu'un mariage contracté à l'intérieur.

HASTINGS.

— Eh quoi ! Montague ne sait-il pas que par elle-même — l'Angleterre est assurée contre tout danger, pour peu qu'elle reste fidèle à elle-même ?

MONTAGUE.

— Oui, mais elle est d'autant mieux assurée, quand elle a l'appui de la France.

HASTINGS.

— Mieux vaut dominer la France que se fier à elle. — Appuyons-nous sur Dieu et sur l'Océan — qu'il nous a donné comme un imprenable rempart, — et défendons-nous avec leur seul secours. — C'est en eux, et en nous-mêmes, qu'est notre salut.

CLARENCE.

— Rien que pour cette parole, lord Hastings mérite bien — d'avoir l'héritière de lord Hungerford !

LE ROI ÉDOUARD.

— Eh bien, après ? ce fut mon bon plaisir de la lui accorder ; — et pour cette fois mon bon plaisir fera loi.

RICHARD.

— Et cependant je ne crois pas que Votre Grâce ait

bien fait — de donner l'héritière et la fille de lord Scales — au frère de votre bien-aimée femme : — elle eût mieux convenu à Clarence ou à moi ; — mais vous enterrez l'amour fraternel dans votre femme.

CLARENCE.

— Autrement vous n'auriez pas concédé l'héritière — de lord Bonville au fils de votre nouvelle épousée, — et laissé vos frères chercher fortune ailleurs.

LE ROI ÉDOUARD

— Hélas ! pauvre Clarence ! c'est donc pour une femme — que tu te fâches ! Va, je te pourvoirai.

CLARENCE.

— En choisissant pour vous-même, vous avez montré votre discernement, — et il est si mince que vous me permettrez — de faire moi-même mes affaires ; — et, dans cette intention, je compte bientôt vous quitter.

LE ROI ÉDOUARD.

— Quitte-moi ou reste : Édouard sera roi, — et ne se laissera pas lier par la volonté de son frère.

LA REINE ÉLISABETH.

— Milords, avant qu'il plût à Sa Majesté — d'élever mon rang au titre de reine — (vous en conviendrez tous, pour peu que vous me rendiez justice), — je n'étais pas de naissance ignoble, — et de plus humbles que moi ont eu pareille fortune. — Mais, si cette élévation honore les miens et moi, — l'aversion que vous me témoignez, vous à qui je voudrais être agréable, — jette sur mon bonheur un nuage de dangers et de chagrins.

LE ROI ÉDOUARD.

— Mon amour, ne t'abaisse pas à flatter leur hostilité. — Quels dangers, quels chagrins peuvent t'atteindre, — tant qu'Édouard sera ton ami constant — et le légitime souverain auquel ils doivent obéir ? — Oui, il faut qu'ils m'obéissent et qu'ils t'aiment, — s'ils ne désirent pas encourir ma haine. — S'ils s'y exposent, je saurai te défendre, — et ils subiront la vengeance de ma colère.

RICHARD, à part.

— J'écoute, sans dire grand'chose, mais je n'en pense pas moins.

Entre UN MESSAGER.

LE ROI ÉDOUARD.

— Eh bien, messager, quelles lettres ou quelles nouvelles — de France?

LE MESSAGER.

— Pas de lettres, mon souverain seigneur ; mais seulement quelques paroles, — que je n'ose répéter, sans avoir obtenu votre pardon spécial.

LE ROI ÉDOUARD.

— Va, nous te pardonnons : ainsi, sans plus tarder, — répète-moi leurs paroles aussi fidèlement que tu peux te les rappeler. — Que répond le roi Louis à notre lettre?

LE MESSAGER.

— Voici les paroles mêmes qu'il m'a dites au départ : — *Va dire au fourbe Édouard, ton roi supposé, — que Louis de France va lui envoyer des masques — pour entrer en danse avec lui et sa nouvelle épousée.*

LE ROI ÉDOUARD.

— Louis est-il aussi insolent? On dirait qu'il me prend pour Henry ! — Mais qu'a dit madame Bonne de mon mariage?

LE MESSAGER.

— Voici ses paroles, prononcées avec un calme dédain : — *Dis-lui que, dans l'espoir de son veuvage prochain, — je porterai à son intention la guirlande de saule.*

LE ROI ÉDOUARD.

— Je ne la blâme pas ; elle ne pouvait guère dire moins, — c'est elle qui a été offensée. Mais qu'a dit la femme de Henry? — Car j'ai appris qu'elle était présente.

LE MESSAGER.

— *Dis-lui,* s'est-elle écriée, *que mes habits de deuil sont mis de côté,* — *et que je suis prête à revêtir mon armure.*

LE ROI ÉDOUARD.

— Il paraît qu'elle compte jouer à l'amazone. — Mais qu'a répliqué Warwick à ces injures ?

LE MESSAGER.

— Lui, plus indigné contre Votre Majesté — que tous les autres, il m'a congédié avec ces paroles : — *Dis-lui de ma part qu'il m'a fait un affront,* — *et qu'en revanche je le découronnerai avant qu'il soit longtemps.*

LE ROI ÉDOUARD.

— Ha ! le traître a osé proférer de si insolentes paroles ! — C'est bon ; me voici averti, je vais m'armer ; — ils auront la guerre, et ils paieront cher leur présomption. — Mais, dis-moi, Warwick est-il réconcilié avec Marguerite ?

LE MESSAGER.

— Oui, gracieux souverain ; ils sont liés par une telle amitié — que le jeune prince Édouard épouse la fille de Warwick.

CLARENCE.

— Probablement l'aînée : Clarence aura la cadette. — Sur ce, mon frère le roi, adieu, et tenez-vous bien ; — car je vais de ce pas demander la seconde fille de Warwick : — si je n'ai pas le trône, en mariage du moins, — je ne serai pas votre inférieur. — Que ceux qui aiment Warwick et moi me suivent.

Clarence sort, et Somerset le suit.

RICHARD, à part.

— Ce ne sera pas moi ; — mes vues portent plus loin. Moi, — je reste par amour, non pour Édouard, mais pour la couronne.

LE ROI ÉDOUARD.

— Clarence et Somerset partis tous deux pour aller rejoindre Warwick! — N'importe, je suis armé contre le pis qui puisse advenir ; — et la promptitude est nécessaire dans ce cas désespéré. — Pembroke, Stafford, allez en notre nom — lever des hommes et tout préparer pour la guerre : — ils seront bientôt débarqués, s'ils ne le sont déjà ; — moi-même je vais vous rejoindre immédiatement en personne.

Sortent Pembroke et Stafford.

— Mais, avant que je parte, Hastings, et vous, Montague, — tirez-moi d'un doute. Vous deux particulièrement, — vous tenez de près à Warwick par parenté et par alliance : — dites-moi donc si vous aimez mieux Warwick que moi. — Si cela est, allez tous deux à lui ; — je vous aime mieux ennemis qu'amis douteux ; — mais si vous entendez me rester loyalement soumis, — donnez-m'en l'assurance par un serment d'amitié, — afin que je ne vous aie jamais en suspicion.

MONTAGUE.

— Puisse Dieu ne protéger Montague que s'il vous est fidèle !

HASTINGS.

— Et Hastings que s'il défend la cause d'Édouard !

LE ROI ÉDOUARD.

— Et vous, frère Richard, tiendrez-vous pour nous?

RICHARD.

— Oui, en dépit de tous ceux qui tiendront contre vous.

LE ROI ÉDOUARD.

— C'est bien ; alors je suis sûr de la victoire. — Maintenant partons d'ici, et ne perdons par une heure, — que nous n'ayons atteint Warwick et son armée étrangère.

Ils sortent.

SCÈNE XIV.

[Une plaine dans le Warwickshire.]

Entrent WARWICK et OXFORD avec des troupes françaises et autres.

WARWICK.

— Croyez-moi, milord, tout jusqu'ici va bien. — Le peuple se joint en masse à nous.

Entrent CLARENCE et SOMERSET.

— Mais voyez, voici Somerset et Clarence qui viennent... — Répondez vite, milords, sommes-nous tous amis ?

CLARENCE.

— N'en doutez pas, milord.

WARWICK.

— Eh bien, gentil Clarence, sois le bienvenu auprès de Warwick ; — et toi aussi, Somerset. Je tiens pour couardise — de rester en défiance, alors qu'un noble cœur — a tendu une main toute grande ouverte en signe d'amitié. — Autrement je pourrais croire que Clarence, frère d'Édouard, — n'offre qu'une sympathie feinte à notre entreprise. — Mais sois le bienvenu, cher Clarence ; ma fille est à toi. — Et maintenant à l'œuvre ! profitons de l'ombre de la nuit : — ton frère est négligemment campé, — ses soldats sont épars dans les villes environnantes, — et il n'est gardé que par une simple escorte : — nous pouvons le surprendre et le faire prisonnier aisément. — Nos espions ont trouvé l'aventure très-facile. — De même qu'Ulysse et le vaillant Diomède — s'insinuèrent avec adresse et audace dans les tentes de Rhésus — et en ramenèrent les coursiers fatidiques de Thrace, — de même, bien couverts du noir manteau de la nuit, — nous pouvons fondre à l'improviste sur la garde d'Édouard, — et le saisir lui-même, je ne dis pas le tuer, — car je ne veux que le surprendre. — Vous tous qui voulez me suivre dans cette entreprise, — acclamez avec votre chef le nom de Henry.

Tous crient : Vive Henry !

— Eh bien donc, cheminons en silence. — Que Dieu et saint George protégent Warwick et ses amis !

Ils sortent.

SCÈNE XV.

[Le camp d'Édouard près de Warwick.]

Entrent PLUSIEURS SENTINELLES pour garder la tente du roi.

PREMIÈRE SENTINELLE.

— Avancez, mes maîtres ; que chaque homme prenne son poste ; — le roi est déjà étendu là et endormi.

DEUXIÈME SENTINELLE.

Quoi ! il ne se mettra pas au lit !

PREMIÈRE SENTINELLE.

— Non ; car il a fait le vœu solennel — de ne jamais se coucher ni prendre son repos normal, — jusqu'à ce que Warwick ou lui-même soit anéanti.

DEUXIÈME SENTINELLE.

— Demain donc sera sans doute la journée décisive, — si Warwick est aussi près qu'on le rapporte.

TROISIÈME SENTINELLE.

— Mais dis-moi, je te prie, quel est ce seigneur — qui repose ici avec le roi dans sa tente ?

PREMIÈRE SENTINELLE.

— C'est lord Hastings, le plus grand ami du roi.

TROISIÈME SENTINELLE.

— Ah vraiment ? mais pourquoi le roi ordonne-t-il — que ses principaux officiers logent dans les villes environnantes, — quand lui-même reste sur la froide terre ?

DEUXIÈME SENTINELLE.
— Il y a plus d'honneur, parce qu'il y a plus de danger.
TROISIÈME SENTINELLE.
— Oui-dà ; donne-moi le bien-être et le repos, — je les préfère à un dangereux honneur. — Si Warwick savait dans quelle position est le roi, — il y aurait à craindre qu'il ne vînt l'éveiller.
PREMIÈRE SENTINELLE.
— Si nos hallebardes ne lui fermaient le passage.
DEUXIÈME SENTINELLE.
— Oui ; pourquoi gardons-nous sa tente royale, — sinon pour défendre sa personne des ennemis nocturnes ?

Entrent WARWICK, CLARENCE, OXFORD, SOMERSET, avec des troupes.

WARWICK.
— Voici sa tente ; et voyez, là est postée sa garde. — Courage, mes maîtres : l'honneur maintenant ou jamais ! Suivez-moi seulement, et Édouard est à nous.
PREMIÈRE SENTINELLE.
Qui va là ?
SECONDE SENTINELLE.
Arrête, ou tu es mort.

Warwick et ses soldats crient tous : Warwick ! Warwick ! et tombent sur la garde d'Édouard, qui fuit en criant : Aux armes ! aux armes ! Warwick et les siens la poursuivent. Le tambour bat, et les trompettes sonnent. Warwick et les siens reviennent, amenant le roi Édouard en robe de nuit, assis dans une chaise. Glocester et Hastings fuient.

SOMERSET.
Qui sont ceux qui fuient là-bas ?
WARWICK.
— Richard et Hastings : laissons-les aller, voici le duc.
LE ROI ÉDOUARD.
— Le duc ! ah ! Warwick, la dernière fois que nous nous sommes quittés, — tu m'appelais le roi.

WARWICK.

Oui, mais la situation a changé. — Du moment que vous m'avez déshonoré dans mon ambassade, — moi, je vous ai dégradé du titre de roi, — et je viens maintenant vous créer duc d'York. — Hélas! comment pourriez-vous gouverner un royaume, — vous qui ne savez pas faire un usage convenable des ambassadeurs, — ni vous contenter d'une seule épouse, — ni traiter fraternellement vos frères, — ni travailler au bien-être du peuple, — ni vous mettre à couvert de vos ennemis?

LE ROI ÉDOUARD.

— Oui-dà, frère Clarence, te voilà donc aussi? — Alors je vois bien qu'Édouard doit succomber. — Pourtant, Warwick, en dépit de tous les revers, — de toi-même et de tous tes complices, — Édouard se comportera toujours en roi. — La perfidie de la fortune aura beau renverser mon pouvoir; — mon âme dépasse le cercle de sa roue.

WARWICK, lui ôtant sa couronne.

— Qu'Édouard reste donc roi d'Angleterre en imagination. — C'est Henry qui désormais portera la couronne d'Angleterre; — il sera le roi en réalité; toi, tu n'en es plus que l'ombre. — Mlord de Somerset, à ma requête, — faites immédiatement conduire le duc Édouard — à mon frère l'archevêque d'York. — Quand j'aurai livré bataille à Pembroke et à ses compagnons, — je vous rejoindrai, et je ferai connaître à Édouard — la réponse que lui envoient Louis et madame Bonne. — Jusque-là, adieu, bon duc d'York.

LE ROI ÉDOUARD.

— Il faut que les hommes subissent ce qu'imposent les destins : — il est superflu de lutter contre vent et marée.

On emmène le roi Édouard, Somerset l'accompagne.

OXFORD.

— Il ne nous reste plus, milord, — qu'à marcher sur Londres avec nos soldats.

WARWICK.

— Oui, c'est la première chose que nous ayons à faire : — délivrons le roi Henry de sa prison, — et faisons-le asseoir sur le trône royal.

Ils sortent.

SCÈNE XVI.

[Londres. Un palais.]

Entrent LA REINE ÉLISABETH et RIVERS.

RIVERS

— Madame, qu'est-ce qui cause en vous ce changement soudain ?

LA REINE ÉLISABETH.

— Comment ! mon frère Rivers, en êtes-vous encore à apprendre — le malheur qui vient d'arriver au roi Édouard ?

RIVERS.

— Quoi ! la perte de quelque bataille rangée avec Warwick ?

LA REINE ÉLISABETH.

— Non, mais la perte de sa royale personne.

RIVERS

Mon souverain est-il donc tué ?

LA REINE ÉLISABETH.

— Oui, presque, car il est prisonnier ; — soit qu'il ait été livré par une trahison de sa garde, — soit qu'il ait été surpris à l'improviste par son ennemi. — Et, à ce que j'ai appris en outre, — il vient d'être commis à la garde de l'évêque d'York, — frère de l'inflexible Warwick, et partant notre ennemi.

SCÈNE XVI.

RIVERS.

— Ces nouvelles sont bien douloureuses, je dois le confesser ; — cependant, gracieuse madame, supportez ce malheur de votre mieux : — Warwick, qui aujourd'hui a gagné la victoire, peut la perdre demain.

LA REINE ÉLISABETH

— Jusque-là la douce espérance défendra mon existence de l'abattement. — Au surplus, je dois me sevrer de tout découragement, — par amour pour l'enfant d'Édouard que je porte dans mon sein. — Voilà pourquoi je mets un frein à mon émotion, — et je supporte avec résignation la croix de mon infortune. — Oui, oui, c'est pour cela que je dévore tant de larmes — et que je comprime tant de soupirs brûlants, — de peur que soupirs ou larmes ne flétrissent ou ne noyent — le fruit du roi Édouard, le légitime héritier de la couronne d'Angleterre.

RIVERS.

— Mais, madame, qu'est donc devenu Warwick ?

LA REINE ÉLISABETH.

— J'apprends qu'il marche sur Londres, — pour replacer la couronne sur la tête de Henry : — devine le reste ; les amis du roi Édouard doivent plier. — Mais pour prévenir la violence du tyran — (car qui a une fois rompu son serment ne mérite plus confiance), — je vais de ce pas dans un sanctuaire, — afin de sauver du moins l'héritier des droits d'Édouard ; — là je serai à l'abri de la force et de la fraude. — Venez donc, fuyons, tandis que nous pouvons fuir ; — si Warwick nous prend, nous sommes sûrs de mourir.

Ils sortent.

SCÈNE XVII

[Un parc près du château de Middleham, dans l'Yorkshire.]

Entrent RICHARD, HASTINGS, SIR WILLIAM STANLEY, et autres.

RICHARD.

— Maintenant, milord Hastings, et vous, sir William Stanley, — ne vous étonnez plus si je vous ai amenés ici — dans le taillis le plus épais de ce parc. — Voici la situation : vous savez que notre roi, mon frère, — est ici prisonnier de l'évêque, qui a pour lui — des égards et lui accorde une grande liberté. — Souvent, gardé par une faible escorte, — il vient chasser de ce côté pour se distraire. — Je l'ai averti par un moyen secret — que, s'il veut, vers cette heure, cheminer par ici, — sous couleur de chasser comme d'habitude, — il trouvera ici ses amis, avec un cheval et des hommes, — prêts à l'affranchir de sa captivité.

Entrent LE ROI ÉDOUARD et un CHASSEUR.

LE CHASSEUR.

— Par ici, milord; c'est par ici qu'est le gibier.

LE ROI ÉDOUARD.

— Non, par ici, l'ami ; vois où sont les chasseurs. — Eh bien, frère de Glocester, lord Hastings, et vous tous, — êtes-vous embusqués ici pour braconner chez l'évêque ?

RICHARD.

— Frère, le moment et les circonstances exigent la célérité, — votre cheval attend au coin du parc.

LE ROI ÉDOUARD.

— Mais où donc irons-nous ?

HASTINGS.

— A Lynn, milord ; et là nous nous embarquerons pour la Flandre !

RICHARD.

— C'est bien pensé, croyez-moi ; car telle était mon idée.

LE ROI ÉDOUARD.

— Stanley, je récompenserai ton zèle.

RICHARD.

— Mais pourquoi tardons-nous ? Ce n'est pas le moment de causer.

LE ROI ÉDOUARD.

— Chasseur, qu'en dis-tu ? Veux-tu partir avec nous ?

LE CHASSEUR.

— Mieux vaut cela que de rester et d'être pendu.

RICHARD.

— En route donc ; plus de verbiage.

LE ROI ÉDOUARD.

— Évêque, adieu ; gare la colère de Warwick, — et prie pour que je ressaisisse la couronne.

Ils sortent (54).

SCÈNE XVIII.

[La Tour de Londres.]

Entrent LE ROI HENRY, CLARENCE, WARWICK, SOMERSET, LE JEUNE RICHMOND, OXFORD, MONTAGUE, LE LIEUTENANT DE LA TOUR, et les gens de la suite.

LE ROI HENRY.

— Maître lieutenant, maintenant que Dieu et mes amis — ont renversé Édouard du trône royal — et changé ma captivité en liberté, — mon inquiétude en espérance, mes chagrins en joies, — que t'est-il dû au moment de notre élargissement ?

LE LIEUTENANT DE LA TOUR.

— Les sujets n'ont rien à réclamer de leurs souverains ;

mais, si une humble prière peut être efficace, — j'implore mon pardon de Votre Majesté.

LE ROI HENRY.

— Pourquoi, lieutenant ? pour m'avoir bien traité ? — Ah ! sois sûr que je récompenserai largement ta sollicitude ; — car elle a fait de mon emprisonnement un plaisir, — oui, ce plaisir que les oiseaux en cage — ressentent, quand, après maintes pensées mélancoliques, — ils parviennent, dans les accords d'une intime harmonie, — à oublier tout à fait la perte de leur liberté. — Mais, après Dieu, Warwick, c'est à toi que je dois ma délivrance ; — aussi c'est à Dieu et à toi tout d'abord que j'en rends grâces : — il en a été l'auteur, toi l'instrument. — Aussi, voulant triompher des rigueurs de la fortune — par l'humilité d'une existence où la fortune ne pourra me frapper, — et voulant que le peuple de cette terre bénie — ne soit plus désormais puni de ma mauvaise étoile, — Warwick, bien que ma tête continue à porter la couronne, — je te remets ici le gouvernement, — car tu es fortuné dans tous tes actes.

WARWICK.

— Votre Grâce a toujours été renommée pour sa vertu, — et maintenant elle fait preuve de sagesse autant que de vertu, — en se dérobant par sa prévoyance aux coups de la fortune ; — car peu d'hommes savent se plier à leur étoile. — Laissez-moi pourtant reprocher une chose à Votre Grâce, — c'est de me choisir quand Clarence est là.

CLARENCE.

— Non, Warwick, tu es digne du pouvoir, — toi à qui les cieux, dès ta nativité, — adjugèrent la branche d'olivier et la couronne de laurier, — gage d'un bonheur égal dans la paix et dans la guerre ; — et voilà pourquoi je te donne mon libre suffrage.

WARWICK.
— Et moi je choisis Clarence pour protecteur unique.
LE ROI HENRY.
— Warwick et Clarence, donnez-moi tout deux vos mains. — Maintenant joignez vos mains, et avec vos mains vos cœurs, — afin qu'aucune dissension n'entrave le gouvernement. — Je vous fais tous deux protecteurs de ce royaume, — pendant que moi-même je resterai dans la vie privée, — et que dans la dévotion je consacrerai mes derniers jours — à expier le péché et à glorifier mon Créateur.
WARWICK.
— Que répond Clarence au vœu de son souverain?
CLARENCE.
— Qu'il consent, si Warwick accorde son consentement, — car je me repose sur ta fortune.
WARWICK.
— Eh bien donc, je dois consentir, quoiqu'à regret. — Nous serons attelés ensemble, comme les deux ombres — de la personne de Henry, et nous le remplacerons; — je veux dire que nous porterons le poid du gouvernement, — tandis qu'il en aura l'honneur dans le repos. — Maintenant, Clarence, il est absolument nécessaire — que sur-le-champ Édouard soit déclaré traître, — et que tous ses domaines et ses biens soient confisqués.
CLARENCE.
— Et quoi encore? que sa succession soit ouverte.
WARWICK.
— Oui, et certes Clarence en aura sa part.
LE ROI HENRY.
— Mais, avant toute autre affaire, — laissez-moi vous supplier, car je ne commande plus, — de faire revenir de France au plus vite — Marguerite, votre reine, et mon fils Édouard; — car, jusqu'à ce que je les voie, une inquiétude

pleine de doutes — éclipse à demi la joie de ma délivrance.

CLARENCE.

— Cela sera fait au plus vite, mon suzerain.

LE ROI HENRY.

— Milord de Somerset, quel est ce jouvenceau — pour qui vous semblez avoir une si tendre sollicitude?

SOMERSET.

— Mon suzerain, c'est le jeune Henry, comte de Richmond.

LE ROI HENRY.

— Viens ici, espoir de l'Angleterre.

Il met la main sur la tête de Richmond.

Si c'est bien la vérité — que de mystérieuses puissances suggèrent à ma pensée prophétique, — ce charmant garçon fera la félicité de notre pays. — Son regard est plein d'une majesté paisible, — sa tête a été formée par la nature pour porter une couronne, — sa main pour brandir un sceptre, et lui-même — est appelé à orner un jour le trône des rois. — Rendez-lui hommage, milords, car il est prédestiné à vous faire plus de bien que je ne vous ai fait de mal.

Entre un Messager.

WARWICK.

— Quelle nouvelle, mon ami?

LE MESSAGER.

— Édouard s'est échappé de chez votre frère, — et s'est enfui, m'a-t-on dit depuis, en Bourgogne.

WARWICK.

— Désagréable nouvelle! Mais comment s'est faite son évasion?

LE MESSAGER.

— Il a été emmené par Richard, duc de Glocester, — et lord Hastings, qui l'attendaient — dans une secrète embuscade sar la lisière de la forêt, — et qui l'ont enlevé aux chasseurs de l'évêque ; — car la chasse était son exercice journalier.

WARWICK.

— Mon frère a été trop négligent dans l'accomplissement de sa charge. — Mais partons d'ici, mon souverain, et cherchons d'avance — un remède à tous les maux qui peuvent nous atteindre.

Sortent le roi Henry, Warwick, Clarence, le lieutenant de la Tour et les gens de la suite.

SOMERSET.

— Milord, je n'aime guère cette fuite d'Édouard. — Car sans nul doute le Bourguignon lui prêtera secours, — et nous aurons de nouvelles guerres avant qu'il soit longtemps. — Si l'heureuse prédiction que Henry vient de faire — sur l'avenir de ce jeune Richmond, a réjoui mon cœur, — je n'ai pas moins au cœur la crainte que dans ces conflits — il ne lui arrive malheur, ainsi qu'à nous. — Ainsi, lord Oxfort, pour prévenir une catastrophe, — nous allons de ce pas l'envoyer en Bretagne — jusqu'à ce que les orages de la discorde civile soient passés.

OXFORD.

— Oui, car si Édouard ressaisit la couronne, — il est probable que Richmond sera sacrifié avec les autres.

SOMERSET.

— C'est cela : il partira pour la Bretagne. — Venez donc, et agissons vite.

Ils sortent.

SCÈNE XIX.

[Devant York(55).]

Entrent LE ROI ÉDOUARD, RICHARD, HASTINGS et des troupes.

LE ROI ÉDOUARD.

— Vous le voyez, frère Richard, lord Hastings, et vous tous, — la fortune nous a fait jusqu'ici réparation, — et elle déclare qu'une fois de plus j'échangerai — ma détresse contre la couronne royale de Henry. — Nous avons heureusement passé et repassé les mers, — et ramené de Bourgogne le secours désiré. — Maintenant que nous sommes arrivés — du havre de Ravenspurg devant les portes d'York, — nous n'avons plus qu'à rentrer dans notre domaine ducal.

RICHARD.

— Les portes fermées! Frère, cela ne me plaît guère. — Car souvent qui trébuche au seuil — a raison de craindre quelque danger caché dans l'intérieur.

LE ROI ÉDOUARD.

— Bah! mon cher, les présages ne doivent plus nous effrayer maintenant : — de gré ou de force, il faut que nous entrions, — car c'est là que nous rejoindrons nos amis.

HASTINGS.

— Mon suzerain, je vais frapper encore une fois pour les sommer.

Entrent sur les remparts de la ville LE MAIRE D'YORK et ses collègues.

LE MAIRE.

— Milord, nous avons été prévenus de votre arrivée, — et nous avons fermé les portes pour notre sûreté; — car maintenant nous devons allégeance à Henry.

LE ROI ÉDOUARD.

— Mais, monsieur le maire, si Henry est votre roi, — Édouard est, pour le moins, duc d'York.

LE MAIRE.

— C'est juste, mon bon seigneur; je vous reconnais pour tel.

LE ROI ÉDOUARD.

— Eh bien, je ne réclame que mon duché, — comme étant parfaitement disposé à m'en contenter.

SCÈNE XIX.

RICHARD, à part.

— Mais une fois que le renard aura fourré son museau, — il trouvera bientôt moyen de faire suivre tout le corps.

HASTINGS.

— Eh bien, monsieur le maire, pourquoi hésitez-vous ainsi? — Ouvrez les portes; nous sommes amis du roi Henry.

LE MAIRE.

— Ah! vraiment? Alors les portes vont être ouvertes.

Il se retire des remparts avec ses collègues.

RICHARD.

— Voilà un capitaine considérablement habile et bientôt persuadé!

HASTINGS.

— Le bon vieillard croit volontiers que tout est au mieux, — si tout va bien pour lui; mais, une fois entrés, — je ne doute pas que nous ne l'amenions vite, — lui et ses confrères, à la raison.

Le maire et deux aldermen reparaissent au bas des remparts.

LE ROI ÉDOUARD.

—Bien, monsieur le maire : ces portes ne doivent être fermées — que la nuit ou en temps de guerre... — Allons, ne crains rien, l'ami, et livre-moi les clefs.

Il lui prend les clefs de la ville.

— En effet, Édouard entend défendre la ville, et toi, — et tous ces amis qui daignent me suivre.

Tambour. Entrent MONTGOMERY et des troupes. Marche militaire.

RICHARD.

— Frère, voici sir John Montgomery, — notre fidèle ami, si je ne me trompe.

LE ROI ÉDOUARD.

— Soyez le bienvenu, sir John. Mais pourquoi venez-vous en armes?

MONTGOMERY.

— Pour secourir le roi Édouard en ce temps d'orages, — comme doit le faire tout sujet loyal.

LE ROI ÉDOUARD.

— Merci, bon Montgomery. Mais maintenant nous devons oublier — nos titres à la couronne, et ne réclamer — que notre duché, jusqu'à ce qu'il plaise à Dieu de nous envoyer le reste.

MONTGOMERY.

— Alors adieu, car je vais repartir. — Je suis venu servir un roi, et non un duc. — Battez, tambour, et reprenons notre marche.

On commence la marche.

LE ROI ÉDOUARD.

— Non! arrêtez un peu, sir John ; et nous allons examiner — par quels moyens sûrs la couronne pourrait être recouvrée.

MONTGOMERY.

— Que parlez-vous d'examiner? Soyons bref : — si vous ne voulez pas ici même vous proclamer notre roi, — je vous abandonne à votre fortune, et je vais — faire rebrousser chemin à ceux qui viennent vous secourir. — Pourquoi combattrions-nous, si vous ne revendiquez aucun titre?

RICHARD.

— Allons, frère, pourquoi vous arrêter à des subtilités?

LE ROI ÉDOUARD.

— Quand nous serons plus fort, nous ferons notre réclamation ; — jusque-là, il y a sagesse à cacher nos desseins.

HASTINGS.

— Arrière les scrupules! Aujourd'hui c'est aux armes à décider.

RICHARD.

— Et ce sont les intrépides qui atteignent le plus vite

SCÈNE XIX.

à la couronne. — Frère, nous allons vous proclamer d'office ; — et le seul bruit de cette proclamation vous amènera nombre d'amis.

LE ROI ÉDOUARD.

— Qu'il en soit donc ce que vous voudrez ; car j'ai le droit pour moi, — et Henry ne fait qu'usurper le diadème.

MONTGOMERY.

— Oui, maintenant mon souverain tient un langage digne de lui ; — et maintenant je veux être le champion d'Édouard !

HASTINGS.

— Sonnez, trompette. Édouard va être proclamé ici même. — Allons, camarade, fais la proclamation.

Il remet un papier à un soldat. Fanfare.

LE SOLDAT, lisant.

Édouard IV, par la grâce de Dieu, roi d'Angleterre et de France, et lord d'Irlande, etc.

MONTGOMERY.

— Et quiconque conteste le droit du roi Édouard — je le défie céans en combat singulier.

Il jette à terre son gantelet.

TOUS.

Vive Édouard IV !

LE ROI ÉDOUARD.

— Merci, brave Montgomery ; et merci à vous tous. — Si la fortune me sert, je récompenserai ce dévouement. — Pour cette nuit, nous logerons ici, à York ; — et dès que le soleil matinal élèvera son char — au-dessus de cet horizon, nous marcherons sur Warwick et sa bande ; — car, pour Henry, je sais qu'il n'est point soldat. — Ah ! revêche Clarence ! qu'il te sied mal — de flatter Henry et d'abandonner ton frère ! — N'importe ! Nous tiendrons tête de notre mieux à Warwick et à toi. — En avant, braves soldats ! comptez sur la victoire ; — et, la victoire une fois obtenue, comptez sur une large paie.

Ils sortent.

SCÈNE XX.

[Londres. Le palais de Lambeth.]

Entrent LE ROI HENRY, WARWICK, CLARENCE, MONTAGUE, EXETER, et OXFORD.

WARWICK.

— Que conseillez-vous, milords? Édouard, parti de Belgique — avec un tas d'Allemands impétueux et de Hollandais stupides, — a traversé sain et sauf le détroit, — et avec ses troupes il marche droit sur Londres ; — et nombre d'étourdis se joignent à lui.

OXFORD.

— Faisons une levée, et repoussons-le.

CLARENCE.

— Un feu léger est vite étouffé : — si vous le laissez faire, des rivières ne sauraient l'éteindre.

WARWICK.

— J'ai dans le Warwickshire des amis loyaux, — qui, sans être mutins dans la paix, sont hardis à la guerre ; — je vais les réunir. Toi, fils Clarence, — dans les comtés de Suffolk, de Norfolk et de Kent, tu presseras — les chevaliers et les gentilshommes de se joindre à toi. — Toi, frère Montague, dans les comtés de Buckingham, — de Northampton et de Leicester, tu trouveras — des hommes tout disposés à se rendre à ton commandement ; — et toi, brave Oxford, qui est si prodigieusement aimé — dans l'Oxfordshire, tu y réuniras tes amis. — Quant à mon souverain, qu'entourent les citoyens dévoués, — comme les mers ceignent cette île, — comme les nymphes font cercle autour de la chaste Diane, — il restera à Londres, jusqu'à ce que nous venions l'y trouver. — Beaux seigneurs, prenez congé du roi, et partez sans répliquer. — Adieu, mon souverain.

LE ROI HENRY.

— Adieu, mon Hector, ferme espoir de mon Ilion.

CLARENCE.

— En signe de fidélité je baise la main de Votre Altesse.

LE ROI HENRY.

— Loyal Clarence, sois fortuné.

MONTAGUE.

— Courage, milord !... Sur ce, je prends congé.

OXFORD, baisant la main de Henry.

— Et ainsi je scelle ma foi, en vous disant adieu.

LE ROI HENRY.

— Cher Oxford, bien-aimé Montague, — et vous tous, encore une fois, adieu ! Soyez heureux !

WARWICK.

— Adieu, chers lords : rejoignons-nous à Coventry.

Sortent Warwick, Clarence, Oxford et Montague.

LE ROI HENRY.

— Je vais me reposer un moment ici au palais. — Cousin d'Exeter, que pense Votre Seigneurie ? — Je crois que les forces mises en campagne par Édouard — ne sont pas en état de résister aux miennes.

EXETER.

— Il est à craindre qu'il n'entraîne les autres.

LE ROI HENRY.

— Ce n'est pas là mon inquiétude ; ma conduite m'a fait assez connaître. — Je n'ai pas fermé l'oreille aux demandes du peuple, — ni ajourné ses suppliques par longs délais ; — ma pitié a été pour ses blessures un baume salutaire ; — ma bonté a tempéré l'excès de ses maux ; — ma merci a séché ses larmes qui débordaient ; — je n'ai pas convoité ses richesses ; — je ne l'ai pas accablé de gros subsides ; — en dépit de ses égarements, je n'ai pas été avide de vengeance. — Pourquoi donc aimerait-il Édouard plus que moi ? — Non, Exeter ; tant de bonnes grâces provoquent la bonne grâce ; — et, quand le lion caresse l'agneau, — l'agneau ne cesse pas de le suivre.

Cris au dedans du théâtre : Lancastre ! Lancastre !

EXETER.

— Écoutez, écoutez, milord ! Quels sont ces cris ?

Entrent LE ROI ÉDOUARD, GLOCESTER et des soldats.

LE ROI ÉDOUARD.

— Qu'on saisisse ce Henry à la face vile, qu'on l'emmène d'ici, — et qu'on nous proclame de nouveau roi d'Angleterre.

Au roi Henry.

— Tu étais la source d'où découlaient maints menus ruisseaux ; — maintenant que ton cours s'arrête, mon Océan va les absorber — et se grossir de leurs flots... — Qu'on l'emmène à la Tour, sans le laisser parler.

Des soldats sortent avec le roi Henry.

— Et maintenant, milords, dirigeons notre marche sur Coventry, — où est en ce moment le péremptoire Warwick. — Le soleil brille ardemment ; si nous tardons, — la froide morsure de l'hiver détruira notre récolte tant espérée.

GLOCESTER.

— Partons vite, avant qu'il ait réuni ses forces, — et surprenons brusquement ce grand traître. — Braves guerriers, marchons droit sur Coventry.

Ils sortent.

SCÈNE XXI.

[Coventry.]

Entrent sur les remparts WARWICK, LE MAIRE DE COVENTRY, DEUX MESSAGERS *et autres.*

WARWICK.

— Où est le courrier venu de la part du vaillant Oxford? — A quelle distance est ton maître, mon honnête ami?

PREMIER MESSAGER.

— Il doit être à Dunsmore, marchant vers nous.

WARWICK.

— A quelle distance est notre frère Montague? — Où est le courrier venu de la part de Montague?

DEUXIÈME MESSAGER.

— Il doit être à Daintry, avec un puissant renfort.

Entre SIR JOHN SOMERVILLE.

WARWICK.

— Eh bien, Somerville, que dit mon bien-aimé gendre? — Et, d'après ton calcul, à quelle proximité est maintenant Clarence?

SOMERVILLE.

— Je l'ai laissé à Southam avec ses forces, — et je l'attends ici dans deux heures environ.

Roulement de tambour.

WARWICK.

— En ce cas, Clarence est tout près; j'entends son tambour.

SOMERSET.

— Ce n'est pas le sien, milord : Southam est par ici; — le tambour que Votre Honneur entend vient du côté de Warwick.

WARWICK.

— Qui cela peut-il être? Sans doute des amis inattendus!

SOMERSET.

— Ils arrivent, et vous allez le savoir.

Tambours. Entrent LE ROI ÉDOUARD, RICHARD et leurs troupes. Marche militaire.

LE ROI ÉDOUARD.

— Trompette, approche des remparts, et sonne une chamade.

RICHARD.

— Vois donc le sinistre Warwick en sentinelle sur le rempart.

WARWICK.

— Oh! contre-temps imprévu! le libertin Édouard est déjà arrivé! — Où donc ont dormi nos éclaireurs, ou comment ont-ils été séduits, — que nous n'avons pas été prévenus de son approche?

LE ROI ÉDOUARD.

— Maintenant, Warwick, ouvre les portes de la ville, — dis-moi de bonnes paroles, fléchis humblement le genou. — Appelle Édouard ton roi, implore sa merci, — et il te pardonnera ces outrages.

WARWICK.

— Non! Toi-même éloigne d'ici tes troupes, — salue celui qui t'a élevé et renversé, — appelle Warwick ton patron, sois repentant, — et tu pourras encore rester le duc d'York.

RICHARD.

— J'ai cru qu'au moins il allait dire roi : — est-ce une plaisanterie qu'il a faite sans le vouloir?

WARWICK.

— Messire, un duché n'est-il pas un assez beau cadeau?

RICHARD.

— Oui, ma foi, présenté surtout par un pauvre comte.
— Je te saurai gré de ce superbe présent.

WARWICK.

— C'est moi qui ai donné le royaume à ton frère.

LE ROI ÉDOUARD.

— Il est donc à moi, ne fût-ce que comme don de Warwick.

WARWICK.

— Tu n'es pas l'Atlas qu'il faut à un si grand fardeau ; — et, voyant ta faiblesse, Warwick te reprend ce don. — Henry est mon roi, Warwick est son sujet.

LE ROI ÉDOUARD.

— Mais le roi de Warwick est prisonnier d'Édouard. — Et dis-moi, vaillant Warwick, — qu'est-ce que le corps sans la tête ?

RICHARD.

— Hélas! pourquoi Warwick n'est-il pas plus clairvoyant ? — Tandis qu'il cherchait à escamoter un simple dix, — doucement on soutirait le roi du jeu ! — Vous aviez laissé le pauvre Henry au palais de l'évêque, — et je parie dix contre un que vous le retrouverez à la Tour.

LE ROI ÉDOUARD.

— C'est vrai ; mais vous, vous êtes toujours Warwick.

RICHARD.

— Allons, Warwick, saisis le moment : à genoux, à genoux ! — Pas encore ? quand donc ? Va, bats le fer tandis qu'il est chaud.

WARWICK.

— J'aimerais mieux me couper cette main d'un seul coup — et avec l'autre te la jeter à la face — que de m'humilier au point de baisser pavillon devant toi.

LE ROI ÉDOUARD.

— Navigue comme tu voudras ; aie pour toi le vent et la

marée; — cette main, serrée autour de ta noire chevelure, — doit, soulevant ta tête chaude encore et fraîchement coupée, — écrire cette sentence dans la poussière avec ton sang : — Le trop changeant Warwick ne pourra plus changer désormais.

Entre OXFORD, tambour battant, enseignes déployées.

WARWICK.

— O réjouissantes couleurs ! voyez, voici Oxford qui vient.

OXFORD.

— Oxford, Oxford, pour Lancastre !

OXFORD et ses forces entrent dans la ville.

RICHARD.

— Les portes sont ouvertes ; entrons, nous aussi.

LE ROI ÉDOUARD.

— D'autres ennemis pourraient nous tomber sur le dos. — Restons ici en bon ordre ; car, sans doute, ils vont faire une sortie et nous livrer bataille ; — sinon, la Cité ne pouvant opposer qu'une faible défense, — nous irons bien vite y secouer les traîtres.

WARWICK.

— Oh! sois le bienvenu, Oxford! car nous avons besoin de ton aide.

Entre MONTAGUE, tambour battant, enseignes déployées.

MONTAGUE.

— Montague, Montague, pour Lancastre !

Il entre dans la Cité avec ses forces.

RICHARD.

— Toi et ton frère, vous paierez cette trahison — du sang le plus précieux qui coule dans vos veines.

LE ROI ÉDOUARD.

— Plus rude est l'opposition, plus grande est la victoire; — mon âme a le pressentiment d'un heureux succès et d'un triomphe.

<small>Entre SOMERSET, tambour battant, enseignes déployées.</small>

SOMERSET.

— Somerset, Somerset, pour Lancastre!

<small>Il entre dans la Cité avec ses forces.</small>

RICHARD.

— Deux ducs de ton nom, deux Somerset, — ont été immolés à la maison d'York; — tu seras le troisième, si cette épée tient bon.

<small>Entre CLARENCE, tambour battant, enseignes déployées.</small>

WARWICK.

— Et voyez! voici George de Clarence qui s'avance — avec des forces suffisantes pour livrer bataille à son frère. — Chez lui un zèle légitime pour le droit l'emporte — sur l'instinct de l'amour fraternel. — Viens, Clarence, viens; réponds à l'appel de Warwick!

<small>CLARENCE, arrachant la rose rouge de son chapeau.</small>

— Mon père de Warwick, sais-tu ce que cela signifie?
— Eh bien, vois, je te rejette mon infamie à la face. — Je ne veux pas ruiner la maison de mon père, — cette maison dont il cimenta les pierres avec son sang, — et faire la grandeur de Lancastre. Çà, crois-tu donc, Warwick, — que Clarence soit assez dur, assez brutal, assez dénaturé, — pour tourner les fatales machines de guerre — contre son frère et son roi légitime? — Peut-être m'objecteras-tu mon serment sacré. — En tenant ce serment-là, je serais plus impie — que Jephté quand il sacrifia sa fille. — Je déplore tellement ma faute passée que, — pour bien mériter désormais de mon frère, — je me proclame ici ton ennemi mortel; — bien résolu, partout où je te rencontrerai — (et je suis sûr de te rencontrer, pour peu que tu te hasardes

au dehors), — à te punir de m'avoir si criminellement égaré. — Sur ce, fier Warwick, je te défie, — et je tourne vers mon frère mon visage rougissant. — Pardonne-moi, Édouard, je veux faire amende honorable ; — et toi, Richard, ne regarde plus mes fautes avec colère, — car désormais je ne serai plus inconstant.

LE ROI ÉDOUARD.

— Sois le bienvenu : nous t'aimons dix fois plus — que si tu n'avais jamais mérité notre haine.

RICHARD.

— Bienvenu, bon Clarence ; c'est agir en frère !

WARWICK.

— O traître éhonté ! déloyal parjure !

LE ROI ÉDOUARD.

— Eh bien, Warwick, veux-tu quitter la ville et combattre ? — Ou faudra-t-il que nous fassions voler les pierres à tes oreilles ?

WARWICK.

— Pardieu, je ne m'enferme pas ici pour me défendre. — Je vais me porter de ce pas sur Barnet, — et t'offrir le combat, Édouard, si tu oses l'accepter.

LE ROI ÉDOUARD.

— Oui, Warwick, Édouard l'accepte, et va marcher en avant. — Milords, au champ de bataille ! Saint George et victoire !

Ils sortent.

SCÈNE XXII.

(Un champ de bataille près de Barnet.)

Fanfare d'alarme. Mouvement de troupes. Entre LE ROI ÉDOUARD, apportant WARWICK blessé.

LE ROI ÉDOUARD.

— Ainsi, couche-toi là : meurs, et meure notre effroi ! — Car Warwick était un épouvantail qui nous effrayait tous. — Maintenant, Montague, tiens-toi bien ; je vais te chercher, — pour que les os de Warwick tiennent compagnie aux tiens.

Il sort.

WARWICK.

— Ah! qui est près d'ici? Venez à moi, ami ou ennemi, — et dites-moi qui est vainqueur, York ou Warwick? — A quoi bon cette demande? Ma personne mutilée prouve, — mon sang qui coule, mes forces épuisées, mon cœur défaillant prouvent — qu'il me faut abandonner mon corps à la terre, — et, par ma chute, la victoire à mon ennemi. — Ainsi sous le tranchant de la hache tombe le cèdre — dont les bras donnaient abri à l'aigle princier, — à l'ombre duquel dormait le lion rampant, — dont la cime dominait l'arbre touffu de Jupiter — et protégeait l'humble arbrisseau contre le vent formidable de l'hiver. — Ces yeux, qui maintenant sont obscurcis par le voile noir de la mort, — ont été aussi perçants que le soleil de midi, — pour pénétrer les secrètes trahisons du monde. — Les rides de mon front, maintenant remplies de sang, — furent souvent comparés à des sépulcres de rois ; — car quel était le roi vivant dont je ne pusse creuser la tombe? — Et qui osait sourire quand Warwick fronçait le sourcil? — Hélas! voilà ma gloire souillée de poussière et de sang! — Mes parcs, mes promenades, les manoirs que j'avais — m'abandonnent désormais ; et il ne me reste — de toutes mes terres que la longueur de mon corps! — Ah! qu'est-ce que la pompe, le pouvoir, l'empire, si ce n'est terre et poussière? — Et, quelle que puisse être notre vie, nous n'en devons pas moins mourir.

Entrent OXFORD *et* SOMERSET

SOMERSET.

— Ah! Warwick! Warwick! si tu étais comme nous sommes, — nous pourrions encore réparer toutes nos pertes. — La reine a ramené de France un puissant renfort; — nous venons d'en apprendre la nouvelle. Ah! si tu pouvais fuir!

WARWICK.

— Alors même je ne fuirais pas... Ah! Montague, — si tu es là, doux frère, prends ma main, — et sous tes lèvres retiens un moment mon âme!... — Tu ne m'aimes pas; car, si tu m'aimais, frère, — tes larmes laveraient ce caillot de sang figé — qui colle mes lèvres et m'empêche de parler. — Viens vite, Montague, ou je suis mort.

SOMERSET.

— Ah! Warwick, Montague a rendu l'âme; — et jusqu'au dernier soupir il a appelé Warwick, — et il a dit : *Recommandez-moi à mon vaillant frère.* — Et il a essayé d'en dire davantage; et ce qu'il a dit — était comme le bruit confus d'un canon — dans un souterrain; enfin, — j'ai pu l'entendre proférer dans un gémissement : — *Oh! adieu, Warwick!*

WARWICK.

Paix douce à son âme! — Fuyez, milords, et sauvez-vous vous-mêmes; car Warwick vous dit adieu — à tous, pour vous retrouver au ciel!

Il meurt.

OXFORD.

— Partons, partons, pour rejoindre la grande armée de la reine.

Ils sortent, emportant le corps de Warwick.

Fanfare. Entre triomphalement LE ROI ÉDOUARD, accompagné de CLARENCE, de RICHARD et de ses troupes.

LE ROI ÉDOUARD.

— Jusqu'ici notre fortune maintient sa marche ascendante, — et nous sommes décorés des guirlandes de la victoire. — Mais, au milieu de ce jour resplendissant, — j'aperçois un nuage noir, suspect, menaçant, — qui va rencontrer notre glorieux soleil, — avant qu'il ait atteint son paisible couchant : — je veux parler, milords, de ces forces que la reine — a levées en France : elles sont arrivées sur nos côtes, — et en marche, dit-on, pour nous combattre.

CLARENCE.

— La moindre rafale aura bientôt dispersé ce nuage, — en le rejetant à la source d'où il est venu. — Ton seul rayonnement suffira à sécher ces vapeurs : — tout nuage n'engendre pas une tempête.

RICHARD.

— Les forces de la reine sont évaluées à trente mille hommes : — Somerset et Oxford se sont réfugiés près d'elle. — Si elle a le temps de respirer, soyez sûr — que son parti sera bientôt aussi puissant que le nôtre.

LE ROI ÉDOUARD.

— Nous sommes informés par nos amis dévoués — qu'ils dirigent leur marche vers Tewksbury ; — pour nous, ayant triomphé aujourd'hui dans la plaine de Barnet, — nous irons droit à eux, car la célérité nous fraye le chemin ; — sur notre route, nos forces s'augmenteront — dans les comtés que nous traverserons. — Qu'on batte le tambour; criez : Courage ! et en avant.

Ils sortent.

SCÈNE XXIII.

[Une plaine près de Tewksbury (56)].

Marche militaire. Entrent LA REINE MARGUERITE, LE PRINCE DE GALLES, SOMERSET, OXFORD et des soldats.

LA REINE MARGUERITE.

— Grands lords, les hommes sages ne s'attardent pas à déplorer leurs pertes, — mais cherchent vaillamment à réparer leurs désastres. — Qu'importe que le mât ait été em-

porté par l'ouragan,—le câble rompu, l'ancre perdue,—
et la moitié de nos matelots emgloutis dans les flots ! — Le
pilote vit encore. Convient-il qu'il — quitte le gouvernail,
que, pareil à un marmouset peureux, — il ajoute au flot de
la mer le flot de ses larmes, — et prête force à ce qui n'est
que trop fort, — tandis que sa douleur gémissante laisse
briser sur le rocher le navire — qu'auraient pu sauver l'activité et le courage? — Ah ! quelle honte ! ah ! quelle faute
ce serait ! — Warwick, dites-vous, était notre ancre ; qu'importe !— Montague, notre grand mât ; qu'importe ! — Nos
amis égorgés étaient nos cordages, qu'importe ! — Quoi !
Oxford que voici n'est-il pas une autre ancre, — et Somerset un autre bon mât? — Les amis de France ne sont-ils pas
pour nous des voiles et des cordages ?—Et, si malhabiles
que nous soyons, Ned et moi, ne pourrions-nous pas —
une fois faire l'office d'un habile pilote? — Nous ne voulons
pas quitter le gouvernail pour nous asseoir et pleurer ; —
mais, quand la tempête dirait non, nous voulons esquiver
— les écueils et les rocs qui nous menacent du naufrage.
— Autant vaut rudoyer les vagues que les flatter. — Et
qu'est-ce qu'Édouard, sinon une mer implacable? —
Qu'est-ce que Clarence, sinon un sable mouvant de fourberie ? — Et Richard, sinon un roc âpre et fatal? — Voilà
les ennemis de notre pauvre barque. — Vous pouvez nager, dites-vous? hélas ! ce ne sera que pour un moment !
—Marcher sur le sable ? Ah ! vous vous enfoncerez vite !
—Escalader le roc? La marée vous en balaiera, — ou bien
vous y périrez de faim, ce qui est trois fois mourir, — Je
vous dis cela, milords, pour vous faire comprendre —
qu'il n'a pas plus de merci à espérer de ces frères, —
au cas où quelqu'un de vous voudrait nous abandonner,
— que des vagues implacables, des sables et des rochers.
—Courage donc ! ce qu'on ne peut éviter, — il y aurait
faiblesse puérile à le déplorer ou à le redouter.

LE PRINCE DE GALLES.

—Il me semble qu'une femme de cette vaillante humeur, — en prononçant de telles paroles devant un lâche, — lui mettrait au cœur l'intrépidité — et le ferait combattre, nu, contre un homme armé. — Si je dis cela, ce n'est pas que je doute de personne ici ; — car, si je soupçonnais un couard dans nos rangs, — je l'autoriserais à s'éloigner bien vite, — de peur qu'à l'heure critique il ne gâtât quelque autre — en lui communiquant sa frayeur. — S'il y a ici un homme de cette trempe, ce qu'à Dieu ne plaise, — qu'il parte avant que nous ayons besoin de son aide.

OXFORD.

— Des femmes et des enfants d'un si grand courage ! — Et des guerriers, faibliraient? Certes, ce serait une honte éternelle ! — O brave jeune prince ! ton illustre grand-père — revit en toi : puisses-tu vivre longtemps — pour assumer son image et renouveler sa gloire !

SOMERSET.

— Quant à celui qui ne voudrait pas combattre pour un tel avenir, — qu'il aille chez lui se coucher, et, comme le hibou en plein jour, — qu'il ne se lève que pour provoquer l'étonnement et la risée.

LA REINE MARGUERITE.

— Merci, gentil Somerset; cher Oxford, merci.

LE PRINCE DE GALLES.

— Et acceptez les remercîments de celui qui ne peut offrir autre chose.

Entre un Messager.

LE MESSAGER.

— Préparez-vous, milords, car Édouard est proche — et prêt à combattre : soyez donc résolus.

OXFORD.

— Je m'y attendais : c'est sa tactique — de se hâter ainsi pour nous prendre au dépourvu.

SOMERSET.

— Mais il sera déçu : nous sommes prêts.

LA REINE MARGUERITE.

— J'ai le cœur réjoui en voyant votre ardeur.

OXFORD.

— Prenons position ici, et ne bougeons plus.

Marche militaire. Entrent, au fond de la scène, LE ROI ÉDOUARD, CLARENCE, RICHARD *et leurs troupes.*

LE ROI ÉDOUARD.

— Braves compagnons, vous voyez là-bas le hallier épineux, — qu'avec l'aide des cieux et de notre valeur — dous devons saper par la racine avant la nuit. — Je n'ai pas besoin d'attiser votre flamme, — car je la sais déjà assez ardente pour les consumer. — Donnez le signal du combat, et en avant, milords !

LA REINE MARGUERITE.

— Lords, chevaliers, gentilshommes, que puis-je dire — qui ne soit contredit par mes pleurs ? A chaque parole que je prononce, — vous le voyez, je bois l'eau de mes yeux. — Donc, un dernier mot : Henry, votre souverain, — est prisonnier de l'ennemi; son pouvoir est usurpé, — son royaume un charnier, ses sujets égorgés, — ses statuts annulés, ses trésors dilapidés; — et là-bas est le loup qui fait ces ravages. — Vous combattez pour la justice. Ainsi, au nom de Dieu, milords, — soyez vaillants, et donnez le signal du combat.

Les deux armées se retirent.

SCÈNE XXIV.

[Le champ de bataille (57)].

Fanfare d'alarme. Mouvement de troupes, puis retraite. Alors entrent LE ROI ÉDOUARD, CLARENCE, RICHARD et leurs troupes, amenant LA REINE MARGUERITE, OXFORD et SOMERSET prisonniers.

LE ROI ÉDOUARD.
— Donc voici le terme de tant de luttes tumultueuses. — Vite Oxford au château de Ham ! — Quant à Somerset, à bas sa tête coupable ! — Allons, emmenez-les ; je ne veux plus les entendre.

OXFORD.
— Pour ma part, je ne te troublerai plus de mes paroles.

SOMERSET.
— Ni moi ; je me plie avec résignation à ma destinée.

Sortent Oxford et Somerset, entourés de gardes.

LA REINE MARGUERITE.
— Ainsi nous nous séparons tristement dans ce monde de troubles, — pour nous réunir avec joie dans la bienheureuse Jérusalem.

LE ROI ÉDOUARD.
— A-t-on fait proclamer que celui qui trouvera Édouard — aura une haute récompense, et lui, Édouard, la vie sauve?

RICHARD.
— On l'a fait : et tenez, voici le jeune Édouard.

Entrent des soldats, amenant LE PRINCE DE GALLES.

LE ROI ÉDOUARD.
— Introduisez ce galant : écoutons-le parler. — Eh quoi ! si jeune épine peut-elle déjà piquer ? — Édouard, quelle réparation peux-tu me faire — pour avoir porté les armes contre moi, et soulevé mes sujets, — pour tous les troubles que tu m'as causés ?

LE PRINCE DE GALLES.

— Parle comme un sujet, fier et ambitieux York ! — Suppose qu'en ce moment tu entends la voix de mon père ; — cède-moi ton siége et agenouille-toi où je suis, — tandis que je t'adresserai à toi-même les questions — auxquelles tu prétends, traître, que je réponde !

LA REINE MARGUERITE.

— Ah ! si ton père avait eu ta résolution !

RICHARD.

— Tu porterais encore le cotillon, — et tu n'aurais pas volé les culottes de Lancastre.

LE PRINCE DE GALLES.

— Qu'Ésope réserve ses fables pour les soirées d'hiver ; — ses hargneux jeux de mots ne sont pas à leur place ici.

RICHARD.

— Par le ciel, marmouset, je vous châtierai pour cette parole-là.

LA REINE MARGUERITE.

— Oui, tu es né pour le châtiment des hommes.

RICHARD.

Au nom du ciel ! emmenez cette captive insolente !

LE PRINCE DE GALLES.

— Non, emmenez plutôt cet insolent bossu.

LE ROI ÉDOUARD.

— Silence, enfant revêche, ou je vais réprimer votre langue.

CLARENCE.

— Gars malappris, tu es par trop impertinent.

LE PRINCE DE GALLES.

— Je connais mon devoir, vous manquez tous au vôtre. — Luxurieux Édouard, et toi, parjure George, — et toi, difforme Dick, je vous le dis à tous : — je suis votre supérieur, traîtres que vous êtes... — Et toi, tu usurpes les droits de mon père et les miens.

SCÈNE XXIV.

LE ROI ÉDOUARD.

— Voilà pour toi, image de cette insulteuse.

Il poignarde le prince de Galles.

RICHARD, au prince.

— Tu te débats! Tiens, voilà pour achever ton agonie.

Il le poignarde.

CLARENCE, au prince.

— Et voici pour m'avoir accusé de parjure.

Il le poignarde.

LA REINE MARGUERITE.

— Oh! tuez-moi aussi.

RICHARD.

Morbleu, soit.

Il va pour la frapper.

LE ROI ÉDOUARD.

— Arrête, Richard, arrête; car nous en avons déjà trop fait.

RICHARD.

— Faut-il la laisser vivre pour qu'elle remplisse le monde de son parlage?

LE ROI ÉDOUARD.

— Quoi! elle s'évanouit. Tâchez de la faire revenir.

RICHARD.

— Clarence, excusez-moi auprès du roi mon frère. — Je vais à Londres pour affaire sérieuse : — avant que vous y arriviez, attendez-vous à apprendre quelque nouvelle.

CLARENCE.

— Quoi? quoi?

RICHARD.

La Tour! La Tour!

Il sort.

LA REINE MARGUERITE.

— O Ned! Ned chéri! parle à ta mère, enfant! — Tu ne peux donc plus parler?... Oh! les traîtres! les meurtriers! — Ceux qui poignardèrent César n'ont point versé de sang, — n'ont pas fait de mal, n'ont pas encouru de blâme, — si leur acte est comparé à cet abominable forfait. — Lui, c'était un homme ! Celui-ci n'était guère qu'un enfant, — et jamais des hommes n'assouvissent leur furie sur un enfant. — Y a-t-il un nom pire que celui de meurtrier, que je leur donne ? — Non, non ! Mon cœur va se rompre si je parle... — Eh ! je veux parler, pour que mon cœur se rompe. — Bouchers et scélérats ! Sanguinaires cannibales ! — Quelle plante avez-vous moissonnée avant l'heure ! — Vous n'avez pas d'enfants, bouchers ! Si vous en aviez, — leur souvenir eût provoqué votre pitié, — Mais, si jamais il vous arrive d'avoir un enfant, — attendez-vous à le voir fauché dans sa jeunesse, — comme vous avez, vous, hommes de mort, abattu ce jeune et doux prince !

LE ROI ÉDOUARD.

— Hors d'ici cette femme ! allez, emmenez-la de force.

LA REINE MARGUERITE.

— Non, ne m'emmenez pas d'ici, expédiez-moi ici. — Tiens, prends mon cœur pour fourreau, je te pardonnerai ma mort. — Quoi ! tu ne veux pas !... Eh bien, toi, Clarence, fais-le.

CLARENCE.

— Par le ciel, je ne te ferai pas cette grâce.

LA REINE MARGUERITE.

— Fais, bon Clarence ! Doux Clarence, je t'en supplie.

CLARENCE.

— M'as-tu entendu jurer que je n'en ferais rien ?

LA REINE MARGUERITE.

— Oui, mais tu es habitué à te parjurer : — naguère ton parjure était crime, maintenant il serait charité. — Quoi ! tu ne veux pas ?.. Où est ce boucher du diable, — le hideux Richard ?.. Richard, où es-tu ? — Tu n'es pas ici... Le meurtre est ton aumône : — tu n'as jamais repoussé ceux qui te demandent du sang !

LE ROI ÉDOUARD.

— Arrière, dis-je ! Emmenez-la, je vous l'ordonne.

LA REINE MARGUERITE.

— Puissiez-vous, vous et les vôtres, finir comme ce prince !

Elle sort, entraînée de force.

LE ROI ÉDOUARD.

Où est allé Richard ?

CLARENCE.

— A Londres, au train de poste ; c'est, je le soupçonne, — pour faire un souper sanglant à la Tour.

LE ROI ÉDOUARD.

— Il est expéditif, dès qu'une chose lui passe par la tête. — Maintenant partons d'ici ; que l'on congédie les simples soldats — avec leur solde et des remercîments, et marchons sur Londres ; — allons voir comment se porte notre mignonne reine. — J'espère que présentement elle a de moi un fils.

Ils sortent.

SCÈNE XXV.

[La tour de Londres. (59).]

LE ROI HENRY est assis un livre à la main, LE LIEUTENANT de la Tour est auprès de lui. Entre RICHARD.

RICHARD.

— Bonjour, milord ! quoi ! aussi occupé de votre lecture ?

LE ROI HENRY.

— Oui, mon bon lord... milord, devrais-je dire. — C'est péché de flatter, et le mot bon n'était guère qu'une flatterie. — Bon Glocester et bon démon sont équivalents, — et également absurdes. Ainsi, ne disons pas bon lord.

RICHARD, *au lieutenant.*

— L'ami, laisse-nous seuls : nous avons à causer.

Le lieutenant sort.

LE ROI HENRY.

— Ainsi le pâtre négligent fuit le loup; — ainsi l'inoffensive brebis livre d'abord sa toison, — puis sa gorge au couteau du boucher! — Quelle scène de mort Roscius va-t-il donc jouer?

RICHARD.

— Le soupçon hante toujours l'âme coupable; — le voleur redoute un exempt dans chaque buisson.

LE ROI HENRY.

— L'oiseau qui a été englué dans un buisson — évite tout buisson d'une aile tremblante; — et moi, le malheureux père d'un doux oiseau, — j'ai maintenant sous les yeux le fatal objet — par lequel fut englué, saisi et tué mon pauvre petit.

RICHARD.

— Ah! quel fol entêté que ce Crétois — qui fit faire à son fils l'office d'un oiseau! — En dépit de ses ailes, l'imbécile fut noyé.

LE ROI HENRY.

— Je suis Dédale; mon pauvre enfant, Icare; — ton père, le Minos qui entrava notre marche; — le soleil qui fondit les ailes de mon doux fils, — c'est ton frère Édouard; et toi-même, tu es la mer — dont le gouffre haineux engloutit sa vie. — Ah! tue-moi avec ton arme, non avec tes paroles! — Ma poitrine peut mieux supporter la pointe de ta dague — que mon oreille cette tragique histoire. — Mais pourquoi viens-tu? Est-ce pour avoir ma vie?

RICHARD.

— Crois-tu donc que je sois un exécuteur?

LE ROI HENRY.

— Tu es, j'en suis sûr, un persécuteur. — Si le meurtre

des innocents est une exécution, — eh bien, tu es un exécuteur.

RICHARD.

— J'ai tué ton fils à cause de son insolence.

LE ROI HENRY.

— Si l'on t'avait tué dès ta première insolence, — tu n'aurais pas vécu pour tuer mon fils. — Aussi je prédis que des milliers d'êtres, — qui en ce moment ne soupçonnent même pas mes alarmes, — vieillards et veuves en sanglots, orphelins toujours en larmes, — pères pleurant leurs fils, femmes pleurant leurs maris, — orphelins pleurant leurs parents prématurément enlevés, — maudiront l'heure où tu es né. — A ta naissance le hibou jeta sa huée de mauvais augure ; — le corbeau nocturne annonça par ses croassements un temps de calamité ; — les chiens hurlèrent, et d'effroyables tempêtes abattirent les arbres ; — la corneille se nicha au haut des cheminées, — et les pies bavardes chantèrent dans un sinistre désaccord. — Ta mère souffrit plus que les douleurs d'une mère, — pour mettre au monde moins que l'espoir d'une mère, — une masse indigeste et difforme, — fruit monstrueux d'une souche si belle ! — Tu naquis, ayant déjà des dents dans la bouche, — pour signifier que tu venais pour mordre le monde ; — et, si tout ce que j'ai ouï dire est vrai, — tu vins...

RICHARD.

— Je n'en entendrai pas davantage... Meurs, prophète, au milieu de ton apostrophe.

Il poignarde le roi.

— C'est pour ceci également que j'ai été créé.

LE ROI HENRY.

— Oui, et pour bien d'autres meurtres après celui-ci. — Oh ! que Dieu absolve mes péchés, et te pardonne !

Il meurt.

RICHARD.

— Quoi ! le sang altier de Lancastre — s'abîme en terre !

je m'attendais à le voir jaillir plus haut! — Voyez, comme mon épée pleure pour la mort du pauvre roi ! — Oh ! puissent-ils verser toujours de ces larmes pourpres, — ceux qui souhaitent la chute de notre maison ! Si quelque étincelle de vie te reste encore, — descends, descends en enfer, et dis que c'est moi qui t'y envoie !

Il le poignarde de nouveau.

— Moi qui n'ai, ni pitié, ni amour, ni crainte ! — Au fait, ce que m'a dit Henry est vrai. — Car j'ai souvent entendu ma mère dire — que je suis venu au monde les jambes en avant. — N'avais-je pas raison de me dépêcher, dites, — pour chercher à ruiner ceux qui usurpaient nos droits ? — L'accoucheuse fut ébahie ; et les femmes s'écrièrent : — *Oh! Jésus nous bénisse! il est né avec des dents!* — Et en effet j'étais né ainsi ; ce qui signifiait clairement — que je grognerais, que je mordrais, et que je serais un vrai limier. — Eh bien, puisque les cieux ont ainsi façonné mon corps, — que l'enfer fasse mon âme difforme à l'avenant ! — Je n'ai pas de frère, je n'ai rien d'un frère.

— Cet amour, que les barbes grises appellent divin, — est bon pour les gens qui ont entre eux des analogies, — et non pour moi. Moi, je suis unique. — Clarence, gare à toi ! tu m'interceptes la lumière ; — mais je susciterai pour toi un jour sombre. — Car je répandrai dans l'air des prophéties telles — qu'Édouard tremblera pour sa vie ; — et alors, pour le purger de sa frayeur, je serai ta mort.

— Le roi Henry et le prince son fils ont disparu. — Clarence, ton tour est venu, puis viendra celui des autres : — car je me tiendrai pour infime jusqu'à ce que je sois suprême. — Henry, je vais jeter ton corps dans une autre salle, — et triompher de ton dernier jour.

Il sort.

SCÈNE XXVI.

[Londres. Le palais de Westminster.]

On aperçoit le ROI ÉDOUARD assis sur son trône ; près de lui LA REINE ÉLISABETH, portant le prince enfant ; CLARENCE, RICHARD, HASTINGS et autres.

LE ROI ÉDOUARD.

— Une fois encore, nous voilà assis sur le trône royal d'Angleterre, — racheté avec le sang de nos ennemis. — Que de vaillants adversaires, ainsi que des épis d'automne, — nous avons moissonnés au faîte de leur orgueil ! — Trois ducs de Somerset, champions triplement illustres — pour leur intrépide hardiesse ; — deux Clifford, le père et le fils, — et deux Northumberland : jamais deux guerriers plus braves — n'éperonnèrent leurs coursiers au son de la trompette ; — et avec eux, ces deux ours vaillants, Warwick et Montague, — qui liaient à leurs chaînes le lion royal, — et faisaient trembler la forêt de leurs rugissements. — Ainsi nous avons balayé l'inquiétude loin de notre trône, — et nous nous sommes fait un marchepied de sécurité. — Approche, Bess, que j'embrasse mon enfant. — Jeune Ned, c'est pour toi que tes oncles et moi — nous avons dans nos armures veillé les nuits d'hiver, — et marché tout le jour par les chaleurs brûlantes de l'été : — aussi tu pourras en paix hériter de la couronne, — et recueillir le fruit de nos labeurs.

RICHARD, à part.

— Je détruirai sa récolte, dès que tu auras la tête dûment couchée ; — car je ne suis pas encore considéré dans le monde. — Cette épaule n'a été constituée si forte que pour soulever un poids ! — et elle en soulèvera un, ou je me romprai l'échine.

Désignant sa tête, puis son bras.

— Toi, dresse le plan, et toi, exécute-le.

LE ROI ÉDOUARD.
— Clarence et Glocester, aimez mon aimable reine ; — et embrassez votre neveu princier, mes frères.

CLARENCE.
— L'hommage que je dois à Votre Majesté, — je le scelle sur les lèvres de ce cher enfant.

LE ROI ÉDOUARD.
— Merci, noble Clarence, digne frère, merci.

RICHARD.
— Combien j'aime l'arbre dont tu es sorti, — doux fruit, ce tendre baiser l'atteste...

A part.

— A dire vrai, c'est ainsi que Judas baisa son maître, — et lui cria : *Salut à toi !* voulant dire : *Malheur à toi !*

LE ROI ÉDOUARD.
— Maintenant je trône dans toute la joie de mon âme, — sûr de la paix de mon pays et de l'amour de mes frères.

CLARENCE.
— Qu'est-ce que Votre Grâce veut faire de Marguerite ? — René, son père, a engagé — entre les mains du roi de France les Siciles et Jérusalem, — et nous a transmis le prix de sa rançon.

LE ROI ÉDOUARD.
— Qu'elle s'en aille, et qu'on la transporte en France ! — Et maintenant il ne reste plus qu'à donner notre temps — à des fêtes triomphales, à des spectacles réjouissants et comiques — qui conviennent aux plaisirs d'une cour. — Sonnez, tambours et trompettes. Adieu, amers ennuis ! — Car aujourd'hui, j'espère, commence notre joie durable.

Ils sortent.

FIN DE LA TROISIÈME PARTIE DE HENRI VI.

HENRY VIII

PERSONNAGES

LE ROI HENRY VIII.
LE CARDINAL WOLSEY.
LE DUC DE BUCKINGHAM.
LE DUC DE NORFOLK.
LE DUC DE SUFFOLK.
LE COMTE DE SURREY.
LE LORD CHAMBELLAN.
LE LORD CHANCELIER.
LE CARDINAL CAMPEIUS, envoyé du pape.
CAPUCIUS, ambassadeur de Charles-Quint.
GARDINER, évêque de Winchester.
L'ÉVÊQUE DE LINCOLN.
LORD ABERGAVENNY.
LORD SANDS.
SIR HENRY GUILFORD.
SIR THOMAS LOVELL.
SIR ANTHONY DENNY.
SIR NICOLAS VAUX.
CRANMER, archevêque de Cantorbéry.
CROMWELL, secrétaire de Wolsey.
GRIFFITH, gentilhomme-huissier de la reine Catherine.
Le docteur BUTTS, médecin du roi.
JARRETIÈRE, roi d'armes.
L'INTENDANT du duc de Buckingham.
BRANDON.
UN SERGENT D'ARMES, UN HUISSIER, UN PORTIER, UN PAGE, UN HUISSIER AUDIENCIER.

LA REINE CATHERINE D'ARAGON, première femme de Henry VIII.
ANNE BULLEN, seconde femme de Henry VIII.
UNE VIEILLE DAME de la cour.
PATIENCE, femme de chambre de la reine Catherine.
DES ESPRITS apparaissant à Catherine.
LORDS ET LADIES, FEMMES DE SERVICE, SCRIBES, OFFICIERS, GARDES, etc.

La scène est à Londres, à Westminster et au château de Kimbalton.

PROLOGUE

— Je ne viens plus vous faire rire : maintenant ce sont des choses — d'un aspect considérable et sérieux, — graves, élevées, imposantes, pleines de majesté et de tristesse, — de nobles scènes faisant couler les pleurs des yeux, — que nous vous présentons. Ici ceux qui sont capables de pitié — pourront, s'ils réfléchissent bien, laisser tomber une larme ; — le sujet le mérite. Ceux qui donnent — leur argent dans l'espoir d'un récit digne de foi, — pourront ici trouver la vérité. Quant à ceux qui viennent seulement — pour voir un tableau ou deux, et à cette condition tiennent — la pièce pour passable, s'ils sont calmes et patients, — je leur réponds qu'ils en auront largement pour leur shilling — en deux petites heures. Ceux-là seulement — qui viennent pour entendre une pièce bouffonne et grivoise, — un cliquetis de boucliers, ou pour voir un drôle — en longue cotte bigarrée galonnée de jaune, — ceux-là seront déçus : car sachez-le, gentils spectateurs, — mêler à l'histoire de notre choix l'exhibition — d'un bouffon ou d'une bataille, ce ne serait pas seulement dégrader — notre propre esprit et la réputation que nous avons acquise — et que nous tenons uniquement à justifier, — ce serait nous aliéner à jamais tout ami intelligent. — Ainsi, au nom du ciel, vous qui passez — pour le premier et le plus heureux auditoire de la ville, — ayez la gravité que nous voulons vous inspirer ; imaginez que vous voyez — les personnages mêmes de notre noble histoire, — tels qu'ils étaient de leur vivant. Imaginez que vous les voyez puissants, — et suivis de la foule haletante — de leurs mille amis ; puis voyez comme, en un moment, — cette grandeur se heurte à la détresse ! — Et si alors vous pouvez être gais, je dirai — qu'un homme peut pleurer le jour de ses noces (60).

SCÈNE I.

[Londres. La salle d'un palais.]

Entrent par une porte, LE DUC DE NORFOLK; par l'autre, LE DUC DE BUCKINGHAM, et LORD ABERGAVENNY (61).

BUCKINGHAM.

— Bonjour et heureuse rencontre ! Comment vous êtes-vous porté, — depuis que nous nous sommes vus en France ?

NORFOLK.

Je remercie Votre Grâce : — fort bien, ayant vécu dans la continuelle admiration — de ce que je voyais là.

BUCKINGHAM.

Un malencontreux accès de fièvre — m'a retenu prisonnier dans ma chambre, quand — ces soleils de gloire, ces deux lumières du genre humain, — se sont rencontrés dans la vallée d'Ardres.

NORFOLK.

Entre Guines et Ardres. — J'étais présent alors ; je les vis se saluer à cheval ; — je les vis, quand ils eurent mis pied à terre, s'embrasser — si étroitement qu'ils semblaient confondus ; — s'ils l'avaient été, où sont les qua-

####BUCKINGHAM.

J'ai été tout ce temps — prisonnier de ma chambre.

####NORFOLK.

Alors vous avez perdu -- le spectacle de la gloire terrestre. On pouvait dire — jusque-là que la pompe était vierge, mais alors elle était mariée — à ce qui lui était supérieur. Chaque journée nouvelle — surpassait la journée précédente, jusqu'à ce que la dernière — s'appropriât les prodiges de toutes. Aujourd'hui, les Français, — tout clinquant et tout or, comme des dieux païens — éclipsaient les Anglais; le lendemain, ceux-ci — faisaient de la Grande-Bretagne l'Inde : tout homme qui surgissait — semblait une mine. Les pages nains étaient — autant de chérubins, tout dorés; les madames même, — peu habituées à la fatigue, étaient presque en sueur sous le poids — de leur coquetterie : leur effort même — leur servait de fard. Telle mascarade — était proclamée incomparable, dont la soirée suivante — faisait une niaiserie et une misère. Les deux rois, — d'un lustre égal, perdaient ou gagnaient, — selon leurs apparitions : la louange était toujours — pour celui qu'on apercevait; mais, quand tous deux étaient présents, — il semblait qu'on n'en vît qu'un; et pas un critique — n'eût osé remuer la langue dans une comparaison. Quand ces soleils — (car c'est ainsi qu'on les désigne) eurent par leurs hérauts — provoqué aux joûtes tous les nobles cœurs, il se fit — des exploits incroyables : si bien que les vieilles légendes fabuleuses, — désormais reconnues possibles, trouvèrent crédit, — et qu'on crut à Bévis (62).

####BUCKINGHAM.

Oh! vous allez loin.

NORFOLK.

— Aussi vrai que je tiens à la dignité et que je cherche — l'honnêteté dans l'honneur, les beautés de cette fête — perdraient de leur éclat dans le meilleur récit; — pour elle, pas d'autre langue que celle de l'action. Tout était royal. — Rien n'était en désaccord aves la disposition suprême; — l'ordre mettait chaque chose en son jour; l'ensemble avait — dans le détail son plein effet.

BUCKINGHAM.

Qui a dirigé tout cela? — je veux dire, qui a mis en mouvement le corps et les membres — de ce grand gala?

NORFOLK.

Devinez : — quelqu'un, certes, qui n'annonçait aucune disposition — pour une affaire de ce genre.

BUCKINGHAM.

Qui donc, je vous prie, milord?

NORFOLK.

— Tout cela a été réglé par le rare discernement — du très-révérend cardinal d'York.

BUCKINGHAM.

— Le diable l'assiste! il n'y a pas de pâte où il ne fourre — son doigt ambitieux. Qu'avait-il — à se mêler de ces vanités effrénées? Je m'étonne — que ce tas de graisse puisse avec sa seule masse — absorber les rayons du soleil bienfaisant — et en frustrer toute la terre.

NORFOLK.

Assurément, monsieur, — il y a en lui l'étoffe qu'il faut pour obtenir de tels succès. — Car, n'étant pas appuyé par une série d'ancêtres dont la noblesse — puisse lui frayer la voie, ni recommandé — par de grands services rendus à la couronne, ni soutenu — par d'éminents alliés, pareil à l'araignée — tirant sa toile d'elle-même, il nous démontre — qu'il fait son chemin par la force de son propre mérite,

—don que lui a concédé le ciel et qui lui vaut — la première place après celle du roi.

ABERGAVENNY.

Je ne saurais dire — ce que lui a donné le ciel; je laisse des yeux plus profonds — découvrir ça; mais je puis voir son orgueil — percer de toutes parts en lui : d'où le tient-il? — Si ce n'est pas de l'enfer, il faut que le diable soit bien chiche; — ou il faut que, le diable lui ayant donné déjà tout son avoir, il se soit mis — à créer lui-même un nouvel enfer.

BUCKINGHAM.

Comment diable, — pour cette excursion en France, a-t-il pris sur lui — de désigner, à l'insu du roi, ceux — qui devaient l'accompagner? Lui-même fait la liste — des gentilshommes, choisissant généralement — ceux à qui il désire imposer une lourde charge — pour un léger honneur; et une simple lettre de lui, — écrite sans l'avis de l'honorable conseil, — enlève celui qui la reçoit à sa retraite.

ABERGAVENNY.

Je sais — de mes parents, trois au moins, qui ont — par ce moyen tellement épuisé leurs fortunes que jamais — ils ne retrouveront leur ancienne aisance.

BUCKINGHAM.

Oh! un grand nombre — se sont brisé les reins en emportant sur eux leurs manoirs — pour ce grand voyage. Et à quoi a servi cette vanité? — Elle n'a amené — qu'un bien pauvre résultat.

NORFOLK.

Je pense avec douleur — que la paix entre les Français et nous ne vaut pas — ce qu'elle a coûté.

BUCKINGHAM.

Chaque homme, — après l'affreux orage qui a suivi,

s'est senti — inspiré ; et, sans se consulter, tous — ont unanimement prédit que cet orage, — ayant enlevé le voile de la paix, en présageait — la brusque rupture.

NORFOLK.

Et l'événement a éclaté ; — car la France a brisé le traité, et mis l'embargo — sur les biens de nos marchands à Bordeaux.

ABERGAVENNY.

Est-ce pour cela — que l'ambassadeur est congédié?

NORFOLK.

Oui, ma foi.

ABERGAVENNY.

— Un joli traité de paix, et acheté — à ce taux excessif!

BUCKINGHAM.

Eh bien, toute cette affaire, — c'est notre révérend cardinal qui l'a menée.

NORFOLK.

N'en déplaise à Votre Grâce, — le monde a pris note du différend particulier — qui existe entre vous et le cardinal. Je vous engage, — et prenez cet avis d'un cœur qui vous souhaite — une grandeur et une prospérité solides, à tenir compte — de la puissance du cardinal autant que de sa malveillance, — et à considérer en outre que — sa haute haine a dans ses desseins — son pouvoir pour ministre. Vous savez combien par nature — il est vindicatif ; et moi, je sais que son épée — a le tranchant affilé : elle est longue, et on peut dire — qu'elle s'étend loin ; et là où elle n'atteint pas, — il la lance. Recueillez mon conseil, vous le trouverez salutaire. La! voici venir le roc — que je vous conseille d'éviter.

Entre LE CARDINAL WOLSEY ; on porte la bourse devant lui ; des gardes et DEUX SECRÉTAIRES, ayant des papiers à la main, l'escortent. En passant, le cardinal fixe sur Buckingham et Buckingham fixe sur le cardinal un regard plein de dédain.

WOLSEY.

— L'intendant du duc de Buckingham? Hé! — où est sa déposition?

PREMIER SECRÉTAIRE.

La voici, s'il vous plaît.

WOLSEY.

— Est-il prêt personnellement?

PREMIER SECRÉTAIRE.

Oui, quand il plaira à Votre Grâce.

WOLSEY.

— Bien! alors nous en saurons davantage; et Buckingham — rabattra ses grands airs.

Wolsey sort avec son cortége.

BUCKINGHAM.

— Ce chien de boucher a la gueule venimeuse, et moi, — je n'ai pas le pouvoir de le museler; par conséquent, le mieux — est de ne pas l'éveiller. La pédanterie d'un gueux — prime le sang d'un noble!

NORFOLK.

Quoi! vous vous échauffez! — Demandez à Dieu de la tempérance; c'est le seul remède — que réclame votre maladie.

BUCKINGHAM.

J'ai lu dans son regard — un projet contre moi : son œil est tombé dédaigneusement — sur moi, comme sur un objet abject; à ce moment — il me porte quelque vilain coup. Il est allé trouver le roi; — je vais le suivre, et lui faire baisser les yeux.

NORFOLK.

Arrêtez, milord — et que votre raison discute avec votre

colère — ce que vous allez faire. Pour gravir des hauteurs escarpées, — il faut d'abord marcher lentement. Le courroux est — un cheval entier et ardent : si on le laisse aller à sa guise, — sa fougue même l'éreinte. Personne en Angleterre — ne pourrait me conseiller aussi bien que vous : soyez pour vous-même — ce que vous seriez pour votre ami.

BUCKINGHAM.

Je vais trouver le roi ; — et sous le cri de l'honneur j'abattrai à jamais — l'insolence de ce cuistre d'Ipswich, ou je proclamerai — qu'il n'y a pas d'inégalité entre les hommes.

NORFOLK.

Réfléchissez. — N'allumez pas pour votre ennemi une fournaise assez chaude — pour vous roussir vous-même. Nous pouvons dépasser, — par une violente vitesse, le but que nous voulons atteindre, — et échouer par excès d'élan. Ne savez-vous pas — que le feu qui fait déborder la liqueur, — en semblant l'augmenter, l'épuise? Réfléchissez. — Je le répète, il n'y a pas une âme en Angleterre — plus capable de vous diriger que vous-même, — si vous voulez avec la séve de la raison éteindre — ou seulement modérer le feu de la passion.

BUCKINGHAM.

Monsieur, — je vous suis reconnaissant, et je me guiderai — d'après votre prescription ; mais cet arrogant gaillard — (je n'en parle pas avec fiel, mais — avec une honnête émotion), des renseignements — et des preuves, claires comme les ruisseaux en juillet dont — nous voyons chaque grain de sable, m'ont démontré — qu'il est corrompu et traître.

NORFOLK.

Ne dites pas traître.

BUCKINGHAM.

— Je le dirai au roi, et je donnerai à ma déclaration la

consistance – d'un roc. Écoutez. Ce saint renard, – ou ce loup (car il est l'un et l'autre, aussi vorace – que subtil, aussi enclin au mal – que capable de le faire, son âme et sa fonction – se dégradant réciproquement), – dans l'unique but d'étaler sa pompe en France – comme ici, a conseillé au roi notre maître – cette entrevue, ce traité si coûteux – qui a absorbé tant de trésors et qui s'est rompu – comme un verre qu'on rince.

NORFOLK.

C'est, ma foi, vrai.

BUCKINGHAM.

– Permettez, monsieur. Ce madré cardinal – a dressé les articles du contrat – à sa guise : il n'a eu qu'à crier : soit ! – pour que chacun d'eux fût ratifié. Résultat : – une béquille donnée à un mort. N'importe ! c'est notre comte-cardinal – qui a fait la chose, et elle est bien faite ; car elle est l'œuvre – de ce digne Wolsey, qui ne saurait errer. Maintenant voici la suite, – et c'est ici que je vois une sorte d'engeance – de la vieille mère Trahison : l'empereur Charles, – sous prétexte de voir la reine sa tante – (car c'était vraiment une couleur, il ne venait – que pour s'aboucher avec Wolsey), fait une visite ici : – il craignait que l'entrevue entre – les rois d'Angleterre et de France, en fondant leur alliance, – ne lui portât préjudice : car dans cette ligue – on voyait poindre des dangers menaçants pour lui. Secrètement donc – il s'entend avec notre cardinal ; cela, je puis – bien l'affirmer ; car j'ai la certitude que l'empereur – a payé avant de promettre, et qu'ainsi sa demande était accordée – avant d'être présentée. La voie étant frayée – et pavée d'or, l'empereur a prié Wolsey – de vouloir bien modifier la politique du roi – en rompant la susdite paix. Il faut que le roi sache – (et il le saura par moi) que le cardinal – trafique ainsi de l'honneur royal à sa guise – et à son profit.

NORFOLK.

Je suis fâché – d'apprendre cela de lui, et je désire fort — que vous vous trompiez sur son compte.

BUCKINGHAM.

Non, je ne me trompe pas d'une syllabe. — Je juge le personnage tel – qu'il apparaîtra en réalité.

Entre BRANDON, *précédé d'un sergent d'armes et de deux ou trois gardes.*

BRANDON.

—Votre office, sergent ! exécutez-le.

LE SERGENT.

Seigneur, — milord duc de Buckingham, comte – de Hereford, Stafford et Northampton, je — t'arrête pour crime de haute trahison, au nom — de notre très-souverain roi.

BUCKINGHAM, à Norfolk.

La! vous voyez, milord, — la nasse est tombée sur moi; je succomberai — sous les artifices de la ruse.

BRANDON.

Je suis fâché — de vous voir enlever à la liberté, et d'assister – à ce qui arrive. C'est le bon plaisir de Son Altesse — que vous alliez à la Tour.

BUCKINGHAM.

Il ne servira de rien — de protester de mon innocence, car il y a sur moi un reflet colorant — qui noircit ma plus pure blancheur. La volonté de Dieu — soit faite en ceci comme en tout !… J'obéis. — O milord Abergavenny, adieu.

BRANDON.

—Non, il doit vous accompagner.

A Abergavenny.

C'est le plaisir — du roi que vous alliez à la Tour, jusqu'à ce vous connaissiez — sa décision ultérieure.

ABERGAVENNY.

Comme l'a dit le duc, — que la volonté de Dieu soit faite ! j'obéis — au bon plaisir du roi.

BRANDON.

Voici un warrant du — roi pour arrêter lord Montague, et appréhender au corps — le confesseur du duc, John de la Car, — un Gilbert Peck, son chancelier...

BUCKINGHAM.

Ha! ha! — voilà les membres du complot : c'est tout, j'espère.

BRANDON.

— Un moine des Chartreux.

BUCKINGHAM.

Oh! Nicholas Hopkins.

BRANDON.

Lui-même.

BUCKINGHAM.

— Mon intendant est un traître; le trop grand cardinal — lui a montré de l'or; mes jours sont déjà comptés : — je ne suis plus que l'ombre du pauvre Buckingham, — et ce spectre même s'évanouit dans le nuage — qui éclipse mon radieux soleil... Milords, adieu (63).

Ils sortent.

SCÈNE II.

[La salle du conseil.]

Fanfares. Entrent LE ROI HENRY, LE CARDINAL WOLSEY, LES LORDS DU CONSEIL, SIR THOMAS LOVELL, des officiers et des huissiers. Le roi entre en s'appuyant sur l'épaule du cardinal.

LE ROI HENRY.

— Ma vie elle-même, du plus profond de son cœur, — vous remercie de cette rare vigilance. J'étais sous le coup — d'un complot prêt à éclater, et je vous rends grâces — de l'avoir encloué. Qu'on mande devant nous — ce gentilhomme de la maison de Buckingham; je veux — l'entendre en personne confirmer ses aveux : — il répétera de point en point — les raisons de son maître.

Le roi s'assied sur son trône. Les lords du conseil prennent leurs places respectives. Le cardinal se place aux pieds du roi, à sa droite.

Bruit dans l'intérieur du théâtre. On crie : Place à la reine ! LA REINE entre, introduite par LES DUCS DE NORFOLK et DE SUFFOLK ; elle s'agenouille. Le roi se lève de son trône, la relève, l'embrasse et la place auprès de lui.

LA REINE CATHERINE.

— Non, je dois rester à genoux ; je suis une suppliante.

LE ROI HENRY.

— Relevez-vous, et prenez place près de nous... Ne me dites pas — la moitié de votre supplique : vous avez la moitié de notre pouvoir. — L'autre moitié vous est concédée, avant que vous la demandiez. — Exprimez votre volonté, et faites-la.

LA REINE CATHERINE.

Je remercie Votre Majesté. — Puissiez-vous vous aimer vous-même et, dans cet amour, — ne pas oublier votre honneur — ni la dignité de votre office ! voilà l'objet — de ma pétition.

LE ROI HENRY.

Ma dame, poursuivez.

LA REINE CATHERINE.

— Je suis sollicitée par nombre de personnes, — et des plus nobles, qui se plaignent que vos sujets — subissent de grandes vexations : des commissions — ont été expédiées parmi eux, qui ont déchiré le cœur de leur loyauté. Et quoiqu'à ce propos, — mon bon lord cardinal, ils déversent les reproches — les plus amers sur vous, comme promoteur — de ces exactions, le roi notre maître — (que le ciel préserve sa gloire de toute souillure !) n'échappe pas lui-même pour cela — à un langage irrespectueux qui crève — les poumons de la loyauté et qui a presque la violence — d'une rébellion.

NORFOLK.

Presque ! — Non, dites tout à fait. Car, sous le coup de ces taxes, — les drapiers, ne pouvant plus maintenir — tout leur monde, ont congédié — les fileurs, les cardeurs, les fouleurs, les tisserands ; ces hommes, — incapables d'un autre métier, forcés par la faim — et par le manque de ressources, attaquant l'événement à la gorge — dans un effort désespéré, sont tous en pleine émeute, — et le Danger sert dans leurs rangs.

LE ROI HENRY.

Des taxes ! — de quelle espèce ? Quelles sont ces taxes ? Milord cardinal, — vous qui êtes blâmé ici ainsi que nous, — avez-vous connaissance de ces taxes ?

WOLSEY.

Sire, ne vous en déplaise, — je ne connais que ce qui est de mon ressort — dans les affaires de l'État, et je n'ai que mon rang dans la colonne — ou bien d'autres emboîtent le pas avec moi.

LA REINE CATHERINE.

En effet, milord, — vous ne savez pas les choses mieux que d'autres ; mais vous êtes l'auteur des choses — que chacun sait, choses funestes — à tant de gens, qui voudraient ne les avoir jamais connues, mais qui sont — bien forcés de les savoir ! Quant aux exactions — dont mon souverain demande compte, le seul récit — en fait mal ; quiconque les supporte — a les reins brisés sous la charge. On dit — qu'elles sont imaginées par vous ; si cela n'est pas, vous subissez — de bien injustes reproches !

LE ROI HENRY.

Encore des exactions ! — Quelle en est la nature ? Voyons, de quelle espèce — sont ces exactions ?

LA REINE CATHERINE.

Je suis bien osée — d'abuser ainsi de votre patience; mais je suis enhardie — par la promesse de votre pardon. Le grief de vos sujets, — c'est la création de ces commissions qui exigent de chacun — la sixième partie de sa fortune, payable — sans délai; et le prétexte à cet impôt — est votre guerre avec la France. Cela provoque les murmures; — des milliers de bouches crachent tout respect; le refroidissement des cœurs — y glace la fidélité; qui avait les prières — n'a plus que les malédictions; et le résultat, — c'est que toute obéissance passive est mise par chacun au service — de sa volonté furieuse. Je voudrais que Votre Altesse — s'occupât vite de cette affaire, car — il n'en est pas de plus urgente.

LE ROI HENRY.

Sur ma vie, ceci est contre notre bon plaisir.

WOLSEY.

Pour moi, — je ne me suis engagé en tout ceci que dans la mesure — d'un simple assentiment, et je ne l'ai accordé — que sur le conseil éclairé des juges. Si je suis — accusé par des ignorants qui, sans connaître — ni mes facultés, ni ma personne, prétendent pourtant — se faire les chroniqueurs de mes actes, permettez-moi de dire — que c'est là la fatalité du pouvoir, le buisson d'épines — que doit traverser la vertu. Nous ne devons pas nous abstenir — d'actes nécessaires, dans la crainte — d'être attaqués par de malveillants censeurs qui toujours, — tels que des poissons affamés, suivent un vaisseau — nouvellement équipé, sans en recueillir d'autre bénéfice — qu'une vaine envie. Souvent, ce que nous faisons de mieux, — des critiques maladifs et parfois stupides — nous le contestent; et tout aussi souvent, ce que nous faisons de pire, — frappant un esprit grossier, est proclamé — notre meilleure œuvre. Si nous voulons rester inactifs — dans la crainte que notre moindre mouvement ne soit raillé ou dénigré. — il nous faudrait prendre racine là où nous sommes fixés, ou devenir fixes — comme des cariatides de l'État.

LE ROI HENRY.

Les choses bien faites, — et faites avec soin, sont à l'abri de ces dangers ; — les choses faites sans précédent ont des conséquences — qui peuvent être dangereuses. Avez-vous un exemple — d'une taxe pareille ? Je crois que non. — Nous ne devons pas arracher nos sujets à nos lois, — et les lier à notre volonté. La sixième partie de chaque fortune ! — Cette contribution fait frémir. Eh ! c'est prendre — à chaque arbre les branches, l'écorce et une partie de son bois; — nous avons beau lui laisser la racine, dès qu'il est ainsi mutilé, — l'air doit absorber sa séve. Que dans tous les comtés, — où il est question de cet impôt, on envoie par écrit — un complet pardon à tout homme qui en a combattu — la mise en vigueur. Veillez-y, je vous parie ; — je vous charge de ce soin.

WOLSEY, bas à un secrétaire.

Un mot. — Qu'on écrive dans chaque comté des lettres — annonçant la grâce et le pardon du roi. Le peuple lésé — a de moi une opinion défavorable; qu'on répande le bruit — que cette révocation et ce pardon — sont dus à notre intercession. Je vous donnerai bientôt des instructions — nouvelles à ce sujet.

Le secrétaire sort.

Entre l'INTENDANT du duc de Buckingham.

LA REINE MARGUERITE.

— Je suis fâchée que le duc de Buckingham — ait encouru votre déplaisir.

LE ROI HENRY.

Beaucoup en sont attristés. — C'est un savant gentilhomme, un très-rare parleur ; — personne n'est redevable à la nature plus que lui; son savoir est tel — qu'il peut éclairer et instruire les plus grands maîtres, — sans jamais chercher de lumière hors de lui-même. Voyez pourtant, — quand de si nobles facultés ne sont pas — bien dirigées, l'âme une fois corrompue, — elles se transforment en vices qui ont dix fois plus de laideur — qu'elles n'ont jamais eu de beauté. Cet homme si accompli, — qui était mis au rang des prodiges, et qui, — tant il nous ravissait par sa parole, nous faisait — passer une heure comme une minute, lui, madame, — il a appliqué à de monstrueuses pratiques les talents — qu'il possédait jadis, et il est devenu noir — comme si l'enfer l'avait sali. Asseyez-vous près de nous; et vous allez entendre sur son compte — (voici son homme de confiance) — des choses à navrer l'honneur... Qu'on lui fasse raconter de nouveau — les machinations qu'il a déjà révélées, auxquelles — nous ne saurions trop nous soustraire, que nous ne saurions trop entendre.

WOLSEY, à l'intendant.

— Avancez; et rapportez hardiment — ce qu'en sujet dévoué vous avez — recueilli du duc de Buckingham.

LE ROI HENRY.

Parlez librement.

L'INTENDANT.

— D'abord, il avait coutume de dire (chaque jour — il tenait ce langage venimeux) que, si le roi — mourait sans postérité, il s'arrangerait — de manière à faire le sceptre sien. Ces paroles mêmes, — je les lui ai entendu dire à son gendre, — lord Abergavenny, à qui il jurait — de se venger du cardinal.

WOLSEY.

Que Votre Altesse daigne remarquer — ici la perfidie de ce projet. — Égarée par ses désirs, sa volonté — est profondément hostile à votre personne et menace, — après vous, vos amis.

LA REINE CATHERINE.

Mon savant lord cardinal, — interprétez tout avec charité.

LE ROI HENRY.

Parlez. — Sur quoi était fondé son titre à la couronne, — notre chute consommée? L'avez-vous entendu — jamais s'expliquer sur ce point?

L'INTENDANT.

Il y fut amené — par une folle prophétie de Nicholas Hopkins.

LE ROI HENRY.

— Qu'était cet Hopkins?

L'INTENDANT.

Sire, un frère chartreux, — son confesseur, qui à toute minute le gorgeait — de promesses de souveraineté.

LE ROI HENRY.

Comment sais-tu cela?

L'INTENDANT.

— Peu de temps avant que Votre Altesse partît pour la France, — le duc, étant *à la Rose* (64), dans la paroisse — de Saint-Laurent-Poultney, me demanda — ce qu'on disait à Londres — du voyage en France; je répliquai — qu'on craignait une perfidie des Français — dangereuse pour le roi. Aussitôt le duc — dit que c'était en effet à craindre et que peut-être — on verrait se vérifier certaines paroles — proférées par un saint moine : « Souvent, ajouta-t-il, — ce moine m'avait envoyé prier d'autoriser — mon chapelain, John de la Car, à recevoir de lui — dans quelque moment choisi une confidence importante. — Après que mon chapelain eut sous le sceau de la confession — solennellement juré de ne révéler ce qu'il allait dire — à aucune créature vivante, hormis — moi, voici les paroles qu'il prononça — avec le ton mesuré — d'une grave assurance : *Ni le roi, ni ses héritiers — ne prospéreront; dites cela au duc; dites-lui de travailler — à gagner l'amour de la communauté; le duc gouvernera l'Angleterre.* »

LA REINE CATHERINE.

Si je vous reconnais bien, — vous étiez l'intendant du duc, et vous avez perdu votre office — sur la plainte de ses tenants. Prenez garde — d'accuser par rancune une noble personne, — et de perdre votre âme plus noble. Prenez garde, vous dis-je; — prenez garde, je vous en conjure ardemment.

LE ROI HENRY.

Laissez-le continuer... — Poursuis.

L'INTENDANT.

Sur mon âme, je ne dirai que la vérité. — Je déclarai à milord duc que le moine pourrait bien être déçu par les illusions du diable, qu'il était dangereux pour lui — de songer à tout cela, et qu'il devait craindre — de forger quelque dessein qui, une fois dans son esprit, — pourrait bien être mis à exécution. Il répondit : *Bah! — cela ne peut pas me faire de mal.* Et il ajouta — que, si le roi avait succombé dans sa dernière maladie, — les têtes du cardinal et de sir Thomas Lowel — seraient tombées.

LE ROI HENRY.

Quoi! tant d'acharnement! Ah! ah! — Il y a de la perfidie chez cet homme. Peux-tu en dire davantage.

L'INTENDANT.

—Oui, mon suzerain.

LE ROI HENRY.

Poursuis.

L'INTENDANT.

Une fois, à Greenwich, — quand Votre Altesse eut reprimandé le duc — à propos de sir William Blomer...

LE ROI HENRY.

Je me rappelle — cette circonstance. Bien qu'il fût engagé à mon service, — le duc l'avait pris au sien. Mais continue : après.

L'INTENDANT.

— Le duc s'écria : « Si j'avaie été pour cela envoyé — à la Tour, comme je m'y attendais, j'aurais fait — ce que mon père se proposait de faire — à l'usurpateur Richard : étant à Salisbury, — il demanda à paraître devant Richard ; s'il eût été admis, — il aurait fait mine de lui rendre hommage et — l'aurait frappé de son couteau. »

LE ROI HENRY.

Traître géant !

WOLSEY, à la reine.

— Eh bien, madame, Son Altesse peut-elle être en sûreté — et cet homme hors de prison ?

LA REINE CATHERINE.

Que Dieu remédie à tout !

LE ROI HENRY.

— Tu as encore quelque chose à révéler : continue.

L'INTENDANT.

— Après avoir parlé du duc son père et du couteau, — il se roidit, et, une main sur sa dague, — l'autre sur sa poitrine, élevant les yeux, — il exhala une horrible imprécation, jurant — que, si on le traitait mal, il dépasserait — son père de toute la distance qu'il y a entre l'exécution — et une vague velléité.

LE ROI HENRY.

Voilà sa conclusion : — faire de nous son fourreau ! Il est arrêté : — qu'on le mette sur-le-champ en jugement; s'il peut — obtenir sa grâce de la loi, soit; sinon, — qu'il ne l'espère pas de nous. Jour et nuit ! — c'est un traître au premier chef.

Ils sortent (65).

SCÈNE III.

[Dans le palais]

Entrent LE LORD CHAMBELLAN et LORD SANDS.

LE LORD CHAMBELLAN.
—Est-il possible que les charmes de la France fourvoient les gens dans de si étranges pratiques?

SANDS.
Les modes nouvellés,—si ridicules,—si indignes d'un homme qu'elles soient, sont toujours suivies.

LE LORD CHAMBELLAN.
—A ce que je vois, tout le bénéfice que nos Anglais—ont recueilli de leur dernier voyage se réduit—à une ou deux grimaces; mais elles sont drôles;—car, quand ils les font, vous jureriez aussitôt—que leurs nez ont été conseillers—de Pepin ou de Clotaire, tant ils ont de majesté.

SANDS.
—Ils ont tous des jambes neuves, mais boiteuses:—quelqu'un qui ne les aurait jamais vus marcher, croirait que l'éparvin—sévit parmi eux.

LE LORD CHAMBELLAN.
Mordieu! milord,—leurs habits sont d'une coupe si païenne—qu'à coup sûr ils ont usé tout ce qu'ils avaient de chrétien. Eh bien,—quelles nouvelles, sir Thomas Lowell?

LOVELL.
Ma foi, milord,—je ne connais de nouveau que l'édit—qu'on vient de flanquer sur la porte de la cour.

LE LORD CHAMBELLAN.
Quel en est l'objet?

LOVELL.
—La réforme de nos voyageurs galants,—qui encom-

brent la cour de leurs querelles, de leur verbiage et de leurs tailleurs.

LE LORD CHAMBELLAN.

— J'en suis bien aise; maintenant je prierai nos messieurs — d'admettre qu'un homme de cour anglais peut être sensé, — sans avoir jamais vu le Louvre.

LOVELL.

Il faut maintenant — (telles sont les injonctions de l'édit) qu'ils jettent au rebut — les plumes folles qu'ils ont rapportées de France, — ainsi que tous les honorables us de la niaiserie — adoptés en outre, tels que duels et feux d'artifice; — qu'ils cessent d'insulter des gens qui valent mieux qu'eux — du haut de leur pédanterie exotique; qu'ils renoncent tout net — à leur culte pour le jeu de paume, les longues chausses, — les culottes courtes à crevés, et tous ces échantillons de voyage, — et qu'ils se tiennent de nouveau comme d'honnêtes gens; — sinon, ils devront plier bagage et rejoindre leurs anciens compagnons de folie; là, je suppose, — ils pourront, *cum privilegio,* user — ce qui leur reste d'extravagance, et faire rire d'eux.

LE LORD CHAMBELLAN.

— Il est temps de leur appliquer le remède, leur maladie — est devenue si contagieuse!

LOVELL.

Quelle perte nos dames — vont faire de ces pimpants vaniteux!

LE LORD CHAMBELLAN.

Oui, morbleu, — il y aura de vrais chagrins, milord. Ces madrés fils de putains — ont une recette prompte pour faire glisser les dames : — une chanson française et un violon! il n'y a rien de tel.

SANDS.

— Au diable leur violon! Je suis charmé qu'ils s'en aillent, — car, à coup sûr, il n'y a pas moyen de les convertir.

Maintenant — un honnête gentilhomme campagnard, comme moi, longtemps chassé — de la partie, peut apporter sa modeste chanson — et se faire écouter une heure, et, par Notre-Dame, — être tenu pour un musicien passable.

LE LORD CHAMBELLAN.

A merveille, lord Sands. — Votre dent d'étalon n'est pas encore tombée.

SANDS.

Non, milord; — et elle ne tombera pas, tant qu'il en restera un chicot.

LE LORD CHAMBELLAN.

Sir Thomas, — où alliez-vous?

LOVELL.

Chez le cardinal. — Votre Seigneurie est invitée aussi.

LE LORD CHAMBELLAN.

Oh! c'est vrai. — Ce soir il donne un souper, et un grand souper, — à une foule de lords et de ladies : les beautés de ce royaume — y seront, je vous assure.

LOVELL.

— Cet homme d'Église a le cœur vraiment généreux, — et la main aussi féconde que la terre qui nous nourrit : — ses rosées tombent partout.

LE LORD CHAMBELLAN.

Sans nul doute, il est magnifique; — il faudrait avoir une langue bien noire pour dire autrement.

SANDS.

— Il peut être magnifique, milord, il a de quoi : en lui, — l'économie serait un péché pire que l'hérésie. — Les hommes de sa façon doivent être les plus généreux : — ils sont mis là pour donner l'exemple.

LE LORD CHAMBELLAN.

C'est vrai, — mais peu aujourd'hui en donnent d'aussi grands. Ma barge m'attend; — Votre Seigneurie m'accompagnera... Venez, bon sir Thomas, — autrement nous serions en retard, ce que je ne voudrais pas ; — car sir Henry Guildford et moi, nous avons été désignés — comme surintendants de cette soirée.

SANDS.
Je suis tout à Votre Seigneurie.

Ils sortent.

SCÈNE IV.

[La grande galerie du palais d'York.]

Hautbois. Une petite table sous un dais pour le cardinal ; une table plus longue pour les convives. Entrent par une porte ANNE BULLEN, accompagnée de lords, de ladies et de femmes de qualité, tous invités ; par une autre porte, SIR HENRY GUILDFORD.

GUILDFORD.
—Mesdames, soyez les bienvenues ! Au nom de Sa Grâce, — salut à toutes. Le cardinal dédie cette soirée — à la belle humeur et à vous : il espère que nulle ici, — dans tout ce noble essaim, n'a apporté avec elle — un souci du dehors : il vous voudrait à toutes la gaîté — qu'une bonne compagnie, un bon vin et un bon accueil — peuvent donner à de bonnes gens.

Entrent LE LORD CHAMBELLAN, LORD SANDS, et SIR THOMAS LOVELL.

Oh ! milord, vous êtes en retard : — la seule idée d'une si belle compagnie — m'a donné des ailes.

LE LORD CHAMBELLAN.
Vous êtes jeune, sir Henry Guildford.

SANDS.
— Sir Thomas Lovell, si le cardinal avait — la moitié seulement de mes idées laïques, plusieurs de ces dames — auraient, avant de se reposer, une collation galante — qui, je pense, leur plairait par-dessus tout. Sur ma vie, — voilà une suave réunion de belles.

LOVELL.
— Oh! milord, si vous étiez aujourd'hui le confesseur — d'une ou deux d'entre elles!

SANDS.
Je le voudrais : — elles subiraient une pénitence bien douce.

LOVELL.
Douce, dites-vous? Et comment?

SANDS.
— Aussi douce que pourrait la rendre un lit de plumes.

LE LORD CHAMBELLAN.
— Belles dames, vous plairait-il de vous asseoir? Sir Henry, — placez-vous de ce côté; je me chargerai de celui-ci. — Sa Grâce va entrer... Non, il ne faut pas que vous geliez; — deux femmes placées l'une près de l'autre, cela fait froid. — Milord Sands, c'est vous qui les tiendrez éveillées; — je vous en prie, asseyez-vous entre ces dames.

SANDS.
Oui, ma foi, — et je remercie Votre Seigneurie... Avec votre permission, belles dames.

Il s'assied entre Anne Bullen et une autre dame.

— S'il m'arrive de divaguer un peu, pardonnez-moi; — je tiens ça de mon père.

ANNE.
Est-ce qu'il était fou, monsieur?

SANDS.
— Oh! très-fou, fou furieux, et en amour encore! — Mais il ne mordait personne; juste comme moi en ce moment, — il vous eût donné vingt baisers d'un souffle.

Il l'embrasse.

LE LORD CHAMBELLAN.
A merveille, milord. — C'est ça; maintenant vous êtes convenablement assis... Messieurs, — vous ferez pénitence, si ces belles dames — s'en vont mécontentes.

SANDS.

Pour ma petite part, — laissez-moi faire.

<small>Hautbois. Entre le cardinal W<small>OLSEY</small>, avec son cortége ; il s'assied sous le dais.</small>

WOLSEY.

— Vous êtes les bienvenus, mes aimables convives : noble dame — ou gentilhomme, quiconque n'a pas une franche gaîté, — n'est pas de mes amis... Voici pour confirmer ma bienvenue : — à la santé de vous tous !

<small>Il boit.</small>

SANDS.

Votre Grâce en use noblement. — Qu'on me donne un hanap qui puisse contenir mes remercîments; — cela m'épargnera autant de paroles.

WOLSEY.

Milord Sands, — je vous suis obligé; animez vos voisines... — Mesdames, vous n'êtes pas gaies. Messieurs, — à qui la faute?

SANDS.

Il faut d'abord que le vin rouge monte — à leurs jolies joues, milord; alors elles parleront tant — qu'elles nous feront taire.

ANNE.

Vous êtes un joyeux partenaire, — milord Sands.

SANDS.

Oui, quand je peux faire ma partie. — A votre santé, madame, et faites-moi raison; — car ceci s'adresse à une chose...

ANNE.

Que vous ne pourriez pas me montrer.

SANDS, au Cardinal.

— Quand je disais à Votre Grâce qu'elles parleraient bien vite!

Tambours et trompettes au fond du théâtre. Décharge d'artillerie.

WOLSEY.

Qu'est-ce donc?

LE LORD CHAMBELLAN.

— Que quelqu'un de vous aille voir ce que c'est.

Un domestique sort.

WOLSEY.

Quel bruit belliqueux!—Qu'est-ce que cela signifie?... Non, mesdames, n'ayez pas peur; — par toutes les lois de la guerre vous êtes privilégiées.

Le domestique revient.

LE LORD CHAMBELLAN.

— Eh bien! qu'est-ce?

LE DOMESTIQUE.

Une noble troupe d'étrangers, — à ce qu'il semble. Ils ont quitté leur barque, et atterri; — ils viennent ici; on dirait les ambassadeurs extraordinaires — de princes étrangers.

WOLSEY.

Bon lord chambellan, — allez leur souhaiter la bienvenue, vous savez parler le français;—veuillez donc, je vous prie, les accueillir noblement, et les amener — en notre présence, pour que ce ciel constellé de beautés — brille en plein sur eux... Que quelques-uns l'accompagnent!

Le Chambellan sort accompagné. Tous les convives se lèvent, et l'on enlève les tables.

— Voilà votre banquet interrompu; mais nous réparerons cela. — Bonne digestion à tous! Encore une fois, — je vous envoie une averse de saluts... Bienvenus tous.

Hautbois. Entrent LE ROI *et douze autres lords, masqués et déguisés en bergers; ils sont accompagnés de seize porte-torches. Introduits par le lord Chambellan, ils vont droit au Cardinal, et le saluent gracieusement.*

— Une noble compagnie! que désirent-ils?

LE LORD CHAMBELLAN.

— Comme ils ne parlent pas l'anglais, ils m'ont prié — de dire à Votre Grâce qu'ayant appris par la renommée — qu'une compagnie si belle et si noble — devait se réunir ici ce soir, ils n'ont pu moins faire, — dans leur respectueuse admiration pour la beauté, — que de quitter leur troupeau ; et, sous vos gracieux auspices, — ils demandent la permission de voir ces dames, et de passer — une heure de réjouissances avec elles.

WOLSEY.

Dites-leur, milord chambellan, — qu'ils ont fait grand honneur à ma pauvre maison ; je leur en rends — mille grâces, et je les prie de faire selon leur bon plaisir.

On choisit les dames pour la danse. Le roi choisit Anne Bullen.

LE ROI HENRY.

— La plus jolie main que j'aie jamais touchée ! O beauté, — je ne t'ai connue que d'aujourd'hui.

Musique. Danse.

WOLSEY, au lord chambellan.

— Milord?...

LE LORD CHAMBELLAN.

Votre Grâce?

WOLSEY.

Veuillez leur dire ceci de ma part : — qu'il doit y avoir parmi eux un personnage qui par son rang — est plus digne de cette place que moi-même, et que, — si je le reconnaissais, je la lui offrirais — avec mon amour et mon hommage.

LE LORD CHAMBELLAN.

C'est bien, milord.

Le chambellan va parler aux masques, puis revient.

WOLSEY.

— Que disent-ils?

LE LORD CHAMBELLAN.

Ils confessent tous qu'il y a là — en effet un tel personnage; mais ils désirent que Votre Grâce — le découvre, et alors il prendra la place offerte.

WOLSEY.

Voyons alors.

Il quitte son siége sous le dais.

—Avec votre permission, messieurs... C'est ici que je choisis—mon roi.

LE ROI HENRY, se démasquant.

Vous l'avez trouvé, cardinal. — Vous réunissez là une charmante compagnie; vous faites bien, milord. — Vous êtes homme d'Église; sans quoi, je vous le dirai, cardinal,—j'aurais de vous méchante opinion.

WOLSEY.

Je suis bien aise—que Votre Grâce soit de si belle humeur.

LE ROI HENRY.

Milord chambellan,—viens ici, je te prie : quelle est cette belle dame-là?

LE LORD CHAMBELLAN.

—N'en déplaise à Votre Grâce, c'est la fille de sir Thomas Bullen,—vicomte Rochefort, une des femmes de Son Altesse la reine.

LE ROI HENRY.

—Par le ciel, c'est une beauté friande... Ma charmante, — je serais bien discourtois de vous avoir fait danser — sans vous embrasser.

Il l'embrasse.

Une santé, messieurs, — une santé à la ronde !

WOLSEY.

—Sir Thomas Lovell, le banquet est-il prêt—dans la chambre privée?

LOVELL.

Oui, milord.

WOLSEY, au roi.

Votre Grâce, — j'en ai peur, est un peu échauffée par la danse.

LE ROI HENRY.

Un peu trop, j'en ai peur.

WOLSEY.

L'air est plus frais, milord, — dans la chambre voisine.

LE ROI HENRY.

— Conduisez chacun vos dames...

A Anne.

Douce partenaire, — je ne dois pas vous quitter encore. Soyons gais. — Mon bon lord cardinal, j'ai une demi-douzaine de santés — à boire à ces belles dames, et un pas — encore à leur faire danser; et alors nous rêverons — à qui sera le plus favorisé... Que la musique retentisse!

Ils sortent.

SCÈNE V.

[Une rue.]

Deux GENTLEMEN se rencontrent.

PREMIER GENTLEMAN.

— Où allez-vous si vite?

DEUXIÈME GENTLEMAN.

Oh! Dieu vous garde! — Je vais à la salle d'assises savoir ce que va devenir — le grand duc de Buckingham.

PREMIER GENTLEMAN.

Je vous épargnerai — cette peine, monsieur. Tout est fini à présent, sauf la cérémonie — de reconduire le prisonnier.

DEUXIÈME GENTLEMAN.

Étiez-vous là?

PREMIER GENTLEMAN.

— Oui, vraiment, j'y étais.

DEUXIÈME GENTLEMAN.

Dites, qu'est-il arrivé, je vous prie?

PREMIER GENTLEMAN.

— Vous pouvez aisément le deviner.

DEUXIÈME GENTLEMAN.

Est-il déclaré coupable!

PREMIER GENTLEMAN.

— Oui, vraiment, et condamné comme tel.

DEUXIÈME GENTLEMAN.

— J'en suis fâché.

PREMIER GENTLEMAN.

Comme beaucoup d'autres.

DEUXIÈME GENTLEMAN.

— Mais comment ça s'est-il passé, je vous prie?

PREMIER GENTLEMAN.

— Je vous le dirai en peu de mots. Le noble duc — est venu à la barre ; là, à toutes les accusations — il a constamment répliqué qu'il n'était pas coupable, et il a allégué — plusieurs raisons puissantes pour détourner le coup de la loi. — Par contre, l'avocat du roi — a fait valoir les dépositions, les preuves, les confessions — de divers témoins, avec qui le duc a désiré — être confronté *viva voce*. — Sur quoi ont paru contre lui son intendant; — sir Gilbert Peck, son chancelier, et John Car, son confesseur; puis ce diable de moine, — Hopkins, qui a fait tout le mal.

DEUXIÈME GENTLEMAN.

C'était celui — qui l'entretenait de ses prophéties?

PREMIER GENTLEMAN.

Lui-même. — Tous ceux-là l'ont fortement accusé ; il a cherché — à repousser leurs allégations, mais en vain. — Et alors, sur ces témoignages, les pairs — l'ont déclaré coupable de haute trahison. Il a beaucoup — parlé, et savamment, pour avoir la vie sauve; mais tout cela — a provoqué une pitié stérile, où est resté non avenu.

SCÈNE V.

DEUXIÈME GENTLEMAN.

— Et ensuite comment s'est-il comporté?

PREMIER GENTLEMAN.

— Quand il a été ramené à la barre, pour entendre — sonner son glas, son arrêt de mort, il était saisi — d'une telle angoisse qu'il suait à grosses gouttes ; — il a dit quelques mots de colère, confus et précipités ; — mais il a repris possession de lui-même, et enfin, radouci, — il n'a cessé de montrer la plus noble résignation.

DEUXIÈME GENTLEMAN.

— Je ne crois pas qu'il ait peur de la mort.

PREMIER GENTLEMAN.

Assurément, non. — Il n'a jamais été à ce point pusillanime ; mais la cause de sa chute — a bien pu l'affecter quelque peu.

DEUXIÈME GENTLEMAN.

Certes, — le cardinal est au fond de ceci.

PREMIER GENTLEMAN.

C'est probable, — d'après toutes les conjectures. D'abord cette mise en jugement de Kildare, — naguère député d'Irlande. Lui écarté, — on a vite envoyé à sa place le comte de Surrey, — pour l'empêcher de secourir son père.

DEUXIÈME GENTLEMAN.

Ce tour d'État — était bien profondément perfide.

PREMIER GENTLEMAN.

A son tour, — sans doute, le comte le fera payer cher. Ceci est remarqué — généralement : à quiconque obtient la faveur du roi, — le cardinal trouve immédiatement de l'emploi, — et toujours assez loin de la cour.

DEUXIÈME GENTLEMAN.

Le peuple entier — le hait profondément et, en mon âme et conscience, — le voudrait à dix brasses sous terre ; en revanche le duc — est aimé et adoré par tous ; on l'appelle le généreux Buckingham, — le miroir de toute courtoisie...

PREMIER GENTLEMAN.

Restez là, monsieur, — et vous allez voir le noble déchu dont vous parlez.

DEUXIÈME GENTLEMAN.

— Rangeons-nous, et regardons-le.

Entre Buckingham, condamné ; des huissiers à verge le précèdent ; la hache est portée devant lui, le tranchant tourné de son côté. Il marche entre deux haies de hallebardiers ; après lui viennent sir Thomas Lovell, sir Nicholas Vaux, sir William Sands, puis la foule.

BUCKINGHAM.

Vous tous, bonnes gens, — qui êtes venus jusqu'ici par compassion pour moi, — écoutez ce que je vais dire, et puis rentrez chez vous et abandonnez-moi. — J'ai subi aujourd'hui la sentence du traître, — et je dois mourir avec ce nom. Pourtant, le ciel en soit témoin, — si j'ai une conscience, je souhaite qu'elle m'entraîne à l'abîme, — au moment même où tombera la hache, pour peu que j'aie été déloyal ! — Je n'en veux pas à la loi de ma mort : — les présomptions données, elle a fait stricte justice ; — mais ceux qui ont cherché ma mort, je les eusse voulus plus chrétiens. — Quels qu'ils puissent être, je leur pardonne de tout cœur. — Pourtant qu'ils prennent garde de se glorifier dans le mal — et de bâtir leurs méfaits sur les tombeaux des grands ; — car alors mon sang innocent crierait contre eux. — Je n'espère pas dans ce monde un prolongement d'existence, — et je n'en solliciterai pas, quoique le roi ait plus de grâces — que je n'oserais commettre de fautes. O vous, êtres rares qui m'aimez — et qui avez le courage de pleurer Buckingham, — vous, ses nobles amis, ses camarades, dont l'adieu — est pour lui la seule amertume, la seule mort, — accompagnez-moi, comme de bons anges, jusqu'à ma fin : — et, quand le long divorce d'acier me frappera, — faites de vos prières un ineffable sacrifice, — et portez mon âme aux cieux... Emmenez-moi, au nom de Dieu.

LOVELL.

— Au nom de la charité, je conjure Votre Grâce, — si jamais votre cœur a recélé — quelque ressentiment contre moi, de me pardonner pleinement aujourd'hui.

BUCKINGHAM.

— Sir Thomas Lovell, je vous pardonne aussi sincèrement — que je voudrais être pardonné : je pardonne à tous ! — Je n'ai pas subi assez d'outrages — pour ne pouvoir pas les amnistier : nulle rancune noire — ne fermera ma tombe. Recommandez-moi à Sa Majesté ; — et, si elle parle de Buckingham, dites-lui, je vous prie, — que vous m'avez rencontré à mi-chemin du ciel ; mes vœux et mes prières — sont encore pour le roi ; et, jusqu'à ce que mon âme me quitte, — elle n'implorera pour lui que des bénédictions. Puisse-t-il vivre — plus d'années que je n'ai le temps d'en compter ! — Puisse sa règle être toujours aimée et aimable ! — Et, quand la vieillesse l'aura amené à sa fin, — puissent la bonté et lui occuper le même monument !

LOVELL.

— Il faut que je conduise Votre Grâce au bord de l'eau ; — là je remettrai ma charge à sir Nicholas Vaux, — qui vous conduira jusqu'à votre fin.

VAUX.

Allez tout préparer : — le duc arrive, veillez à ce que la barque soit prête, — et décorez-la d'une façon conforme — à la grandeur de sa personne.

BUCKINGHAM.

Non, sir Nicholas, — laissez cela ; désormais mon rang n'est plus que dérision pour moi. — Quand je suis venu ici, j'étais lord grand connétable — et duc de Buckingham ;

maintenant, je suis le pauvre Édouard Bohun. — Pourtant je suis plus riche que mes vils accusateurs, — qui n'ont jamais su ce que c'était que la loyauté. Moi, je la scelle de mon sang, — et avec ce sang je les ferai gémir un jour. — Mon noble père, Henry de Buckingham, — qui le premier leva la tête contre l'usurpateur Richard, — ayant cherché asile chez son serviteur Banister, — fut dans sa détresse trahi par ce misérable, — et périt sans jugement : la paix de Dieu soit avec lui ! — Henry VII, le roi d'après, profondément affligé — de la perte de mon père, en prince vraiment royal, — me restaura dans mes honneurs, et avec des ruines — refit la noblesse de mon nom. Aujourd'hui son fils, — Henry VIII, m'a d'un coup enlevé — pour toujours en ce monde la vie, l'honneur, le nom et tout — ce qui faisait heureux. J'ai eu mon procès, — et, je dois le dire, un noble procès ; en cela, j'ai été — un peu plus heureux que mon misérable père. — Pourtant notre destinée a été la même en ceci : tous deux — nous avons été perdus par nos serviteurs, par les hommes que nous aimions le plus : — le plus dénaturé, le plus déloyal des services ! — Le ciel a ses fins en tout. Mais, vous qui m'écoutez, — recevez d'un mourant cet avis sûr : — à ceux que vous gratifiez libéralement de votre affection et de votre confiance, — ne vous livrez pas trop ; car ceux-là mêmes dont vous faites vos amis — et à qui vous donnez votre cœur, dès qu'ils aperçoivent — le moindre accroc à votre fortune, s'éloignent — de vous comme un flot, et ne reparaissent plus — que pour vous engloutir. Vous tous, bonnes gens, — priez pour moi. Il faut maintenant que je vous quitte ; la dernière heure — de ma longue et pénible existence est venue sur moi. — Adieu. — Et, quand vous voudrez couler quelque chose de triste, — dites comment je suis tombé... J'ai fini ; et que Dieu me pardonne !

Buckingham et sa suite sortent (66).

SCÈNE V.

PREMIER GENTLEMAN.

— Oh! cela est lamentable. Monsieur, cette catastrophe — n'attirera, je le crains, que trop de malédictions sur la tête — de ses auteurs.

DEUXIÈME GENTLEMAN.

Si le duc est innocent, — cela est gros de malheurs; pourtant je puis vous faire part — d'une calamité imminente qui, si elle arrive, — sera plus grande que celle-ci.

PREMIER GENTLEMAN.

Que les bons anges la détournent de nous! — Que peut-il arriver? Vous ne doutez pas de ma discrétion, monsieur?

DEUXIÈME GENTLEMAN.

— Ce secret est si important qu'il faut — pour le cacher une forte discrétion.

PREMIER GENTLEMAN.

Dites-le-moi; je ne parle guère.

DEUXIÈME GENTLEMAN.

Je n'en doute pas. — Vous saurez donc tout, monsieur. N'avez-vous pas ces jours-ci entendu — certaine rumeur d'une séparation — entre le roi et Catherine?

PREMIER GENTLEMAN.

Oui, mais cela n'a pas duré; — car, dès que le roi en eut connaissance, saisi de colère, — il envoya au lord-maire l'ordre — d'arrêter immédiatement ce bruit et de frire taire les langues — qui oseraient le répandre.

DEUXIÈME GENTLEMAN.

Eh bien, monsieur, ce bruit calomnieux — est connu désormais pour vérité; il reprend — plus de consistance que jamais, et on tient pour certain — que le roi tentera l'aventure. Le cardinal, — ou quelqu'un de son entourage, lui a, par hostilité — contre la bonne reine, suggéré un scrupule — qui la perdra. Ce qui le confirme d'ailleurs, — c'est que le cardinal Campéius est arrivé récemment, — on le croit, pour cette affaire.

PREMIER GENTLEMAN.

C'est l'œuvre du cardinal : — il cherche uniquement à se venger de l'empereur, — qui ne lui a pas accordé sur sa demande — l'archevêché de Tolède.

DEUXIÈME GENTLEMAN.

— Je crois que vous avez touché juste : mais n'est-ce pas cruel — que ce soit à la reine qu'il en cuise? Le cardinal — veut être satisfait, et il faudra qu'elle tombe.

PREMIER GENTLEMAN.

C'est bien malheureux. — Nous sommes ici trop en public pour discuter cela ; — allons en causer en particulier.

Ils sortent.

SCÈNE VI.

[Une antichambre du palais.]

Entre LE LORD CHAMBELLAN, *lisant une lettre.*

LE LORD CHAMBELLAN.

« Milord, les chevaux que désirait Votre Seigneurie avaient été, sous mon active surveillance, parfaitement choisis, dressés et équipés ; ils étaient jeunes et beaux, et de la meilleure race du Nord. Au moment où ils étaient prêts à partir pour Londres, un homme de milord cardinal, muni d'une commission et de pleins pouvoirs, me les a enlevés, en me donnant pour raison que son maître voulait être servi avant un sujet, sinon avant le roi ; ce qui, monsieur, nous a fermé la bouche. »

— Il finira, je le crains en effet, par être servi le premier. Soit, qu'il les garde ! — Il veut tout avoir, je pense.

Entrent les ducs de NORFOLK *et de* SUFFOLK.

NORFOLK.

— Heureuse rencontre, milord chambellan.

SCÈNE VI.

LE LORD CHAMBELLAN, aux deux ducs.

Le bon jour à Vos Grâces !

SUFFOLK.

— De quoi le roi est-il occupé ?

LE LORD CHAMBELLAN.

Je l'ai laissé seul, — plein de trouble et de tristes pensées.

NORFOLK.

Quelle en est la cause ?

LE LORD CHAMBELLAN.

— Il paraît que son mariage avec la femme de son frère — a serré de trop près sa conscience.

SUFFOLK.

Non, c'est sa conscience — qui serre de trop près une autre dame.

NORFOLK.

En effet. — C'est l'œuvre du cardinal, du roi-cardinal ; — ce prêtre aveugle, comme le fils aîné de la fortune, — tourne tout à sa guise. Le roi le connaîtra un jour.

SUFFOLK.

— Plût à Dieu ! autrement il ne se connaîtra jamais lui-même.

NORFOLK.

— Avec quelle sainte onction il agit en toute affaire ! — Et avec quel zèle ! En effet, maintenant qu'il a rompu la ligue — entre nous et l'empereur, ce grand neveu de la reine, — il s'insinue dans l'âme du roi, il y sème — les inquiétudes, les doutes, les remords de conscience, — les alarmes, les désespoirs, et tout cela à propos de son mariage ; — et, pour soustraire le roi à tant d'ennuis, — il conseille le divorce ; la perte de celle — qui, comme un joyau, est restée vingt ans suspendue — à son cou, sans jamais perdre de son lustre, — de celle qui l'aime de cet amour ineffable — dont les anges aiment les hommes de bien, de celle enfin — qui, au moment où le coup le plus rude de la fortune la frappera, — bénira encore le roi ! N'est-ce pas là une œuvre pie ?

LE LORD CHAMBELLAN.

— Dieu me garde de pareilles machinations ! il est bien vrai — que cette nouvelle est partout ; toutes les bouches la répètent, — et tous les cœurs honnêtes la déplorent. Quiconque ose — approfondir cette affaire en voit l'objet suprême, — la sœur du roi de France. Le ciel ouvrira un jour — les yeux du roi, restés si longtemps fermés — sur cet audacieux méchant.

SUFFOLK.

Et nous affranchira de son oppression.

NORFOLK.

— Nous avons grand besoin de prier, — et avec ferveur, pour notre délivrance : — ou cet homme impérieux, de princes que nous sommes, — nous fera pages. Toutes les dignités humaines — sont entassés devant lui en un monceau unique qu'il façonne — à sa guise.

SUFFOLK.

Pour moi, milords, — je ne l'aime ni ne le crains : voilà ma profession de foi. — Comme il ne m'a pas fait ce que je suis, je resterai tel, — s'il plaît au roi : ses malédictions et ses bénédictions — me touchent également : ce sont autant de paroles auxquelles je ne crois pas. — Je l'ai connu et je le connais ; aussi je l'abandonne — à celui qui l'a fait si superbe, le pape !

NORFOLK.

Entrons, — et, par quelque occupation nouvelle, distrayons le roi — de ces tristes idées qui agissent trop sur lui... — Milord, vous nous accompagnerez ?

LE LORD CHAMBELLAN.

Excusez-moi. — Le roi m'a envoyé ailleurs : en outre, —

vous choisissez l'heure la moins propice pour le déranger.
— Salut à Vos Seigneuries !
NORFOLK.
Merci, mon bon lord chambellan.

Le lord chambellan sort. Norfolk ouvre une porte à deux battants. On aperçoit le roi assis, et lisant d'un air pensif.

SUFFOLK.
— Comme il a l'air triste ! il faut qu'il soit bien affligé.

LE ROI HENRY.
— Qui est là ? Hein ?

NORFOLK.
Prions Dieu qu'il ne soit pas fâché.

LE ROI HENRY.
— Qui est là, dis-je ? comment osez-vous troubler — nos méditations intimes ? — Qui suis-je ? hein ?

NORFOLK.
— Un gracieux roi, qui pardonne à toute offense — un tort involontaire. Notre indiscrétion — a pour cause une affaire d'État, pour laquelle nous venons — savoir votre royal bon plaisir.

LE ROI HENRY.
Vous êtes par trop hardis. — Allez, je vous ferai connaître vos heures de service. — Est-ce le moment des affaires temporelles ? hein ?

Entrent Wolsey et Campéius.

— Qui est là ? mon bon lord cardinal ?... O mon Wolsey, — calmant de ma conscience blessée, — tu es le remède qu'il faut à un roi.

A Campéius.

Vous êtes le bienvenu, — très-savant et révérend sire, dans notre royaume : — usez-en comme de nous.

A Wolsey.

Mon bon lord, ayez grand soin — que ma parole ne soit pas stérile.

WOLSEY.

Sire, elle ne saurait l'être. — Je voudrais que Votre Grâce nous accordât seulement une heure — d'entretien particulier.

LE ROI HENRY, à Norfolk et à Suffolk.

Nous sommes occupés; allez!

NORFOLK, à part.

— Ce prêtre n'a pas d'orgueil, n'est-ce pas?

SUFFOLK, à part.

A peine! — Je ne voudrais pas en être malade à ce point, pas même pour sa place! — mais cela ne peut continuer.

NORFOLK, à part.

Si cela dure, — gare à lui! je sais quelqu'un qui se risquera.

SUFFOLK.

Et moi aussi.

Sortent Norfolk et Suffolk.

WOLSEY, au roi.

— Votre Grâce a donné une leçon de sagesse — à tous les princes, en soumettant franchement — ses scrupules au jugement de la chrétienté. — Qui peut se fâcher à présent? quelle critique peut vous atteindre? — L'Espagnol, lié à la reine par le sang et par l'affection, — doit reconnaître maintenant, s'il a quelque bonne foi, — que le débat est juste et noble. Tous les clercs, — je veux dire les savants de tous les royaumes chrétiens, — ont donné leur libre opinion. Rome, cette nourrice de la sagesse, — sur votre auguste invitation, nous a envoyé — un organe universel, ce bon homme, — cet équitable et savant prêtre, le cardinal Campéius, — que je présente encore une fois à Votre Altesse.

LE ROI HENRY.

— Et une fois de plus, je l'accueille à bras ouverts, — en remerciant le saint conclave de sa bienveillance; — ils m'ont envoyé l'homme que j'aurais souhaité.

CAMPÉIUS.

— Votre Grâce doit mériter l'amour de tous les étrangers ; — vous êtes si noble ! Entre les mains de Votre Altesse — je remets ces pouvoirs, en vertu desquels — la cour de Rome vous associe, vous, milord — cardinal d'York, à moi, son serviteur, — pour juger impartialement cette affaire.

LE ROI HENRY.

— Deux hommes égaux ! La reine sera informée — sur-le-champ de l'objet de votre venue : où est Gardiner ?

WOLSEY.

— Votre Majesté a, je le sais, toujours aimé la reine — si tendrement qu'elle ne lui refusera pas — ce qu'une femme d'un moindre rang a droit de demander, — de savants conseils autorisés à la défendre librement.

LE ROI HENRY.

— Oui, et elle aura les meilleurs ; et ma faveur — est promise à qui la défendra le mieux. A Dieu ne plaise qu'il en soit autrement ! Cardinal, — je t'en prie, appelle-moi Gardiner, mon nouveau secrétaire, — c'est un garçon qui me convient.

Sort Wolsey.

WOLSEY rentre avec GARDINER.

WOLSEY.

— Donnez-moi votre main ; je vous souhaite beaucoup de bonheur et de faveur : — vous êtes au roi maintenant.

GARDINER, à part.

Mais toujours aux ordres — de Votre Grâce, dont la main m'a élevé.

LE ROI HENRY.

— Viens ici, Gardiner.

Ils causent à part.

CAMPÉIUS.

Milord d'York, n'était-ce pas un certain docteur

Pace — qui avait auparavant la place de cet homme?

WOLSEY.

Oui, c'était lui.

CAMPÉIUS.

—N'était-il pas considéré comme un savant homme?

WOLSEY.

Oui, sans doute.

CAMPÉIUS.

—Croyez-moi, il court des bruits fâcheux — sur vous-même, lord cardinal.

WOLSEY.

Comment! sur moi!

CAMPÉIUS.

—On n'hésite pas à dire que vous étiez jaloux de lui, — et que, craignant l'élévation d'un homme si vertueux, — vous l'avez constamment relégué à l'étranger : ce qui l'a tant affecté — qu'il en est devenu fou, et qu'il est mort.

WOLSEY.

Que la paix du ciel soit avec lui! — Ce vœu suffit à la charité chrétienne. Quant aux vivants qui murmurent, — il y a pour eux des lieux de correction. C'était un imbécile : — car il voulait à toute force être vertueux... Ce bon garçon-là, — dès que je commande, suit mes instructions : — je ne veux près du roi que des gens de cette espèce. Apprenez ceci, frère : — nous ne sommes pas ici pour nous laisser gêner par des subalternes.

LE ROI HENRY, à Gardiner.

—Dites cela à la reine avec douceur.

Gardiner sort.

—Le lieu qui me semble le plus convenable — pour la réception de tant de science, est Blackfriars ; — c'est là que vous vous réunirez pour cette importante affaire...
— Mon Wolsey, faites tout préparer... Oh! milord, — n'est-ce pas douloureux pour un homme de cœur de quit-

ter — une si douce compagne de lit? mais la conscience! la conscience! — Oh! c'est un endroit sensible!... Et il faut que je la quitte.

Ils sortent.

SCÈNE VII.

[Une antichambre des appartements de la reine.]

Entrent ANNE BULLEN et UNE VIEILLE DAME.

ANNE.
— Ni pour ça non plus... Voilà ce qui est navrant : — Son Altesse ayant vécu si longtemps avec elle, et elle — une femme si vertueuse que jamais langue — n'a pu rien dire contre son honneur! Sur ma vie, — elle n'a jamais su faire le mal... Et maintenant, après — tant de soleils passés sur le trône, — dans la plénitude de la majesté et la pompe (majesté et pompe — mille fois plus amères à quitter que — douces à acquérir), après une telle existence, — la repousser ainsi!... Oh! c'est une détresse à émouvoir un monstre.

LA VIEILLE DAME.
Les cœurs de la trempe la plus dure — s'attendrissent et se lamentent sur son sort.

ANNE.
O volonté de Dieu! mieux eût valu — pour elle n'avoir jamais connu le faste. Tout mondain qu'il est, — dès que la fortune querelleuse nous oblige à divorcer — avec lui, c'est une angoisse aussi poignante — que la séparation de l'âme et du corps.

LA VIEILLE DAME.
Hélas! pauvre dame! — La voilà redevenue étrangère.

ANNE.
Il doit tomber — d'autant plus de pitié sur elle. Vraiment,

— je le jure, mieux vaut être né en bas lieu — et vivre avec les humbles dans le contentement — que se pavaner dans un ennui splendide — et porter une tristesse d'or.

LA VIEILLE DAME.

Le contentement — est notre meilleur avoir.

ANNE.

Par ma foi et ma virginité, — je ne voudrais pas être reine.

LA VIEILLE DAME.

Fi donc! je voudrais l'être, moi, — dussé-je aventurer pour ça une virginité; et vous en feriez autant, — malgré toutes ces grimaces de votre hypocrisie. — Vous qui avez les plus charmants dehors de la femme, — vous avez aussi un cœur de femme; et ce cœur-là a toujours — convoité la prééminence, l'opulence, la souveraineté, — lesquelles, à dire vrai, sont des bénédictions; et ces dons, quoique vous fassiez la petite bouche, votre conscience de souple chevreau — serait bien capable de les accepter, — s'il vous plaisait de l'élargir un peu.

ANNE.

Non, en bonne vérité.

LA VIEILLE DAME.

— Si, en vérité, en vérité. Vous ne voudriez pas être reine?

ANNE.

— Non, pas pour toutes les richesses qui sont sous le ciel.

LA VIEILLE DAME.

— C'est étrange; moi, une pièce de six sous me ferait consentir, — toute vieille que je suis, à être reine... Mais, je vous le demande, — que pensez-vous d'une duchesse? Êtes-vous de force — à porter le poids de ce titre-là?

ANNE.

Non, en vérité.

SCÈNE VII.

LA VIEILLE DAME.

— Alors vous êtes faiblement constituée. Diminuez la charge. — Je ne voudrais pas être un jeune comte et me trouver dans votre chemin, — pour vous faire plus que rougir. Si vos reins — ne peuvent endurer ce fardeau-là, ils sont trop faibles — pour jamais porter un enfant.

ANNE.

Comme vous babillez! — Je jure encore une fois que je ne voudrais pas être reine — pour le monde entier.

LA VIEILLE DAME.

Sur ma parole, pour la petite Angleterre — vous risqueriez le paquet; moi-même, — je le ferais pour le comté de Carnavon, quand ce serait — tout ce que posséderait la couronne. La! qui vient ici?

Entre LE LORD CHAMBELLAN.

LE LORD CHAMBELLAN.

— Bonjour, mesdames. Quel prix mettrez-vous à la révélation — du secret de votre causerie ?

ANNE.

Mon bon lord, — pas même le prix de votre demande : elle ne vaut pas votre question. — Nous déplorions les malheurs de notre maîtresse.

LE LORD CHAMBELLAN.

— C'était une généreuse occupation, digne — des sentiments de femmes vraiment bonnes. Pour vous prouver, belle dame, — la sincérité de mes paroles et le grand cas — qu'on fait de vos nombreuses vertus, Sa Majesté le roi — vous témoigne sa haute estime — en vous conférant la transcendante dignité — de marquise de Pembroke; à ce titre — une pension annuelle de mille livres — est ajoutée par Sa Grâce.

ANNE.

Je ne sais — quel gage de ma gratitude je pourrais lui donner. — Tout ce que je suis est moins que rien. Mes prières — ne sont pas des paroles dûment sanctifiées, et mes vœux — n'ont que la valeur de creuses vanités ; pourtant des prières et des vœux, — voilà tout ce que puis lui offrir en retour. J'adjure Votre Seigneurie — de vouloir bien exprimer ma respectueuse gratitude — à Son Altesse, gratitude d'une servante rougissante — qui prie pour sa santé et pour son règne.

LE LORD CHAMBELLAN.

Lady, — je ne manquerai pas de confirmer la noble opinion — que le roi a de vous.

A part.

Je l'ai bien examinée. — La beauté et la dignité sont tellement mélangées en elle — qu'elles ont séduit le roi. Et qui sait — si de cette dame ne doit pas sortir une escarboucle — qui illuminera toute cette île ?

Haut.

Je vais trouver le roi, — et lui dire que je vous ai parlé.

ANNE.

Mon honoré lord.

Le lord chambellan sort.

LA VIEILLE DAME.

— Oui, c'est comme ça ! voyez, voyez ! — J'ai sollicité à la cour seize ans, — et je suis encore une solliciteuse de cour. Eh bien, je n'ai — jamais trouvé le juste milieu entre *trop tôt!* et *trop tard!* — pour aucune de mes demandes d'argent ; et vous, ô destinée ! — vous, toute nouvelle venue dans nos eaux (fi, fi, fi, — de ce bonheur forcé !), vous avez la bouche remplie, — avant de l'ouvrir.

ANNE.

Cela est étrange pour moi-même.

LA VIEILLE DAME.

— Quel goût ça a-t-il? est-ce amer? Quarante sous que non! — Il y avait une fois une dame (c'est un vieux conte) — qui ne voulait pas être reine, qui ne l'aurait pas voulu — pour toute la boue d'Égypte... Connaissiez-vous ça?

ANNE.

— Allons, vous plaisantez?

LA VIEILLE DAME.

Sur le thème de votre élévation, je pourrais — monter plus haut que l'alouette. Marquise de Pembroke! — mille livres par an! Par pure estime, — sans autre obligation!... Sur ma vie, — ça promet bien d'autres mille livres. La traîne de la grandeur — est plus longue que sa jupe. A présent, — je vois que vos reins pourront porter une duchesse. Dites, — est-ce que vous ne vous trouvez pas plus forte que vous n'étiez?

ANNE.

Bonne dame, — amusez-vous des fantaisies de votre imaginative, — et laissez-moi en dehors. Je veux ne plus exister, — si ceci fait battre mon cœur de joie; je le sens défaillir — à la pensée des conséquences. — La reine est désolée, et nous l'oublions — dans notre longue absence. Je vous en prie, ne lui dites pas — ce que vous venez d'entendre.

LA VIEILLE DAME.

Pour qui me prenez-vous?

Elles sortent.

SCÈNE VIII.

[Une salle dans Blackfriars.]

Trompettes et fanfare de cornets. Entrent deux huissiers à verge portant de courtes baguettes d'argent ; puis DEUX SCRIBES, en costume de docteurs ; après eux, l'archevêque de Cantorbéry seul, suivi des évêques de LINCOLN, d'Ély, de Rochester et de Saint-Asaph ; derrière eux, à une courte distance, un gentilhomme portant la bourse, le grand sceau et un chapeau de cardinal ; puis deux prêtres portant chacun une croix d'argent ; puis un gentilhomme-huissier, tête nue, accompagné d'un sergent d'armes qui porte une masse d'argent ; puis deux gentilshommes portant deux grands piliers d'argent ; après eux, côte à côte, les deux cardinaux WOLSEY et CAMPÉIUS ; deux nobles portant l'épée et la masse. Entrent ensuite LE ROI et LA REINE et leurs cortéges. Le roi prend place sous le dais ; les deux cardinaux s'asseyent au-dessous de lui comme juges. La reine prend place à quelque distance du roi. Les évêques se placent de chaque côté de la cour en forme de consistoire ; au milieu, les scribes. Les lords s'asseyent près des évêques. L'audiencier et les autres officiers de service se placent en ordre convenable sur la scène.

WOLSEY.

— Tandis qu'on donnera lecture des pouvoirs envoyés de Rome, — que le silence soit ordonné.

LE ROI HENRY.

A quoi bon ? — Lecture en a été faite déjà publiquement, — et leur validité est reconnue de toutes parts ; — vous pouvez donc vous épargner cette perte de temps.

WOLSEY.

Soit. Procédons.

LE SCRIBE, à l'audiencier.

— Dites à Henry, roi d'Angleterre, de comparaître devant la cour.

L'AUDIENCIER, appelant.

Henry, roi d'Angleterre, comparaissez devant la cour.

LE ROI HENRY.

Voici.

LE SCRIBE, à l'audiencier.

— Dites à Catherine, reine d'Angleterre, de comparaître devant la cour.

L'AUDIENCIER, appelant.

Catherine, reine d'Angleterre, comparaissez devant la cour.

La reine ne répond pas, se lève de son siége, traverse la salle, va au roi, se jette à ses pieds, puis parle.

LA REINE CATHERINE.

— Sire, je vous demande de me faire droit et justice, — et de m'accorder votre pitié ; car — je suis une bien pauvre femme, une étrangère, — née hors de vos domaines, n'ayant pas ici — de juge impartial et ne pouvant pas compter — sur la sympathique équité d'un tribunal. Hélas! sire, — en quoi vous ai-je offensé? Quelle cause — de déplaisir vous a donnée ma conduite, — pour que vous vous décidiez ainsi à me renvoyer, — et à me retirer vos bonnes grâces? Le ciel m'est témoin — que j'ai toujours été pour vous une humble et loyale femme, — soumise en tout temps à votre volonté, — craignant toujours de provoquer votre mécontentement, — assujettie à votre physionomie même, triste ou gaie, — suivant les changements que j'y voyais. Quand m'est-il arrivé — de contredire votre désir, — et de ne pas en faire le mien? Quel est celui de vos amis — que je ne me sois pas efforcée d'aimer, — alors même que je le savais mon ennemi? Lequel de mes amis — a pu s'attirer votre colère, sans — perdre ma faveur, sans recevoir l'avis formel — qu'elle lui était désormais enlevée? Sire, rappelez-vous — que, dans cette obédience, j'ai été votre femme — plus de vingt ans, et que j'ai eu le bonheur — d'avoir de vous plusieurs enfants. Si, dans tout le cours — de ce temps, vous pouvez citer — et prouver un fait qui porte atteinte à mon honneur, — à ma fidélité conjugale, à mon amour et à mon respect — pour votre personne sacrée, au nom de Dieu, — chassez-moi ; et que le plus ignominieux opprobre — ferme la porte sur moi, et me livre — aux plus sévères rigueurs de la justice. Écoutez, sire : — le roi votre père passait — pour un prince fort prudent, d'un excellent — jugement et d'une incomparable sagacité ; Ferdinand, — mon père, roi d'Espagne, était reconnu — pour le prince le plus sage qui eût régné en ce pays depuis maintes — années. On ne peut donc pas douter — que dans chaque royaume, pour débattre cette question, — ils n'aient réuni en conseil des hommes éclairés — qui ont jugé notre mariage légal. C'est pourquoi je vous conjure — humblement, sire, de m'épargner jusqu'à ce que j'aie pu — être conseillée par mes amis d'Espagne, dont je vais - implorer l'avis. Sinon, au nom de Dieu, — que votre bon plaisir s'accomplisse !

WOLSEY.

Vous avez ici, madame, — ces révérends pères, choisis par vous-même, des hommes — d'une intégrité et d'une science rares, — l'élite du pays, qui sont rassemblés — pour plaider votre cause. Il est donc inutile — que vous demandiez l'ajournement d'un arrêt, aussi nécessaire — à votre propre repos qu'à l'apaisement — des inquiétudes du roi.

CAMPÉIUS.

Sa Grâce — a bien parlé, et sagement. Ainsi, madame, — il convient que ce royal procès soit instruit, — et que, sans délai, tous les arguments — soient produits et entendus.

LA REINE CATHERINE.

Lord cardinal, — c'est à vous que je parle.

WOLSEY.

Quel est votre bon plaisir, madame ?

SCÈNE VIII.

LA REINE CATHERINE.

Monsieur, —je suis prête à pleurer; mais, songeant — que je suis reine (du moins je l'ai longtemps rêvé), certaine — que je suis fille de roi, je veux changer mes larmes — en traits de flamme.

WOLSEY.

Mais soyez patiente.

LA REINE CATHERINE.

—Je le serai quand vous serez humble ; non, je le serai avant, — ou Dieu me punira. De puissantes raisons — m'induisent à croire que — vous êtes mon ennemi ; et je vous récuse : — vous ne serez pas mon juge ; car c'est vous — qui avez attisé cet incendie entre mon seigneur et moi ; — puisse la rosée de Dieu l'éteindre ! Ainsi, je le répète, — dans l'insurmontable aversion de mon âme, —je vous refuse pour mon juge. Encore une fois, —je vous tiens pour mon ennemi le plus acharné, et je ne vous crois — nullement l'ami de la vérité.

WOLSEY.

Je — confesse que je ne vous reconnais pas à ce langage, vous qui toujours — avez pratiqué la charité et donné les preuves — d'une disposition douce et d'une sagesse — au-dessus de votre sexe. Madame, vous me faites injure ; — je n'ai pas de rancune contre vous ; je ne suis injuste — ni pour vous, ni pour personne. Ma conduite, dans le passé, — comme dans l'avenir, a pour garant — les pleins pouvoirs émanés du consistoire, — oui, de tout le consistoire de Rome. Vous m'accusez — d'avoir attisé cet incendie ; je le nie. — Le roi est présent ; s'il trouve — que je mens à mes actes, il peut — à juste titre flétrir mon imposture ; oui, aussi aisément — que vous avez flétri ma véracité. Mais, s'il sait — qu'ici je suis exempt de torts, il sait aussi — que je ne suis pas exempté de la calomnie. Ainsi il dépend — de lui de fermer ma blessure ; et, pour la fermer, — il suffit d'éloigner de vous ces idées. Avant que—Son Altesse parle, je vous conjure,—gracieuse madame, de rétracter vos paroles—et de ne plus tenir un tel langage.

LA REINE CATHERINE.

Milord, milord,—je suis une simple femme, beaucoup trop faible—pour lutter contre vos artifices. Vous avez la parole doucereuse et humble ;—vous exercez votre ministère avec tous les dehors—de la douceur et de l'humilité; mais votre cœur—est gonflé d'arrogance, de rancune et d'orgueil.—Vous avez, grâce à votre bonne fortune et aux faveurs de Son Altesse,—franchi rapidement les bas échelons, et maintenant vous voilà sur un sommet—où tous les pouvoirs sont de votre suite. Vos paroles,—comme vos domestiques, servent votre volonté, dans toutes les fonctions—qu'il vous plaît de leur assigner. Je dois vous le dire,—vous êtes plus soucieux de votre grandeur personnelle que—des devoirs spirituels de votre haute profession. Encore une fois,—je vous récuse pour mon juge; et ici,—devant vous tous, j'en appelle au pape ;—je veux porter ma cause entière devant Sa Sainteté,—et être jugée par elle.

Elle salue le roi et va pour se retirer.

CAMPÉIUS.

La reine s'obstine ;—rebelle à la justice, prompte à l'accuser,—elle dédaigne de se soumettre à ses arrêts; ce n'est pas bien.—Elle s'en va.

LE ROI HENRY.

Qu'on la rappelle.

L'AUDIENCIER.

—Catherine, reine d'Angleterre, venez devant la cour.

GRIFFITH.

—Madame, on vous rappelle.

LA REINE CATHERINE.

—Pourquoi y faire attention? suivez votre chemin, je

vous prie; — vous reviendrez sur vos pas, quand vous serez rappelé... Que le Seigneur me soit en aide! — Ils m'exaspèrent. Avancez, je vous prie, je ne veux pas rester; — non, jamais, — pour cette affaire, je ne reparaîtrai — devant aucune de leurs cours.

La reine sort avec Griffith et le reste de ses gens.

LE ROI HENRY.

Va ton chemin, Kate. — S'il y a au monde un homme qui ose soutenir qu'il a — une femme meilleure, qu'il ne soit cru en rien — après un tel mensonge! Certes, — si tes rares qualités, ta suave douceur, — ta sainte humilité, ta dignité conjugale, — faite d'obéissance et de commandement, si toutes tes vertus — souveraines et religieuses pouvaient parler pour toi, tu serais — la reine des reines de la terre... Elle est née noble, — et elle s'est conduite envers moi d'une manière — digne de sa vraie noblesse.

WOLSEY.

Très-gracieux sire, — je conjure humblement Votre Altesse — de vouloir bien s'expliquer en présence de tout cet auditoire; car c'est là même, où m'a accablé l'outrage, — que je dois en être dégagé, si je ne puis obtenir d'ailleurs — une immédiate et entière satisfaction. Est-ce moi, sire, — qui vous ai mis cette affaire en tête? Ai-je jamais provoqué en vous aucun scrupule qui pût — vous induire à soulever ce débat?... Ai-je jamais — fait autre chose que remercier Dieu de vous avoir donné — cette royale compagne? Vous ai-je jamais dit le moindre mot qui pût — être préjudiciable à sa condition actuelle — ou faire tort à sa noble personne?

LE ROI HENRY.

Milord cardinal, — je vous disculpe; oui, sur mon honneur, — je vous décharge de tout reproche. Vous n'en êtes pas à apprendre — que vous avez beaucoup d'ennemis qui ne savent pas — pourquoi ils le sont, mais qui, comme les chiens d'un village, — aboient quand les autres aboient : c'est par quelques-uns de ces gens-là — que la reine a été irritée contre vous. Vous êtes disculpé ; — mais voulez-vous être plus amplement justifié? Toujours vous — avez désiré qu'on assoupît cette affaire ; jamais — vous n'avez souhaité qu'on l'éveillât ; loin de là, vous avez souvent, très-souvent, — fait obstacle à ses progrès. Sur mon honneur, — je rends ce témoignage à mon bon lord cardinal, — et je le lave complétement sur ce point. Maintenant, comment ai-je été amené là ? — Pour vous le dire, je réclamerai de vous un moment d'attention. — Suivez bien la déduction. Voici comment la chose est venue ; écoutez. — Les premières inquiétudes que conçut ma conscience, — les premiers scrupules qui l'agitèrent, furent éveillés par certaines paroles — de l'évêque de Bayonne, alors ambassadeur en France, — qui avait été envoyé ici pour négocier — un mariage entre le duc d'Orléans et — notre fille Marie. Dans le cours de cette affaire, — avant de se déterminer à une résolution, ce personnage — (je veux dire l'évêque) demanda un délai, — pour soumettre au roi son maître la question de savoir — si notre fille était légitime, — étant issue de notre mariage avec la douairière, — ci-devant épouse de mon frère. Ce délai ébranla — profondément ma conscience, la pénétra, — y provoqua des déchirements, et fit trembler — toute la région de mon cœur : l'accès ainsi forcé, — mille réflexions confuses se pressèrent dans mon esprit, — sous la pression d'une telle anxiété. Il me sembla d'abord — que le ciel avait cessé de me sourire, lui qui, — commandant à la nature, avait exigé que le sein de ma femme, — s'il concevait de moi un enfant mâle, — ne lui donnât pas plus de vie que — la tombe n'en donne aux morts ; en effet tous ses enfants mâles — sont morts là même où ils avaient été engendrés, ou peu de temps — après avoir respiré l'air de ce monde. Je crus désormais — que c'était là un jugement de Dieu, que mon royaume, — bien digne du premier héritier de l'univers, n'aurait pas — par moi cette satisfaction. Je fus ainsi amené — à examiner le danger auquel mes États étaient exposés — par ce défaut de postérité ; et cela me causa — de cruelles angoisses. Ainsi, flottant — sur la mer orageuse de ma conscience, je gouvernai — vers le remède pour lequel nous sommes — ici rassemblés en ce moment; autrement dit, — je voulus soulager ma conscience, que — je sentais alors gravement malade et qui n'est pas bien encore, — en consultant tous les vénérables prélats, — tous les savants docteurs du pays. Je commençai par me confier — à vous, milord de Lincoln ; vous vous rappelez — sous quelle oppression je me débattais, — quand je vous fis ma première ouverture.

LINCOLN.

Très-bien, mon suzerain.

LE ROI HENRY.

— J'ai parlé longuement ; veuillez dire vous-même — ce que vous avez fait pour ma satisfaction.

LINCOLN.

Sous le bon plaisir de Votre Altesse, — la question me troubla tellement tout d'abord — par sa considérable importance — et ses formidables conséquence, que je livrai — au doute mon plus hardi conseil ; — et je conjurai Votre Altesse d'adopter la marche — qu'elle suit ici.

LE ROI HENRY.

Je m'ouvris alors à vous, — milord de Cantorbéry, et j'obtins votre assentiment — pour faire cette convocation. Il n'est pas — dans cette cour un vénérable personnage que je n'aie consulté, — et je n'ai agi que sur un consentement formel, — signé et scellé par chacun de vous. Ainsi, poursuivez. — Ce n'est nullement une antipathie contre la personne — de la bonne reine, mais bien la douloureuse, l'épineuse pression — des raisons que j'ai exposées, qui soulève ce débat. — Prouvez seulement que notre mariage est légitime et, sur ma vie, — sur ma royale dignité, nous sommes heureux — d'achever notre carrière mortelle avec elle, — Catherine, notre reine, et nous la préférons à la plus parfaite créature — que l'univers ait pour parangon.

CAMPÉIUS.

N'en déplaise à Votre Altesse, — la reine étant absente, il est nécessaire — que nous ajournions cette cour à un jour ultérieur : — dans l'intervalle, il faudra presser vivement — la reine de se désister de l'appel — qu'elle entend faire à Sa Sainteté.

L'assemblée se lève pour sortir.

LE ROI HENRY, à part.

Je puis m'apercevoir — que ces cardinaux se jouent de moi ; j'abhorre — les tortueuses lenteurs et les artifices de Rome. — Cranmer, mon savant et bien-aimé serviteur, — reviens, je t'en conjure. Avec toi, je le sais, — la consolation m'arrive.

Haut.

Rompez la séance : — retirez-vous, vous dis-je.

Tous sortent dans l'ordre où tous sont entrés.

SCÈNE IX.

[Le palais de Bridewell. Un appartement chez la reine.]

LA REINE et quelques-unes de ses femmes sont à l'ouvrage.

LA REINE CATHERINE.

— Prends ton luth, fillette : mon âme est assombrie par les ennuis ; — chante, et dissipe-les, si tu peux : quitte ton ouvrage.

CHANSON.

Orphée, avec son luth, forçait les arbres
Et les cimes glacées des montagnes

SCÈNE IX.

A s'incliner quand il chantait ;
A ses accords, plantes et fleurs
Croissaient sans cesse, comme si le soleil et la pluie
Eussent fait un éternel printemps.

Tout ce qui l'entendait jouer,
La vague même de l'Océan,
Penchait la tête et s'arrêtait,
Tel est l'art de la suave musique :
L'ennui accablant, le chagrin de cœur
S'assoupit ou expire à sa voix !

Entre UN GENTILHOMME.

LA REINE CATHERINE.

Qu'est-ce ?

LE GENTILHOMME.

— N'en déplaise à Votre Grâce, les deux grands cardinaux — attendent dans la salle d'audience.

LA REINE CATHERINE.

Voudraient-ils me parler?

LE GENTILHOMME.

— Ils m'ont chargé de vous le dire, madame.

LA REINE CATHERINE.

Priez Leurs Grâces — d'entrer.

Le gentilhomme sort.

Que peuvent-ils me vouloir, — à moi, pauvre faible femme, tombée en défaveur? — Leur visite ne me plaît pas, maintenant que j'y pense. — Ce devraient être des hommes vertueux ; leurs fonctions sont respectables ; — mais l'habit ne fait pas le moine.

Entrent WOLSEY *et* CAMPÉIUS.

WOLSEY.

Paix à Votre Altesse !

LA REINE CATHERINE.

— Vos Grâces me trouvent ici quelque peu femme de ménage ; — je voudrais l'être tout à fait, si dure que dût être ma vie. — Que désirez-vous de moi, révérends lords?

WOLSEY.

— Veuillez, noble dame, passer — dans votre appartement particulier, nous vous expliquerons — pleinement l'objet de notre visite.

LA REINE CATHERINE.

Dites-le ici. — En conscience, je n'ai rien fait encore — qui réclame les coins. Plût à Dieu que toutes les autres femmes — pussent en dire autant avec la même liberté d'esprit! — Milords, je ne crains pas (j'ai ce rare bonheur) que mes actions — soient discutées par toutes les langues, vues de tous les yeux, — livrées même aux attaques de l'envie et de la calomnie, — tant je suis certaine que ma vie est droite. Si votre but — est de m'examiner dans ma conduite d'épouse, — faites-le hardiment. La loyauté aime les francs procédés.

WOLSEY.

Tanta est erga te mentis integritas, regina serenissima.

LA REINE CATHERINE.

— Ah! mon bon lord, pas de latin. — Depuis ma venue, je n'ai pas été fainéante — au point de ne pas savoir la langue du pays où j'ai vécu. — Un idiome étrange rend ma cause plus étrange et la fait suspecte. — Je vous en prie, parlez en anglais; il y a ici des personnes qui vous remercieront — pour leur pauvre maîtresse, si vous dites la vérité. — Croyez-moi, elle a été bien durement traitée. Lord cardinal, — le péché le plus prémédité que j'aie jamais commis — peut être absous en anglais.

WOLSEY.

Noble dame, — je regrette que mon intégrité, — et mon dévouement pour Sa Majesté et vous, — fassent naître de si violents soupçons, quand je suis de si bonne foi. — Nous ne venons pas, par voie d'accusation, — souiller un honneur que bénissent les bouches les meilleures, — ni vous entraîner dans de nouveaux chagrins ; — vous n'en avez déjà que trop, bonne dame ; nous venons savoir — quelle est votre disposition d'esprit dans le grave différend — élevé entre le roi et vous ; nous venons vous donner, — en hommes désintéressés et honnêtes, notre sincère opinion — et les avis les plus salutaires à votre cause.

CAMPÉIUS.

Très-honorée dame, — milord d'York, guidé par sa noble nature, — par le zèle et le respect qu'il a toujours professés pour Votre Grâce, — oubliant, en homme de bien, la censure récemment infligée par vous — à sa loyauté et à lui-même, censure bien exagérée, — vous offre, comme moi, en signe de paix, — ses services et ses conseils.

LA REINE CATHERINE, à part.

Pour me trahir !

Haut.

— Milords, je vous remercie tous deux de vos bonnes volontés ; — vous parlez comme d'honnêtes gens, Dieu veuille que vous vous montriez tels ! — Mais sur un point de cette importance, qui touche de si près à mon honneur — (et de plus près, j'en ai peur, à ma vie), comment, avec mon faible jugement, — répondre brusquement — à des hommes aussi graves, aussi savants que vous ? — En vérité, je ne sais pas. J'étais ici à l'ouvrage — au milieu de mes femmes, bien loin de m'attendre, le ciel le sait, — à de pareils visiteurs et à une pareille affaire. — Au nom de ce que j'ai été (car je suis — à l'agonie de ma grandeur), je prie vos bonnes Grâces — de me laisser le temps de choisir des conseils pour ma cause. — Hélas ! je suis une femme sans amis, sans espoir.

WOLSEY.

— Madame, vous faites injure à l'affection du roi par ces alarmes ; — vos espérances et vos amis sont sans nombre.

LA REINE CATHERINE.

En Angleterre, — ils ne peuvent guère me servir. Croyez-vous, milords, — qu'aucun Anglais osât me donner conseil? — S'il y en avait un assez désespéré pour être sincère, — pourrait-il se déclarer mon ami contre la volonté de Son Altesse — et vivre? Non, certes, les amis — qui peuvent soulager mes afflictions, — les amis à qui peut s'attacher ma confiance, ne vivent pas ici; — ils sont, comme tous mes autres appuis, loin d'ici, — dans mon pays, milords.

CAMPÉIUS.

Je voudrais que Votre Grâce — fît trêve à ses chagrins et acceptât mon conseil.

LA REINE CATHERINE.

Lequel, monsieur?

CAMPÉIUS.

— Remettez votre cause à la protection du roi. — Il est aimable et fort généreux; cela vaudra beaucoup mieux, — et pour votre honneur et pour votre cause; — car, si la sentence de la loi vous atteint, — vous vous retirerez déshonorée.

WOLSEY.

Ce qu'il vous dit est juste.

LA REINE CATHERINE.

— Vous me conseillez ce que vous désirez tous deux, ma ruine. — Est-ce là un conseil chrétien? Fi de vous! — Le ciel est toujours au-dessus de tout; là siége un juge — qu'aucun roi ne peut corrompre.

CAMPÉIUS.

Votre fureur nous méconnaît.

LA REINE CATHERINE.

— Tant pis pour vous! je vous croyais de saints hommes, — sur mon âme! Je vous prenais pour d'éminentes vertus cardinales; — mais vous n'êtes que des péchés cardinaux et des cœurs faux, j'en ai peur. — Par pudeur, réformezvous, milords. Sont-ce là vos consolations?—Est-ce là le cordial que vous apportez à une malheureuse dame? — une femme perdue au milieu de vous, bafouée, méprisée! — Je ne voudrais pas vous souhaiter la moitié de mes misères, —j'ai plus de charité que cela ; mais écoutez, je vous avertis, — prenez garde, au nom du ciel, prenez garde que tout — le poids de mes malheurs ne retombe sur vous.

WOLSEY.

—Madame, ceci est du pur délire. — Vous traduisez en une perfidie le service que nous vous offrons.

LA REINE CATHERINE.

—Vous, vous me réduisez à néant. Malheur à vous — et à tous les faux parleurs comme vous ! Voudriez-vous, — si vous aviez quelque justice, quelque pitié, — si vous aviez de l'homme d'Église autre chose que l'habit, — voudriez-vous que je remisse ma cause malade entre les mains de qui me hait? — Hélas ! il m'a bannie de son lit déjà, — de son amour, depuis trop longtemps. Je suis vieille, milords, — et le seul lien par lequel je lui tienne à présent, — c'est mon obéissance. Que peut-il m'arriver — de pire qu'une telle misère ? Que tout votre savoir — me trouve une malédiction comme celle-là.

CAMPÉIUS.

Vos craintes exagèrent.

LA REINE CATHERINE.

— Ai-je donc (il faut bien que je parle moi-même, — puisque la vertu ne trouve pas d'amis), ai-je donc vécu si longtemps en épouse fidèle, — en femme, j'ose le dire sans vaine gloire, — inaccessible à la flétrissure du soupçon, — ai-je constamment entouré le roi — de toutes mes affections, l'ai-je aimé, après le ciel, plus que tout, lui ai-je obéi, — ai-je poussé l'idolâtrie pour lui jusqu'à la superstition, — oubliant presque mes prières dans mon désir de lui plaire, — pour en être ainsi récompensée? Ce n'est pas bien, milords. — Amenez-moi une femme fidèle à son mari, — une femme qui n'ait jamais rêvé de joie en dehors de son bon plaisir, — et à cette femme, quand elle aura fait de son mieux, — j'ajouterai encore un mérite, une immense patience.

WOLSEY.

— Madame, vous vous éloignez du but salutaire que nous cherchons.

LA REINE CATHERINE.

— Milords, je ne veux pas commettre moi-même le crime — d'abandonner volontairement le noble titre — que m'a fait épouser votre maître. La mort seule — me fera divorcer avec ma dignité.

WOLSEY.

Veuillez m'écouter.

LA REINE CATHERINE.

— Comme je voudrais n'avoir jamais foulé cette terre anglaise, — ni respiré les flatteries qui y croissent! — Vous avez des visages d'anges, mais le ciel connaît vos cœurs. — Misérable, que vais-je devenir à présent? — Je suis la plus malheureuse de toutes les femmes.

A ses femmes.

— Hélas! pauvres filles, quelle sera votre destinée désormais, — naufragées sur un royaume où il n'y a ni pitié, — ni amis, ni espérance, où pas un parent ne pleure sur moi, — où l'on m'accorde à peine un tombeau?... Comme le lis, — qui naguère régnait et fleurissait dans la prairie, — je vais incliner la tête et mourir.

WOLSEY.

Si Votre Grâce — pouvait se laisser convaincre que nos fins sont honnêtes, — elle se sentirait plus rassurée. Pourquoi, bonne dame, — par quel motif voudrions-nous vous faire tort? Hélas! notre fonction, — le caractère même de

notre profession nous le défendent. — Nous avons mission
de guérir de telles douleurs, non de les semer. — Au nom
du ciel, considérez ce que vous faites ; — combien vous pouvez
vous nuire à vous-même, en risquant — par cette conduite
de vous aliéner complétement le roi ! — Les cœurs
des princes baisent l'obéissance, — tant ils en sont épris ;
mais contre les esprits résistants — ils se soulèvent et éclatent,
terribles comme la tempête. — Je sais que vous avez
une douce et noble nature, — une âme paisible comme un
calme. Je vous prie de voir en nous — ce que nous professons
être, des médiateurs, des amis, des serviteurs.

CAMPÉIUS.

— Madame, l'avenir vous le prouvera. Vous faites tort à
vos vertus — par ces alarmes de faible femme. Un noble
esprit, — comme celui qui vous anime, doit rejeter, —
comme fausse monnaie, de telles défiances. Le roi vous
aime ; — prenez garde de perdre son affection !.. Pour nous,
si vous daignez — vous confier à nous dans cette affaire,
nous sommes prêts — à déployer un zèle extrême à votre
service.

LA REINE CATHERINE.

— Faites ce que vous voudrez, milords. Et, je vous en
prie, pardonnez-moi — si je me suis comportée de façon
incivile ; — vous savez, je suis une femme à qui manque
l'esprit — nécessaire pour répondre convenablement à des
personnes comme vous. — Veuillez offrir mes respects à
Sa Majesté ; — le roi a encore mon cœur, et il aura mes
prières — tant que j'aurai la vie. Allons, révérends pères,
— accordez-moi vos conseils : elle mendie aujourd'hui, —
celle qui ne s'attendait guère, quand elle mit le pied ici,
— à payer ses grandeurs aussi cher.

Ils sortent.

SCÈNE X.

[Chez le roi.]

Entrent le DUC DE NORFOLK, le DUC DE SUFFOLK, le COMTE DE SURREY et le LORD CHAMBELLAN.

NORFOLK.

— Si vous voulez maintenant unir vos doléances — et les présenter avec insistance, le cardinal — n'y pourra pas résister. Si vous laissez échapper — l'occasion qui s'offre, je promets — que vous subirez de nouvelles disgrâces, — outre celles que vous endurez déjà.

SURREY.

Je suis heureux — de la plus légère occasion qui me rappelle — que le duc, mon beau-père, — doit être vengé de lui.

SUFFOLK.

Quel est le pair — qui n'ait pas été en butte à ses outrages, ou tout au moins — à ses dédaigneuses hauteurs? A-t-il jamais respecté — aucune dignité — en dehors de la sienne?

LE LORD CHAMBELLAN.

Milord, vous en parlez à votre aise. — Je sais ce qu'il a mérité de vous et de moi ; — mais l'occasion a beau se présenter à nous, que pouvons-nous — faire contre lui? Je me le demande avec inquiétude. Si vous ne pouvez — lui fermer tout accès auprès du roi, ne tentez — rien contre lui; car il a le don d'ensorceler — le roi avec sa parole.

NORFOLK

Oh! ne craignez rien ; — ce charme-là est rompu ; le roi a decouvert — contre lui quelque chose qui pour toujours gâte — le miel de son langage. Non! Il est enfoncé — dans la disgrâce, à ne pouvoir s'en relever.

SURREY.

Monsieur, — je serais bien aise d'apprendre des nouvelles comme celles-ci — une fois par heure.

NORFOLK.

Croyez-moi, c'est certain. — Ses actes contradictoires dans l'affaire du divorce — ont tous été dévoilés; et il y apparaît tel — que je souhaite voir apparaître mon pire ennemi.

SURREY.

Comment — ses machinations ont-elles été mises au jour?

SUFFOLK.

Très-étrangement.

SURREY.

Oh! comment? comment?

SUFFOLK.

— La lettre du cardinal au pape a été égarée — et est venue sous les yeux du roi. On y a lu — comment le cardinal suppliait Sa Sainteté — de suspendre le jugement du divorce; car, s'il — avait lieu, *je m'aperçois*, disait-il, — *que mon roi s'est pris d'affection pour* — *une créature de la reine, lady Anne Bullen.*

SURREY.

— Le roi a cette lettre?

SUFFOLK.

Soyez-en sûr.

SURREY.

Cela aura-t-il quelque effet?

LE LORD CHAMBELLAN.

— Le roi voit ici par quelle voie tortueuse — et cachée il marche à ses fins. Mais sur ce point — tous ses artifices échouent, et il apporte le remède — après la mort du patient. Le roi a déjà — épousé la belle.

SURREY.

Plût à Dieu!

SUFFOLK.

— Puisse ce souhait vous porter bonheur, milord! — Car, je le déclare, il est exaucé.

SURREY.

Que toute ma joie — salue cette conjonction!

SUFFOLK.

Je dis amen!

NORFOLK.

Et tout le monde le dit.

SUFFOLK.

— Les ordres sont donnés pour son couronnement; — mais cette nouvelle est toute fraîche, et il y a des oreilles — à qui il n'est pas besoin de la raconter. Mais, milords, — c'est une superbe créature, d'un esprit — et d'un extérieur accomplis. Je me persuade que d'elle — descendra sur cette terre quelque bénédiction — mémorable.

SURREY.

Mais le roi — digérera-t-il cette lettre du cardinal? — Dieu veuille que non!

NORFOLK.

Morbleu, amen!

SUFFOLK.

Non, non; — il y a d'autres guêpes qui lui bourdonnent au nez — et qui lui rendront cette piqûre plus sensible. Le cardinal Campéius — est parti furtivement pour Rome, sans prendre congé, — laissant là la cause du roi, et — s'est enfui en hâte, comme agent du cardinal, — pour seconder toute son intrigue. Je vous assure — qu'à ceci le roi a crié : ha!

LE LORD CHAMBELLAN.

Que Dieu l'exaspère de plus en plus — et lui fasse crier ; ha! plus fort encore.

NORFOLK.

Mais, milord, — quand revient Cranmer?

SCÈNE X.

SUFFOLK.

Il est revenu dans les mêmes opinions; et ses avis — ont confirmé le roi dans le divorce, — appuyés qu'ils étaient par presque tous les colléges — célèbres de la chrétienté. Bientôt, je crois, — le second mariage sera célébré, ainsi — que le nouveau couronnement. Catherine ne sera — plus appelée reine, mais princesse douairière, — veuve du prince Arthur.

NORFOLK.

Ce Cranmer — est un digne garçon, et il s'est donné beaucoup de peine — dans l'affaire du roi.

SUFFOLK.

Certainement, et nous le verrons — archevêque pour ça.

NORFOLK.

Je l'ai ouï dire.

SUFFOLK.

N'en doutez. — Le cardinal!

Entrent WOLSEY et CROMWELL.

NORFOLK.

Observez, observez : il est morose.

WOLSEY.

— Ce paquet, Cromwell, l'avez-vous remis au roi?

CROMWELL.

En mains propres, dans sa chambre à coucher.

WOLSEY.

— A-t-il regardé le contenu du papier?

CROMWELL.

Il l'a — décacheté sur-le-champ; et aux premières lignes, — il a pris un air sérieux; la préoccupation — était sur son visage. Il vous fait dire — de l'attendre ici ce matin.

WOLSEY.

Est-il prêt — à sortir?

CROMWELL.

Je crois qu'à présent il l'est.

WOLSEY.

Laissez-moi un moment.

Cromwell sort.

—Ce sera la duchesse d'Alençon,—la sœur du roi de France : il l'épousera. — Anne Bullen! Non! je ne veux pas d'Anne Bullen pour lui ; — il n'y a rien là qu'un joli visage... Bullen!—Non, nous ne voulons pas de Bullen... Il me tarde — d'avoir des nouvelles de Rome... La marquise de Pembroke !

NORFOLK.

— Il est mécontent.

SUFFOLK.

Peut-être sait-il que le roi — aiguise sa colère contre lui.

SURREY.

Qu'elle soit assez tranchante,—mon Dieu, pour ta justice !

WOLSEY.

—Une des femmes de la ci-devant reine, la fille d'un chevalier,—être la maîtresse de sa maîtresse, la reine de la reine !... — Cette chandelle-là brûle mal : il faut que je la mouche ; — et alors, elle s'éteint... Je la sais vertueuse — et méritante : qu'importe ! Je la sais aussi — luthérienne frénétique ; et il n'est pas sain pour — notre cause qu'elle repose sur le sein de — notre roi, si difficile à gouverner. Et puis, il vient de surgir un hérétique, — Cranmer, un archihérétique, qui — s'est insinué dans la faveur du roi, — et est devenu son oracle...

NORFOLK.

Il est vexé de quelque chose.

SURREY.

—Je voudrais que ce fût quelque chose qui lui déchirât la fibre, — la maîtresse fibre du cœur !

SCÈNE X.

Entrent LE ROI, lisant une cédule, et LOVELL.

SUFFOLK.

Le roi! le roi!

LE ROI HENRY.

— Quel tas de richesses il a accumulé — pour sa part! Et quel flot de dépenses à chaque heure — semble couler de ses mains! Au nom de quel bénéfice — peut-il ramasser tout ça?... Eh bien, milords, — avez-vous vu le cardinal?

NORFOLK.

Milord, nous étions — ici à l'observer. Quelque étrange commotion — est dans son cerveau; il se mord la lèvre et tressaille; — soudain il s'arrête, fixe les yeux à terre, — puis pose son doigt sur sa tempe; tout à coup, — il se meut à pas précipités, puis s'arrête de nouveau, — se frappe violemment la poitrine, et bientôt cherche — des yeux la lune : nous l'avons vu se mettre — dans les plus étranges postures.

LE ROI HENRY.

Cela n'est pas surprenant : — il y a une émeute dans son esprit. Ce matin, — il m'a envoyé des papiers d'État que j'avais — demandé à lire. Et savez-vous ce que j'ai trouvé — là, placé, sur ma parole, par inadvertance? — Eh bien, un inventaire indiquant — ses divers services d'argenterie, ses trésors, — les riches tentures et ameublements de sa maison; et — j'y trouve un excès d'opulence qui dépasse de beaucoup — le légitime avoir d'un sujet.

NORFOLK.

C'est une grâce du ciel! — Quelque esprit aura glissé ce papier dans le paquet, — pour en illuminer vos yeux.

LE ROI HENRY.

Si nous pouvions croire — que ses méditations planent au-dessus de la terre — et sont fixées sur un but spirituel, je le laisserais — poursuivre ses rêveries; mais je crains —

que ses idées ne soient bien sublunaires et qu'elles ne soient pas dignes — de sa sérieuse réflexion.

Il s'assied sur son trône et parle bas à Lovell, qui va à Wolsey.

WOLSEY.

Dieu me pardonne ! — que Dieu bénisse à jamais Votre Altesse !

LE ROI HENRY.

Mon bon lord, — vous êtes plein de choses célestes, et vous gardez dans votre âme — l'inventaire de vos plus beaux trésors. Sans doute — vous le récapituliez en ce moment ? à peine pouvez-vous — dérober à vos spirituels loisirs quelque court moment — pour tenir vos comptes terrestres. Certes, en cela — je vous trouve mauvais économe, et je suis charmé — que vous me ressembliez sur ce point.

WOLSEY.

Sire, — j'ai un temps pour des devoirs sacrés, un temps — pour m'occuper de la part d'affaires qui — m'est attribuée dans l'État ; et la nature réclame — ses moments de satisfaction, si bien que — moi, son enfant, fragile entre tous mes frères mortels, — je suis forcé de lui céder.

LE ROI HENRY.

Vous avez bien parlé.

WOLSEY.

— Puissé-je toujours donner motif à Votre Altesse — d'associer dans sa pensée mon bien faire — avec mon bien dire !

LE ROI HENRY.

C'est encore bien dit : — et c'est une sorte de bonne action que de bien dire ; — et pourtant les paroles ne sont pas des actions. Mon père vous aimait, — il le disait, et pour vous il couronnait — la parole de l'action. Depuis que j'ai mon office, — je vous ai tenu tout près de mon cœur ; non-seulement je — vous ai donné des emplois qui pouvaient vous rapporter de grands profits, — mais encore j'ai pris sur mon avoir pour répandre — mes bienfaits sur vous.

WOLSEY, à part.

Que veut dire ceci?

SURREY, à part.

— Que le Seigneur grossisse cette affaire!

LE ROI HENRY.

N'ai-je pas fait de vous — le premier homme de l'État? Je vous en prie, dites-moi — si ce que j'avance là vous semble vrai. — Et, si vous pouvez faire cette confession, dites-nous aussi — si vous êtes, ou non, notre obligé. Que répondez-vous?

WOLSEY.

— Mon suzerain, je le confesse, vos royales faveurs, — chaque jour versées à flot sur moi, ont dépassé de beaucoup les services — que mon zèle a pu rendre; aucun effort humain — ne serait à leur hauteur. Mes efforts, à moi, — sont toujours restés au-dessous de mes désirs, — mais ont toujours été en proportion de mes moyens. Mes vues personnelles — ne m'ont été personnelles qu'en ce qu'elles tendaient sans cesse — au bonheur de votre personne très-sacrée et — au profit de l'État. En retour des grandes faveurs — que vous avez accumulées sur moi, pauvre indigne, — je ne puis vous offrir que mes respectueuses actions de grâces, — mes prières au ciel pour vous, et ma loyale fidélité, — qui n'a cessé de croître, et ne cessera — que quand l'hiver de la mort l'aura tuée.

LE ROI HENRY.

Bien répondu. — Un loyal et obéissant sujet — se montre là. L'honneur de la probité — en est la récompense, comme l'infamie — de l'improbité en est la punition. Certes, — si ma main vous a prodigué les bienfaits, — si mon cœur a déversé l'amour, si ma puissance a fait pleuvoir les honneurs — sur vous, plus que sur tout autre, je présume que votre main, votre cœur, — votre cerveau, toutes les forces de votre être — doivent, en raison, non de vos obligations de sujet, — mais d'un affection toute spéciale, m'être dévoués — à moi, votre ami, plus qu'à tout autre.

WOLSEY.

Je déclare — que j'ai toujours travaillé pour le bien de Votre Altesse — plus que pour le mien. Tel je suis, tel j'ai été, tel je serai toujours. — Quand tous les hommes rompraient leur engagement envers vous, — et l'arracheraient de leur âme ; quand les périls — m'environneraient, aussi épais que la pensée peut se les figurer, et — m'apparaîtraient sous les plus horribles formes, — mon dévouement, tel qu'un roc au milieu des flots grondants, — briserait le cours de ce torrent furieux, — et resterait à vous inébranlable.

LE ROI HENRY.

C'est parler noblement. — Soyez témoins, milords, de la loyauté de son cœur; — car il l'a ouvert devant vous.

Lui remettant des papiers.

Lisez ceci; — et, ensuite, ceci ; et puis allez déjeuner avec — tout votre appétit.

Le roi sort en jetant un regard de colère sur le cardinal : les nobles se pressent sur ses pas, souriant et chuchotant.

WOLSEY, seul.

Que signifie ceci? — Quelle est cette soudaine colère? Comment me la suis-je attirée? — Il m'a quitté le sourcil froncé, comme si ma ruine — jaillissait de ses yeux. Ainsi le lion furieux — regarde l'audacieux chasseur qui l'a blessé, — puis l'anéantit. Il faut que je lise ce papier ; — c'est, je le crains, le sujet de sa colère... C'est cela ! — Ce papier m'a perdu. C'est l'état — de tout ce monde de richesses que j'ai amoncelé — pour mes vues particulières, spécialement pour obtenir la papauté, — et payer mes amis dans Rome. O négligence — digne de faire tomber un fou!

Quel démon ennemi — m'a fait glisser ce grave secret dans le paquet — que j'envoyais au roi? Et nul moyen de remédier à cela! — Nul expédient nouveau pour chasser cela de sa cervelle! — Cela doit l'émouvoir fortement, je le sais. Mais je sais — un moyen qui, s'il réussit, peut, en dépit de la fortune, — me tirer d'affaire. Qu'est ceci?... *au pape!* — Sur ma vie, la lettre où j'écrivais — toute l'affaire à Sa Sainteté! Alors, adieu! — J'ai atteint le plus haut point de ma grandeur : — et, du plein midi de ma gloire, — je me précipite vers mon déclin : je tomberai, — comme un brillant météore apparu le soir, — et nul ne me verra plus.

Rentrent les DUCS de NORFOLK et de SUFFOLK, le COMTE DE SURREY et le LORD CHAMBELLAN.

NORFOLK.

— Écoutez le bon plaisir du roi, cardinal : il vous commande — de remettre immédiatement le grand sceau — dans nos mains et de vous retirer — à Asher-House, résidence de milord Winchester, — jusqu'à ce que vous appreniez la décision ultérieure de Son Altesse.

WOLSEY.

Arrêtez. — Où sont vos pouvoirs, milords? Des paroles ne peuvent avoir — une si formidable autorité.

SUFFOLK.

Qui oserait leur résister, — lorsqu'elles portent la volonté du roi expressément émanée de sa bouche?

WOLSEY.

— Jusqu'à ce que j'aie été mis en demeure autrement que par des paroles — que vous inspire la haine, sachez-le, lords officieux, — j'ose et je dois résister. Je vois maintenant — de quel grossier métal vous êtes faits : l'envie! — Avec quelle avidité vous poursuivez ma disgrâce, — comme pour vous en repaître! Quelle souple complaisance — vous montrez pour tout ce qui peut amener ma ruine! — Suivez le cours de votre rancune, hommes perfides ; — votre charité chrétienne vous y autorise, et nul doute — que vous n'en soyez un jour dignement récompensés. Ce sceau — que vous me demandez avec une telle violence, le roi, — mon maître et le vôtre, me l'a donné de ses propres mains, — me disant de le garder, avec le pouvoir et les honneurs, — ma vie durant, et, pour me garantir ce don généreux, — il l'a sanctionné par lettres patentes. Maintenant, qui ose le reprendre?

SURREY.

— Le roi, qui l'a donné.

WOLSEY.

Alors il faut que ce soit lui en personne.

SURREY.

— Prêtre, tu es un traître arrogant.

WOLSEY.

Lord arrogant, tu mens. — Il y a quarante heures, Surrez — se serait brûlé la langue avant d'oser parler ainsi.

SURREY.

Ton ambition, — ô vice écarlate, à enlevé à cette terre désolée — le noble Buckingham, mon beau-père. — Les têtes de tous tes confrères cardinaux, — en y joignant la tienne et tout ce que tu as de meilleur, — ne valaient pas un cheveu de lui. La peste de votre politique! — Vous m'avez envoyé, comme député, en Irlande, — pour m'empêcher de le secourir; vous avez éloigné du roi tous ceux — qui pouvaient le faire grâcier du crime que vous lui imputiez, — tandis que votre bonté grande, dans un mouvement de sainte pitié, — l'absolvait avec une hache!

WOLSEY.

Ceci, comme tout ce que — ce lord bavard peut mettre à ma charge, — est complétement faux, je le déclare. Le duc a eu, de par la loi, — ce qu'il méritait : combien j'étais innocent — de tout ressentiment privé dans sa chute, — la noblesse de son jury et la noirceur de sa cause peuvent l'attester. — Si j'aimais à parler, milord, je vous dirais — que vous avez aussi peu d'honnêteté que d'honneur, — et qu'en fait de loyauté et de dévouement — au roi, mon maître toujours royal, — j'ose défier un homme plus solide que Surrey — et que tous ceux qui aiment ses folies.

SURREY.

Sur mon âme, — prêtre, votre longue robe vous protége ; autrement tu sentirais — mon épée dans le sang de tes veines... Milords, — pouvez-vous endurer une telle arrogance, — et de la part d'un tel compagnon? Si nous sommes à ce point apprivoisés — de nous laisser étriller par un lambeau d'écarlate, — adieu la noblesse! Que Son Éminence s'avance, — et nous nargue comme des alouettes, avec son chapeau rouge !

WOLSEY.

Tout mérite — est poison pour ton estomac.

SURREY.

Oui, ce mérite — d'avoir par extorsion entassé toutes les richesses — du pays dans vos mains, cardinal! — le mérite de vos dépêches interceptées, — de vos lettres au pape contre le roi! Votre mérite, — puisque vous m'y provoquez, sera rendu notoire. — Milord de Norfolk, au nom de votre noble naissance, — de votre sollicitude pour le bien public, pour la grandeur — de notre noblesse insultée, pour nos enfants, — qui, s'il vit, seront à peine des gentilshommes, — produisez la liste de ses crimes, le résumé — détaillé de ses actes. Je vais vous faire tressaillir — plus vivement que ne le fit la sainte crécelle, un jour que votre brune maîtresse — reposait tendrement dans vos bras, lord cardinal.

WOLSEY.

— Comme il me semble que je pourrais mépriser cet homme, — si je n'étais retenu par la charité !

NORFOLK.

— Le détail de ses actes, milord, est dans les mains du roi; — ce sont tous des crimes noirs.

WOLSEY.

D'autant plus blanche — et plus pure apparaîtra mon innocence, — quand le roi connaîtra ma loyauté.

SURREY.

Cela ne vous sauvera pas. — Grâce à ma mémoire, je me rappelle encore — quelques-uns de ses actes, et je vais les produire. — Maintenant, si vous pouvez rougir et vous proclamer coupable, cardinal, — vous montrerez un reste d'honnêteté !

WOLSEY.

Parlez, monsieur ; — je brave vos pires accusations. Si je rougis, — c'est de voir un gentilhomme perdre toute bienséance.

SURREY.

— J'aime mieux perdre la bienséance que ma tête. A vous ! — Et d'abord, sans l'assentiment et à l'insu du roi, — vous vous êtes fait nommer légat et, avec ce pouvoir, — vous avez mutilé la juridiction des évêques.

NORFOLK.

— En outre, tous les écrits que vous adressiez à Rome — ou aux princes étrangers, portaient cette inscription : *Ego et rex meus*, — par laquelle vous faisiez du roi — votre inférieur.

SUFFOLK.

En outre, à l'insu — du roi et du conseil, quand vous êtes allé — en ambassade auprès de l'empereur, vous vous êtes permis — d'emporter en Flandre le grand sceau.

SURREY.

— *Item*, vous avez envoyé de pleins pouvoirs — à Grégoire de Cassalis pour conclure, — sans la permission du roi ou l'autorisation de l'État, — une ligue entre Son Altesse et Ferrare.

SUFFOLK.

— Par pure ambition, vous avez fait frapper — l'empreinte de votre chapeau sacré sur la monnaie du roi.

SURREY.

— Puis, vous avez expédié des sommes énormes — (acquises par quel moyen! je laisse cela à votre conscience) — pour soudoyer Rome, et pour préparer les voies — à votre élévation, sur les ruines — du pays tout entier. Il y a bien d'autres actes — dont, puisqu'ils sont de vous et infâmes, — je ne veux pas me souiller la bouche.

LE LORD CHAMBELLAN.

O milord, — n'accablez pas trop rudement un homme qui tombe; c'est vertu. — Ses fautes relèvent de la loi; c'est à elle, — et non à vous, de le punir. Mon cœur saigne à le voir — de si grand devenu si petit.

SURREY.

Je lui pardonne.

SUFFOLK.

— Lord cardinal, voici le bon plaisir du roi : — attendu que tous les actes que vous avez accomplis récemment — dans ce royaume, en vertu de vos pouvoirs de légat, — tombent sous le coup d'un *præmonere*, — vous serez condamné par arrêt — à forfaire tous vos biens, terres, domaines, — meubles et immeubles, et à être mis — hors la protection du roi. Voilà ce que je suis chargé de dire.

NORFOLK.

— Et maintenant nous vous laissons méditer — sur la réforme de votre vie. Quant à votre refus obstiné — de nous rendre le grand sceau, — le roi en sera informé, et, sans nul doute, vous en remerciera. — Ainsi, adieu, mon bon petit lord cardinal.

Tous sortent excepté Wolsey (67).

WOLSEY, seul.

— Ainsi, adieu même au peu de bien que vous me voulez! — Adieu, un long adieu à toutes mes grandeurs! — Voilà la destinée de l'homme : aujourd'hui, il déploie — les tendres feuilles de l'espérance; demain il se charge de fleurs — et accumule sur lui toutes les splendeurs épanouies; — le troisième jour, survient une gelée, une gelée meurtrière, — et, au moment où il croit, naïf bonhomme, — que sa grandeur est mûre, la gelée mord sa racine, — et alors il tombe, comme moi. Pendant un grand nombre d'étés, — comme ces petits garçons qui nagent avec des vessies, — je me suis aventuré sur un océan de gloire — à une distance où j'ai perdu pied; mon orgueil, gonflé d'air, — a fini par crever sous moi, et maintenant il me laisse, — épuisé et vieilli par le labeurs, à la merci — d'un courant violent qui doit pour toujours m'engloutir. — Vaines pompes, gloires de ce monde, je vous hais; — je sens mon cœur s'ouvrir à de nouveaux sentiments. Oh! combien misérable — est le pauvre homme qui dépend de la faveur des princes! — il y a entre le sourire auquel il aspire, — le doux regard des princes et sa disgrâce, — plus d'angoisses que n'en ont les femmes, plus d'alarmes que n'en a la guerre. — Et quand il tombe, il tombe comme Lucifer, — à jamais désespéré.

Entre CROMWELL, effaré.

Eh bien, qu'y a-t-il, Cromwell?

CROMWELL.

— Je n'ai pas la force de parler, monsieur.

WOLSEY.

Quoi! te voilà consterné — de mes infortunes? Ton esprit peut-il s'étonner — qu'un grand de ce monde décline? Ah! si vous pleurez, — il faut que je sois bien déchu.

CROMWELL.

Comment se trouve Votre Grâce?

####### WOLSEY.

Mais bien ; — je n'ai jamais été aussi vraiment heureux, mon bon Cromwell. — Je me connais maintenant; et je sens au dedans de moi — une paix supérieure à toutes les dignités terrestres, — une calme et tranquille conscience. Le roi m'a guéri; — j'en remercie humblement Sa Grâce : de dessus ces épaules, — ces piliers en ruine, il a par pitié enlevé — un fardeau qui eût coulé bas une flotte. L'excès des honneurs, — oh! c'est une charge, Cromwell, c'est une charge — trop lourde pour un homme qui espère le ciel.

####### CROMWELL.

— Je suis charmé que Votre Grâce ait si bien pris son parti.

####### WOLSEY.

— Oui, je l'ai bien pris, j'espère. Maintenant, ce me semble, je suis capable, — grâce à la fortitude que je me sens dans l'âme, — d'endurer des misères plus nombreuses et plus grandes — que mes pusillanimes ennemis n'oseraient m'en infliger. — Quelles nouvelles au dehors ?

####### CROMWELL.

La plus pénible et la pire — est votre défaveur auprès du roi.

####### WOLSEY.

Dieu le bénisse!

####### CROMWELL.

— La seconde est que sir Thomas More est nommé — lord chancelier à votre place.

####### WOLSEY.

Cela est un peu soudain; — mais c'est un homme instruit. Puisse-t-il garder — longtemps la faveur de Son Altesse, et rendre la justice — sous l'inspiration de la vérité et de sa conscience! en sorte que ses os, — quand il aura parcouru sa carrière et qu'il s'endormira dans les bénédictions, — aient une tombe baignée de larmes d'orphelins!
— Quoi encore?

CROMWELL.

— Cranmer est de retour; il a été très-bien reçu, — et il est installé lord archevêque de Cantorbéry.

WOLSEY.

— Volà une nouvelle, en effet.

CROMWELL.

Enfin, lady Anne, — que le roi a depuis longtemps épousée en secret, — a été vue aujourd'hui, publiquement traitée comme la reine, — se rendant à la chapelle, et l'on ne parle — maintenant que de son couronnement.

WOLSEY.

— Voilà le poids qui m'a précipité, ô Cromwell! — Le roi m'a échappé : toutes mes gloires, — je les perds à jamais dans cette femme unique! — Nul soleil ne proclamera plus ma grandeur, — ne dorera plus le noble cortége qui attendait — mes sourires. Va, éloigne-toi de moi, Cromwell, — je suis un pauvre homme tombé, désormais indigne — d'être ton seigneur et maître; va trouver le roi, — et puisse ce soleil-là ne jamais décliner! Je lui ai dit — qui tu es, combien tu es dévoué : il fera ton avancement. — Un reste d'égard pour moi le portera — (je connais sa noble nature) à ne pas laisser — s'éteindre ton utile avenir. Bon Cromwell, — ne le néglige pas, occupe-toi de tes intérêts, et pourvois — à ta sûreté future.

CROMWELL.

Ah! milord, — il faut donc que je vous quitte? Il faut donc que j'abandonne — un si bon, si noble et si généreux maître? — Soyez témoins, vous tous qui n'avez pas des cœurs de fer, — avec quelle douleur Cromwell quitte son maître. — Le roi aura mes services; mais mes prières — seront à jamais, oui, à jamais, pour vous.

WOLSEY.

— Cromwell, je ne croyais pas verser une seule larme — dans toutes mes misères; mais tu m'as réduit, — par l'honnêteté de ton dévouement, à ce rôle de femme. — Essuyons nos yeux, et écoute-moi jusqu'au bout, Cromwell. — Lorsque je serai oublié, comme je dois l'être, — et que je dormirai dans le marbre glacé et sinistre où le bruit — de mon nom doit s'éteindre, dis que je t'ai fait la leçon ; — dis que ce Wolsey, qui jadis avait marché dans les voies de la gloire — et sondé toutes les profondeurs et les écueils de la puissance, — te montra dans son naufrage même le chemin de la grandeur, — chemin certain et sûr que lui, ton maître, avait manqué. — Observe seulement ma chute et ce qui m'a ruiné. — Cromwell, je te le recommande, repousse l'ambition. — C'est par ce péché que sont tombés les anges : comment donc l'homme, — image de son Créateur, peut-il espérer réussir par elle ? — Aime-toi en dernier : chéris les cœurs qui te haïssent. — La corruption ne réussit pas plus que l'honnêteté. — Porte toujours la douce paix dans ta main droite — pour imposer silence à l'envie. Sois juste et ne crains rien. — Dans tous tes desseins n'aie en vue que ton pays, — ton Dieu et la vérité. Alors, si tu tombes, ô Cromwell, — tu tombes martyr bienheureux. Sers le roi ; — et, je t'en prie, ramène-moi chez moi. — Là, fais un inventaire de tout ce que j'ai — jusqu'au dernier penny : tout cela est au roi. Ma robe — et ma dévotion au ciel sont tout — ce que j'ose désormais appeler mien. O Cromwell, Cromwell, — si j'avais mis au service de Dieu la moitié seulement du zèle — que j'ai mis au service du roi, il ne m'aurait pas, à mon âge, — livré nu à mes ennemis (68).

CROMWELL.

— Mon bon seigneur, ayez patience.

WOLSEY.

J'en ai aussi. Adieu, — espérances de cour ! mes espérances résident dans le ciel.

Ils sortent.

SCÈNE XI.

[Près de Westminster.]

Deux gentlemen se rencontrent.

PREMIER GENTLEMAN.

— Je suis charmé de cette nouvelle rencontre.

DEUXIÈME GENTLEMAN.

Et moi aussi.

PREMIER GENTLEMAN.

— Vous venez prendre place ici, pour voir — lady Anne revenir de son couronnement?

DEUXIÈME GENTLEMAN.

C'est mon unique objet : la dernière fois que nous nous sommes rencontrés, — le duc de Buckingham revenait de son procès.

PREMIER GENTLEMAN.

— C'est vrai ; mais ce jour-là était un jour de tristesse; — celui-ci est un jour d'allégresse générale.

DEUXIÈME GENTLEMAN.

C'est bien. Les citoyens — ont certes prouvé pleinement leurs sentiments royalistes. — Qu'on leur rende cette justice ; ils sont toujours empressés — pour célébrer un jour comme celui-ci par des spectacles, — des processions et des démonstrations éclatantes.

PREMIER GENTLEMAN.

Il n'y en eut jamais de plus brillantes — ni, je vous assure, de mieux placées.

DEUXIÈME GENTLEMAN.

— Oserai-je vous demander ce que contient — ce papier que vous tenez à la main?

PREMIER GENTLEMAN.

Oui, c'est la liste — de ceux qui aujourd'hui doivent exercer leur charge, — suivant les usages du couronnement. — Le duc de Suffolk est le premier, et prend le pas — comme grand sénéchal; ensuite vient le duc de Norfolk, — comme comte-maréchal; vous pouvez lire le reste.

####### DEUXIÈME GENTLEMAN.

— Je vous remercie, monsieur; si je n'étais pas au courant de ces usages-là, — votre papier m'eût été fort utile; — mais, je vous prie, qu'est devenue Catherine, — la princesse douairière? Où en est son affaire?

####### PREMIER GENTLEMAN.

— Ça, je peux vous le dire. L'archevêque — de Cantorbéry, accompagné d'autres — savants et révérends pères de son ordre, — a tenu dernièrement une cour de justice à Dunstable, à six milles — d'Ampthill, ou séjournait la princesse : à cette cour, — elle a été citée plusieurs fois, mais elle n'a point comparu. — Bref, sur sa non-comparution et en raison — des récents scrupules du roi, le divorce a été prononcé — à l'unanimité par ces savants personnages, — et le mariage préalable déclaré de nul effet. — Depuis lors elle a été transférée à Kimbolton — où elle reside maintenant, malade.

####### DEUXIÈME GENTLEMAN.

Hélas! la bonne dame!

Trompettes.

— Les trompettes sonnent. Rangeons nous, la reine arrive.

####### ORDRE DU CORTÉGE.

Bruyante fanfare. Entrent :

1. DEUX JUGES.
2. Le LORD CHANCELIER, précédé de la bourse et de la masse.
3. Un CHOEUR DE CHANTEURS (musique).
4. Le MAIRE DE LONDRES, portant la masse. Puis le roi d'armes JARRETIÈRE, vêtu de sa cotte d'armes, et ayant sur la tête une couronne de cuivre doré.
5. Le MARQUIS DORSET, portant un sceptre d'or, ayant sur la tête une demi-couronne d'or. A côté de lui, le COMTE DE SURREY, portant la

verge d'argent avec la colombe, et couronné d'une couronne de comte. Colliers de l'ordre.
6. Le DUC DE SUFFOLK, dans son manteau de cérémonie, couronne ducale en tête, portant une longue baguette blanche, comme grand sénéchal. A côté de lui, le DUC DE NORFOLK, portant le bâton de maréchal, une couronne sur la tête. Colliers de l'ordre.
7. Un dais porté par quatre BARONS DES CINQ-PORTS. Sous ce dais LA REINE, dans sa robe de cérémonie, couronne en tête, perles précieuses dans les cheveux. A ses côtés LES ÉVÊQUES DE LONDRES ET DE WINCHESTER.
8. La vieille DUCHESSE DE NORFOLK, ayant une couronne d'or à fleurons, portant la traîne de la reine.
9. Plusieurs LADIES OU COMTESSES, portant de simples cercles d'or sans fleurons.

DEUXIÈME GENTLEMAN.

— Un cortége royal, ma foi! Ceux-ci, je les connais. — Qui est-ce qui porte le sceptre?

PREMIER GENTLEMAN.

Le marquis Dorset, — et voilà le comte de Surrey, avec la verge.

DEUXIÈME GENTLEMAN.

— Un hardi et beau gentilhomme. Et celui-là doit être — le duc de Suffolk.

PREMIER GENTLEMAN.

Lui-même ; grand sénéchal.

DEUXIÈME GENTLEMAN.

— Et celui-là milord de Norfolk?

PREMIER GENTLEMAN.

Oui.

DEUXIÈME GENTLEMAN, apercevant la reine.

Dieu te bénisse ! — Tu as le plus suave visage que j'aie jamais vu. — Monsieur, aussi vrai que j'ai une âme, c'est un ange. — Le roi a dans les bras tous ses trésors de l'Inde, — et mieux encore, quand il étreint cette dame. — Je ne puis blâmer sa conscience.

SCÈNE XI.

PREMIER GENTLEMAN.

Ceux qui portent – la draperie d'honneur au-dessus d'elle sont quatre barons – des Cinq-Ports.

DEUXIÈME GENTLEMAN.

— Ces hommes sont heureux ; comme tous ceux qui sont près d'elle. — Je présume que celle qui porte la traîne — est cette vieille noble dame, la duchesse de Norfolk.

PREMIER GENTLEMAN.

— En effet ; et toutes les autres sont des comtesses.

DEUXIÈME GENTLEMAN.

— Leurs couronnes le disent. Ce sont vraiment des étoiles ; — et, parfois, des étoiles qui tombent.

PREMIER GENTLEMAN.

C'est assez.

La procession se retire au bruit retentissant des fanfares.

Entre un TROISIÈME GENTLEMAN.

— Dieu vous garde, monsieur ! Où donc vous êtes-vous fait rôtir ainsi ?

TROISIÈME GENTLEMAN.

— Dans la foule, à l'abbaye ; on n'aurait pas pu – y fourrer un doigt de plus ; je suis suffoqué – par la simple émanation de leur joie.

DEUXIÈME GENTLEMAN.

Vous avez vu – la cérémonie ?

TROISIÈME GENTLEMAN.

Oui, certes.

PREMIER GENTLEMAN.

Comment était-elle ?

TROISIÈME GENTLEMAN.

— Bien digne d'être vue.

DEUXIÈME GENTLEMAN.

Cher monsieur, racontez-nous-la.

TROISIÈME GENTLEMAN.

— Aussi bien que je pourrai. Le flot splendide – des

lords et des ladies, ayant mené la reine — à une place préparée dans le chœur, s'est éloigné — d'elle à quelque distance. Là, Sa Grâce s'est assise — environ une demi-heure, pour se reposer un peu, — sur un magnifique trône, où elle montrait pleinement — au peuple la beauté de sa personne. — Croyez-moi, monsieur, c'est la plus ravissante femme — qui ait jamais dormi près de l'homme. Quand le peuple — l'a eu bien vue, il s'est élevé un bruit — comme celui que font les haubans en mer par une forte tempête, — aussi violent et aussi varié. Chapeaux, manteaux, — et pourpoints, ma foi, ont volé en l'air ; si les têtes — n'avaient pas été adhérentes, elles auraient toutes été perdues aujourd'hui. Je n'ai jamais vu — pareille joie. Des femmes grosses, — n'ayant plus à attendre qu'une moitié de semaine, pareilles aux béliers — des anciennes guerres, enfonçaient la foule — et la faisaient vaciller devant elle. Nul homme vivant — n'eût pu dire : *voilà ma femme*, si étrangement — tous étaient enchevêtrés !

DEUXIÈME GENTLEMAN.

Mais la suite, je vous prie ?

TROISIÈME GENTLEMAN.

— Enfin Sa Grâce s'est levée, et à pas modestes — est allée à l'autel, où elle s'est agenouillée, et, comme une sainte, — levant ses beaux yeux vers le ciel, elle a prié dévotement. — Puis elle s'est relevée et a fait un salut au peuple. — Alors des mains de l'archevêque de Cantorbéry — elle a reçu tous les insignes du sacre des reines : — l'huile sainte, la couronne d'Édouard le Confesseur, — la verge et l'oiseau de paix, et autres emblèmes — ont été noblement apposés sur elle. Cela fait, le chœur, — accompagné de la plus exquise musique du royaume, — a entonné le *Te Deum*. Alors elle s'est retirée, — et avec le même cérémonial est revenue — à York-Place, où se donne la fête (69).

PREMIER GENTLEMAN.

— Monsieur, vous ne devez plus dire York-Place ; cela est du passé. — Depuis la chute du cardinal, le palais a perdu ce nom ; — il est désormais au roi, et s'appelle Whitehall.

TROISIÈME GENTLEMAN.

Je le sais ; — mais le changement est si récent que le vieux nom — est toujours frais pour moi.

DEUXIÈME GENTLEMAN.

Quels étaient les deux révérends évêques — qui marchaient de chaque côté de la reine ?

TROISIÈME GENTLEMAN.

— Stokesly et Gardiner, l'un, évêque de Winchester, — tout nouvellement promu, de secrétaire du roi qu'il était, — l'autre, évêque de Londres.

DEUXIÈME GENTLEMAN.

Celui de Winchester — ne passe pas pour être des grands amis de l'archevêque, — le vertueux Cranmer.

TROISIÈME GENTLEMAN.

Tout le pays sait ça. — Pourtant, il n'y a pas encore grande scission ; quand elle viendra, — Cranmer trouvera un ami qui ne l'abandonnera pas.

DEUXIÈME GENTLEMAN.

— Qui ça, je vous prie ?

TROISIÈME GENTLEMAN.

Thomas Cromwell, — un homme fort estimé du roi, et vraiment un digne ami. Le roi — l'a fait maître des joyaux, — et il est déjà du conseil privé.

DEUXIÈME GENTLEMAN.

— Il méritera mieux encore.

TROISIÈME GENTLEMAN.

Oui, sans doute. — Allons, messieurs, venez avec moi ;

je vais — à la cour, et vous y serez mes hôtes. — J'y ai quelque autorité. Chemin faisant, — je vous en dirai davantage.

LES DEUX AUTRES GENTLEMAN.
Nous sommes à vos ordres, monsieur.

Ils sortent.

SCÈNE XII.

[Kimbolton.]

Entre la douairière CATHERINE, malade, soutenue par GRIFFITH et PATIENCE.

GRIFFITH.
— Comment est Votre Grâce ?

CATHERINE.
O Griffith ! malade à mourir. — Mes jambes, comme des branches surchargées, fléchissent vers la terre, — voulant déposer leur fardeau. Avancez un siége... — Bien... Mainnant, il me semble que je suis un peu soulagée. — Ne m'as-tu pas dit, Griffith, comme tu m'amenais, — que ce fameux enfant de la grandeur, le cardinal Wolsey — était mort ?

GRIFFITH.
— Oui, madame ; mais je crois que Votre Grâce, — toute aux peines qu'elle souffrait, ne m'écoutait pas.

CATHERINE.
— Je t'en prie, bon Griffith, dis-moi comment il est mort. — S'il est bien mort, peut-être m'a-t-il précédée — pour me servir d'exemple.

GRIFFITH.
On dit qu'il est bien mort, madame. — Après que le puissant comte de Northumberland — l'eut arrêté à York et emmené — pour répondre aux graves accusations qui pesaient sur lui, — il tomba malade soudain, et devint si

faible — qu'il ne pouvait tenir en selle sur sa mule (70).

CATHERINE.

Hélas! pauvre homme!

GRIFFITH.

— Enfin, à petites journées, il arriva à Leicester, — et alla loger à l'abbaye. Là, le révérend abbé, — avec tout son couvent, l'ayant accueilli honorablement, — il lui adressa ces paroles : *O père abbé, — un vieillard, brisé par les tempêtes de l'État, — est venu déposer parmi vous ses os fatigués ; — par charité, donnez-lui un peu de terre !* — Sur ce, il se mit au lit, où sa maladie — fit des progrès rapides ; et, la troisième nuit, — vers la huitième heure, que lui-même — avait prédit devoir être sa dernière, plein de repentir, — dans un complet recueillement, dans les larmes et la douleur, — il rendit ses dignités au monde, — son âme bienheureuse au ciel, et s'endormit en paix.

CATHERINE.

— Qu'il repose de même ; que ses fautes lui soient légères ! — Mais permets-moi, Griffith, de dire de lui ce que je pense, — sans manquer pourtant de charité. C'était un homme — d'un orgueil sans bornes, se mettant — lui-même au rang des princes, un homme qui par ses extorsions — pressurait tout le royaume. La simonie était pour lui franc jeu. — Sa propre opinion était sa loi ; en face de l'évidence — il disait le mensonge ; il était toujours double — et dans ses paroles et dans ses intentions. Jamais — il ne montrait de pitié qu'à ceux dont il projetait la ruine. — Ses promesses étaient ce qu'il était alors, magnifiques ; — mais l'exécution était ce qu'il est aujourd'hui, néant. — Il était vicieux de sa personne, et donnait — au clergé un mauvais exemple (71).

GRIFFITH.

Ma noble dame, — les défauts des hommes vivent sur le bronze ; leurs vertus, — nous les inscrivons dans l'onde. Votre Altesse me permettra-t-elle — maintenant de dire le bien que je pense de lui?

CATHERINE.

Oui, bon Griffith; — autrement je serais malveillante.

GRIFFITH.

Ce cardinal, — quoique d'une humble souche, était assurément — formé pour une grande illustration. A peine hors du berceau, — c'était un savant déjà mûr et capable; — excessivement sagace, disert et persuasif, — hautain et aigre pour ceux qui ne l'aimaient pas, — mais, pour les gens qui le recherchaient, doux comme l'été. — Et quoique, pour acquérir, il fût insatiable, — ce qui était un péché, pour donner, madame, — il était vraiment princier. Témoin à jamais — ces deux jumeaux de la science, qu'il a élevés sous vos auspices, — Ipswich et Oxford; l'un, qui est tombé avec lui, — n'ayant pas voulu survivre à son bienfaiteur; — l'autre, qui, bien qu'imparfait encore, est déjà si fameux, — si excellent dans la science, si sûr en ses progrès — que la chrétienté vantera à jamais ses mérites. — La chute du cardinal a entassé sur lui les félicités; — car c'est alors, et alors seulement, qu'il a eu conscience de lui-même, — et qu'il a connu le bonheur d'être petit. — Et, ce qui a honoré sa vieillesse — plus qu'aucun homme n'eût pu le faire, il est mort dans la crainte de Dieu (72).

CATHERINE.

— Après ma mort, je ne veux pas d'autre héraut, — d'autre historien des actes de ma vie, — pour garantir mon honneur de la calomnie, — qu'un chroniqueur honnête comme Griffith. — Celui que je haïssais vivant, tu m'as obligé, — par ta religieuse et modeste sincérité, — à l'honorer aujourd'hui dans sa cendre. Que la paix soit avec lui! — Patience, reste encore près de moi, et place-moi plus bas; — je n'ai plus longtemps à t'importuner...

Bon Griffith, — fais jouer par les musiciens cet air mélancolique — que j'ai nommé mon glas, tandis qu'assise ainsi je songerai — à la céleste harmonie vers laquelle je vais.

Musique triste et solennelle.

GRIFFITH.

— Elle dort... Bonne fille, asseyons-nous tranquillement, — pour ne pas l'éveiller. Doucement, gentille Patience.

LA VISION.

Entrent, s'avançant solennellement l'une après l'autre, six personnes, vêtues de robes blanches, portant sur la tête des guirlandes de laurier, des masques d'or sur la face, des branches de laurier ou des palmes à la main. Elles saluent d'abord la reine, puis dansent. A certains changements de figure, les deux premières tiennent une guirlande suspendue sur sa tête, pendant que les quatre autres lui font un respectueux salut; alors, les deux qui tenaient la guirlande la passent aux deux suivantes, qui font la même cérémonie aux changements de figure, tenant la guirlande au-dessus de la tête de la reine. Après cela, elles passent la guirlande aux deux dernières, qui font la même cérémonie. Sur quoi, comme par inspiration, la reine fait des signes de joie dans son sommeil, et lève les mains vers le ciel. Alors les apparitions s'évanouissent en dansant, emportant la guirlande avec elles. La musique continue.

CATHERINE.

— Esprits de paix, où êtes-vous? Êtes-vous donc tous partis? — Et me laissez-vous ainsi derrière vous dans la détresse?

GRIFFITH.

— Madame, nous sommes ici.

CATHERINE.

Ce n'est pas vous que j'appelle. — Est-ce que vous n'avez vu entrer aucune personne, depuis que je me suis endormie?

GRIFFITH.

Personne, madame.

CATHERINE.

— Non? N'avez-vous pas vu, à l'instant même, une troupe de bienheureuses créatures — m'inviter à un banquet? Leurs faces, brillantes — comme le soleil, jetaient mille rayons sur moi. — Elles m'ont promis un éternel bonheur, — et m'ont apporté des guirlandes, Griffith, que je ne me sens pas — encore digne de porter : je le deviendrai, — assurément.

GRIFFITH.

— Je suis bien aise, madame, que de si beaux songes — possèdent votre imagination.

CATHERINE.

Faites cesser la musique ; — elle m'est dure et pénible.

La musique cesse.

PATIENCE, bas à Griffith.

Remarquez-vous — comme Sa Grâce a changé soudainement? — Comme sa figure s'est allongée! Quelle pâleur! — Elle est froide comme l'argile. Considérez ses yeux.

GRIFFITH.

— Elle s'en va, fillette. Prions, prions.

PATIENCE.

Le ciel l'assiste !

Entre UN MESSAGER.

LE MESSAGER.

— N'en déplaise à Votre Grâce...

CATHERINE.

Vous êtes un impertinent. — Est-ce que nous ne méritons pas plus de respect?

GRIFFITH, au messager.

Vous êtes à blamer, — sachant qu'elle ne veut pas abdiquer son ancienne majesté, — de garder une si grossière attitude. Allons, à genoux.

LE MESSAGER.

— J'implore humblement pardon de Votre Altesse ; —

SCÈNE XII. 409

ma précipitation m'a rendu discourtois. Il y a là — un gentilhomme qui vient de la part du roi pour vous voir.

CATHERINE.

— Introduis-le, Griffith. Mais cet homme, — que je ne le revoie jamais.

Sortent Griffith et le messager.

Griffith rentre avec Capucius.

Si mes yeux ne me trompent pas, — vous êtes l'ambassadeur de l'empereur, — mon royal neveu, et votre nom est Capucius.

CAPUCIUS.

— Lui-même, madame, votre serviteur.

CATHERINE.

Oh! seigneur, — les temps et les titres sont étrangement changés — pour moi, depuis la première fois que vous m'avez vue. Mais, je vous en prie, — que désirez-vous de moi?

CAPUCIUS.

— D'abord, noble dame, — je viens offrir mes services à Votre Grâce; et puis, — le roi a désiré que je vous fisse visite; — il est bien affligé de votre affaiblissement; il vous envoie — par moi ses princières condoléances, — et vous conjure instamment de prendre courage.

CATHERINE.

— Oh! mon bon seigneur, cet encouragement arrive trop tard : — c'est comme un pardon après l'exécution. — Ce doux remède, administré à temps, m'eût guérie. — Mais maintenant tous les secours me sont inutiles, hormis les prières. — Comment va Son Altesse?

CAPUCIUS.

Bien, madame.

CATHERINE.

— Puisse-t-il aller toujours ainsi, et rester florissant, — quand j'habiterai avec les vers et que mon pauvre nom — sera banni du royaume ! Patience, cette lettre — que je vous ai fait écrire, est-elle envoyée ?

PATIENCE, remettant la lettre à Catherine.

Non, madame.

CATHERINE, la transmettant à Capucius.

— Monsieur, je vous prie très-humblement de remettre — ceci à monseigneur le roi.

CAPUCIUS.

— Très-volontiers, madame.

CATHERINE.

— J'y recommande à sa bonté — l'image de nos chastes amours, sa jeune fille. — Que la rosée du ciel tombe en incessantes bénédictions sur elle ! — Je le supplie de lui donner une vertueuse éducation. — Elle est jeune, et d'un naturel noble et modeste ; — j'espère qu'elle aura du mérite. Je le prie — de l'aimer un peu en mémoire de la mère qui l'aima, lui, — Dieu sait avec quelle tendresse ! Ce que ma pauvre pétition demande ensuite, — c'est que sa noble Grâce veuille avoir quelque pitié — pour mes malheureuses femmes, qui si longtemps — ont fidèlement suivi mes fortunes diverses. — Il n'en est pas une, j'ose l'affirmer — (et je ne mentirais pas à présent), qui, — pour la vertu, pour la beauté de l'âme, la vraie, — pour l'honnêteté et la décence de la conduite, — ne mérite un excellent mari, fût-ce un noble. — Et, à coup sûr, les hommes qui les auront seront heureux. — Ma dernière prière est pour mes gens ; ils sont bien pauvres, — mais la pauvreté n'a jamais pu les séparer de moi ; — je désire que leurs gages leur soient exactement payés, — avec quelque chose de plus, comme souvenir de moi. — S'il avait plu au ciel de m'accorder une vie plus longue — et des ressources suffisantes, nous ne nous serions pas quittés ainsi. — Voilà tout ce que contient la lettre. Et vous, mon cher seigneur, — au nom de ce qui vous est le plus cher au monde, — de cette paix chrétienne que vous souhaitez aux âmes des trépassés, — restez l'ami de ces pauvres gens, et pressez le roi — de me rendre cette justice dernière (73).

CAPUCIUS.

Par le ciel, je le ferai, — ou puissé-je perdre la mine d'un homme !

CATHERINE.

— Je vous remercie, honnête seigneur. Rappelez-moi — en toute humilité à Son Altesse ; — dites-lui que l'auteur de ses longs troubles va maintenant — quitter ce monde. Dites-lui que dans la mort je l'ai béni, — car je le bénirai... Mes yeux deviennent troubles... Adieu, — seigneur... Griffith, adieu. Non, Patience, — ne me quittez pas encore. Il faut me mettre au lit. — Appelez d'autres femmes. Quand je serai morte, ma bonne fille, — que je sois traitée avec honneur ; couvrez-moi — de fleurs virginales ; que le monde entier sache — que j'ai été une épouse chaste jusqu'à la tombe : embaumez-moi, — puis ensevelissez-moi. Quoique découronnée, que je sois enterrée — en reine et en fille de roi. — Je n'en peux plus.

Tous sortent, emmenant Catherine.

SCÈNE XIII.

[Une galerie du palais.]

Entre GARDINER, évêque de Winchester, précédé d'un page qui porte une torche devant lui. Il se croise avec SIR THOMAS LOVELL (74.)

GARDINER.

— Il est une heure, page, n'est-ce pas ?

LE PAGE.

Une heure sonnée.

GARDINER.

— Ces heures-là devraient être données aux nécessités, — et non aux plaisirs ; voilà le moment de réparer nos forces — par un repos salutaire, et non — de gaspiller les moments. Bonne nuit, sir Thomas. — Où allez-vous si tard?

LOVELL.

Venez-vous de chez le roi, milord?

GARDINER.

— J'en viens, sir Thomas, et je l'ai laissé jouant à la prime — avec le duc de Suffolk.

LOVELL.

Il faut que je le voie, — avant qu'il aille au lit. Je vais prendre congé de vous.

GARDINER.

— Pas encore, sir Thomas Lowell. Que se passe-t-il? — Il semble que vous êtes pressé; si vous le pouvez — sans qu'il y ait grand mal, donnez à votre ami — quelque idée de cette affaire tardive. Les affaires qui marchent — de nuit, comme on dit que font les esprits, sont — d'une nature plus étrange que celles — qui se dépêchent de jour.

LOVELL.

Milord, je vous aime, — et j'ose confier à votre oreille un secret — plus important que mes occupations. La reine est en travail; — on la dit dans un extrême danger; et on craint — qu'elle ne périsse en accouchant.

GARDINER.

Je prie de tout cœur — pour le fruit qu'elle porte: puisse-t-il venir — à bien et vivre! Mais pour l'arbre, sir Thomas, — je le voudrais déjà déraciné.

LOVELL.

Je serais capable, il me semble, — de crier *Amen!* Et pourtant ma conscience me dit — que c'est une bonne créature, une charmante femme, — qui a droit à nos meilleurs souhaits.

GARDINER.

Mais, monsieur, monsieur... — Écoutez-moi, sir Thomas. Vous êtes un gentilhomme — dans mes idées ; je vous sais sage, religieux. — Eh bien, laissez-moi vous le dire, ça n'ira jamais bien. — Non, sir Thomas Lovell, croyez-moi, ça n'ira pas, — tant que Cranmer, Cromwell, les deux bras de cette femme, et elle — ne dormiront pas dans leurs tombeaux.

LOVELL.

Vous parlez là, monsieur, des deux personnages — les plus remarqués du royaume. Quant à Cromwell, — outre qu'il a la garde des joyaux, il est fait maître — des rôles et secrétaire du roi ; et puis, monsieur, — il est sur la voie de dignités nouvelles — que le temps lui conférera. L'archevêque — est le bras du roi et son organe. Et qui oserait dire — une syllabe contre lui ?

GARDINER.

Oui, oui, sir Thomas, — il y en a qui osent ; et moi-même je me suis aventuré — à dire mon opinion sur lui ; et en effet, aujourd'hui même, — monsieur, je puis vous le dire, je crois — avoir inculqué aux lords du conseil la conviction que cet homme est — (car je sais qu'il l'est, et ils le savent aussi) — un archihérétique, une peste — qui infecte le pays. Tout émus, — ils s'en sont ouverts au roi ; et le roi, du haut de sa grâce — et de sa sollicitude princière, pressentant les terribles dangers — que nos raisons lui indiquaient, a prêté — l'oreille à nos plaintes, et commandé — qu'il fût cité demain matin — devant le conseil. C'est une plante malfaisante, sir Thomas, — et il faut la déraciner. Vos affaires vous réclament, — je vous retiens trop longtemps : bonne nuit, sir Thomas.

LOVELL.

— Mille bonnes nuits, milord ; je reste votre serviteur.

Gardiner sort avec son page.

Au moment où Lovell va sortir, entrent le ROI et le duc DE SUFFOLK.

LE ROI HENRY.

— Charles, je ne veux plus jouer ce soir; — mon esprit n'y est pas, vous êtes trop fort pour moi.

SUFFOLK.

— Sire, jamais jusqu'ici je ne vous avais gagné.

LE ROI HENRY.

Que rarement, Charles; — et vous ne me gagnerez pas, quand mon attention sera au jeu. — Eh bien, Lovell, quelles nouvelles de la reine?

LOVELL.

— Je n'ai pas pu lui délivrer en personne — le message dont vous m'aviez chargé, mais je le lui ai transmis — par une de ses femmes, qui m'a rapporté pour réponse — que la reine remerciait — Votre Altesse en toute humilité et vous conjurait — instamment de prier pour elle.

LE ROI HENRY.

Que dis-tu? Ha! — Prier pour elle? Quoi! est-elle dans les douleurs?

LOVELL.

— Sa fille d'honneur me l'a dit, ajoutant que sa souffrance — faisait de chaque effort une mort.

LE ROI HENRY.

Hélas! chère dame!

SUFFOLK.

— Dieu veuille la délivrer de son fardeau heureusement — et par un doux travail, et puisse-t-elle gratifier — Votre Altesse d'un héritier!

LE ROI HENRY.

Il est minuit, Charles. — Au lit, je te prie; et dans tes prières rappelle-toi — l'état de ma pauvre reine. Laisse-moi seul; — car j'ai des préoccupations auxquelles la compagnie — ne plaît guère.

SCÈNE XIII.

SUFFOLK.

Je souhaite à Votre Altesse — une nuit paisible, et je me souviendrai — de ma bonne maîtresse dans mes prières.

LE ROI HENRY.

Bonne nuit, Charles.

Suffolk sort.

Entre SIR ANTHONY DENNY.

— Eh bien, monsieur, qu'y a-t-il?

DENNY.

— Sire, j'ai amené milord l'archevêque, — comme vous me l'avez commandé.

LE ROI HENRY.

Ah ! Cantorbéry !

DENNY.

— Oui, mon bon seigneur.

LE ROI HENRY.

C'est juste. Où est-il, Denny ?

DENNY.

— Il attend le bon plaisir de Votre Altesse.

LE ROI HENRY.

Amène-le-nous.

Denny sort.

LOVELL, à part.

— C'est pour la chose dont l'évêque m'a parlé; — je suis arrivé à propos.

DENNY rentre avec CRANMER.

LE ROI HENRY, à Lovell et à Denny.

Videz la galerie.

Lovell fait mine de rester.

— Ah çà ! j'ai dit: Partez. — Comment !

Sortent Lovell et Denny.

CRANMER.

— Je suis effrayé... Pourquoi fronce-t-il ainsi le sourcil? — C'est son aspect terrible. Tout n'est pas bien.

LE ROI HENRY.

— Eh bien, milord ! vous désirez savoir — pourquoi je vous ai envoyé chercher ?

CRANMER, s'agenouillant.

C'est mon devoir — d'être aux ordres de Votre Altesse.

LE ROI HENRY.

Relevez-vous, je vous prie, — mon bon et gracieux lord de Cantorbéry. — Venez ; vous et moi, il faut que nous fassions un tour ensemble. — J'ai des nouvelles à vous dire. Allons, allons, donnez-moi votre main. — Ah ! mon bon lord, je vous parle avec tristesse, — et je suis fort chagrin de ce que j'ai à dire. — J'ai, bien à contre-cœur, entendu dernièrement — beaucoup de plaintes fort graves, milord, je dis — fort graves, sur votre compte. Après considération, — nous et notre conseil nous avons décidé — que ce matin vous paraîtriez devant nous. En outre, — pour pouvoir vous laver pleinement — des charges auxquelles vous aurez à répondre, il faut — qu'avant l'instruction du procès vous fassiez appel — à votre patience et que vous vous résigniez — à faire votre résidence de la Tour. Envers un collègue comme vous, — il convient que nous procédions ainsi ; autrement, aucun témoin — n'oserait se présenter contre vous.

CRANMER.

Je remercie humblement Votre Altesse ; — et je saisis avec une véritable joie cette excellente occasion — d'être passé au crible, en sorte que le bon grain — soit séparé en moi de l'ivraie ; car, je le sais, — personne n'est en butte aux langues calomnieuses — plus que moi, pauvre homme.

LE ROI HENRY.

Relève-toi, bon Cantorbéry ; — ta loyauté et ton intégrité sont enracinées — en nous, ton ami. Donne-moi la main, relève-toi. — Promenons-nous, je te prie. Çà, par

Notre-Dame, — qu'elle manière d'homme êtes-vous? Je croyais, milord, — que vous alliez m'inviter par une prière — à prendre la peine de vous confronter — avec vos accusateurs, et de vous écouter, — sans vous emprisonner.

CRANMER.

Très-auguste souverain, — l'appui sur lequel je me fonde, c'est ma loyauté, c'est ma probité. — Si elles me faisaient défaut, je triompherais — de ma chute avec mes ennemis, n'estimant plus ma personne — dès que ces vertus lui manqueraient. Je ne crains rien — de ce qu'on peut dire contre moi.

LE ROI HENRY.

Ne savez-vous pas — quelle est votre situation dans le monde, et avec tout le monde? — Vos ennemis sont nombreux et considérables : leur influence — doit être en proportion ; et il n'arrive pas toujours — que la justice et la vérité emportent — le verdict qui leur est dû. Avec quelle facilité — des âmes corrompues pourraient payer des misérables corrompus comme elles, — pour déposer contre vous ! Ces choses-là se sont vues. — Vous avez des adversaires aussi puissants — qu'acharnés. Croyez-vous donc être plus heureux, — en fait de témoins parjures, que ne le fut le Maître — dont vous êtes le ministre, quand il vivait — sur cette terre méchante ? Allons, allons, — vous prenez un précipice pour un escarpement sans danger, — et vous courez à votre propre ruine.

CRANMER.

Que Dieu ou Votre Majesté — protégent mon innocence, ou je tombe dans — le piége qui m'est tendu.

LE ROI HENRY.

Ayez bon courage. — Ils ne prévaudront qu'autant que je le leur permettrai. — Rassurez-vous; et ne manquez pas ce matin — de paraître devant eux. Si, par hasard, ils dé-

cidaient — votre arrestation, en raison des charges alléguées contre vous, — invoquez pour votre défense — les
arguments les plus persuasifs, avec toute la véhémence —
que l'occasion vous inspirera. Si les représentations —
ne vous sont d'aucun secours, remettez-leur — cet anneau,
et faites appel à nous-même, — là, devant eux... » Voyez,
le bonhomme pleure. — Il est honnête, sur mon honneur.
Sainte mère de Dieu ! — je jure qu'il a le cœur loyal, et
qu'il n'y a pas — dans mon royaume une âme meilleure.
Partez, — et faites comme je vous ai dit.

Cranmer sort.

Les larmes — lui étranglaient la voix.

Entre une VIEILLE DAME.

UN GENTILHOMME, derrière le théâtre.

Revenez ! Que voulez-vous ?

LA VIEILLE DAME.

— Je ne reviens point sur mes pas. La nouvelle que
j'apporte — fait de ma hardiesse une courtoisie... Maintenant, que les bons anges — planent sur la tête royale, et
couvrent ta personne — de leurs ailes célestes !

LE ROI HENRY.

A ta mine — je devine ton message. La reine est-elle
délivrée ? — Dis oui, et d'un garçon.

LA VIEILLE DAME.

Oui, oui, mon suzerain, — et d'un charmant garçon ;
que le Dieu du ciel — la bénisse maintenant et toujours !..
C'est une fille — qui promet des garçons pour l'avenir.
Sire, votre reine — désire votre visite, et que — vous fassiez connaissance avec cette étrangère ; elle vous ressemble — comme une cerise à une cerise.

LE ROI HENRY.

Lovell !

Entre LOVELL.

LOVELL.

Sire !

LE ROI HENRY.

— Donne-lui cent marcs. Je vais chez la reine.

Le roi sort.

LA VIEILLE DAME.

— Cent marcs ! Par cette lumière, j'en veux davantage. — C'est un paiement bon pour un simple valet. — J'en aurai davantage, ou je lui ferai honte. — Ai-je dit pour si peu que sa fille lui ressemblait ? — Je veux avoir davantage, où je me dédirai ; et maintenant — je vais battre le fer, tandis qu'il est chaud.

Ils sortent.

SCÈNE XIV.

[Un corridor en avant de la chambre du conseil.]

Des domestiques et un huissier de service. Entre CRANMER.

CRANMER.

— J'espère que je ne suis pas en retard ; et pourtant le gentilhomme — qui m'a été envoyé au conseil, m'a prié — de me hâter. Tout fermé ! Que signifie ceci ?... Holà ! — qui est de service ici ?.. Sûrement, vous me reconnaissez.

L'HUISSIER.

Oui, milord, — mais je ne puis rien pour vous.

CRANMER.

Pourquoi ?

L'HUISSIER.

— Votre Grâce doit attendre qu'on l'appelle.

Entre le docteur BUTTS.

CRANMER.

Bien !

BUTTS.

— C'est un tour perfide. Je suis bien aise — d'être venu par ici aussi à propos. Le roi — va en être informé sur-le-champ.

Butts sort.

CRANMER, à part.

C'est Butts, — le médecin du roi. Comme il passait, — quel regard inquisiteur il a jeté sur moi ! — Fasse le ciel que ce ne soit pas pour sonder ma disgrâce ! Certainement — ceci a été arrangé à dessein par quelques-uns de ceux qui me haïssent. — Dieu veuille changer leurs cœurs ! Je n'ai jamais provoqué leur animosité. — Ils ont voulu m'humilier dans mon honneur. Autrement, ils auraient honte — de me faire attendre à la porte; un conseiller, un collègue, — parmi des pages, des grooms et des laquais ! Mais leurs volontés — doivent être exécutées, et j'attendrai avec patience.

A une fenêtre dominant le corridor paraissent le ROI et BUTTS.

BUTTS.

— Je vais montrer à Votre Grâce le plus étrange spectacle.

LE ROI HENRY.

Qu'est-ce donc, Butts ?

BUTTS.

— Je crois que Votre Altesse a vu ceci bien souvent.

LE ROI HENRY.

— Morbleu, où est-ce ?

BUTTS.

Là, milord. — Voyez donc la haute promotion de Sa Grâce de Cantorbéry, — qui tient son lever à la porte parmi les poursuivants, — les pages et les valets de pied.

LE ROI HENRY.

Ha ! c'est lui en effet. — Est-ce là l'honneur qu'ils se rendent les uns aux autres ? — Il est heureux qu'il y ait en-

core quelqu'un au-dessus d'eux. J'aurais cru — qu'ils avaient, entre eux tous, assez d'honnêteté, — ou du moins de savoir-vivre, pour ne pas souffrir — qu'un homme de son rang, si avant dans notre faveur, — fît antichambre en attendant le bon plaisir de Leurs Seigneuries, — à la porte, comme un courrier chargé de dépêches. — Par sainte Marie, Butts, c'est une vilenie. — Laissons-les et tirons le rideau. — Tout à l'heure nous en entendrons davantage.
Ils se retirent.

SCÈNE XV.

[La chambre du conseil.]

Entrent le LORD CHANCELIER, le DUC DE SUFFOLK, le DUC de NORFOLK, le COMTE DE SURREY, le LORD CHAMBELLAN, GARDINER et CROMWELL. Le chancelier se place au haut bout de la table à gauche : au-dessus de lui reste un siége vide, celui de l'archevêque de Cantorbéry. Les autres conseillers se placent en ordre de chaque côté de la table ; Cromwell au bas bout, comme secrétaire.

LE CHANCELIER.

Appelez les affaires, maître secrétaire : — pour quel objet sommes-nous assemblés en conseil ?

CROMWELL.

Sous le bon plaisir de Vos Seigneuries, — la principale affaire est celle qui concerne Sa Grâce de Cantorbéry.

GARDINER.

— En a-t-il été informé ?

CROMWELL.

Oui.

NORFOLK.

Qui donc attend là ?

L'HUISSIER.

— Dans l'antichambre, mes nobles lords ?

GARDINER.

Oui.

L'HUISSIER.

Milord l'archevêque. — Il est là depuis une demi-heure à attendre vos ordres.

LE CHANCELIER.

— Qu'il entre.

L'HUISSIER, à Cranmer.

Votre Grâce peut entrer maintenant.

Cranmer entre et s'approche de la table du conseil.

LE CHANCELIER.

— Mon bon lord archevêque, je suis bien fâché — d'être assis ici en ce moment, et de voir — ce fauteuil rester vide. Mais nous sommes tous des hommes, — fragiles de notre nature, ayant les faiblesses — de notre chair. Bien peu sont des anges. Par suite de cette fragilité, — de ce manque de sagesse, vous, qui pouviez nous donner les meilleures leçons, — vous avez offensé gravement, — le roi d'abord, puis les lois, en remplissant — le royaume entier, par vos prédications et celles de vos chapelains — (car nous sommes bien informés), d'opinions nouvelles, — étranges et dangereuses, lesquelles sont des hérésies — et, non réformées, peuvent devenir pernicieuses.

GARDINER.

— Et cette réforme doit être prompte, — mes nobles lords; car ceux qui domptent les chevaux fougueux — ne les mènent pas à la main pour les adoucir; — ils leur bâillonnent la bouche avec un mors inflexible, et les éperonnent — jusqu'à ce qu'ils obéissent. Si nous souffrons, — par notre complaisance, par une pitié puérile — pour la dignité d'un homme, que cette maladie contagieuse se propage, — adieu tous les remèdes! Et quelles en seront les conséquences? — Des commotions, des bouleversements, la corruption générale — de l'État tout entier : témoin la coûteuse leçon — infligée récemment à nos voisins de la haute Allemagne ; — lamentable leçon encore fraîche à nos mémoires !

CRANMER.

— Mes bons lords, jusqu'ici, dans tout le cours — de ma vie et de ma carrière, j'ai tâché, — et ce n'a pas été sans efforts, que mes enseignements — et les actes de ma puissante autorité — allassent de front dans une voie sûre dont le but — fût toujours le bien. Il n'existe pas — (je parle en toute sincérité, milords) — un homme qui, dans sa conscience et dans l'exercice de ses fonctions, — déteste et combatte plus — que moi les perturbateurs de la paix publique. — Fasse le ciel que le roi ne trouve jamais un cœur — moins fidèle ! Les hommes qui — se nourrissent d'envie et de malice tortueuse — osent mordre les plus vertueux. Je demande instamment à Vos Seigneuries — que, dans cette cause, mes accusateurs, — quels qu'ils soient, soient confrontés avec moi, — et déposent ouvertement contre moi,

SUFFOLK.

Non, milord, — cela ne se peut pas ; vous êtes conseiller, — et, comme tel, nul n'osera vous accuser.

GARDINER.

— Milord, comme nous avons des affaires plus importantes, — nous serons brefs avec vous. La volonté de Son Altesse, — d'accord avec notre avis, est que, pour garantir l'équité de l'instruction, — vous soyez d'ici même transféré à la Tour. — Là, redevenu simple particulier, — vous verrez se produire hardiment contre vous nombre d'accusateurs, — plus que vous n'en attendez, je le crains.

CRANMER.

— Ah ! mon bon lord de Winchester, merci ! — Vous êtes toujours mon excellent ami ; si l'on vous laisse faire, — je trouverai dans Votre Seigneurie à la fois un juré et un juge, — tant vous êtes miséricordieux. Je vois votre but, — c'est ma ruine. L'amour et la douceur, milord, — conviennent à un homme d'Église mieux que l'ambition. — Ramenez par la modération les âmes égarées, — n'en rejetez aucune. Faites peser toutes les charges — sur ma patience; je m'en dégagerai. — J'en fais aussi peu de doute que vous vous faites peu scrupule — de faire le mal chaque jour. Je pourrais en dire davantage, — mais le respect de votre ministère m'oblige à me modérer.

GARDINER.

— Milord, milord, vous êtes un sectaire : — voilà la franche vérité. Le vernis qui vous couvre laisse voir, — aux gens qui vous comprennent, un déclamateur bien faible.

CROMWELL.

— Milord de Winchester, vous êtes — un peu trop acerbe, permettez-moi de vous le dire. Des hommes si nobles, — quelles qu'aient été leurs fautes, ont encore droit au respect — de ce qu'ils ont été : c'est cruauté — de charger un homme qui tombe.

GARDINER.

Bon maître secrétaire, — je demande pardon à Votre Honneur; vous êtes, de tous ceux — qui s'asseyent à cette table, le dernier qui puisse parler ainsi.

CROMWELL.

Pourquoi, milord?

GARDINER.

— Est-ce que je ne vous connais pas pour un fauteur — de cette nouvelle secte? Vous n'êtes pas pur.

CROMWELL.

Pas pur!

GARDINER.

— Pas pur, je le répète.

CROMWELL.

Que n'êtes-vous la moitié aussi probe ! Vous seriez l'objet des prières des hommes, et non de leurs craintes.

GARDINER.
— Je me souviendrai de ce scandaleux langage.

CROMWELL.
Soit. — Souvenez-vous aussi de votre scandaleuse existence.

LE CHANCELIER.
C'en est trop. — Par pudeur, contenez-vous, milords.

GARDINER.
J'ai fini.

CROMWELL.
Et moi aussi.

LE CHANCELIER, à Cranmer.
— Revenons à vous, milord. Il est décidé, à l'unanimité, je pense, que sur-le-champ — vous serez conduit prisonnier à la Tour, — pour y rester jusqu'à ce que le bon plaisir ultérieur du roi — soit connu de nous. Etes-vous tous de cet avis, milords?

TOUS.
— Nous le sommes.

CRANMER.
Est-ce là toute votre merci? — Faut-il absolument que j'aille à la Tour, milords?

GARDINER.
Quelle autre — merci pourriez-vous attendre? Vous êtes étrangement fatigant. — Que quelques-uns des gardes se tiennent prêts là.

Entrent des gardes.

CRANMER.
Pour moi! — Faut-il donc que j'aille à la Tour comme un traitre?

GARDINER, aux gardes.
Entourez-le, — et veillez à ce qu'il soit conduit sûrement à la Tour.

CRANMER, *montrant l'anneau du roi.*

Arrêtez, mes bons lords, — j'ai encore quelques mots à dire. Regardez ceci, milords. — Par la vertu de cet anneau, je retire ma cause — des griffes de ces hommes cruels, et je la remets — aux mains du plus noble juge, le roi mon maître.

LE LORD CHAMBELLAN.

— C'est l'anneau du roi.

SURREY.

Ce n'est pas une contrefaçon.

SUFFOLK.

— C'est le véritable anneau, par le ciel ! Je vous avais dit à tous, — quand nous avons mis en mouvement cette pierre dangereuse, — qu'elle retomberait sur nous-mêmes.

NORFOLK.

Croyez-vous, milords, — que le roi permettra seulement — qu'on touche au petit doigt de cet homme?

LE LORD CHANCELIER.

Ce n'est que trop certain. — Quel prix il attache à sa vie ! — Je voudrais bien être tiré de ce pas.

CROMWELL.

Un pressentiment me disait — qu'en ramassant des fables et des accusations — contre cet homme, dont le diable — et ses disciples peuvent seuls haïr la probité, — vous attisiez un feu qui vous brûlerait. Maintenant gare à vous !

Le ROI *entre, en leur jetant un regard irrité, et s'assied.*

GARDINER.

— Redouté souverain, combien nous devons chaque jour — rendre grâce au ciel de nous avoir donné un pareil prince, — non-seulement si bon et si sage, mais si religieux ; — un prince qui, en toute obédience, fait de l'Église — le plus cher objet de sa vénération, et qui, pour rehausser — ce zèle pieux, dans sa tendre sollicitude, — intervient lui-même comme juge pour entendre — la cause qui s'agite entre elle et ce grand coupable !

LE ROI HENRY.

— Vous avez toujours excellé a improviser les compliments, — évêque de Winchester. Mais, sachez-le, je ne suis pas venu — pour m'entendre adresser en face de telles flatteries : — elles sont trop transparentes et trop chétives pour cacher ce qui m'offense. — Vous ne sauriez m'atteindre. Vous faites le chien couchant, — et vous croyez me gagner en remuant la langue; — mais, quelque opinion que tu aies de moi, je suis certain — que tu es d'une nature cruelle et sanguinaire.

A Cranmer.

— Bonhomme, assieds-toi. — Maintenant, voyons ! Que le plus fier, — le plus osé d'ici te menace seulement du doigt. — Par tout ce qu'il y a de plus sacré, mieux vaudrait pour lui mourir de faim — que de s'imaginer un moment que cette place-là ne te convient pas.

SURREY.

— Plaise à Votre Grâce...

LE ROI HENRY.

Non, monsieur, il ne me plaît pas. — Je croyais avoir dans mon conseil des hommes de quelque intelligence — et de quelque sagesse ; mais je n'en trouve pas un seul. — Était-il convenable, milords, de laisser cet homme, — ce bon homme (peu d'entre vous méritent ce titre), — cet honnête homme attendre comme un laquais pouilleux — à la porte de la chambre ? lui, votre égal ! — Ah ! quelle indignité ! Mes instructions — vous obligeaient-elles de vous oublier à ce point ? Je vous avais donné — pouvoir de le juger, comme un conseiller, — non comme un palefrenier. Il en est parmi vous, je le vois, — qui, dans un sentiment de malveillance plutôt que d'intégrité, — le soumettraient à la plus rigoureuse épreuve, s'ils en avaient le pouvoir; — ce pouvoir, vous ne l'aurez jamais, tant que je vivrai.

LE LORD CHANCELIER.

Veuille Votre Grâce, — mon très-redouté souverain, me permettre — de prendre la parole pour nous excuser tous. Si son emprisonnement — avait été décidé, c'était — (s'il y a quelque bonne foi dans les hommes) pour mettre l'accusé — à même de se justifier pleinement aux yeux du monde, nullement dans une intention malveillante; j'en suis sûr, du moins pour moi.

LE ROI HENRY.

Bien, bien, milords, respectez-le. — Accueillez-le, et traitez-le bien; il en est digne. — Je puis le dire hautement, si un prince — peut être redevable à un sujet, je — lui suis redevable, moi, pour son affection et pour ses services. — Ne me faites plus de ces embarras, embrassez-le tous; — par pudeur, milords, soyez amis!... Milord de Cantorbéry, — j'ai à vous présenter une requête que vous ne devez pas me refuser. — Voici : il y a une belle petite fille qui réclame le baptême; — il faut que vous soyez son parrain et que vous répondiez pour elle.

CRANMER.

— Le plus grand monarque aujourd'hui vivant pourrait se glorifier — d'un tel honneur. Comment puis-je en être digne, — moi qui suis votre pauvre et humble sujet?

LE ROI HENRY.

Allons, allons, milord, vous voulez épargner vos cuillers (75). Vous aurez deux nobles partenaires, la vieille duchesse de Norforlk et la marquise de Dorset; vous palisent-elles? — Encore une fois, milord de Winchester, je vous somme — d'embrasser et d'aimer cet homme.

GARDINER, embrassant Cranmer.

De tout cœur — et avec l'amour d'un frère.

CRANMER.

Le ciel me soit témoin—combien chère m'est cette affirmation.

LE ROI HENRY.

— Bon homme, ces larmes de joie montrent l'honnêteté de ton cœur. — Je le vois, tu viens de justifier — ce que dit de toi la voix publique : « Faites à milord de Cantorbéry — un mauvais tour, et il sera votre ami pour toujours. » — Allons, milords, nous gaspillons le temps ; il me tarde — que nous fassions de cette petite une chrétienne. — Maintenant que je vous ai unis, milords, restez unis. — J'en serai plus fort, et vous en serez plus honorés.

Ils sortent.

SCÈNE XVI.

[La cour du palais.]

Bruit et tumulte au dedans du théâtre. Entrent LE PORTIER et son VALET.

LE PORTIER.

Vous allez cesser votre tapage tout à l'heure, canaille. Prenez-vous la cour pour le Jardin de Paris (76)? Grossiers chenapans, finissez donc de brailler.

UNE VOIX, de l'intérieur.

Bon maître portier, j'appartiens aux offices.

LE PORTIER.

Appartiens au gibet, et va te faire pendre, coquin ! Est-ce ici le lieu de hurler?... Qu'on aille me chercher une douzaine de rondins, et solides ; ceux-ci ne sont que des badines pour eux. Je vais vous égratigner la tête. Ah ! il faut que vous voyiez des baptêmes ! Croyez-vous avoir ici de l'ale et des gâteaux, grossiers chenapans?

LE VALET.
—Je vous en prie, monsieur, de la patience!—A moins de les balayer de la porte à coups de canon,—il est aussi impossible de les disperser que de les faire dormir — le matin du premier mai, ce qu'on ne verra jamais. — Les chasser! Nous pourrions aussi aisément faire reculer Saint-Paul.
LE PORTIER.
Comment sont-ils entrés, pendard?
LE VALET.
—Hélas! je ne sais pas. Comment la marée entre-t-elle? — Autant qu'un solide gourdin de quatre pieds — (vous en voyez les pauvres restes) a pu distribuer des coups, — je n'y ai pas mis de ménagement, monsieur.
LE PORTIER.
Vous n'avez rien fait, monsieur. —
LE VALET.
Je ne suis pas un Samson, ni un sir Guy, ni un Colbrand, pour les abattre tous devant moi. Mais, si j'en ai ménagé aucun qui eût une tête à frapper, jeune ou vieux, mâle ou femelle, cocufié ou cocufieur, que je ne voie jamais de ma vie une longe de bœuf; et je ne m'y résignerais pas, pas même pour une vache, Dieu me pardonne!
VOIX, de l'intérieur.
Entendez-vous, monsieur le portier?
LE PORTIER.
Je suis à vous tout de suite, mon bon monsieur le faquin... Tiens la porte close, maraud.
LE VALET.
Que voulez-vous que je fasse?
LE PORTIER.
Ce que je veux que tu fasses? que tu les abattes par douzaine. Est-ici Moorfield pour y faire un attroupement pareil? Ou est-il arrivé à la cour quelque étrange Indien

avec une grande machine, pour que les femmes nous assiégent ainsi? Dieu me bénisse! quel frai de fornication à la porte! Sur ma conscience de chrétien, ce seul baptême en occasionnera mille : et l'on trouvera ici père, parrain et tout à la fois.

LE VALET.

Les cuillers n'en seront que plus nombreuses, monsieur. Il y a assez près de la porte un gaillard qui a la mine d'un brasier; sur ma parole, vingt jours de canicule règnent dans sa trogne; tous ceux qui sont auprès de lui sont sous la ligne; ils n'ont pas besoin d'autre pénitence. J'ai trois fois frappé ce dragon à la tête, et trois fois son nez a fait une décharge sur moi. Il reste là, comme un mortier, à nous bombarder. Il y avait près de lui la femme d'un mercier, assez pauvre d'esprit, qui a tant déblatéré contre moi qu'enfin son bonnet à jours, une écumoire, est tombé de sa tête, pour lui apprendre à allumer dans le royaume une telle conflagration. Une fois j'ai manqué le météore, et j'ai frappé la femme, qui a crié : *A moi les gourdins!* Alors j'ai vu venir de loin à sa rescousse une quarantaine de bâtonnistes, l'espérance du Strand, où elle a ses quartiers. Ils se sont élancés; j'ai tenu bon; enfin ils en sont venus avec moi aux coups de rondin. Je continuais de leur tenir tête, quand soudain, derrière eux, une file de marmousets, lâchés en tirailleurs, ont lancé une telle averse de pierres, que j'ai dû mettre mon honneur en sûreté et leur abandonner l'ouvrage. Le diable était parmi eux, ma foi, assurément.

LE PORTIER.

Ce sont les mêmes jouvenceaux qui fulminent au théâtre, et se battent pour des trognons de pomme; si bien qu'aucun auditoire, si ce n'est les habitués de la *Tribulation* de Tower Hill, ou les drilles de Limehouse (77), leurs dignes confrères, ne peuvent les supporter. J'en ai mis quelques-uns *in limbo patrum*; et c'est là que probablement ils danseront ces trois jours-ci, sans compter le dessert qui leur sera servi avec le fouet.

Entre le LORD CHAMBELLAN.

LE LORD CHAMBELLAN.

— Merci de moi! quelle multitude ici! — Elle grossit toujours! De toutes parts ils arrivent — comme si nous tenions une foire ici! Où sont donc les portiers, — ces misérables fainéants? Vous avez fait de la belle besogne, camarades. — Voici une jolie cohue céans! Sont-ce là — tous vos fidèles amis des faubourgs? Sans nul doute, — il nous restera beaucoup de place pour les dames, — quand elles passeront au retour du baptême.

LE PORTIER.

N'en déplaise à Votre Honneur, — nous ne sommes que des hommes; et ce que nous pouvions faire à nous tous — sans être mis en pièces, nous l'avons fait : — une armée ne pourrait pas les contenir.

LE LORD CHAMBELLAN.

Sur ma vie, — si le roi me blâme pour cela, je vous gênerai tous — aux talons, et bien vite; et je flanquerai sur vos têtes — de bonnes amendes, pour votre négligence. Vous êtes des drôles bien fainéants; — et vous restez ici à vider les barriques, quand — vous deviez faire votre service. Écoutez, la trompette sonne, — ils reviennent déjà du baptême. — Allons, rompez la foule, et frayez un chemin — pour laisser passer librement le cortége, ou je vous trouverai — une prison pour vous amuser ces deux mois-ci.

LE PORTIER.

Faites place pour la princesse.

LE VALET.

Vous, grand gaillard, rangez-vous, ou je vais vous donner un mal de tête.

LE PORTIER.

Vous, là, en camelot, à bas de la grille, ou je vais vous empaler sur les barreaux.

Ils sortent.

SCÈNE XVII.

[Le palais.]

Entrent les trompettes, sonnant une fanfare; puis deux aldermen, le LORD MAIRE, JARRETIÈRE, CRANMER, le DUC DE NORFOLK, avec son bâton de maréchal, deux nobles portant deux grands bassins pour les présents du baptême; puis quatre nobles portant un dais sous lequel paraît la DUCHESSE DE NORFOLK, la marraine, portant l'enfant enveloppé dans un riche manteau. Une dame porte la queue de sa robe; puis viennent la MARQUISE DE DORSET, l'autre marraine, et d'autres dames. Le cortége défile sur la scène, et JARRETIÈRE parle.

JARRETIÈRE.

Ciel, du haut de ton infinie bonté, envoie une vie prospère, longue et toujours heureuse a la haute et puissante princesse d'Angleterre Élisabeth!

Fanfare. Entrent le ROI et sa suite.

CRANMER, s'agenouillant.

— Pour votre Royale Grâce et pour notre bonne reine, — voici la prière que nous faisons, mes nobles commères et moi : — toutes les félicités et toutes les joies — que le ciel a jamais tenues en réserve pour le bonheur des parents, — puissiez-vous les trouver à chaque heure dans cette très-gracieuse princesse!

LE ROI HENRY.

Merci, mon bon lord archevêque. — Quel est son nom?

CRANMER.

Élisabeth.

LE ROI HENRY.

Relevez-vous, milord.

Le roi embrasse l'enfant.

— Avec ce baiser, reçois ma bénédiction. Que Dieu te protége! — je remets ta vie dans ses mains.

CRANMER.

Amen!

LE ROI HENRY, aux deux marraines.

— Mes nobles commères, vous avez été par trop prodigues. — Je vous rends grâces de tout cœur; ainsi fera cette jeune lady, — quand elle saura assez d'anglais.

CRANMER.

Laissez-moi parler, sire, — car le ciel me l'ordonne en ce moment; et que personne ne tienne pour flatterie — les paroles que je prononce, car on reconnaîtra un jour la vérité. — Cette royale enfant (que le ciel veille toujours sur elle), bien qu'encore au berceau, promet déja — à ce pays mille et mille bénédictions, — que le temps amènera à maturité. Elle sera — (mais bien peu d'entre nous verront cette excellence), — elle sera le modèle de tous les princes de son temps, — et de tous ceux qui leur succéderont. La reine de Saba ne fut jamais — plus avide de sagesse et de belle vertu — que ne le sera cette âme pure. Toutes les grâces princières — dont sont formés les êtres aussi puissants, — comme toutes les vertus qui décorent les bons, — seront doublées dans sa personne. La vérité la bercera, — les saintes et célestes pensées la conseilleront toujours. — Elle sera aimée et redoutée. Les siens la béniront. — Ses ennemis trembleront comme des épis battus, — et inclineront tristement la tête. Le bien croîtra avec elle. — De son temps, chacun mangera en sûreté, — sous sa propre vigne, ce qu'il aura planté, et chantera — les joyeuses chansons de paix à tous ses voisins. — Dieu sera vraiment connu; et ceux qui l'entoureront — seront guidés par elle dans le droit chemin de l'honneur; — et c'est à cela, et non à la naissance, qu'ils devront leur grandeur. — Et cette paix-là ne s'endormira pas avec elle. Quand — l'oiseau merveilleux, le phénix virginal, meurt, — ses cendres engendrent un héritier — aussi admirable que lui-même; — ainsi, quand la ciel la rappellera de cette brume de ténèbres, — elle transmettra ses dons ineffables à un successeur, — qui, des cendres sacrées de sa gloire, — s'élèvera, tel qu'un astre, à la même hauteur de renommée — et s'y fixera. La paix, l'abondance, l'amour, la vérité, la terreur, — qui étaient les serviteurs de cette enfant choisie, — seront alors les siens et s'attacheront à lui comme la vigne. — Partout où rayonnera le brillant soleil du ciel, — sa gloire et la grandeur de son nom — pénétreront et fonderont de nouvelles stations. Il fleurira, — et, comme le cèdre de la montagne, il étendra ses branches — sur toutes les plaines d'alentour. Les enfants de nos enfants — verront cela, et béniront le ciel.

LE ROI HENRY.

Tu dis des prodiges (78).

CRANMER.

— Elle sera, pour le bonheur de l'Angleterre, — une princesse âgée; bien des jours la verront, — et il n'y aura pas un de ces jours qui ne soit couronné d'un grand acte. — Je voudrais n'en pas savoir davantage. Mais il faudra qu'elle meure; — il faudra que les saints la possèdent. Restée vierge, — elle passera comme un lis immaculé — sur la terre, et tout l'univers la pleurera.

LE ROI HENRY.

O lord archevêque, — tu viens de faire ma fortune : avant — d'avoir cette heureuse enfant, je ne possédais rien. — Cet oracle propice m'a tellement charmé — que, quand je serai au ciel, je désirerai — voir ce que fait cette enfant, et je bénirai mon Créateur. — Je vous remercie tous. A vous, mon bon lord-maire, — et à vos bons collègues, je suis fort obligé; — votre présence me fait grand honneur, — et vous me trouverez reconnaissant. En avant, milords; — il faut que vous alliez tous voir la reine, et qu'elle vous remercie : — autrement elle serait malade. Aujourd'hui que nul ne croie — avoir affaire chez soi; tous resteront. — Cette petite fera de ce jour un jour de fête.

Ils sortent.

ÉPILOGUE.

— Il y a dix à parier contre un que cette pièce ne pourra pas plaire — à tous ceux qui sont ici. Il en est qui viennent pour prendre leurs aises, — et dormir un acte ou deux; mais ceux-là, je crains — que nous ne les ayons effarés avec nos trompettes. Ainsi il est clair — qu'ils diront : *Ça ne vaut rien.* D'autres viennent pour entendre — dénigrer bien fort la ville, et s'écrier : *C'est spirituel!* — Or nous n'avons rien fait de pareil : aussi, j'en ai peur, — tout le bien que nous pouvons entendre dire — de cette pièce à cette heure, sera dû — à l'indulgente opinion des femmes vertueuses; — car nous leur en avons montré une de ce caractère. Si elles sourient, — et disent : *Cela ira,* je sais qu'avant peu — les hommes les meilleurs seront pour nous; car nous aurions du malheur, — s'ils résistaient, quand leurs femmes les pressent d'applaudir.

FIN DE HENRY VIII.

NOTES

SUR LA DEUXIÈME ET LA TROISIÈME PARTIE
DE HENRY VI ET SUR HENRY VIII.

---

(1) Cette réplique que Glocester adresse ici au cardinal pour lui reprocher son arrogance et sa rancune, et pour lui remettre en mémoire d'*anciennes querelles*, ne se trouve pas dans le texte de l'édition de 1595. Insérée après coup par la révision dans le texte publié en 1623, elle a évidemment pour but de rattacher la seconde partie de *Henry VI* à la première partie, en rappelant les commencements du conflit que la première partie a mis en scène.

(2) Richard Plantagenet, duc d'York, avait épousé Cicely Nevil, sœur aînée du comte de Salisbury.

(2) Ce vers, où le duc d'York mentionne la perte de Paris et les périls que court la domination anglaise en Normandie, manque à l'édition de 1595. Nul doute qu'il n'ait été ajouté au texte définitif pour mettre la seconde partie de Henry VI encore une fois d'accord avec la première. Il est certain désormais que l'ouvrage embryonnaire, imprimé en 1595, avait été écrit et composé tout entier avant la révision générale et définitive qui réunit en trilogie les pièces distinctes ayant pour sujet le règne de Henry VI.

(4) Selon la Fable, la vie de Méléagre, prince de Calydon, dépendait de la durée d'un tison soustrait au foyer des Parques. Sa mère Althée rejeta le tison au feu, et Maléagre expira dans les tortures.

(5) Dans le drame publié en 1595, c'est son gant, et non son éventail, que laisse tomber la reine. Du reste, cette rivalité de la reine Marguerite et de la duchesse Éléonore est une fiction dramatique. La duchesse fut, en réalité, disgraciée et bannie trois ans avant le mariage de Marguerite d'Anjou avec Henry VI.

(6) Suivant le texte de 1595, le roi Henry, après la sortie de la duchesse, adresse à la reine Marguerite des paroles de reproche que la révision définitive a supprimées :

LE ROI.

— Crois-moi, ma bien-aimée, tu as été fort à blâmer. — Pour mille livres d'or, je n'aurais pas voulu — que mon noble oncle eût été présent... — Mais voyez, le voici qui vient. Je suis bien aise qu'il ne l'ait pas rencontrée.

(7) Encore un raccord ajouté par la révision. Le drame original ne contient pas les dix derniers vers dans lesquels York, reprochant à Somerset d'avoir causé la perte de Paris, lui rappelle la trahison dont nous avons été témoins dans la *première partie de Henry VI*.

(8) La distribution des incidents de cette scène est différente dans l'ouvrage primitif. Là, l'armurier et son apprenti sont emmenés en prison, et disparaissent avant l'altercation de la reine avec la duchesse de Glocester.

(9) Voici l'esquisse de cette scène dans le drame original :

Entrent ÉLÉONORE, avec SIR JOHN HUME, ROGER BOLINGBROKE, enchanteur, et MARGERY JOURDAIN, sorcière.

ÉLÉONORE.

Voici, sir John ; prenez ce rouleau de papier — où sont écrites les questions que vous aurez à poser ; — et je me tiendrai sur la tourelle que voici — à écouter ce que vous dit l'esprit. — Vous écrirez les réponses faites à mes questions.

Elle monte à la tourelle.

SIR JOHN.

— Maintenant, commencez, jetez vos charmes alentour, — et sommez les démons d'obéir à vos volontés, — et dites à dame Éléonore la chose qu'elle demande.

LA SORCIÈRE.

— Ainsi, Roger Bolingbroke, à l'œuvre ! — Trace un cercle ici sur la terre, — tandis que moi, prosternée la face contre terre, — je parlerai tout bas aux démons, — et les forcerai par mes conjurations d'obéir à ma volonté.

Elle se prosterne la face contre terre. Bolingbroke trace un cercle.

BOLINGBROKE.

— Nuit noire, nuit redoutable, nuit silencieuse, — qui sers de masque à la bande infernale des furies, — je te somme de m'envoyer du lac du Cocyte — l'esprit Ascalon : qu'il arrive, — en perçant les entrailles du centre de la terre, — et qu'il soit ici en un clin d'œil. — Ascalon, monte, monte.

Tonnerres et éclairs. L'ESPRIT *s'élève.*

L'ESPRIT.

— Maintenant, Bolingbroke, que veux-tu de moi ?

BOLINGBROKE, lisant.

— *D'abord le roi. Qu'adviendra-t-il de lui ?*

L'ESPRIT.

— Le duc vit encore qui déposera Henry ; — mais il lui survivra et mourra de mort violente.

BOLINGBROKE.

— *Quel est le sort qui attend le duc de Suffolk ?*

L'ESPRIT.

— Par l'eau il périra et trouvera sa fin.

BOLINGBROKE.

— *Qu'adviendra-t-il au duc de Somerset ?*

L'ESPRIT.

— Qu'il évite les châteaux : — il sera plus en sûreté sur les plaines sablonneuses que là où se dressent les châteaux. — Maintenant ne me questionne plus, car il faut que je m'en retourne.

L'esprit s'enfonce sous terre.

BOLINGBROKE.

— Descends donc dans le marais maudit — où Pluton trône en son char de feu, — parcourant, au milieu des fumées qu'exhalent les roussis et les calcinés, — cette route de Dité qui longe la rivière Styx ! — Va là hurler et brûler à jamais dans les flammes. — Lève-toi, Jourdain, lève-toi, et suspends tes incantations. — Sangdieu ! nous sommes trahis.

Entrent le DUC D'YORK, *le* DUC DE BUCKINGHAM *et d'autres.*

YORK.

— Allons, mes maîtres, mettez la main sur eux, et garrottez-les solidement. — Cette fois nous avons fait bonne surveillance... Quoi ! madame, vous ici ! — Ah ! vous complotez une trahison avec des sorciers : — voilà qui va faire grand honneur à votre mari. — Le roi aura avis de cela.

Éléonore se retire du haut de la tour.

BUCKINGHAM.

— Voyez donc, milord, ce que le diable a écrit là.

YORK.

— Donnez-moi cela, milord, je le montrerai au roi. — Allez, messieurs, veillez à ce qu'ils soient étroitement emprisonnés.

Les gardes emmènent les prisonniers.

BUCKINGHAM.

— Milord, permettez-moi, je vous prie, de partir — pour Saint-Albans, afin d'annoncer cette nouvelle au roi.

YORK.

— J'y consens, partez donc sur-le-champ.

BUCKINGHAM.

— Adieu, milord.
Il sort.

YORK.

— Holà ! quelqu'un !

Entre un valet.

LE VALET.

— Milord ?

YORK.

— Maraud, va inviter les comtes de Salisbury et de Warwick — à souper avec moi ce soir.

LE VALET.

— J'obéis, milord.
Ils sortent.

(10) « Mais le venin veut toujours se répandre, et la rancune intérieure a hâte de se manifester. Cela fut apparent pour tous les hommes cette année-là ; car diverses machinations furent dirigées alors contre le noble duc Homphroy de Glocester, lesquelles en conclusion lui enlevèrent la fortune avec la vie. Car d'abord, cette année, dame Éléonore Cobham, femme dudit duc, fut accusée de trahison, comme ayant tenté de détruire le roi, par sorcellerie et enchantement, dans l'intention d'élever et de porter son mari au trône. Sur quoi elle fut examinée dane la chapelle de Saint-Étienne, en présence de l'archevêque de Cantorbéry, et là, après examen, convaincue, et condamnée à faire amende honorable sur trois places publiques dans la Cité de Londres ; et ensuite elle subit un emprisonnement perpétuel dans l'île de Man, sous la garde de sir John Stanley, chevalier. A la même époque furent arrêtés, comme agents et conseillers de ladite duchesse, Thomas Southwell, prêtre et chanoine de Saint-Étienne, à Westminster, John Hum, prêtre, Roger Bolingbroke, habile nécromant, et Margery Jourdain, surnommée la Sorcière d'Eye, accusée d'avoir fabriqué, à la requête de la duchesse, une image de cire représentant le roi, laquelle, par leur sorcellerie, devait se con-

sumer petit à petit, à l'effet d'épuiser et de détruire la personne du roi et de le mettre à mort. Pour laquelle trahison, ces personnes furent condamnées à mourir ; et conséquemment Margery Jourdain fut brûlée à Smithfield ; et Roger Bolingbroke fut traîné sur la claie et écartelé à Tyburn, lequel Roger affirma, au moment de mourir, que jamais pareil crime n'avait été imaginé par eux. John Hum obtint son pardon, et Southwell mourut à la Tour avant l'exécution. Le duc de Glocester prit toutes ces choses patiemment, et parla peu. »
— *Chronique de Hall.*

(11) Tout cet incident est fondé sur une anecdote racontée dans les Mémoires de Thomas Morus :

« Je me rappelle avoir entendu mon père parler d'un mendiant qui, au temps du roi Henry sixième, vint avec sa femme à Saint-Albans. Et là, ce mendiant erra par la ville en demandant l'aumône, cinq ou six jours avant l'arrivée du roi, — disant qu'il était né aveugle, et qu'il n'avait jamais vu de sa vie, et qu'il avait reçu en songe l'avertissement de quitter Berwick, où il avait toujours demeuré, pour aller chercher saint Albans, et qu'il avait été à la châsse du saint, et qu'il n'avait pas été soulagé. Et conséquemment il avait résolu de l'invoquer en quelque autre lieu, car il avait ouï dire par quelques-uns que le corps de saint Albans était à Cologne, comme en effet on l'a prétendu. Mais je sais par des informations certaines qu'il est à Saint-Albans, où l'on montre une partie de ses reliques. Pour continuer l'histoire, quand le roi fut arrivé et que la ville fut pleine de monde, soudain cet aveugle recouvra la vue à la châsse de saint Albans, et, en l'honneur du miracle, les cloches sonnèrent solennellement, et le *Te Deum* fut chanté ; si bien qu'on ne parlait dans toute la ville que de ce miracle.

» Sur ce, il arriva que le duc Homphroy de Glocester, homme grandement sage et fort savant, ayant grande joie de voir un tel miracle, fit appeler le pauvre homme. Et, s'étant tout d'abord réjoui de voir la gloire de Dieu ainsi manifestée par la cure de l'aveugle, il l'exhorta à l'humilité, l'invitant à ne s'attribuer ici aucun mérite et à ne pas s'enorgueillir des louanges du peuple, qui l'appellerait désormais un bon et saint homme. Enfin il examina bien ses yeux, et lui demanda si jamais de sa vie il n'avait rien vu auparavant. Le mendiant et sa femme lui ayant affirmé faussement que non, il examina de nouveau ses yeux avec attention, et dit : « Je vous crois volontiers, car il me semble que vous n'y voyez pas encore bien. — Si fait, monsieur, dit l'autre, grâce à Dieu et à son saint martyr, j'y vois maintenant aussi bien que qui que ce soit. — Vraiment? dit le duc. De quelle couleur est ma robe? » Le mendiant répondit aussitôt. « De quelle couleur, ajouta le duc, est la robe de cet homme? » Le mendiant répondit encore, et ainsi de suite, sans hésiter, dit les noms de toutes les couleurs qu'on put lui montrer. Et quand milord vit cela, il renvoya le vagabond, et il le fit mettre aux ceps publiquement. En effet, quand même l'homme aurait pu voir soudain par miracle la différence entre les diverses couleurs, il n'aurait pu, à première vue, nommer toutes ces couleurs, s'il ne les avait connues auparavant. » (*Œuvres de Thomas Morus*, p. 134. édit. 1557.)

(12) Dans la pièce originale, Glocester est ici beaucoup plus dur pour la duchesse sa femme :

GLOCESTER, au roi Henry.

— Pardonnez-moi, mon gracieux souverain, — car je jure ici à Votre Majesté — que je suis innocent des crimes odieux — perfidement commis par mon ambitieuse femme ; — et, puisqu'elle a voulu trahir son souverain seigneur, — je la rejette ici de mon lit et de ma table, — et je l'abandonne à la rigueur de la loi, — à moins qu'elle ne se lave de ce crime noir.

(13) Dans le drame primitif, le roi spécifie particulièrement le mode de pénitence :

LE ROI HENRY.

— Avance, dame Éléonore Cobham, duchesse de Glocester, et écoute la sentence prononcée contre toi pour les trahisons que tu as commises envers nous, notre autorité et nos pairs. D'abord, pour ton crime odieux, tu feras deux jours pénitence publique, dans les rues de Londres, pieds nus, un linceul blanc sur ton corps, un flambeau de cire allumé à la main. Après cela tu seras exilée à jamais à l'île de Man, pour y finir tes misérables jours; et c'est notre sentence irrévocable. Qu'on l'emmène.

(14) Le vin de Charneco, petit village des environs de Lisbonne, était fort célèbre au temps de Shakespeare.

(15) « Dans cette même année, un certain armurier fut accusé de trahison par un de ses apprentis. Pour vider le procès, ils se battirent à Smithfield, à un jour assigné, et l'armurier fut vaincu et tué dans le conflit, mais à cause de son imprudence ; car le matin de ce combat, où il aurait dû paraître dispos et à jeun, ses voisins allèrent le trouver, lui offrirent du vin et le firent boire d'une manière si exces-

sive qu'il en fut décontenancé et qu'il arriva tout chancelant : et c'est ainsi qu'il fut tué sans être coupable. Quant au perfide apprenti, il ne vécut pas longtemps impuni ; car, ayant été convaincu de félonie en cour d'assises, il fut condammé à être pendu, et exécuté à Tyburn. » — *Holinshed.*

(16) Dans cette fin de scène, Shakespeare a développé admirablement le court dialogue du drame original. Jugez-en :

Sortent Homphroy et ses gens.

ÉLÉONORE.

— Donc, il est parti ! le noble Glocester est parti ! — Et maintenant le duc Homphroy m'abandonne, lui aussi ! — Quittons donc la belle Angleterre. — Viens, Stanley, viens, retirons-nous vite.

STANLEY.

— Madame, allons dans quelque maison voisine, — où vous puissiez vous changer avant de partir.

ÉLÉONORE.

— Ah ! bon sir John, je ne puis cacher ma honte, — ni m'en défaire en rejetant ce linceul. — Mais viens, partons. Maître shériff, adieu. — Tu as rempli ton office comme tu le devais.

Tous sortent.

(17) « Bien que le duc de Glocester répondît suffisamment à toutes les accusations élevées contre lui, pourtant, comme sa mort était chose décidée, le raisonnement ne lui servait guère, et sa loyauté lui était de peu de secours. Mais il était lui-même exempt de toute inquiétude, ne croyant ni qu'on pût le faire mourir, ni qu'on pût le condamner à mort : tant était grande sa confiance dans sa profonde loyauté et dans une justice impartiale. Mais ses ennemis mortels, craignant que quelque tumulte ou quelque émeute n'éclatât, si un prince aussi aimé du peuple était publiquement exécuté et mis à mort, décidèrent de le détruire par la ruse, sans qu'il fût instruit ni averti de rien. Aussi, pour l'accomplissement de leurs desseins, un parlement fut convoqué à Bury, où se rendirent tous les pairs du royaume, et, entre autres, le duc de Glocester. Et, le second jour de la session, le dit duc fut arrêté par lord Beauchamp, alors connétable d'Angleterre, par le duc de Buckingham et par d'autres, puis mis en prison ; tous ses gens furent éloignés de lui, et trente-deux des principaux de sa maison furent envoyés dans diverses prisons, à la grande surprise du commun peuple. La nuit qui suivit son emprisonnement, le duc fut trouvé mort dans son lit, et son corps montré aux lords et aux communes. On donnait à entendre qu'il était mort d'une para-

lysie ou d'une apostème; mais toutes les personnes impartiales reconnaissaient bien qu'il était mort de mort violente. » — *Hall.*

(18) Le drame primitif faisait assister le spectateur au meurtre de Glocester, qui s'accomplit ici derrière le théâtre. Voici, suivant l'édition de 1595, comment se passait cette scène terrible :

Les rideaux étant tirés, on aperçoit le duc Homphroy couché dans son lit, et deux hommes qui pèsent sur sa poitrine et l'étouffent. Alors le duc de SUFFOLK vient à eux.

SUFFOLK.
— Eh bien ! mes maîtres, l'avez-vous expédié?

PREMIER ASSASSIN.
— Oui, milord, il est mort, je vous le garantis.

SUFFOLK.
— Maintenant, remettez les draps en ordre sur lui, — afin que le roi, quand il viendra, soit obligé — de croire qu'il est mort de mort naturelle.

DEUXIÈME ASSASSIN.
— Tout est en ordre à présent, milord.

SUFFOLK.
— Eh bien donc, refermez les rideaux, et partez ; — vous aurez tout à l'heure une solide récompense.

Les assassins sortent.

(19) La retouche du maître a ici magnifiquement transfiguré le dialogue de la pièce primitive, que voici fidèlement traduit :

Le roi s'évanouit.

LA REINE MARGUERITE.
— Miséricorde ! le roi est mort : au secours, au secours, milords !

SUFFOLK.
— Consolez-vous, milord ! gracieux Henry, consolez-vous !

LE ROI HENRY.
— Quoi ! c'est milord de Suffolk qui me dit de me consoler ! — Tout à l'heure il est venu entonner le chant du corbeau ; — et il croit qu'un ramage de roitelet, — ce cri de consolation, proféré par une voix creuse, — peut apaiser mes douleurs, ou soulager mon cœur ! — Sinistre messager, hors de ma vue ! — Car dans tes prunelles mêmes siége le meurtre. — Mais non, ne t'en va pas. Approche, basilic, et tue du regard celui qui te contemple !

LA REINE MARGUERITE.
— Pourquoi injuriez-vous ainsi milord de Suffolk, — comme s'il avait causé la mort du duc Homphroy? — Le duc et moi aussi, vous le savez, nous étions ennemis ; — et vous feriez mieux de dire que je l'ai assassiné.

LE ROI HENRY.

— Ah ! malheureux que je suis. Pauvre Glocester, mort!

LA REINE MARGUERITE.

— Pauvre Marguerite, plus malheureuse encore ! — Pourquoi te détournes-tu et caches-tu ton visage? — Je ne suis pas un lépreux infect, regarde-moi. — Est-ce donc pour cela que j'ai failli naufrager sur la mer, — et que trois fois j'ai été repoussée par les vents contraires? — Juste présage, trop vraie prophétie — qui me disaient : Ne va pas chercher le nid d'un scorpion !

Entrent les comtes de WARWICK *et de* SALISBURY.

(20) Primitivement, la mise en scène était différente. L'édition de 1595 dit qu'ici « Warwick ouvre les rideaux et montre le duc Homphroy dans son lit. »

(21) Voici, d'après le texte original, l'ébauche de cette peinture si grandement sinistre :

WARWICK.

— J'ai vu souvent des êtres morts naturellement : le corps est d'aspect cendré, blême et incolore. — Mais voyez! le sang s'est arrêté sur sa face, — plus colorée que quand il vivait; — sa barbe si régulière est désordonnée et farouche; — ses doigts sont tendus comme ceux de quelqu'un qui a lutté pour la vie, — mais qui a été surpris par la violence. Le moindre de ces signes le prouve, — il est impossible qu'il n'ait pas été assassiné.

(22) L'indication donnée ici par l'édition de 1595 est curieuse : « Entrent le roi de Salisbury; alors on tire les rideaux, et le cardinal apparaît dans son lit, délirant et hagard comme s'il était fou. »

(23) « Sur ces entrefaites, Henry Beaufort, évêque de Winchester, et surnommé le riche Cardinal, partit de ce monde, et fut enterré à Winchester. Cet homme était fils de Jean de Gand, duc de Lancastre, descendu d'un honorable lignage, mais né en bâtardise, plus noble par le sang que notable par la science, hautain d'humeur et haut de contenance, riche plus que tous les hommes et libéral pour peu, dédaigneux de son roi et redoutable pour ses amis, mettant l'argent avant l'amitié, commençant bien des choses et n'achevant aucune. Sa rapacité insatiable et son désir d'une longue vie lui firent oublier Dieu, son prince et lui même, dans ses derniers jours; car le docteur John Baker, son conseiller privé et son chapelain, écrivait que le cardinal, étant à son lit de mort, prononça ces paroles : « Pourquoi » mourir, ayant tant de richesses? Si le royaume entier pouvait sau-

» ver ma vie, je puis ou m'en rendre maitre par la politique, ou
» l'acheter avec mes richesses. Fi! la mort ne veut donc pas se
» laisser corrompre! L'argent ne peut donc rien sur elle! Quand mon
» neveu de Bedford mourut, je me crus presque au haut de la roue ;
» puis, quand je vis succomber mon autre neveu de Glocester, je
» crus pouvoir être l'égal des rois, et, sur ce, je songeai à augmenter
» mes trésors dans l'espoir de porter une triple couronne. Mais main-
» tenant je vois que le monde m'échappe, et ainsi je suis déçu, et je
» vous prie tous de prier pour moi. » — *Chronique de Hall.*

(24) « Mais la fortune ne voulait pas que cet infâme personnage (le duc de Suffolk) échappât ainsi ; en effet, s'étant embarqué pour se transporter en France, il fut rencontré par un navire de guerre appartenant au duc d'Exeter, connétable de la Tour de Londres, navire appelé le Nicholas de la Tour. Le capitaine de cette barque, après une courte escarmouche, pénétra dans le navire du duc ; l'ayant reconnu, il l'amena à la rade de Douvres, et là, lui fit trancher la tête sur un côté d'une chaloupe, et laissa le corps avec la tête gisant sur le sable. Le cadavre, ayant été retrouvé par un chapelain du duc, fut transporté au collége de Wingfield, en Suffolk, et enterré là. Telle fut la fin de William de la Poale, duc de Suffolk, laquelle semble avoir été providentielle ; car il avait causé la mort du bon duc de Glocester, dont on a vu le récit plus haut. » — *Hall.*

(25) Au lieu de « Bargulus, le fameux pirate d'Illyrie, » le texte de 1595 nomme « le puissant Abradas, le grand pirate macédonien. » Ce Bargulus que la révision a introduit dans le texte définitif, est un personnage historique mentionné par Cicéron dans ses Offices : « Bargulus, Illyrius latro, de quo est apud Theopompum, magnas opes habuit. » Lib. II, cap. xi.

(26) Après ces mots : *maintenant gare à lui!* le drame primitif poursuivait ainsi le dialogue :

CADE, continuant.

Y a-t-il d'autres chevaliers parmi eux ?

TOUS.

Oui, son frère.

CADE.

Eh bien donc, à genoux, Dick Boucher. Relève-toi, sir Dick Boucher. Son-nez, tambours !

(27) Au lieu des cinq derniers vers, le texte de 1595 fait dire ceci à Idem :

IDEN.

— O mon épée ! je veux t'honorer pour cela : tu seras suspendue — dans ma chambre, comme un monument pour les âges à venir, — en mémoire de ce grand service que tu m'as rendu.

A propos de cette correction, Malone remarque que « l'idée de laisser sur l'épée d'Iden les taches du sang de Cade et de comparer ces taches à un blason héraldique, trahit sur-le-champ l'imagination de Shakespeare. »

(28) Dans le drame primitif, cet *aparté* d'York était tout différent. Buckingham lui ayant rappelé qu'il était, comme lui, un simple sujet, le duc se disait à lui-même :

— Un sujet comme lui ! — Oh ! combien je déteste ces termes abjects et humiliants ! — Mais, York, dissimule, jusqu'à ce que tu aies rejoint tes fils, — qui déjà sous les armes attendent l'apparition de leur père ; — et je sais qu'ils ne peuvent pas être loin.

(29) Le drame original décrivait ainsi la tête de Cade :

LE ROI HENRY, à Iden.

— Oh ! laisse-moi voir la tête qui, vivante, — a causé de si cruels tourments à mon royaume et à moi : — ce visage farouche, ces mèches de cheveux noirs comme le charbon, — ces rides profondes dans ce front renfrogné — expliquent bien l'humeur martiale de sa vie.

(30) Extrait de la pièce originale :

YORK.

— Maintenant que nous sommes seuls et face à face, Clifford, — que ce jour soit pour l'un de nous le jour suprême ! — Car mon cœur a voué une immortelle haine à toi et à toute la maison de Lancastre.

CLIFFORD.

— Et moi je m'arrête ici et je t'attends de pied ferme, — jurant de ne pas bouger, que l'un de nous ne soit tué. — Car jamais mon cœur n'aura de repos, — que je n'aie ruiné l'odieuse maison d'York.

Fanfare d'alarme. Ils se battent, et York tue Clifford.

YORK.

— Maintenant, Lancastre, tiens-toi bien ; tes forces fléchissent. — Viens, lâche Henry, viens, en rampant sur ta face, faire hommage de ta couronne au prince d'York.

Il sort.

Fanfare d'alarme. Entre le jeune CLIFFORD, seul.

LE JEUNE CLIFFORD.

— Mon père de Cumberland ! — Où pourrai-je trouver mon vieux père ? — Oh ! terrible spectacle ! Voyez, le voilà gisant, inanimé, — baigné et couché dans son sang tiède encore ! — Ah ! vénérable pilier de la noble maison de Cumberland, — père chéri, je jure devant ton spectre assassiné — une immortelle haine à la maison d'York. — Je jure de ne pas dormir tranquille une seule nuit, — tant que je n'aurai pas vengé furieusement ta mort, tant qu'un seul de nos ennemis respirera sur terre.

Il met le cadavre sur son dos.

— Comme autrefois le fils du vieil Anchise emporta — son père vénérable sur son dos viril, — et combattit avec cette charge contre les Grecs sanguinaires, — ainsi je veux agir aujourd'hui. Mais arrêtons-nous, voici l'un de ceux — à qui mon âme a juré une immortelle haine.

Entre RICHARD. Alors Clifford dépose le corps de son père, attaque Richard et le met en fuite.

— Arrière, misérable bossu ! retire-toi de ma vue. — Quand j'aurai porté mon père à sa tente, — je te rejoindrai, et, une fois de plus, — avec plus de succès encore, je tenterai la fortune contre toi.

Clifford sort emportant son père.

Remarquons que le drame revisé supprime cet incident du combat où Clifford met en fuite Richard. Il semble que Shakespeare, en faisant cette suppression, ait résolu de ne pas troubler, par le plus léger échec, la longue série de succès qui doit porter Richard III au pouvoir.

(31) « Le roi, ayant été informé que cette grande armée marchait sur lui, assembla des troupes, avec l'intention de rencontrer le duc d'York dans le Nord, parce qu'il avait trop d'amis du côté de la ville de Londres ; et pour cette cause, avec grande hâte et faible chance, étant accompagné des ducs de Somerset et de Buckingham, des comtes de Stafford, de Northumberland et de Wiltshire, du lord Clifford et de divers autres barons, il partit de Westminster le 20 mai, pour se diriger sur la ville de Saint-Albans. Instruit de son approche par ses éclaireurs, le duc d'York traversa le pays avec toutes ses forces, et arriva sous la même ville trois jours après. Le roi, apprenant sa venue, lui envoya des messagers pour le sommer, comme un obéissant serviteur, de garder la paix et de ne pas égorger ses propres compatriotes, comme un ennemi de son pays. Tandis que le roi Henry, plus désireux de la paix que de la guerre, envoyait ses interprètes à un bout de la ville, le comte de Warwick, avec les

hommes des Marches, entra par l'autre porte, se rua brusquement sur les avant-postes du roi, et les déconfit rapidement. Alors arrivèrent le duc de Somerset et tous les autres lords avec les troupes royales. Il s'ensuivit une bataille acharnée, dans laquelle bien des braves gens perdirent la vie. Mais, le duc d'York ayant envoyé un renfort de troupes fraîches et remplacé ses blessés par de nouveaux hommes, l'armée du roi fut mise en déroute, et presque tous les chefs de guerre furent tués et massacrés. Car là périt, sous l'enseigne du château, Edmond, duc de Somerset, qui longtemps auparavant avait été averti d'éviter tous les châteaux ; et à côté de lui tombèrent Henry, second comte de Northumberland, Homphroy, comte de Stafford, John lord Clifford, et, en outre, plus de huit mille hommes. Telle fut la fin de la première bataille de Saint-Albans, qui fut livrée le jeudi avant la fête de la Pentecôte, le vingt-deuxième jour de mai. » — *Hall*.

(32) « Durant ces troubles, un parlement fut convoqué à Westminster pour le mois d'octobre suivant. Avant cette époque, Richard, duc d'York, étant en Irlande, avait été averti par de rapides courriers de la grande victoire gagnée par son parti dans la plaine de Northampton, et savait que le roi était dans un tel état qu'on pouvait maintenant le garder et le gouverner à plaisir. Sur quoi, sans perdre de temps, sans tarder une heure, il fit voile de Dublin à Chester avec une faible escorte, et arriva à marches forcées à la Cité de Londres, où il entra le vendredi avant la fête de saint Édouard le Confesseur, avec une épée nue portée devant lui ; sur quoi le peuple murmura qu'il devait être roi et que le roi Henry ne devait plus régner. Durant le temps de ce parlement, le duc d'York, avec une contenance hardie, entra dans la chambre des pairs et s'assit sur le trône royal, sous le dais d'État (qui est la place réservée au roi), et, en présence de la noblesse et du clergé, prononça un discours à cet effet..... Quand le duc eut fini sa harangue, les lords restèrent impassibles comme des figures sculptées dans la muraille, ou comme des dieux muets, ne soufflant mot, pas plus que si leurs bouches eussent été cousues. Le duc, voyant qu'aucune réponse n'était faite à sa déclaration, et peu satisfait de leur rigoureux silence, leur conseilla de bien peser ses paroles, et sur ce, retourna à son logement dans le palais du roi...

» Après une longue délibération, et une discussion approfondie entre les pairs, les prélats et les communes du royaume, les trois

États décidèrent que, attendu que le roi Henry était resté sur le trône l'espace de vingt-trois ans et plus, il conserverait le nom et le titre de roi, et aurait la possession du royaume sa vie durant; et que, s'il mourait ou abdiquait, ou forfaisait la couronne en enfreignant les conditions de cet accord, alors la dite couronne et l'autorité royale seraient immédiatement dévolues au duc d'York, ou, à son défaut, à l'héritier direct de sa branche et lignée; et que le duc serait dès à présent protecteur et régent du royaume… Ces conditions furent non-seulement mises par écrit, scellées et jurées par les deux parties, mais aussi arrêtées en haute cour du parlement. » — *Hall.*

(33) « *Ton père était comme toi duc d'York.* » Shakespeare a été ici induit en erreur par l'auteur de la vieille pièce. Le père de Richard, duc d'York, était le comte de Cambridge, qui ne fut jamais duc d'York, ayant été décapité du vivant de son frère aîné Édouard, duc d'York, qui périt à la bataille d'Azincourt. » — *Malone.*

(34) Richard était ici beaucoup moins explicite dans le drame primitif :

RICHARD.

— Écoutez, milords. Un serment est sans valeur — quand il n'est pas prononcé devant un magistrat légitime. — Henry n'en est pas un, il usurpe vos droits, — et pourtant Votre Grace se tient pour liée envers lui par son serment! — Allons, mon noble père, décidez-vous, et une fois de plus réclamez la couronne.

(35) « Le duc d'York, avec ses gens, descendit en bon ordre, et put se diriger sans obstacle vers le front de bataille ennemi. Mais quand il fut en rase campagne, entre la citadelle et la ville de Wakefield, il fut enveloppé de tous côtés comme un poisson dans un filet ou un cerf dans des rêts ; si bien qu'après avoir combattu vaillamment une demi-heure, il fut tué et que son armée fut déconfite; et avec lui périrent ses plus fidèles amis, ses deux oncles bâtards, sir John et sir Hugh Mortimer, son principal conseiller, sir Davy Halle, sir Hugh Hastings, sir Thomas Nevil, William et Thomas Aparre, et deux mille huit cents autres, parmi lesquels étaient de jeunes seigneurs, héritiers de grandes familles du Sud, dont la mort fut vengée par leurs parents quatre mois plus tard… Pendant la bataille, un prêtre, appelé sir Robert Aspall, chapelain

et précepteur du jeune comte de Rutland, deuxième fils du susdit duc d'York, à peine âgé de douze ans, bel adolescent à la mine virginale, — voyant que la fuite était la meilleure sauvegarde et pour l'élève et pour le maître, — emmena secrètement le comte du champ de bataille, à travers la bande de Clifford, jusqu'à la ville; mais avant qu'il eût pu entrer dans une maison, le comte fut épié, suivi et pris par lord Clifford qui, en raison de son costume, lui demanda qui il était. Le jeune seigneur, épouvanté, ne put dire mot, mais s'agenouilla, implorant merci et demandant grâce en élevant les mains et en prenant un air de détresse, car la crainte lui avait ôté la parole. « Sauvez-le, dit le chapelain, car il est fils de prince, et peut » un jour vous faire du bien. » Sur ce, le lord Clifford le reconnut et lui dit : « Sang-Dieu ! ton père a tué le mien, et aussi je veux te » tuer, toi et toute ta race. » Ce disant, il frappa le comte au cœur de son poignard, et somma le chapelain de rapporter au frère et à la mère du comte les paroles qu'il avait dites... Dans cet acte, lord Clifford fut tenu pour un tyran et non pour un gentilhomme... Non content d'avoir tué un enfant, le cruel vampire vint au lieu où était le cadavre du duc d'York, fit couper la tête du mort, et, après l'avoir mise au bout d'une pique, la présenta à la reine Marguerite, lui disant : « Madame, la guerre est terminée; voici la rançon de votre » roi. » Après cette victoire, la reine envoya à Pomfret le comte de Salisbury et les autres prisonniers; là, elle les fit tous décapiter, puis envoya toutes les têtes, y compris celle du duc, à York, pour qu'elles fussent accrochées sur des piques aux portes de la ville. » — *Hall.*

(36) « D'aucuns écrivent que le duc d'York fut pris vivant, et, en dérision, forcé de se tenir sur un tertre; et que sur sa tête on posa, en guise de couronne, une guirlande faite de roseau et de jonc; et qu'après l'avoir couronné, ses ennemis s'agenouillèrent devant lui comme les Juifs devant le Christ, par moquerie, en lui disant : « Salut, roi sans gouvernement! salut, roi sans héritage! salut, duc » et prince sans peuple et sans possession! » Enfin, après l'avoir accablé de ces sarcasmes, ils lui coupèrent la tête et la présentèrent à la reine. » — *Holinshed.*

(37) « Dans une belle plaine, près de la croix de Mortimer, le matin de la Chandeleur, le soleil, dit-on, apparut au comte de March comme trois soleils qui, soudain, se fondirent en un seul; à cette vue, il fut saisi d'un tel courage qu'il s'élança violemment

sur les ennemis et les déconfit rapidement. Pour cette raison, on a supposé qu'il prit comme blason un soleil dans son plein éclat. » — *Hall.*

(38) « Il y a un vieux proverbe qui dit : *Heureux le fils dont le père va au diable,* ce qui signifie que les pères qui travaillent à enrichir leurs fils par la cupidité, la corruption, l'escroquerie et autres moyens, le font au grand danger de leur âme, leur perversité devant être punie. » — *Royal Exchange,* par Robert Greene. In-4°, Londres, 1590.

(39) Ce monologue du roi a été considérablement développé par la révision. Le voici dans sa concision originale :

LE ROI HENRY.

— O gracieux Dieu du ciel ! jette les yeux sur nous, — et mets fin à ces maux incessants. — Comme ce terrible combat, dans ses continuels mouvements, — ressemble à un navire démâté sur la mer, — tantôt penchant d'un côté, tantôt chassé vers l'autre ! — Et nul ne sait à qui sera dévolue la victoire. — Oh ! que ma mort ne peut-elle arrêter ces déchirements civils ! — Je voudrais n'avoir jamais régné, n'avoir jamais été roi. — Marguerite et Clifford m'ont renvoyé du champ de bataille, — en jurant qu'ils avaient meilleur succès quand je n'étais pas là. — Plût à Dieu que je fusse mort, pourvu que tout fût bien ! — Si du moins ma couronne pouvait leur suffire, volontiers — je la leur céderais, pour rentrer dans la vie privée.

(40) « Cette bataille (la bataille de Towton) fut acharnée ; car des deux côtés on s'était retiré tout espoir de vivre, et il avait été déclaré criminel de faire des prisonniers ; en raison de quoi chacun était déterminé à vaincre ou à mourir sur le champ de bataille. Ce sanglant conflit dura dix heures sans résultat décisif, le succès tantôt affluant d'un côté, tantôt refluant de l'autre ; enfin, le roi Édouard anima si puissamment ses hommes, remplaçant les soldats fatigués et blessés, que ses adversaires, découragés, se laissèrent battre et se sauvèrent avec épouvante vers le pont de Tadcaster. Ce conflit fut pour ainsi dire contre nature ; car on y vit le fils combattre contre le père, le frère contre le frère, le neveu contre l'oncle, et le vassal contre son seigneur. » — *Hall.*

(41) Après ces mots : « *Entre Clifford blessé,* le texte de 1595 ajoute : *Avec une flèche dans le cou.* Cette indication est conforme au récit d'Holinshed : « Le lord Clifford, ayant ôté son gorgerin à

cause de la chaleur ou de la gêne, fut frappé à la gorge d'une flèche sans tête, et rendit immédiatement l'esprit. »

(42) « Il semble que le titre de Glocester ait porté malheur aux divers personnages qui, pour leur honneur, avaient été élevés à cette dignité par création de princes, comme Hugh Spencer, Thomas de Woodstock, fils d'Édouard troisième, et le duc Homphroy, lesquels finirent leurs jours tous les trois par une fin misérable ; et après eux, le roi Richard troisième, également duc de Glocester, fut tué et renversé dans une guerre civile ; aussi ce titre de Glocester est-il regardé comme une qualification malheureuse et funeste, à l'instar du cheval de Séjan, dont le cavalier était toujours désarçonné et le possesseur toujours ruiné. » — *Hall*.

(43) Au lieu de dire : *Entrent deux gardes-chasse*, le texte de l'in-folio dit : *Entrent* SINCKLO *et* HOMPHROY, nous donnant ainsi le nom des deux acteurs qui remplissaient les deux petits rôles. Cette erreur prouve évidemment que l'édition de 1623 a été faite, non sur le manuscrit même de l'auteur, mais sur la copie gardée par le théâtre, et originairement destinée au souffleur.

(44) « Et, du côté de la frontière d'Écosse, le roi Édouard fit mettre des sentinelles et des espions, afin que personne ne pût sortir du royaume pour aller rejoindre le roi Henry et ses partisans, qui alors séjournaient en Écosse ; mais, quelque alarme qu'eût pu causer le roi Henry, toutes les inquiétudes furent bien vite dissipées, et l'on n'eut plus à craindre aucune de ses menées. Car lui-même, s'étant risqué à entrer en Angleterre sous un déguisement, fut aussitôt reconnu et pris par un certain Cantlow, puis amené devant le roi Édouard, arrêté, sur un ordre dudit roi, par le comte de Warwick, conduit par Londres à la Tour, et là enfermé sous bonne garde. La reine Marguerite, sa femme, apprenant la captivité de son mari, craignant pour l'avenir de son fils, désolée et inconsolable, partit d'Écosse et s'embarqua pour la France, où elle résida chez son père, le duc René, jusqu'au temps où elle revint en Angleterre pour entreprendre cette malheureuse campagne où elle perdit et son mari et son fils, et aussi sa fortune, son honneur et sa félicité terrestre. » — *Hall*.

(45) « Voilà une erreur historique. Sir John Grey périt à la

seconde bataille de Saint-Albans, qui fut livrée le 17 février 1461, en combattant du côté du roi Henry. Et, loin d'avoir été confisqués par le parti vainqueur (celui de la reine Marguerite), ses biens furent en réalité saisis par le personnage même qui parle en ce moment (Édouard IV), après la grande victoire de Towton. Shakespeare, en remaniant cette pièce, a adopté implicitement l'assertion erronée de l'auteur original, car ces cinq vers se retrouvent presque textuellement dans la vieille pièce. Mais, plus tard, en écrivant *Richard III*, il a rétabli la vérité d'après le témoignage des chroniques. A la scène III de ce drame, Richard, s'adressant à la reine Élisabeth, lui dit : « Pendant tout ce temps-là, » vous conspiriez pour la maison de Lancastre... Votre mari n'a-» t-il pas été tué du côté de Marguerite à Saint-Albans ? Laissez-» moi vous remettre en mémoire, si vous l'oubliez, ce que vous étiez » alors. »

» Ceci est une des nombreuses circonstances qui prouvent incontestablement que Shakespeare n'est pas l'auteur original de la seconde et de la troisième partie de Henry VI. » — *Malone*.

(46) « Durant le temps que le comte de Warwick était ainsi à négocier un mariage pour le roi Édouard, le roi, étant à la chasse dans la forêt de Wichwood, au delà de Stoney Stratford, s'arrêta pour son agrément au manoir de Grafton, où résidait la duchesse de Bedford, mariée à sir Richard Woodville, lord Rivers. La duchesse avait alors près d'elle une de ses filles, appelée dame Élisabeth Grey, veuve de sir John Grey, chevalier, tué à la dernière bataille de Saint-Albans par les soldats du roi Édouard. Cette veuve, ayant une requête à présenter au roi, pour obtenir soit la restitution d'un bien qui lui avait été pris, soit la grâce d'une augmentation de fortune, trouva faveur auprès du roi, qui non-seulement lui accorda sa requête, mais prit en grand goût sa personne... Quand le roi eut bien remarqué tous ses traits et son maintien décent et réservé, il commença par essayer de la déterminer à devenir sa maîtresse, lui promettant maints présents et de belles récompenses ; lui déclarant en outre que, si elle y consentait, elle pourrait, de sa concubine, devenir sa femme et sa compagne de lit légitime. Dame Élisabeth repoussa sagement et discrètement cette demande, affirmant que, trop humble pour être l'épouse d'un si noble personnage, elle était, dans sa pauvre honnêteté, trop vertueuse pour être ou sa concubine ou sa maîtresse. Le roi, qui n'était jusque-là que légèrement échauffé par

le dard de Cupidon, se sentit alors tout enflammé par la confiance même qu'il avait dans la parfaite constance et dans la constante chasteté de la dame ; et, sans plus de délibération, il résolut nettement de l'épouser, après avoir pris l'avis de ceux qu'il savait incapables d'oser combattre ses intentions arrêtées. Et sur ce, secrètement, un beau matin, il l'épousa à Grafton, où, pour la première fois, il s'était épris de sa beauté. » — *Hall.*

(47) Voici, d'après l'édition de 1595, comment était primitivement conçu cet important monologue qui nous prépare à la future usurpation de Richard III :

GLOCESTER.

— Oui, Édouard sait traiter les femmes avec égard. — Je voudrais qu'il fût épuisé jusqu'à la moelle des os, pour qu'il ne sortît de ses flancs aucune postérité — qui pût m'intercepter l'avenir d'or auquel j'aspire. — Car le monde ne fait pas encore attention à moi. — D'abord, il y a Édouard, Clarence, Henry — et son fils, et toute la postérité — qu'ils espèrent voir sortir de leurs flancs, qui doivent passer avant moi : — réflexion réfrigérante pour mon ambition ! — Quelle autre jouissance existe-t-il pour moi dans le monde ? — Puis-je couvrir ma personne de brillants atours, — et me bercer dans le giron d'une femme, — et enchanter les belles dames de mes paroles et de mes regards ? — Oh ! monstrueux homme de nourrir une telle pensée ! — Eh quoi ! l'amour m'a flétri dans le ventre de ma mère, — et, pour que je ne me mêlasse pas de ses affaires, il a corrompu la fragile nature dans ma chair, — et m'a mis sur le dos une odieuse montagne, — où, pour bafouer ma personne, siége la difformité, — desséchant mon bras comme un avorton flétri, — et faisant mes jambes d'inégale longueur. — Suis-je donc un homme fait pour être aimé ? — Il me serait plus facile de saisir vingt couronnes. — Bah ! je puis sourire et tuer en souriant, — je puis applaudir à ce qui me navre le plus, — je puis prêter des couleurs au caméléon, — au besoin changer de formes comme Protée, — et envoyer à l'école l'ambitieux Catilina. — Je puis faire tout cela, et je ne pourrais pas gagner une couronne ! — Bah ! fût-elle dix fois plus haut, je la soutirerais.

(48) « La même année, le comte de Warwick se rendit auprès du roi Louis onzième, alors roi de France, résidant à Tours, et lui demanda pour le roi Édouard, son maître, la main de la dame Bonne, fille de Louis, duc de Savoie, et sœur de la dame Charlotte, reine de France. Ce mariage semblait fort politiquement imaginé, si vous considérez bien la situation du roi Édouard, qui alors tenait le roi Henry sixième sous bonne garde dans la forte Tour de Londres, et avait détruit tous ses partisans, hormis la reine Marguerite et le prince Édouard, son fils, qui, alors, séjournaient à Angers chez le vieux duc

René d'Anjou. Le roi Édouard avait jugé nécessaire de nouer des relations avec la France, et spécialement par la sœur du roi, — convaincu qu'après ce mariage, la reine Marguerite ne pourrait obtenir subside ni aucun secours du roi de France. La reine Charlotte, grandement désireuse de voir sa famille et sa race honorée d'une alliance avec un grand prince comme le roi Édouard, avait obtenu l'assentiment du roi son mari, et aussi de sa sœur; si bien que le projet étoit hautement accepté de ce côté... Mais, quand le comte de Warwick fut dûment informé, par des lettres de ses amis fidèles, que le roi Édouard avait épousé une autre femme et avait rendu vaines toutes les démarches faites par lui auprès du roi Louis, il fut vivement ému et profondément courroucé, et il jugea nécessaire que le roi Édouard fût déposé, comme un prince inconstant, indigne de l'office royal. La plupart des gens sont d'accord pour affirmer que ce mariage fut l'unique cause pour laquelle le comte de Warwick se brouilla avec le roi Édouard et lui fit la guerre. D'autres prétendent qu'il y eut d'autres causes qui, ajoutées à celle-là, firent un incendie de ce qui n'était auparavant qu'un peu de fumée. » — *Hall.*

(49) « Le roi Édouard essaya, dans la maison du comte de Warwick, une chose qui était grandement contraire à l'honneur du comte. Voulut-il déflorer sa fille ou sa nièce, on ne le sait pas au juste; mais, à coup sûr, le roi Édouard tenta quelque chose de pareil. » — *Holinshed*, p. 668.

(50) Dans le drame primitif, le roi Édouard IV entrait ici avec ses frères, non pas après eux, et voici comment la scène commençait :

ÉDOUARD.

Frères de Clarence et de Glocester, que pensez-vous de notre mariage avec lady Grey ?

CLARENCE.

Milord, nous en pensons ce qu'en pensent Warwick et Louis, qui ont le jugement assez court pour ne pas prendre offense de ce soudain mariage.

ÉDOUARD.

Supposons qu'ils en prennent offense, ils ne sont que Warwick et que Louis; et moi je suis votre roi et le roi de Warwick, et je veux être obéi.

RICHARD.

Et vous le serez, étant notre roi; pourtant il est rare que ces brusques mariages tournent bien.

ÉDOUARD.

Oui-dà, frère Richard, êtes-vous contre nous, vous aussi?

RICHARD.

Moi, milord? non pas. A Dieu ne plaise que je contredise une seule fois le bon plaisir de Votre Altesse. Et ce serait vraiment dommage de séparer ceux qui sont bien appariés.

(51) Après avoir indiqué l'entrée de ces divers personnages, l'édition de 1623 ajoute : *Quatre se tiennent d'un côté et quatre de l'autre.* Nouveau détail qui prouve que cette édition a été faite sur la copie du manuscrit de l'auteur destinée au metteur en scène.

(52) Le texte de 1595 continue ainsi cette réplique de Richard :

— Car pourquoi la nature m'a-t-elle fait boiteux, — sinon pour que je sois vaillant et que je tienne bon? — Quand je voudrais fuir, je ne le pourrais pas.

(53) Tout ce dialogue entre les gardes du roi Édouard est une addition au texte de 1595. Dans le drame primitif, Warwick, après avoir annoncé à ses soldats qu'il veut surprendre le roi dans sa tente, les lance immédiatement à l'assaut et s'empare de la personne d'Édouard, faisant ainsi suivre sans transition la menace de l'exécution.

(54) « Tous les actes du roi Édouard ayant été rapportés par des espions au comte de Warwick, celui-ci, en capitaine sage et politique, résolut de ne pas perdre le grand avantage qui lui était offert, et, dans les ténèbres de la nuit, escorté d'une compagnie d'élite, aussi secrètement que possible, fondit sur le camp du roi, tua ses gardes, et, avant qu'il eût pu prendre l'alarme, le fit prisonnier et l'amena au château de Warwick. Puis, afin que les amis du roi ne pussent savoir où il était ni ce qu'il était devenu, il le fit transférer par étapes de nuit au château de Middleham, en Yorkshire, et le confia à la garde de l'archevêque d'York, son frère, et d'autres amis fidèles qui reçurent le roi d'une manière digne de son rang, et le servirent comme un prince... Le roi Édouard, étant ainsi en captivité, entretenait de belles paroles l'archevêque et ses autres gardiens, et, les ayant corrompus, soit par argent, soit par promesses, il avait obtenu la liberté d'aller en chasse certains jours. Un jour, dans une plaine, il fut rejoint par sir William Stanley, sir Thomas de Borough et divers autres

de ses amis, escortés d'une troupe si considérable, que ses gardiens ne voulurent pas ou n'osèrent pas tenter de le ramener en prison. » — *Hall.*

(55) « Le roi Édouard, sans qu'aucune parole lui fût dite, arriva paisiblement près d'York. A peine informés de sa venue, les citoyens s'armèrent sans délai et accoururent pour défendre les portes ; en même temps ils lui envoyèrent deux des principaux aldermen de la cité qui l'engagèrent vivement en leur nom à ne pas faire un pas de plus et à ne pas tenter témérairement l'entrée, considérant que les habitants étaient pleinement déterminés et préparés à le repousser par la force des armes. Le roi Édouard, ayant écouté attentivement ce message, ne fut pas peu troublé, et fut forcé de déployer toutes les ressources de son esprit... Il se détermina à marcher en avant, sans armée et sans armes, après avoir instamment prié les messagers de déclarer aux citoyens qu'il venait pour réclamer, non le royaume d'Angleterre ni le souverain pouvoir, mais seulement le duché d'York, son antique héritage, et que, s'il recouvrait ce duché par leur moyen, il n'effacerait jamais de sa mémoire un si grand bienfait... Les citoyens, informés de cette bonne réponse, furent grandement calmés... Toute la journée se passa en pourparlers et en négociations pressantes. Enfin, gagnés d'une part par les belles paroles, et d'autre part par l'espoir de grandes récompenses, les habitants adhérèrent à cette convention que, si le roi Édouard jurait de les traiter avec douceur et d'être désormais soumis et fidèle à tous les commandements et statuts du roi Henry, ils le recevraient dans leur cité et l'assisteraient de leur argent. Le roi Édouard (que les citoyens appelaient duc d'York), enchanté de cette heureuse chance, fit son entrée le lendemain matin, après avoir communié aux portes de la ville et solennellement juré qu'il observerait les deux conditions ci-dessus mentionnées, dans un moment où il était bien peu probable qu'il eût l'intention de les respecter. » — *Hall.*

(56) Voici le commencement de cette scène d'après l'édition de 1595 :

Entrent la REINE MARGUERITE, le PRINCE ÉDOUARD, OXFORD, SOMERSET, au son du tambour, avec des soldats.

LA REINE.

— Soyez les bienvenus en Angleterre, mes chers amis de France, — bienvenu Somerset, bienvenu Oxford. — Une fois encore, nous avons mis nos voiles au vent, — et, bien que nos cordages soient presque usés, — bien que

Warwick, notre grand mât, soit renversé, — pourtant, lords belliqueux, dressez un solide poteau — qui puisse porter notre voilure et nous conduire au port, et Édouard et moi, pilotes empressés, — nous dirigerons le gouvernail avec toute notre vigilance, de manière à traverser le golfe dangereux — qui jusqu'ici a englouti nos amis.

LE PRINCE ÉDOUARD.

— Et si, ce qu'à Dieu ne plaise, il existe — parmi nous un homme timoré ou effrayé, — qu'il parte avant que nous en venions aux mains, — de peur qu'au moment critique il n'en entraîne un autre, — et ne détache de nous les cœurs de nos soldats. — Je n'entends pas rester à l'écart en vous disant de combattre ; — mais je veux me jeter l'épée à la main au plus fort de la mêlée, — je veux combattre Édouard seul à seul, — et pied à pied le forcer à se rendre, — ou laisser mon corps sur le terrain, comme un gage de ma pensée !

(57) Quand la bataille (de Tewkesbury) fut terminée, le roi Édouard, fit une proclamation à cet effet que quiconque lui amènerait le prince Édouard, recevrait une annuité de cent livres sa vie durant, et que le prince aurait la vie sauve. Sir Richard Croftes, un sage et vaillant chevalier, plein de confiance dans la promesse du roi, amena son prisonnier le prince Édouard, jeune homme à la beauté féminine et aux traits délicats. Après l'avoir bien considéré, le roi Édouard lui demanda comment il avait la présomptueuse audace d'entrer dans son royaume, bannières déployées. Le prince, étant de caractère hardi et de bon courage, répondit : « Pour recouvrer le royaume de mon père, » héritage que lui ont transmis son père et son grand-père et qu'il m'a » transmis directement. » Édouard ne répondit pas à ces paroles, mais il repoussa le prince loin de lui avec sa main ; d'autres disent qu'il le frappa de son gantelet ; sur quoi le prince fut brusquement mis à mort et pitoyablement mutilé par ceux qui se trouvaient là, c'est-à-dire par George, duc de Clarence, par Richard, duc de Glocester, par Thomas marquis Dorset, et par William lord Hastings. Son corps fut enterré avec les autres cadavres dans le cimetière des moines noirs à Tewkesbury. Cette bataille fut la dernière lutte civile qui eut lieu sous le règne du roi Édouard ; elle fut livrée le troisième jour de mai de l'an de Notre-Seigneur 1471, étant un samedi. Et le lundi suivant, Edmond, duc de Somerset, John Longstrother, prieur de Saint-John, sir Garvey Clifton, sir Thomas Tresham et douze autres chevaliers et gentilshommes furent décapités sur la place du marché de Tewkesbury. » — *Hall.*

(58) Dans le drame original, le roi Édouard frappait seul le prince de

Galles. C'est Shakespeare qui, en revisant l'œuvre, a fait intervenir Glocester et Clarence comme complices du meurtre. Cette correction est importante à noter, car elle rétablit l'accord entre la troisième partie de *Henry VI* et *Richard III* sur un point essentiel. Nous nous rappelons effectivement que dans cette dernière pièce Glocester se vante d'avoir assassiné le fils de Henry VI, à Tewkesbury, au moment même où il prétend épouser la princesse Anne, veuve du prince assassiné (Voir le tome III, p. 293 et 294.)

(59) « Le pauvre roi Henry VI, déjà privé de son royaume et de sa couronne impériale, fut alors dépouillé de la vie, à la Tour de Londres, par Richard de Glocester, comme le bruit constant en a couru. Ce Richard tua ledit roi Henry avec son poignard, dans l'intention que son frère le roi Édouard régnât avec plus de sécurité. Toutefois des écrivains de cette époque, tout à fait favorables à la maison d'York, ont affirmé que le roi Henry, ayant appris les malheurs qui avaient frappé ses amis et la mort de son fils et de ses principaux partisans, en fut si affecté qu'il mourut de pur déplaisir, d'indignation et de mélancolie, le vingt-troisième jour de mai. Le corps fût transporté solennellement, avec hallebardes et glaives, la veille de l'Ascension, de la Tour à l'église Saint-Paul, et là exposé sur une bière, où il resta l'espace d'un jour entier ; le jour suivant, il fut transféré, sans prêtre ni clerc, sans torche ni cierge, sans chant ni parole, au monastère de Chertsey, situé à quinze milles de Londres, et c'est là qu'il fut d'abord enterré ; plus tard, il fut transporté à Windsor, et là inhumé à nouveau dans un caveau neuf. » — *Holinshed.*

(60) « Bien qu'il soit difficile de juger de l'authenticité de compositions aussi courtes, je ne puis m'empêcher d'exprimer ce soupçon que ni le prologue ni l'épilogue de cette pièce ne sont l'œuvre de Shakespeare. *Non vultus, non color.* Il me semble très-probable qu'ils sont dus à la collaboration amicale ou officieuse de Ben Jouson, dont ils semblent rappeler exactement la manière. Il y a encore une autre supposition possible : le prologue et l'épilogue peuvent avoir été écrits, après que Shakespeare se fut retiré du théâtre, à l'occasion de quelque reprise fortuite de la pièce ; et on serait même fondé à supposer que le reviseur, quel qu'il fût, n'était pas fort sympathique à l'auteur, la pièce étant recommandée au public sous le couvert d'une censure implicite de ses autres ouvrages. Il y a dans le théâtre de Shakespeare tant de *bouffonnerie* et de *batailles, le drôle en longue cotte bigarrée galonnée de jaune* y paraît si souvent, que je ne crois pas vraisembla-

ble qu'il ait pu se critiquer si sévèrement lui-même. Cette conjecture toutefois doit être admise avec grande réserve, puisque nous ignorons la date précise de cette pièce et que nous ne pouvons dire comment notre auteur a pu changer de manière ou d'opinion. » — *Johnson.*

« La conjecture du docteur Johnson, avancée avant tant de précaution, a été puissamment corroborée par une note de M. Tyrwhitt, de laquelle il résulte que cette pièce aurait été reprise en 1613; c'est à cette époque, sans nul doute, que le prologue et l'épilogue ont été ajoutés par Ben Jonson ou par quelque autre personne. » — *Malone.*

« Je suis tout à fait de l'avis du docteur Johnson ; je pense que Ben Jonson a écrit le prologue et l'épilogue de cette pièce. Shakespeare avait, peu de temps auparavant, assisté Jonson dans son *Séjan*; et Ben était trop orgueilleux pour recevoir un service sans le rendre. Il est probable que c'est Jonson qui a réglé la mise en scène du *baptême* avec les minutieux détails que son emploi à la cour lui permettait de connaître, et que Shakespeare devait ignorer. Je crois reconnaître çà et là dans le dialogue la retouche de Ben. » — *Farmer.*

« A l'appui de l'opinion de Johnson, il faut citer un passage du prologue de *Chaque homme dans son humeur*, où Ben Jonson critique violemment les drames « où, avec trois épées rouillées et à l'aide de » quelques mots d'un pied et d'un demi-pied, on représente les lon- » gues guerres d'York et de Lancastre. » — *Steevens.*

(61) Lord Abergaveny avait épousé une fille du duc de Buckingham.

(62) Allusion aux prouesses du chevalier saxon Bévis, dont la statue, armée de pied en cap, fait encore aujourd'hui faction devant la belle porte gothique de Southampton. Bévis avait été fait comte de Southampton par Guillaume le Conquérant.

(63) « Le cardinal, bouillant de haine contre le duc de Buckingham et altéré de son sang, eut l'idée de faire de Charles Knevet, qui avait été l'intendant du duc et renvoyé par lui, l'instrument de la destruction du duc. Ce Knevet, ayant subi un interrogatoire en présence du cardinal, révéla toute la vie du duc. Et d'abord il déclara que le duc avait coutume de dire, tout en causant, qu'il arrangerait les choses de manière à parvenir à la couronne, si par hasard le roi Henry mourait sans postérité; et qu'une fois il avait eu une conversation à ce

sujet avec George Nevil, lord Abergavenny, à qui il avait donné sa fille en mariage ; et aussi qu'il avait menacé de punir le cardinal de ses nombreux méfaits, étant sans raison son mortel ennemi... Le cardinal, ayant obtenu ce qu'il désirait, encouragea et rassura Knevet, en l'engageant avec force belles promesses à mettre hardiment toutes ces choses à la charge du duc, et à aggraver même l'accusation, quand le moment l'exigerait. Donc, ce Knevet, excité d'une part par le désir de la vengeance, et de l'autre par l'espoir d'une récompense, affirma ouvertement que le duc avait pleinement formé le dessein de mettre fin aux jours du roi, — ayant été induit à espérer la royauté pour lui-même par une folle prédiction que lui avait faite un certain Nicolas Hopkins, moine d'un couvent de l'ordre des Chartreux, son ancien confesseur. » *Holinshed.*

(64) *La Rose* était une maison appartenant au duc de Buckingham, dont une partie subsiste encore aujourd'hui, et est occupée par la corporation des marchands tailleurs.

(65) Le duc de Buckingham fut jugé, condamné et exécuté au mois de mai 1521. Le compte rendu du procès et de l'exécution, rédigé en français barbare, et imprimé officiellement en 1597, a été conservé dans les archives du parlement. En voici la conclusion, que je transcris comme un spécimen curieux de l'emploi de notre langue en Angleterre au seizième siècle :

« Et issint fuit arreine *Edward, duc de Buckingham*, le derrain jour de Terme, le xij jour de *May, le duc de Norfolk* donques estant Grand seneschal : la cause fuit pur ceo que il avoit entend l'mort de nostre sur le roy. Car premierment un Moine de l'*abbay* de Henton in la Countie de *Somerset* dit à lui que il sera Roy et commanda luy de obtenir la benovelence de l'communnalté, et sur ceo il dona certaines robbes à cest entent. A que il dit que le moine ne onques dit ainsi à lui, et que il ne dona ceux dones à cest intent. Donques auterfoits il dit, si le Roy mourust sans issue male, il voul' estre Roy : et auxi que il disoit, si le Roy auoit lui commis al' prison, donques il voul' lui occire ove son dagger. Mes touts ceux matters il dénia en effet, mes fuit trove coulp : Et pour ceo il auoit jugement comme tr'aitre et fuit décollé le *vendredy* devant le *Feste del Pentecost* qui fuit le xiij jour de May auant dit. Dieu a sa ame grant mercy — car il fuit tres noble prince et prudent et *mirror de tout courtesie.* »

Il est à remarquer que cette épithète : *miroir de toute cour-*

toisie, est appliquée textuellement à Buckingham dans ce vers de la scène V :

> Call him, bounteous Buckingham,
> The mirror of all courtesy.

(66) « Le duc de Buckingham fut amené à Westminster-Hall, devant le duc de Norfolk, qui par lettres patentes du roi avait été fait grand sénéchal d'Angleterre... Les lords ayant pris place, le duc de Norfolk dit au duc de Suffolk : « Que dites-vous du
» duc de Buckingham en ce qui touche la haute trahison?» Le duc de Suffolk répondit : « Il est coupable. » Et ainsi dirent les marquis, les comtes et tous les autres lords.

« Ainsi fut ce prince-duc de Buckingham déclaré coupable de haute trahison par un duc, un marquis, sept comtes et douze barons. Le duc fut amené à la barre, cruellement ému et suant merveilleusement ; et après qu'il eut fait sa révérence, il fit une courte pause. Le duc de Norfolk comme président lui dit : « Sire Édouard, vous
» avez ouï comment vous avez été accusé de trahison ; vous avez
» affirmé votre innocence, en déclarant vous en remettre à la déci-
» sion des pairs du royaume, qui vous ont déclaré coupable. » Alors le duc de Norfolk se prit à pleurer et dit : « Vous allez être conduit
» à la prison du roi, et là mis sur une claie, et ainsi traîné au lieu
» de l'exécution, et là pendu ; alors vous serez détaché vivant encore;
» vos membres seront coupés et jetés au feu ; vos entrailles seront
» brûlées devant vous ; votre tête sera tranchée et votre corps écar-
» telé et dépecé à la volonté du roi. Que Dieu ait pitié de votre âme.
» Amen ! »
» Le duc de Buckingham répondit : « Milord de Norfolk, vous
» m'avez parlé comme on doit parler à un traître, mais je n'en suis
» pas un. Milords, je ne vous en veux pas de ce que vous m'avez
» fait. Que l'éternel Dieu vous pardonne ma mort comme je le fais !
» Je ne demanderai pas pardon au roi, quoiqu'il soit un prince gra-
» cieux et qu'il puisse m'accorder plus de grâces que je n'en peux
» souhaiter. Je vous prie vous tous, milords, mes collègues, de prier
» pour moi. » Alors le tranchant de la hache fut tourné vers lui, et il fut conduit à une barque. Sir Thomas Lowell l'invita à s'asseoir sur les coussins et sur le tapis préparés pour lui. Il refusa en disant : « Quand je suis venu à Westminster, j'étais duc de Buckingham ;
» maintenant je ne suis plus qu'Édouard Lohun, le plus misérable
» du monde. » C'est ainsi qu'il débarqua au Temple, où il fut reçu par sir Thomas Vaux et sir William Sands ; et ainsi sur les quatre

heures, il fut amené à la Tour, comme un homme perdu. » — *Holinshed.*

(67) « Après que le cardinal Campeggio fut ainsi parti, le terme de la Saint-Michel approchant, milord (le cardinal Wolsey) retourna dans son hôtel à Westminster ; et, quand arriva le terme, il se rendit au palais dans l'appareil qu'il avait coutume de déployer, et siégea à la chancellerie, comme chancelier. Ce fut pour la dernière fois. Le lendemain il resta chez lui, attendant la visite des ducs de Suffolk et de Norfolk. Ceux-ci ne vinrent que le jour suivant, pour lui déclarer que, tel étant le bon plaisir du roi, il devait remettre le grand sceau entre leurs mains, et se rendre simplement à Asher-House, une maison située près d'Hampton-Court et dépendant de l'évêché de Winchester. Milord cardinal, instruit de leur message, leur demanda quels pouvoirs ils avaient pour lui signifier un pareil commandement. Ils répliquèrent qu'ils avaient des pouvoirs suffisants, ayant reçu l'ordre de la bouche même du roi. « Pourtant, dit-il, cela ne me
» suffit pas ; le bon plaisir du roi doit m'être signifié autrement. Car
» le grand sceau d'Angleterre m'a été remis par le roi en personne,
» pour que je le gardasse ma vie durant, avec les fonctions et la
» haute dignité de chancelier d'Angleterre ; en garantie de quoi je
» puis montrer les lettres patentes du roi. »

» La chose fut grandement débattue entre les ducs et lui, et bien des paroles vives furent échangées entre eux. Le cardinal supporta patiemment toutes ces rebuffades ; les ducs furent forcés de s'en retourner sans avoir accompli leur dessein pour cette fois, et s'en revinrent à Windsor auprès du roi. Quel rapport ils lui firent, je l'ignore. Toujours est-il que le lendemain ils se rendirent de nouveau près du cardinal, lui apportant les lettres du roi. Après avoir reçu et lu ces lettres avec grande déférence, milord cardinal leur remit le grand sceau, se résignant à obéir à la haute volonté du roi. » — *Cavendish.*

(68) « Bien, bien, maître Kingston, dit le cardinal, je vois comment les choses sont combinées contre moi ; si j'avais servi Dieu aussi diligemment que j'ai servi le roi, il ne m'aurait pas abandonné au temps de mes cheveux blancs. » — *Vie de Wolsey, par Cavendish.*

(69) « Quand la reine (Anne Bullen) eut été amenée ainsi à l'estrade faite au milieu de l'église, entre le chœur et le grand autel,

elle fut installée dans un riche fauteuil. Et, après qu'elle se fut reposée un moment, elle descendit jusqu'au grand autel, et là se prosterna, tandis que l'archevêque de Cantorbéry disait certaines collectes ; alors elle se leva, et l'évêque l'oignit sur la tête et sur la poitrine ; et alors elle fut ramenée à sa place ; et, après avoir dit plusieurs oraisons, l'archevêque lui mit sur la tête la couronne de saint Édouard, le sceptre d'or à la main droite, et la verge d'ivoire avec la colombe à la main gauche, et alors tout le chœur entonna le *Te Deum*. » — *Hall*.

(70) « Et le jour suivant le cardinal partit avec maître Kingston et les gardes. Et, dès que ceux-ci virent leur vieux maître en un si lamentable état, les pleurs leur vinrent aux yeux ; milord leur prit les mains ; et sur la route, tout en cheminant, il causa avec eux à plusieurs reprises, tantôt avec l'un, tantôt avec l'autre. Le soir il fut logé chez le comte de Shrewsbury, à Hard-wick-Hall, étant fort malade. Le lendemain, il alla jusqu'à Nottingham, et y passa la nuit, plus malade encore ; le surlendemain nous chevauchâmes jusqu'à l'abbaye de Leicester ; et sur la route il devint si faible que nous crûmes plusieurs fois qu'il allait tomber de sa mule. Il était déjà nuit quand nous arrivâmes à l'abbaye.

» Dès qu'il se présenta aux portes, l'abbé de l'endroit et tous ceux de son couvent vinrent au-devant de lui avec des torches et le reçurent très-honorablement avec grande révérence. Milord, se tournant vers eux, dit : « Père abbé, je suis venu ici pour laisser mes os parmi vous. » On l'amena sur sa mule jusqu'au pied de l'escalier de son appartement, et là il mit pied à terre ; et maître Kingston le prit par le bras et l'aida à monter l'escalier : il m'a dit depuis que jamais de sa vie il n'avait porté fardeau si pesant. Et aussitôt que milord fut dans sa chambre, il se mit au lit, fort malade. C'était le samedi au soir ; et là la maladie ne fit qu'empirer.

» Le lundi matin, comme je me tenais près de son lit, vers huit heures, les fenêtres étant hermétiquement closes, des flambeaux de cire brûlant sur le buffet, je le regardai, et il me sembla être bien près de sa fin. Lui, apercevant mon ombre sur le mur près de son lit, demanda qui était là.

— Monsieur, dis-je, c'est moi.

— Comment vous portez-vous ? me dit-il.

— Très-bien, monsieur, dis-je, si je pouvais voir Votre Grâce bien.

— Quelle heure est-il ? me dit-il.

— Ma foi, monsieur, fis-je, il est plus de huit heures du matin.
— Huit heures ! dit-il, cela ne peut être.
» Et il répéta plusieurs fois : — Huit heures ! huit heures !
— Non, non, reprit-il enfin, il ne peut être huit heures, car c'est à huit heures que vous perdrez votre maître, et le moment approche où je dois quitter ce monde. » — *Cavendish.*

(71) « Ce cardinal était d'humeur hautaine, car il se considérait comme égal aux princes; et par d'artificieuses extorsions, il avait acquis d'innombrables trésors; il ne se faisait pas un scrupule de la simonie ; il était sans pitié, et entêté de sa propre opinion : en face de l'évidence, il mentait et disait le faux, et était double et dans son langage et dans ses actes. Il promettait beaucoup et tenait peu ; il était vicieux de sa personne et donnait au clergé un mauvais exemple. » — *Holinshed.*

(72) « Ce cardinal (ainsi que le décrit Edmond Campion dans son *Histoire d'Irlande*) était assurément né pour l'honneur. Il était excessivement sagace, disert, élevé d'esprit, plein de rancune, vicieux de sa personne, hautain pour ses ennemis, quelque puissants qu'ils fussent; mais pour ceux qui recherchaient son amitié, merveilleusement courtois ; savant mûri, esclave des passions, bercé par la flatterie, insatiable pour acquérir, et princier pour donner : témoin les deux colléges d'Ipswich et d'Oxford, l'un abattu par sa chute, l'autre inachevé et pourtant, tel qu'il est, comme maison d'éducation, incomparable dans la chrétienté. — *Holinshed.*

(73) « Alors, s'apercevant qu'elle devenait très-faible et sentant la mort approcher, elle fit écrire par une de ses femmes une lettre au roi, lui recommandant sa fille et le conjurant d'être pour elle un bon père ; en outre, elle lui demandait d'avoir quelque considération pour les femmes qui l'avaient servie et de les bien marier ; enfin elle le priait de vouloir bien faire payer à ses gens le salaire qui leur était dû et une année de gages en sus. » — *Holinshed.*

(74) Tout cet épisode, dont Cranmer est le héros et qui a si peu de rapport avec le reste du drame, est extrait d'un livre que Shakespeare n'a jamais consulté, remarquons-le, pour aucune de ses œuvres : — *Les actes et monuments des martyrs chrétiens,* publiés par Fox en 1563. Voici le récit mis ici à contribution :

« Quand la nuit fut venue, le roi envoya sir Anthony Denny à Lambeth chez l'archevêque (Cranmer), pour l'inviter à se rendre immédiatement à la cour. Le message reçu, l'archevêque se transporta vite à la cour ; et, quand il vint dans la galerie où le roi se promenait en l'attendant, Son Altesse lui dit :

— Ah ! milord de Cantorbéry, je puis vous dire des nouvelles. Pour diverses considérations importantes, il a été décidé par moi et par le conseil que demain à neuf heures vous seriez enfermé à la Tour ; il paraît, d'après les renseignements qui m'ont été donnés, que vous et vos chapelains vous avez enseigné, prêché et propagé dans le royaume tant d'hérésies exécrables, qu'il est à craindre que, le royaume entier en étant infecté, il ne s'élève parmi mes sujets des dissensions graves et des commotions pareilles à celles qui ont récemment éclaté en diverses parties de la Germanie. Et conséquemment le conseil m'a prié de permettre, pour le jugement de l'affaire, que vous fussiez mis à la Tour : sans quoi personne n'oserait déposer dans le procès contre vous, qui êtes conseiller.

» Quand le roi lui eut fait part de son intention, l'archevêque s'agenouilla et dit : — Si cela plaît à Votre Grâce, je me réjouis de tout cœur de me rendre à la Tour sur l'ordre de Votre Altesse ; et je remercie humblement Votre Majesté de permettre que je sois jugé ; car il en est qui m'ont calomnié de mille manières, et j'espère avoir ainsi le moyen de prouver combien je mérite peu ces attaques.

» Le roi, reconnaissant la droiture de l'homme jointe à une telle simplicité, s'écria : — Oh ! Seigneur, quelle manière d'homme êtes-vous ! Quelle simplicité est donc en vous ! Je croyais que vous alliez me supplier de prendre la peine de vous confronter avec vos accusateurs et d'instruire votre procès sans vous emprisonner ainsi. Ne savez-vous pas quelle est votre position vis-à-vis du monde entier, et combien vous avez d'ennemis puissants ? Ne considérez-vous pas combien ce serait aisé de suborner trois ou quatre faux témoins pour déposer contre vous ? Croyez-vous être plus heureux sous ce rapport que ne le fut votre maître, le Christ ? Je vois par là que vous courriez tête baissée à votre perte, si je vous laissais faire. Vos ennemis ne prévaudront pas ainsi contre vous, car j'ai décidé en moi-même de vous mettre hors de leur atteinte. Pourtant demain, quand le conseil siégera et vous mandera, rendez-vous-y ; et si, en raison des charges alléguées contre vous, ils veulent vous mettre à la Tour, demandez-leur, puisque vous êtes conseiller comme eux, de faire venir vos accusateurs sans vous emprisonner, et employez pour vous défendre les meilleurs arguments que vous pourrez trouver. Si les supplica-

tions, les requêtes les plus raisonnables, ne servent de rien, alors remettez-leur mon anneau que voici, et dites-leur : « Puisqu'il n'y a
» pas de remède, milords, puisque vous voulez absolument que j'aille
» à la Tour, je révoque ma cause d'entre vos mains, et j'en appelle au
» roi en personne, en vertu de ce gage. » Et aussitôt qu'ils verront
mon anneau, ils le reconnaîtront si bien, qu'ils comprendront que je
me suis réservé à moi-même le jugement de la cause, et que je la
soustrais à leur décision.

» L'archevêque, voyant la bonté du roi à son égard, eut beaucoup
de peine à retenir ses larmes.

— C'est bon, dit le roi, allez votre chemin, milord, et faites comme
je vous ai dit.

» Milord, se confondant en remerciments, prit congé de Son
Altesse pour cette nuit-là. Le lendemain, vers neuf heures du matin,
le conseil envoya un gentilhomme huissier chercher l'archevêque.
Quand celui-ci arriva à la porte de la chambre du conseil, il ne put
être admis, mais il fut réduit tout exprès (à ce qu'il semble) à attendre
tout seul parmi les pages, les laquais et les gens de service. Le docteur Buts, médecin du roi, passant de ce côté et remarquant comment
milord de Cantorbéry était traité, alla trouver Son Altesse le roi et dit :

— N'en déplaise à Votre Grâce, milord de Cantorbéry a une belle
promotion; car maintenant il est devenu laquais ou domestique, car
il se tient là-bas depuis une demi-heure à la porte de la chambre du
conseil parmi les valets.

— Il n'en est pas ainsi, je suppose, dit le roi, le conseil a trop de
savoir-vivre pour traiter de la sorte le métropolitain du royaume,
celui-ci spécialement étant de leur propre compagnie. Mais laissons
cela, dit le roi, et nous en apprendrons bientôt davantage.

» Aussitôt l'archevêque fut mandé dans la chambre du conseil, où
on lui opposa les charges susdites. L'archevêque répondit comme le
roi le lui avait indiqué; et à la fin, voyant que ni argument ni supplication ne servait de rien, il leur remit l'anneau du roi, évoquant sa
cause entre les mains du roi. Le conseil tout entier étant quelque peu
ébahi de cela, le comte de Bedford, confirmant ses paroles par un
serment solennel, dit à haute voix : — Quand vous avez tout d'abord
commencé cette affaire, je vous ai dit ce qui en adviendrait. Croyez-vous que le roi permettrait qu'on fît souffrir un doigt même de cet
homme? A plus forte raison, je vous le garantis, défendra-t-il sa vie
contre de misérables bavards. Vous ne faites que vous nuire en écoutant ces contes et ces fables répandus contre lui. »

Et, aussitôt que le gage du roi fut reconnu, tous se levèrent et reportèrent au roi son anneau, remettant l'affaire entre ses mains, selon l'usage reçu. Quand tous furent venus en présence du roi, Son Altesse, avec une sévère contenance, leur dit :

— Ah! milords! j'aurais cru mes conseillers plus sages que je ne les trouve aujourd'hui. Quel savoir-vivre y a-t-il de votre part à forcer le primat du royaume, un de vos collègues, à attendre à la porte de la chambre du conseil, parmi les gens de service ? Vous auriez pu considérer qu'il était conseiller aussi bien que vous, et vous n'aviez pas de moi mission de le traiter ainsi. J'avais consenti à ce que vous le jugeassiez comme un conseiller, et non comme un vil sujet. Mais je vois maintenant qu'on agit malicieusement contre lui ; et si quelques-uns d'entre vous avaient pu faire à leur guise, vous lui auriez imposé les plus extrêmes épreuves. Mais je fais tout à bon escient, et je proteste que, si un prince peut être redevable à son sujet, par la foi que je dois à Dieu, je regarde l'homme que voici, milord de Cantorbéry, comme celui de nos sujets qui nous est le plus fidèle, comme celui auquel nous devons le plus, tout en lui accordant d'ailleurs les plus grands mérites.

» Et sur ce, un ou deux des principaux conseillers déclarèrent pour s'excuser que, en réclamant l'emprisonnement de l'archevêque, ils avaient plutôt l'intention de le défendre par son procès contre les calomnies du monde que de lui porter aucun préjudice.

— Bon, bon, milords, dit le roi, accueillez-le et traitez-le bien comme il est digne d'être traité, et ne faites plus d'embarras.

» Et sur ce, chacun serra la main de l'archevêque. »

(75) Au temps de Shakespeare, l'usage voulait que les parrains offrissent des cuillers à l'enfant baptisé. On appelait ces cuillers *cuillers des apôtres,* parce que la figure d'un des apôtres était généralement sculptée sur le manche. Dans la *Foire de Saint-Barthélemy,* Ben Jonson mentionne cet usage : « et tout cela, dit un des personnages, dans l'espoir d'avoir un couple de *cuillers d'apôtres!* »

(76) Le *Jardin de Paris,* situé le long de la Tamise, dans la paroisse de Southwark, était une arène où se livraient les combats de taureaux et d'ours. La reine Élisabeth avait mis à la mode ces spectacles féroces, en assistant elle-même, un jour de grand gala, à une représentation extraordinaire qui lui fut donnée peu de temps après son accession au trône. Le *Jardin de Paris* était situé tout près du théâtre de *Globe,* et bien des fois les hurlements des animaux éventrés

durent dominer les voix humaines qui déclamaient les vers de Shakespeare.

(77) Johnson soupçonne que *la Tribulation de Towerhill* était un club de puritains. Ce n'est pas l'avis de Stenley, qui pense que *la Tribulation* était un théâtre de farces populaires, et que les marmousets de Limchouse étaient les acteurs qui représentaient ces farces.

(78) « Les dix-sept vers qui précèdent semblent avoir été intercalés, sous le règne du roi Jacques, après l'achèvement de la pièce. On n'a qu'à les omettre, et le discours de Granmer se poursuit dans la teneur régulière de la prédiction et dans une parfaite continuité d'idées ; mais, en conséquence de cette interpolation, Cranmer commence par célébrer le successeur d'Élisabeth, et conclut en souhaitant d'ignorer qu'elle doive mourir, commence par se réjouir de l'effet, et finit en se lamentant sur la cause. M. Théobald a fait la même observation. » — *Johnson*.

« Je soupçonne que ces vers ont été ajoutés en 1613, quand Shakespeare s'était retiré du théâtre, par le même écrivain qui a manipulé les autres parties de la pièce au point de donner à la versification de cet ouvrage une couleur tout à fait différente de celle qui distingue les autres compositions de Shakespeare. » — *Malone*.

» Le passage ici désigné a été très-probablement fourni par Ben Jonson, car ce vers :

« Wehn heaven shall call her from this cloud of darkness, »
« Quand le ciel la rappellera de ces brumes de ténèbres, »

est une imitation évidente de ce passage de Lucain, poëte dont le vieux Ben s'est souvent inspiré.

     Quanta sub nocte jaceret
 Nostra dies !

        Steevens.

FIN DES NOTES.

APPENDICE.

EXTRAIT DES MÉMOIRES DE CAVENDISH

SUR

LA VIE DE MAITRE THOMAS WOLSEY.

Quand il plaisait à Sa Majesté le roi Henry huitième, pour sa récréation, de se rendre chez le cardinal, comme il le faisait plusieurs fois par an, il y avait grand apparat, décoration somptueuse et profusion des mets les plus délicats qui se pussent procurer par argent ou par amitié; alors, pour l'amusement et la consolation du roi, s'improvisaient tous les divertissements qui pouvaient être inventés ou imaginés par l'esprit de l'homme. On organisait des banquets avec des mascarades et des momeries d'une manière si splendide et avec un luxe si coûteux que c'était le ciel de les voir. Il y avait une foule de dames et de damoiselles prêtes à danser avec les masques et à remplir l'endroit pour le moment. Il y avait toutes sortes de musiques et de concerts avec d'excellentes voix d'hommes et d'enfants.

J'ai vu le roi venir là soudainement en mascarade, avec une douzaine d'autres masques, tous en habits de berger faits de fin drap d'or et de fin satin cramoisi, avec des chapeaux de même étoffé, des visières couvrant toute la figure, avec des perruques et des barbes de fin fil d'or ou d'argent ou même de fil de soie noire, ayant seize porte-torches, outre leurs tambours et autres gens de leur suite, tous masqués et habillés de satin de même couleur. Et, avant qu'il entrât dans le palais (vous saurez qu'il arrivait sans bruit par la Tamise à la porte de la rivière), nombre de pièces de canon furent déchargées au moment de son débarquement : ce qui fit dans l'air un vacarme comme celui du tonnerre. Sur quoi tous les seigneurs, dames et gentilshommes se demandèrent qui pouvait venir si soudainement, quand ils étaient assis tranquillement à un banquet solennel. D'abord, vous apprendrez que les tables étaient dressées pour le banquet dans la chambre de présence, milord cardinal étant assis sous le dais et servi à part, les seigneurs et les ladies, les gentilshommes et les dames étant assis par couple autour de toutes les tables de la salle disposées de manière à ne faire qu'une seule table. Toute cette disposition et tous ces arrangements avaient été imaginés et arrêtés par lord Sands, lord chambellan du roi, et aussi par sir Henry Guilford, contrôleur du roi.

Immédiatement après cette grande salve d'artillerie, le cardinal pria le lord chambellan et le contrôleur de voir ce que pouvait signifier cette décharge soudaine, comme s'il ne se doutait de rien. Sur quoi, ceux-ci, ayant regardé par les fenêtres donnant sur la Tamise, revinrent lui dire qu'à ce qu'il leur semblait, de nobles étrangers venaient d'arriver au pont, comme ambassadeurs de quelque prince étranger.

— Je vous prie donc, répondit le cardinal, puisque vous savez parler français, de prendre la peine de descendre dans le vestibule pour aller au-devant d'eux, de les recevoir conformément à leur rang, et de les conduire dans cette salle où ils nous verront, nous et tous ces nobles personnages, assis gaîment à notre banquet. Nous les inviterons à s'asseoir avec nous et à prendre part à notre repas et à nos passe-temps.

Le lord chambellan et le contrôleur descendirent incontinent dans le vestibule, où ils reçurent les nouveaux venus avec vingt torches nouvelles, et les conduisirent dans la salle, avec un nombre de tambours et de fifres comme j'en ai rarement vu réunis à un seul bal masqué. A leur arrivée dans la salle, deux par deux, ils allèrent droit vers le cardinal, et lui firent une profonde révérence ; sur quoi le lord chambellan lui dit au nom des nouveaux venus :

— Monsieur, comme ils sont étrangers et ne savent pas parler anglais, ils m'ont chargé de dire à Votre Grâce ceci : Ayant ouï parler de ce banquet triomphal où sont rassemblées tant de dames excellemment belles, ils n'ont pu faire moins, avec l'autorisation de Votre Grâce, que de se rendre ici pour contempler leur incomparable beauté, les accompagner dans les divertissements, danser avec elles et faire leur connaissance. En outre, monsieur, ils demandent à Votre Grâce la permission d'accomplir leur dessein.

Alors le cardinal dit à milord chambellan :

— Expliquez-leur, je vous prie, que je soupçonne fort qu'il y ait parmi eux un noble personnage, beaucoup plus digne que moi d'occuper la place où je suis assis, et que, comme c'est mon devoir, je la lui céderais bien volontiers, si je le reconnaissais.

Sur quoi milord chambellan parla aux autres en français et leur déclara la pensée du cardinal. Quand ils lui eurent parlé bas à l'oreille, milord chambellan dit à milord cardinal :

— Monsieur, ils confessent que ce noble personnage est parmi eux, et ajoutent que, si Votre Grâce peut le distinguer des autres, il est prêt à se découvrir et à accepter honorablement votre place.

Le cardinal, après les avoir tous bien considérés, dit enfin :

— Il me semble que ce doit être ce gentilhomme à la barbe noire.

Et sur ce il se leva de son siége, et l'offrit, chapeau en main, au gentilhomme à la barbe noire. Le personnage à qui il offrait ainsi son fauteuil était sir Édouard Neville, un élégant chevalier, de belle tournure, qui ressemblait plus au roi qu'aucun autre masque. Le roi, voyant le cardinal se tromper ainsi dans son choix, ne put s'empêcher de rire ; il ôta son masque, ainsi que maître Neville, et surgit brusquement d'un air si aimable que toute la noble assemblée, voyant le roi au milieu d'elle, se réjouit très-fort. Le cardinal demanda immédiatement à Son Altesse de prendre la place d'honneur ; le roi répondit qu'il commencerait par changer de costume, se retira, alla droit à la chambre à coucher de milord, où un grand feu était allumé pour lui, et là s'habilla de riches vêtements royaux. Pendant l'absence du roi, les mets du banquet furent tous enlevés, et le couvert mis de nouveau sur des nappes délicieusement parfumées, chacun demeurant en place jusqu'à ce que le roi et ses masques revinssent dans leur nouveau costume. Alors le roi prit place sous le dais, en commandant à chacun de garder la même place qu'auparavant. Puis un nouveau souper fut apporté pour la majesté du roi et pour tous les autres convives, où furent servis, je crois, plus de deux cents plats prodigieusement coûteux et dressés avec la plus subtile recherche. Ainsi toute la nuit se passa en banquet, en danses, en fêtes triomphales, au grand plaisir du roi et pour l'agréable étonnement de la noblesse réunie là.

. . . .

Vous saurez qu'il y eut une cour de justice érigée dans Blackfriars, à Londres, où deux cardinaux siégeaient comme juges. Maintenant je vous dirai la manière dont la cour était ordonnée. D'abord on avait dressé un tribunal avec des tables, des bancs et une barre, en forme de consistoire. C'était le siége réservé aux juges. Il y avait aussi un dais sous lequel le roi s'assit ; et la reine s'assit à quelque distance au-dessous du roi. Au pied des juges siégeaient les officiers de la cour. Le chef scribe était le docteur Stephens (qui a été ensuite évêque de Winchester) ; l'appariteur était un certain Cooke, communément appelé Cooke de Winchester. Puis siégeaient dans ladite cour, immédiatement devant le roi et les juges, l'archevêque de Cantorbéry, le docteur Warham, et tous les autres évêques. Puis aux deux extrémités, avec une barre faite pour eux, les conseils des deux parties. Les docteurs pour le roi étaient le docteur Sampson, qui fut après évêque de Chichester, et le docteur Bell, qui fut depuis évêque de Worcester, avec divers autres. Les procureurs du côté du roi étaient le docteur Peter, qui depuis fut fait premier secrétaire du roi, et le docteur Tregonell, et divers autres.

Maintenant, de l'autre côté, se tenaient les conseillers pour la reine, le docteur Fisher, évêque de Rochester, et le docteur Standish, autrefois frère gris, depuis évêque de Saint-Asaph, dans le pays de Galles, deux notables clercs en théologie, et spécialement l'évêque de Rochester, très-saint homme et très-dévot personnage, qui depuis fut mis à mort à Tower-Hill ; ce qui fut grandement déploré par toutes les universités étrangères de la chrétienté. Il y avait aussi un autre vieux docteur appelé, si je ne me trompe, le docteur Ridley, un très-petit personnage par la stature, mais à coup sûr un grand et excellent clerc en théologie.

La cour étant ainsi composée et ordonnée, les juges commandèrent à l'huissier de réclamer le silence; alors les pleins pouvoirs des juges, pleins pouvoirs qu'ils tenaient du pape, furent publiés et lus à haute voix devant tout l'auditoire assemblé. Cela fait, l'huissier appela le roi : « Roi Henry d'Angleterre, comparaissez devant la cour, etc. » Sur ce, le roi répondit : « Voici, milords. » Alors l'huissier appela également la reine : « Catherine, » reine d'Angleterre, comparaissez devant la cour. » La reine ne répondit pas, mais se leva incontinent du siége où elle était assise. Et, comme elle ne pouvait aller tout droit au roi, en raison de la distance qui les séparait, elle prit la peine de faire le tour jusqu'au roi, puis, s'agenouillant à ses pieds, en vue de toute la cour et de toute l'assemblée, elle s'exprima tant bien que mal en anglais ainsi qu'il suit :

— Sire, je vous supplie, par tout l'amour qui a existé entre nous, et pour l'amour de Dieu, de me faire droit et justice. Ayez pitié de moi; car je suis une pauvre femme, une étrangère, née hors de vos domaines; je n'ai ici ni ami sûr, ni conseiller impartial. J'ai recours à vous comme au chef de la justice dans ce royaume. Hélas! Sire, en quoi vous ai-je offensé? Quelle occasion de déplaisir vous ai-je donnée? Ai-je agi contrairement à votre volonté et à votre fantaisie, dans l'intention réfléchie de vous éloigner de moi? Je prends Dieu et le monde entier à témoin que j'ai toujours été pour vous une humble, loyale et obéissante femme, toujours soumise à votre volonté et à votre fantaisie; jamais je n'ai rien dit ni fait qui y fût contraire, étant toujours satisfaite de tout ce qui vous plaisait ou vous réjouissait, dans les petites choses comme dans les grandes. Je n'ai jamais protesté par paroles ni par contenance ; je n'ai jamais montré un visage, une étincelle de mécontentement. J'ai aimé tous ceux que vous aimiez, uniquement par égard pour vous, que j'eusse, ou non, motif de le faire, qu'ils fussent mes amis ou mes ennemis. Depuis vingt ans et plus, j'ai été votre loyale femme ; et de moi vous avez eu plusieurs enfants, quoiqu'il ait plu à Dieu de les rappeler de ce monde ; ce qui n'a pas été ma faute. Et dans les premiers temps où vous m'avez eue, j'en prends Dieu pour juge, j'étais une véritable vierge qu'aucun homme n'avait touchée. Si cela est vrai ou non, je le demande à votre conscience. S'il est aucune accusation que vous puissiez légalement alléguer contre moi ou contre mon honneur, pour me bannir et m'éloigner de vous, je suis toute résignée à vous quitter pour mon grand déshonneur et pour ma honte ; mais, s'il n'en est aucune, alors je vous supplie très-humblement de me laisser demeurer dans mon état présent et de me faire justice. Le roi votre père était au temps de son règne tellement estimé par le monde pour son excellente sagesse qu'il était réputé et appelé par tous un second Salomon ; et mon père Ferdinand, roi d'Espagne, était regardé comme un des princes les plus sages qui eussent régné depuis longues années en Espagne ; tous deux étaient des rois excellents par leur sagacité et leur conduite princière. Il est donc hors de doute qu'ils avaient désigné et rassemblé autour d'eux les conseillers les plus sages que leur haut discernement eût pu distinguer. Ainsi, à ce qu'il me semble, il y avait, en ce temps-là, dans les deux royaumes des hommes aussi sages et aussi doctes, aussi éclairés que ceux d'aujourd'hui, qui regardaient alors le mariage entre vous et moi comme bon et valable. Il est donc surprenant d'entendre les nouvelles inventions élevées contre moi, qui n'ai jamais voulu que le bien, pour me rendre justiciable de ce nouveau tribunal; en quoi vous pouvez me faire grand tort, si vos intentions sont cruelles; car vous me pouvez condamner pour manque de justification suffisante, puisque je n'ai pas d'autres conseils que ceux qui me sont assignés et dont la sagesse et le savoir me sont inconnus. Vous devez considérer qu'ils ne sauraient être pour moi des conseillers impartiaux; étant vos sujets, et étant choisis dans votre propre conseil privé, ils n'oseraient, de crainte de vous déplaire, désobéir à vos intentions, une fois qu'elles leur auraient été confiées. Conséquemment, je vous prie très-humblement, au nom de la charité, et pour l'amour de Dieu qui est le juge suprême, de m'épargner l'extrémité de ce nouveau tribunal, jusqu'à ce que j'aie appris quelle marche mes amis d'Espagne me conseillent de suivre; mais, si vous ne voulez pas m'accorder une faveur aussi insignifiante, que votre volonté soit faite! Je remets ma cause dans la main de Dieu.

Et sur ce, elle se leva, faisant une profonde révérence au roi, et se retira. Beaucoup supposaient qu'elle allait retourner à sa première place; mais elle sortit immédiatement de la salle, s'appuyant, comme elle avait coutume de le faire, sur le bras de son receveur général, appelé maître Griffith. Et le roi, étant averti de son départ, commanda à l'huissier de la rappeler, et celui-ci lui cria :

— Catherine d'Angleterre, comparaissez devant la cour! Sur ce, maître Griffith lui dit :

— Madame, on vous rappelle.

— Marchons, marchons, dit-elle, il n'importe. Ce n'est point pour moi un tribunal équitable : aussi je ne veux pas rester ici. Allez votre chemin.

Et ce disant, elle se retira de la cour sans vouloir répondre davantage, bien décidée à ne plus paraître devant aucune autre cour. Le roi, remarquant qu'elle était partie de la sorte, et se remettant en mémoire les lamentables paroles qu'elle avait prononcées devant lui et toute l'audience, s'exprima ainsi :

— Puisque la reine est partie, je veux, en son absence, déclarer devant vous tous, lords ici assemblés, qu'elle a été pour moi une épouse aussi fidèle, aussi obéissante, aussi soumise que je pouvais le souhaiter ou le désirer dans ma fantaisie. Elle a toutes les vertueuses qualités qui doivent être dans une femme de sa dignité ou dans toute autre de moindre condition. Certainement elle est née noble femme : ses mérites seuls suffiraient à le prouver.

Sur ce milord cardinal dit :

— Sire, je supplie humblement Votre Altesse de déclarer, devant tout cet auditoire, si j'ai été le principal instigateur ou le premier moteur de cette affaire auprès de Votre Majesté ; car c'est ce dont tout le monde me soupçonne grandement.

— Ma foi, dit le roi, vous vous êtes bien plutôt opposé à ce que je la soulevasse ou la misse en avant. Et, pour lever tous les doutes, je vais vous déclarer la cause spéciale qui m'a déterminé à agir ainsi : ce fut un certain scrupule qui piqua au vif ma conscience, à la suite de certaines paroles que dit dans une certaine circonstance l'évêque de Bayonne, ambassadeur du roi de France, après une longue discussion sur la conclusion d'un mariage projeté entre notre fille la princesse Mary et le duc d'Orléans, second fils du roi de France. Avant de prendre une résolution à ce sujet, l'évêque demanda un répit afin de consulter le roi son maître sur la question de savoir si notre fille Mary était légitime, en raison du mariage qui avait été conclu autrefois entre la reine actuelle et mon frère, le feu prince Arthur. Ces paroles firent effet sur ma scrupuleuse conscience et engendrèrent dans mon cœur un doute qui piqua, vexa et troubla mon esprit, et m'inquiéta tellement que je craignis d'avoir encouru l'indignation de Dieu ; et ces craintes me semblaient d'autant plus fondées qu'il ne m'a envoyé aucune postérité mâle ; car tous les enfants mâles que j'ai eus de la reine sont morts aussitôt après leur naissance ; et c'est pourquoi je crains fort d'être en cela puni de Dieu. Ainsi, étant agité dans les vagues d'une conscience scrupuleuse, et désespérant en outre d'avoir de la reine aucune postérité mâle, j'ai été amené enfin à prendre en considération l'état du royaume et les dangers qui le menaçaient faute d'enfant mâle pour me succéder dans la dignité impériale. Conséquemment, autant pour soulager ma conscience scrupuleuse d'un poids pénible que pour assurer le repos de ce noble royaume, j'ai trouvé bon de m'adresser aux lois pour savoir si je pourrais prendre une autre épouse, au cas où ma première copulation avec cette gentille femme ne serait pas légitime ; et certes cette idée ne m'est suggérée par aucune concupiscence charnelle, ni par aucune animosité, ni par aucune aversion contre la personne de la reine, avec qui je suis prêt à continuer ma vie aussi volontiers qu'avec aucune femme vivante, si notre mariage n'est pas contraire aux lois de Dieu. Tous nos doutes sur ce point, nous allons maintenant les soumettre à la docte sagesse et au jugement de vous tous, prélats et pasteurs de ce royaume, rassemblés ici tout exprès ; et je laisse à votre conscience la responsabilité du jugement auquel nous sommes prêt à obéir, Dieu le voulant. Dès que je sentis ma conscience blessée par ce cas douteux, je m'en ouvris en confession à vous, milord de Lincoln, mon père spirituel. Et c'est alors qu'hésitant vous-même à me donner conseil, vous m'engageâtes à consulter tous ces lords. Sur quoi je m'adressai d'abord à vous, milord de Cantorbéry, comme à notre métropolitain, pour vous demander licence de mettre cette affaire en question, et je m'adressai de même à vous tous, milords; et chacun de vous a acquiescé à ma requête par un écrit scellé de son sceau, que je puis montrer ici.

— Sous le bon plaisir de Votre Altesse, dit l'évêque de Cantorbéry, c'est la vérité, et je ne doute pas que tous mes frères ici présents n'affirment la même chose.

— Non, monsieur, pas moi, dit l'évêque de Rochester, vous n'avez pas eu mon consentement.

— Non, dit le roi, en vérité? n'est-ce pas là votre signature et votre sceau?

Et le roi montra à l'évêque l'instrument revêtu de son sceau.

— Non, ma foi, Sire, dit l'évêque de Rochester, ce n'est ni ma signature ni mon sceau!

Sur quoi le roi dit à milord de Cantorbéry :

— Monsieur, qu'en dites-vous? n'est-ce pas là sa signature et son sceau?

— Oui, Sire, dit milord de Cantorbéry.

— Cela n'est pas, dit l'évêque de Rochester; car en vérité vous me pressiez de vous donner ma signature et mon sceau, comme l'avaient fait les autres lords; mais je vous déclarai alors que je ne consentirais jamais à un tel acte, puisqu'il était contraire à ma conscience. Jamais, Dieu m'en soit témoin, ma signature et mon sceau n'ont été apposés à un pareil instrument.

— Vous dites vrai, dit l'évêque de Cantorbéry; vous m'avez parlé ainsi; mais à la fin, vous vous êtes laissé convaincre, et vous avez consenti à ce que moi-même j'écrivisse votre nom et misse votre sceau pour vous.

— Rien n'est plus faux, dit l'évêque de Rochester, je l'affirme, avec le respect que je vous dois, Sire, et avec la permission de ce noble auditoire.

— C'est bon, c'est bon, dit le roi, peu importe! Nous n'allons pas nous arrêter à discuter avec vous là-dessus, car vous n'êtes qu'un homme.

Et, sur ce, la cour fut ajournée au prochain jour de la session.

. . . .

« Et alors milord le cardinal Wolsey se leva et, ayant pris sa barque, s'en alla tout droit à Bath Place chez l'autre cardinal ; et tous deux ensemble s'en allèrent à Bridewell, droit au logement de la reine ; et, étant dans son grand appartement, ils signifièrent au gentilhomme huissier qu'ils étaient venus pour parler à Sa Grâce la reine. Le gentilhomme huissier en avertit la reine incontinent. Sur ce, elle sortit de son appartement privé avec un écheveau de fil blanc autour du cou, et se rendit dans le grand appartement, où les cardinaux attendaient sa venue. En entrant, elle leur dit :

— Hélas ! milords, je suis bien fâchée de vous avoir fait attendre. Que me voulez-vous ?

— Si vous voulez, madame, passer dans votre appartement particulier, nous vous expliquerons l'objet de notre visite.

— Milord, dit-elle, si vous avez quelque chose à dire, parlez ouvertement devant ces gens ; car loin de craindre que vous puissiez rien dire ou alléguer contre moi, je voudrais que le monde entier vous entendît ; je vous prie donc de dire ouvertement votre pensée.

Alors milord commença à lui parler en latin.

— Non, mon bon lord, dit-elle, parlez-moi en anglais,

je vous en conjure, quoique je comprenne le latin.

— Eh bien donc, madame, dit milord, s'il plaît à Votre Grâce, nous venons pour savoir comment vous êtes disposée à agir dans l'affaire pendante entre le roi et vous, et aussi pour vous communiquer secrètement les avis et les conseils que nous suggèrent notre zèle et notre déférence pour Votre Grâce.

— Milords, dit-elle, je vous remercie de vos bonnes volontés, mais je ne puis si brusquement répondre à votre requête. Car j'étais à l'ouvrage au milieu de mes femmes, bien loin de songer à cette affaire, où il me faudrait une longue réflexion et une tête meilleure que la mienne pour répondre à de nobles savants comme vous. J'aurais besoin de bons conseils dans un cas qui me touche de si près ; et tous les conseils et toutes les sympathies que je pourrais trouver en Angleterre ne sauraient être dans mon intérêt ni pour mon bien. Croyez-vous, je vous le demande, milords, qu'aucun Anglais voudrait être mon conseiller ou mon ami contre la volonté du roi ? Non, sur ma foi, milords ! Les conseillers en qui j'entends mettre ma confiance ne sont pas ici ; ils sont en Espagne, dans mon pays natal. Hélas ! milords, je suis une pauvre femme dépourvue de l'esprit et de l'intelligence nécessaires pour répondre à des savants, éprouvés comme vous, dans une affaire aussi importante. Je vous prie d'user avec bienveillance et impartialité de la supériorité que vous avez sur moi, car je suis une simple femme, privée d'amis et de conseils sur une terre étrangère ; et, quant à vos conseils, loin de les repousser, je serai bien aise de les entendre.

Et sur ce, elle prit milord par la main, et le conduisit, ainsi que l'autre cardinal, dans son appartement privé, où il y eut entre eux une longue conférence. Nous, de l'autre chambre, nous pouvions parfois entendre la reine parler très-haut, mais nous ne pouvions comprendre ce qui se passait. La conférence terminée, les cardinaux partirent et allèrent tout droit trouver le roi, pour lui rapporter leur conversation avec la reine, et ensuite ils s'en retournèrent chez eux pour souper.

FIN DE L'APPENDICE.

TABLE

DU TOME TREIZIÈME.

	Pages.
Introduction.	7
Henry VI (Seconde Partie).	59
Henry VI (Troisième Partie).	189
Henry VIII.	315
Notes.	437
Appendice : Extrait des Mémoires de Cavendish sur la vie de Thomas Wolsey.	471

FIN DE LA TABLE.

www.ingramcontent.com/pod-product-compliance
Lightning Source LLC
Chambersburg PA
CBHW050252230426
43664CB00012B/1928